高等院校国际经济与贸易专业系列教材

国际贸易学

主　编　徐　松
副主编　韦钰芳　赵艳莉
参　编　秦　超　李文瑛　刘晨旭
　　　　乔　银　何茜茜　邹小州

机械工业出版社

本书在系统介绍国际贸易的基础理论和政策的同时，尽可能多地吸收现有教材的优点和最新的学术研究成果，用最新的数据和案例展示国际贸易的演变与发展，力求使其内容能够反映本学科发展的前沿和最新动态。同时，为区别传统教材，突出应用型人才培养的特点，强化理论联系实际，强化基础知识的培养，本书内容突出了国际贸易的基本知识和学生应掌握的技能，注意与其他相关课程相区别，特别是与"国际经济学"课程的区别，并在每一节都配有扩展阅读，以增强思辨性和启发性，培养学生的学习兴趣。

本书既可以作为高等学校经管类各专业本科生的教材，也可以作为相关专业学历教育的教材，还可以作为涉外经济工作者和理论研究者研究国际贸易问题的参考资料。

图书在版编目（CIP）数据

国际贸易学/徐松主编．—北京：机械工业出版社，2020.6
（2023.12 重印）
高等院校国际经济与贸易专业系列教材
ISBN 978-7-111-65524-4

Ⅰ.①国… Ⅱ.①徐… Ⅲ.①国际贸易－高等学校－教材 Ⅳ.①F74

中国版本图书馆 CIP 数据核字（2020）第 075936 号

机械工业出版社（北京市百万庄大街22号　邮政编码100037）
策划编辑：常爱艳　责任编辑：常爱艳
责任校对：张玉静　封面设计：鞠　杨
责任印制：常天培
北京机工印刷厂有限公司印刷
2023年12月第1版第5次印刷
184mm×260mm・19印张・471千字
标准书号：ISBN 978-7-111-65524-4
定价：49.80元

电话服务　　　　　　网络服务
客服电话：010-88361066　机 工 官 网：www.cmpbook.com
　　　　　010-88379833　机 工 官 博：weibo.com/cmp1952
　　　　　010-68326294　金 书 网：www.golden-book.com
封底无防伪标均为盗版　机工教育服务网：www.cmpedu.com

前　言

随着中国改革开放的逐步扩大和跨境电商的发展，中国的对外贸易在世界贸易中的份额也逐年提高。在"一带一路"倡议的指导下，中国已经完全融入世界经济。中国对从事对外贸易专业人才的数量和综合质量的要求都在提高，加快培养更多高素质的国际经济与贸易人才，已成为我国高校人才培养的紧迫任务。为满足这一需求，我们在广泛吸收国内外相关教材优点的基础上，结合多年教学实践，编写本书。

本书在系统介绍国际贸易的基础理论和政策的同时，尽可能多地吸收现有教材的优点和最新的学术研究成果，用最新的数据和案例展示国际贸易的演变和发展，力求使其内容能够反映本学科发展的前沿和最新动态。同时，为区别传统教材，突出应用型人才培养的特点，强化理论联系实际，强化基础知识的培养，本书内容突出了国际贸易的基本知识和学生应掌握的技能，注意与其他相关课程相区别，特别是与"国际经济学"课程的区别，并在每一节后都配有扩展阅读，以增强教材的思辨性和启发性，培养学生的学习兴趣。

本书既可以作为高等学校经管类专业本科生的教材，也可以作为相关专业学历教育的教材，还可以作为涉外经济工作者和理论研究者研究国际贸易问题的参考资料。

本书配有电子课件、教学大纲、习题答案，可免费提供给选择本书作为授课教材的教师，请登录机工教育服务网（www.cmpedu.com）注册后下载。

徐松教授负责本书总体编写框架的设计和拟定，并负责统稿、总纂、修改和最终定稿。参加本书编写的成员及其分工为：秦超编写第一章，何茜茜编写第二章和第八章，赵艳莉编写第三章和第十四章，邹小州编写第四章和第十一章，李文瑛编写第五章，韦钰芳编写第六章和第七章，刘晨旭编写第九章和第十章，徐松编写第十二章，乔银编写第十三章。

在编写过程中，我们参阅了国内外大量相关文献，吸收和借鉴了很多国内外学者的相关成果，在此一并表示感谢。

由于作者水平有限，书中难免有疏漏和失当之处，恳请读者批评指正。

编　者

目 录

前 言
第一章 导论 ……………………………… 1
第一节 国际贸易学的含义及研究
内容 ……………………………… 1
第二节 国际贸易的产生与发展 …… 4
第三节 国际贸易的基本概念与
分类 …………………………… 8
第四节 当代国际贸易发展的
特点 …………………………… 16
本章小结 ……………………………… 22
关键词 ………………………………… 22
复习思考题 …………………………… 22

第二章 国际分工与世界市场 ………… 23
第一节 国际分工的含义、类型及
发展历程 ……………………… 23
第二节 影响国际分工发展的
因素 …………………………… 26
第三节 国际分工对国际贸易的
影响 …………………………… 29
第四节 世界市场的构成与发展 …… 33
第五节 世界市场价格的基础 ……… 40
本章小结 ……………………………… 45
关键词 ………………………………… 46
复习思考题 …………………………… 46

第三章 国际贸易理论 …………………… 47
第一节 比较优势说 …………………… 47
第二节 生产要素禀赋学说 ………… 52

第三节 里昂惕夫之谜及其解释 …… 57
第四节 产业内贸易理论 …………… 64
第五节 国家竞争优势理论 ………… 69
第六节 新新贸易理论 ……………… 73
本章小结 ……………………………… 76
关键词 ………………………………… 76
复习思考题 …………………………… 76

第四章 国际贸易政策 …………………… 77
第一节 对外贸易政策概述 ………… 77
第二节 重商主义 ……………………… 80
第三节 自由贸易政策 ……………… 83
第四节 保护贸易政策 ……………… 86
第五节 战略性贸易政策 …………… 93
本章小结 ……………………………… 96
关键词 ………………………………… 97
复习思考题 …………………………… 97

第五章 关税 ………………………………… 98
第一节 关税概述 ……………………… 98
第二节 关税的经济效应 …………… 107
第三节 关税的结构和有效保护率 … 111
本章小结 ……………………………… 118
关键词 ………………………………… 119
复习思考题 …………………………… 119

第六章 非关税壁垒 ……………………… 120
第一节 非关税壁垒概述 …………… 120
第二节 非关税壁垒的主要形式 …… 122
第三节 非关税壁垒的发展趋势 …… 133

第四节 非关税壁垒的经济效应 …… 136
本章小结 …… 139
关键词 …… 139
复习思考题 …… 139

第七章 鼓励出口和出口管制措施 …… 140
第一节 鼓励出口的措施 …… 140
第二节 促进经济发展的经济特区 … 147
第三节 出口管制措施 …… 153
本章小结 …… 156
关键词 …… 156
复习思考题 …… 157

第八章 国际服务贸易 …… 158
第一节 国际服务贸易概述 …… 158
第二节 当代国际服务贸易的状况与发展趋势 …… 162
第三节 国际服务贸易壁垒与《服务贸易总协定》 …… 170
本章小结 …… 177
关键词 …… 177
复习思考题 …… 177

第九章 国际技术贸易 …… 178
第一节 国际技术贸易概述 …… 178
第二节 国际技术贸易的方式 …… 184
第三节 国际技术贸易的发展及特点 …… 189
第四节 国际技术贸易的法律问题 … 193
本章小结 …… 198
关键词 …… 199
复习思考题 …… 199

第十章 与贸易有关的知识产权保护 … 200
第一节 知识产权概述 …… 200
第二节 知识产权的国内保护制度 … 203

第三节 知识产权的国际保护 …… 207
本章小结 …… 217
关键词 …… 217
复习思考题 …… 217

第十一章 国际资本流动与跨国公司 … 218
第一节 国际资本流动概述 …… 218
第二节 跨国公司概述 …… 220
第三节 跨国公司内部贸易与转移价格 …… 227
第四节 跨国公司理论 …… 231
本章小结 …… 235
关键词 …… 235
复习思考题 …… 235

第十二章 区域经济一体化 …… 236
第一节 区域经济一体化概述 …… 236
第二节 主要区域经济一体化组织 …… 240
第三节 区域经济一体化理论 …… 250
本章小结 …… 255
关键词 …… 256
复习思考题 …… 256

第十三章 国际贸易与经济增长 …… 257
第一节 国际贸易与经济增长的相互关系 …… 257
第二节 发达国家贸易政策与经济增长 …… 260
第三节 发展中国家贸易发展战略与经济发展 …… 263
第四节 贸易发展战略的选择 …… 270
本章小结 …… 273
关键词 …… 274
复习思考题 …… 274

第十四章　世界贸易组织 …………… 275	部长级会议 …………… 289
第一节　关税与贸易总协定………… 275	第五节　中国与世界贸易组织 ……… 293
第二节　"乌拉圭回合"多边贸易	本章小结 ………………………………… 296
谈判 …………………… 278	关键词 …………………………………… 297
第三节　世界贸易组织概述………… 281	复习思考题 ……………………………… 297
第四节　世界贸易组织召开的历届	**参考文献** …………………………………… 298

第一章 导论

国际贸易学是在历史长河中形成的一门学科，它是人类经济活动，特别是跨国界商品和劳务交换活动的理性总结和反映。在经济全球化背景下，学习国际贸易学有许多特殊的意义。

通过本章的学习，学生应知道国际贸易产生与发展的条件，准确把握国际贸易的各种概念，掌握当代国际贸易发展的特点，能分析对外贸易依存度。

第一节 国际贸易学的含义及研究内容

一、国际贸易及国际贸易学的含义

（一）国际贸易或对外贸易的含义

国际贸易或对外贸易是指世界各国各地区之间商品、服务和生产要素的交换活动，是各国各地区之间分工的表现形式，反映了世界各国各地区在经济上的相互依存，从国际角度称为国际贸易，从国家角度称为对外贸易。

（二）国际贸易学的含义

国际贸易学是研究商品、服务和生产要素跨国界交换活动的经济学分支科学，是在历史长河中形成的一门学科，它是人类经济活动，特别是跨国界商品和劳务交换活动的理性总结和反映。

二、国际贸易学的研究内容

国际贸易学研究的是在特定条件下的资源配置过程，以及这个过程按照一定的模式加以运行的机制。国际贸易学主要包括两个方面的机制研究：一是国际贸易的纯理论研究，二是国际贸易政策的研究。国际贸易的实践在很大程度上是国际贸易学的源泉，也是国际贸易学的实证。

三、对外贸易与国内贸易的比较

对外贸易与国内贸易都是商品、服务和生产要素的交换活动，交易的过程大体相同，都受价值规律的影响与制约，经营的目的都是取得利润或经济效益。但由于各国经济结构的差异和文化、政治与法律等众多的不同，使对外贸易与国内贸易仍然存在着差异。

（一）对外贸易比国内贸易难度大

1. 语言不同

对外贸易是不同国家之间的商品、服务和生产要素的交换活动，各国语言千差万别，贸易洽谈、签订合同和处理单证等，如不采用一种共同的语言，交易就无法进行。因此，为了使交易能顺利进行，必须采用一种共同的语言。目前，国际贸易通行的商业语言是英文，但在有些地区英文使用还不普遍，因此，除了通晓英文外，还要掌握其他语言。

2. 宗教、法律、风俗习惯不同

在国际上具有重大影响的宗教有基督教、伊斯兰教、印度教、佛教，其中又可细分为各种教派。这些宗教对人们的价值观、态度、风俗习惯和审美观产生重大影响，从而使人们对商品的种类、品质、规格、花色、包装等方面的需求千差万别。世界各国的商业法律不同，因此，国际贸易的买卖合同、运输合同和保险合同等其他合同，如产生纠纷无法解决时，只能根据国际惯例和国际规则进行仲裁和索赔。但是国际惯例和国际规则不是国际条约，在法律上不具有强制力和约束力，国际贸易产生的纠纷与国内贸易相比更难解决。

3. 贸易障碍多

国内贸易的货物一般能自由流通，贸易障碍少。但对外贸易的货物却很难在国际市场上自由流通，这是因为各国为保护本国生产和市场，争夺国外市场，往往采取关税和非关税壁垒限制外国商品的进口和某些本国紧缺商品的出口，这给进出口造成了贸易障碍。

（二）对外贸易比国内贸易复杂

1. 各国的货币与度量衡不同

对外贸易双方国度不同，所使用的货币和度量衡可能有所不同。在对外贸易中，应采用哪国货币作为结算工具，两国货币如何兑换，在两国度量衡不一致时应采用哪种单位，各种货币单位如何换算，凡此种种，都比国内贸易复杂。

2. 报关手续复杂

各国海关对货物进出口都有准许、管制或禁止的规定。货物出口不但要在输出国办妥出口报关手续，而且出口货物的种类、品质、规格、包装和商标也要符合输入国海关的规定。因此，货物进出口的报关手续复杂。

3. 贸易习惯复杂

各国商业习惯不同，怎样进行沟通，对外贸易中所遵循的规约和惯例其适用范围如何，解释是否一致，这些往往比国内贸易复杂。

4. 国际汇兑复杂

国内贸易货物一般以本国货币支付，清偿结算比较简单。对外贸易货物的清偿多数以外汇支付，而外汇价格（即汇率）是依各国所采用的汇率制度、外汇管理制度而定。外汇汇率分类多，故国际汇兑的计算方法相当复杂。

5. 货物运输复杂

对外贸易的货物运输，既要考虑运输的方式，又要考虑运输合同的条款、运费、承运人与托运人的责任，还要办理装卸和提货手续。

6. 货物的保险复杂

为了避免对外贸易货物运输过程中可能遭受损失，必须对运输货物加以保险。但洽购保险、确定保险条款，签订保险合同，划分保险人与被保险人的责任，计算保险费与货物受损时的索赔等，均比国内贸易保险复杂。

（三）对外贸易风险大

1. 信用风险大

经营对外贸易的进出口商从接洽开始，经过报价、还价、确认和订立合同，再到出口厂商交货，进口厂商支付货款，需经过一段较长的时间。在此期间，交易双方可能因经营状况发生变化而不能履约。如可能因经济危机或严重自然灾害导致出口厂商破产不能交货，或因类似原因使进口厂商倒闭不能付款。

2. 商业风险大

在对外贸易中，进口商往往以各种理由拒收货物，对出口商来说就是商业风险。拒收理由多数是货样不符、交货期晚、单证不符。这些理由在货物遭到拒收前是无法确定的。拒收后，虽可交涉弥补，但损失已发生。

3. 汇兑风险大

经营对外贸易的买卖双方必有一方要以外币计价，如果外汇汇率不断变化，信息不灵，就会出现汇兑风险。

4. 价格风险大

出口商与进口商签订合同后，出货前如果货物价格上涨，出口商要承担风险。接货后如果该货物价格下跌，进口商要承担风险。国际市场价格瞬息万变，对外贸易多数是大宗买卖，因此，经营对外贸易的进出口商必须承担比国内贸易更大的价格风险。

5. 运输风险大

对外贸易货物运输距离一般比国内贸易远，在运输途中发生风险的概率也比国内贸易大。承担风险的有卖方、买方与保险公司。

6. 政治风险大

世界各国大都实行贸易管制，这些贸易管制政策和措施主要是依据不同时期国内政治经济状况和国际政治经济形势制定的。由于各国经济状况和国际政治经济形势经常变化，有关贸易国的贸易管制政策和措施也经常改变，因此进出口商承担了许多国内贸易不需承担的政治风险。

【扩展阅读】

"土耳其骗局" 臭名昭著！

2005年，中国商务部研究院就曾估算过，每年外贸诈骗给中国企业造成的损失至少有数十亿美元。十多年过去了，每年百亿美元的诈骗损失也属保守估计。

2019年7月2日，"长城汽车被俄罗斯经销商骗取5840万美元"的新闻引发社会关注。当日晚间，长城汽车发布澄清公告，称俄罗斯经销商伊利托集团无法按时支付车款，涉及金额约人民币3.32亿元。长城汽车在俄罗斯上诉，由于此经销商已破产，俄罗斯法院驳回长城汽车上诉。最后就是"老赖"欠款多年，申请破产了事。

2004年，一则长虹在美国被骗的新闻刊登在《深圳商报》头版头条——《传长虹在美国遭巨额诈骗，受骗金额可能高达数亿元》，这则消息轰动了整个商界。长虹作为中国家电行业的领军企业之一，却不料上了美国APEX公司这条贼船，被长期拖欠货款至26亿元人民币！

虽然这两则被国外企业坑骗的都是国内大企业，但事实上在中国有很多小企业在对外贸易时也吃了不少亏！

海外骗子针对中国外贸企业的制度漏洞以及海外的特殊政策，对中国不少企业铺下

"坑坑洼洼"，使得被骗企业就如哑巴吃黄连！臭名昭著的"土耳其骗局"就是这些骗局中的典型。在这种骗术中，骗子先注册一个土耳其的空头公司，并由该公司出面将中国出口的货物骗到土耳其海关，故意拖延时间。根据土耳其海关规定，货物到港后进口商应在45天内完成提货手续，否则货物将被罚没并进行拍卖。不过45天届满后，收货人（买方）有两次申请延期的机会，每次30天，且不需要提交延期理由。此后，收货人还有一个申请延期30天提货的机会，但需向海关解释延期原因。因此，在收货人的配合下，货物在到港后135天内通常不会进入拍卖程序，不过在此期间产生的滞港、仓储等费用难以避免。货物列入海关拍卖清单后，原进口商为第一购买人。

同时，土耳其还有一条对出口商不利的海关规定：根据规定在船只到达土耳其港口前，货代需要将货物登记在收货人名下。

很多土耳其的不法企业正是抓住了这两点，采用各种手段拖延时间，导致最后海关拍卖，然后用很低的价格买进，再高价卖出分赃。

（资料来源：搜狐网财经频道，http://m.sohu.com/a/332095258_99994729。）

第二节　国际贸易的产生与发展

一、国际贸易的产生

（一）国际贸易产生的条件

国际贸易是在人类社会生产力发展到一定阶段时才产生和发展起来的，它是一个历史范畴。国际贸易的产生必须具备两个基本条件：一是要有国家的存在，二是产生了对国际分工的需要，而国际分工只有在社会分工和私有制的基础上才可能形成。这些条件不是人类社会刚产生就有的，而是随着社会生产力的不断发展和社会分工的不断扩大而逐渐形成的。

（二）原始社会末期国际贸易的产生

在原始社会初期，生产力水平极度低下，人们处于自然分工状态，劳动成果仅能维持群体最基本的生存需要，没有剩余产品用以交换，因此谈不上对外贸易。

原始社会后期，人类社会经历了三次社会大分工，每次分工都促进了社会生产力的发展和剩余产品的增加，同时也促进了私有制的发展和奴隶制的形成。在原始社会末期和奴隶社会初期，随着阶级和国家的出现，商品交换超出了国界，国际贸易便产生了。

（三）奴隶社会的国际贸易

在奴隶社会，由于社会生产力水平低下和生产技术落后，生产的产品主要是自己消费，能进入流通的商品数量很少。另外，当时交通工具简陋，道路条件恶劣，严重阻碍人与物的交流。因此，当时对外贸易局限在很小的范围内，其规模和内容都受到很大的限制。虽然在奴隶社会的经济中，对外贸易不占有重要的地位，但是它促进了手工业的发展，奴隶贸易成为奴隶主经常补充奴隶的重要来源。

奴隶社会是奴隶主占有生产资料和奴隶的社会，奴隶社会国际贸易中的主要商品是奴隶和其他专供奴隶主阶级享用的奢侈品，如宝石、香料和各种织物等。

奴隶社会时期从事国际贸易的国家主要有腓尼基、希腊、罗马等，这些国家在地中海东部和黑海沿岸地区主要从事贩运贸易。中国在夏商时代进入奴隶社会，贸易主要集中在黄河流域。

(四) 封建社会的国际贸易

封建社会时期的国际贸易比奴隶社会时期有了较大的发展。在封建社会早期，封建地租采取劳役和实物的形式，进入流通领域的商品并不多。到了中期，随着商品生产的发展，封建地租转变为货币地租的形式，商品经济得到进一步的发展。在封建社会晚期，随着城市手工业的发展，资本主义因素已孕育生产，商品经济和对外贸易都有较快的发展。

奴隶社会和封建社会由于生产力水平低下，社会分工不发达，自然经济占据统治地位，因此，国际贸易发展缓慢，国际贸易在奴隶社会和封建社会经济中都不占有重要的地位，贸易的范围和商品品种都有很大的局限性，贸易活动也不经常发生，还不存在真正的世界市场。

二、国际贸易的发展

(一) 二次世界大战以前国际贸易的发展

14~15世纪，西欧出现了资本主义生产关系的萌芽。15世纪欧洲的贸易中心是意大利北部的威尼斯、热那亚、佛罗伦萨等诸城市和波罗的海的汉萨同盟诸城市。15~16世纪初，随着资本主义生产关系的发展、地理大发现、海外殖民地的开拓，对外贸易的范围不断扩大。这一时期的国际贸易主要操纵在欧洲殖民主义者手中，欧洲殖民者采取各种掠夺、欺诈手段，有时直接抢掠土著居民的贵重物品，有时采用低价买进高价出售的办法进行剥削。残酷的不等价交换剥削，使欧洲殖民者大发横财，运回大量金银财富，甚至还开始买卖黑人的罪恶勾当，同时还将这些地区沦为本国的殖民地，妄图长久地保持其霸权。这样，既加速了资本原始积累，又大大推动了国际贸易的发展。西班牙、荷兰、英国之间的战火长期不断，目的就是为了争夺海上霸权，讲到底，就是要争夺殖民地和国际贸易的控制权。可见，国际贸易是资本主义生产方式的基础，同争夺海运和国际贸易的霸权相呼应，这些欧洲国家的外贸活动常常具有一定的垄断性质，甚至还建立了垄断性外贸公司。

17世纪中期英国资产阶级革命的胜利，标志着资本主义生产方式的正式确立。随后英国夺得海上霸权，意味着它在世界贸易中占据主导地位，这就为它向外掠夺扩张铺平了道路。18世纪中期的产业革命又为国际贸易的空前发展提供着十分坚实而又广阔的物质基础。一方面，蒸汽机的发明使用开创了机器大工业时代，生产力迅速提高，物质产品大为丰富，从而真正的国际分工开始形成。另一方面，交通运输和通信技术都有突飞猛进的发展，各国之间的距离似乎骤然变短，这就使得世界市场真正得以建立。正是在这种情况下，国际贸易有了惊人的巨大发展，并且从原先局部的、地区性的交易活动转变为全球性的国际贸易。这个时期的国际贸易，不仅贸易数量和种类有了长足增长，而且贸易方式和机构职能也有创新发展。显然，国际贸易的巨大发展是资本主义生产方式发展的必然结果。

19世纪70年代后，资本主义进入垄断阶段，此时的国际贸易不可避免地带有"垄断"的特点。主要资本主义国家的对外贸易被为数不多的垄断组织所控制，由它们决定着一国对外贸易的地理方向和商品构成。垄断组织输出巨额资本，用来扩大商品输出的范围和规模。它们又互相勾结，建立起国际联盟组织，共同瓜分势力范围。如果说自由竞争时期的国际贸易活动还在推动资本主义方式发展的话，此时资本主义国际贸易则完全是为了攫取高额垄断利润，为了更有效地争夺原料产地、商品市场和投资场所。正因为这样，从全球范围来看，总的说国际贸易的范围和规模在不断扩大,国际贸易越来越成为各国经济发展的重要因素。

20世纪初,爆发了两次世界大战和三次世界经济危机,特别是1929—1933年的资本主义世界经济危机,使世界工业生产下降了20%,国际贸易额下降了35%~40%,国际贸易的实物量下降了差不多2/3。这一时期贸易保护主义显著加强,奖出限入措施交互推进,螺旋上升,给国际贸易的发展设置了层层障碍。因此,两次世界大战期间,国际贸易的扩大几乎处于停滞状态。

在这一时期,国际贸易的地理格局发生了变化。第一次世界大战打断了各国间特别是欧洲国家与海外国家间的经济贸易联系,使欧洲在国际贸易中的比重下降,而美国的比重却有了较大的增长。亚洲、非洲和拉丁美洲经济不发达国家在国际贸易中的比重亦有所上升。但在这一时期,欧洲国家仍然处于国际贸易的控制地位,因为经济危机和超保护主义政策在限制欧洲各国间贸易的同时,鼓励和扩大了欧洲对其他国家的贸易。

在这一时期,国际贸易商品结构的特点表现在初级产品和制成品上。在1913—1937年的初级产品贸易中,食品和农业原料所占的比重都下降了,而燃料和其他矿产品所占比重均有增加。制成品贸易结构的突出变化是重工业品贸易所占比重显著增加和纺织品贸易比重下降。金属和化学品的国际贸易比重也有所增加,但其他轻工产品贸易比重则下降了。制成品贸易日益从消费品贸易转向资本货物贸易,半制成品贸易也稍有增加。

(二) 第二次世界大战以后国际贸易的发展

第二次世界大战后,世界经济又一次发生了巨大变化,国际贸易再次出现了飞速增长,其速度和规模都远远超过了19世纪工业革命以后的贸易增长。从1950年到2000年的50年中,全世界的商品出口总值从约607亿美元增加到63265亿美元,增长了将近103倍。年均增长率达11%,远远超过了工业革命后乃至历史上任何一个时期的国际贸易增长速度。而且,世界贸易实际价值的增长速度(年平均增长6%左右)超过了同期世界实际GDP增长的速度(年平均增长3.8%左右)。这意味着国际贸易在各国GDP中的比重在不断上升,国际贸易在现代经济中的地位越来越重要。

第二次世界大战后国际贸易领域出现了两个不同于以前的特征:服务贸易的快速发展和电子商务的广泛应用。第二次世界大战后,伴随着第三次科学技术革命的发生,各国尤其是发达国家的产业结构不断优化,第三产业急剧发展,加上资本国际化和国际分工的扩大和深化,国际服务贸易得到迅速发展。发达国家服务业占其国内生产总值比重达2/3,其中美国已达3/4;发展中国家服务业所占比重也达1/2。发达国家服务业就业人数占其总就业人数比重达2/3,发展中国家的这一比重达1/3。服务业日益发展,其专业化程度日益提高,经济规模不断扩大,从而效率不断提高,为国际服务贸易打下了坚实的基础。

国际贸易的交易手段也发生着变化。特别是20世纪90年代,随着信息技术的发展,信息、计算机等高科技手段在国际贸易上的应用,出现了电子商务这种新型的贸易手段,无纸贸易和网上贸易市场方兴未艾。据统计,EDI(Electronic Data Interchange,电子数据交换)使商务文件传递速度提高81%,文件成本降低44%,文件处理成本降低38%,由于错误信息造成的商贸损失减少40%,市场竞争能力则提高34%。利用国际互联网的网上交易量呈现逐年上扬势头。

随着科学技术的发展,国际贸易无论是总量、规模还是结构、形式,都发生了巨大改变。

(三) 国际贸易发展的因素分析

1. 生产方式的要求

(1) 国际贸易是资本主义生产方式确立的基础。资本主义生产方式产生的基础有两个：一要有大批自由劳动力，他们丧失了一切生产资料，只能依靠出卖劳动力生活；二要有建立资本主义企业所必需的大量货币财富。在这两个条件的形成过程中，对外贸易促进了自然经济的瓦解和商品经济的发展，使小生产者分化破产，为资本主义生产方式的产生提供了被迫出卖劳动力的雇佣劳动者；同时，通过海盗式的对外贸易，攫取了大量黄金、白银，为资本主义企业的产生准备了必要的财富。

(2) 国际贸易是资本主义生产方式发展的产物。资本主义生产方式确立以后，由于这种生产方式的内在要求，又决定了资本主义国家离不开对外贸易。

1) 追求利润和利润最大化的需要。从资本主义生产目的来看，追求利润是资本主义的内在要求和动力。由于投在对外贸易的资本能够获取更多的利润，必然驱使资本家开拓国外市场，发展对外贸易。

2) 解决国民经济发展不平衡的机制。从资本主义再生产来看，国民经济各部门的发展是不平衡的，要求通过对外贸易形成国际分工来进行调节。

3) 缓和经济衰退和危机的途径。从资本主义的基本矛盾来看，经济波动、衰退和危机是不可避免的，而对外贸易是缓和并转嫁经济波动、衰退和危机的重要途径。

4) 构筑资本主义经济体系的渠道。对外贸易使资本主义经济规律扩展到世界，把经济发展水平不同的国家结合起来，形成世界市场和世界货币。

2. 经济发展阶段的差异

美国经济学家罗斯托把世界各国的经济成长划分为六个阶段，即传统社会阶段、为"起飞"创造前提阶段、"起飞"阶段、向成熟推进阶段、高额群众消费阶段、追求生活质量阶段。世界各国所处阶段不同，所生产产品的种类、等级与性质有所差异，导致分工的不同。基于各国经济活动对各种产品带来的供给与需求的差异，需要进行对外贸易。

3. 各国经济资源禀赋不同

由于历史、自然和社会人文等方面的原因，生产产品所需的生产要素，诸如人力、资本、土地、管理等生产要素在世界各国分配极不平均，为保持经济的持续发展和满足人民群众的不同需求，需要展开国际贸易。

4. 各国之间生产要素缺乏流动性

在国家存在的前提下，由于自然、政治和社会等原因，生产要素不像在国内那样能够自由移动，所以需要通过货物和服务贸易替代国家间生产要素的流动。

5. 经济全球化与规模经济

经济全球化是指以市场经济为基础，以先进科技和生产力为手段，以发达国家为主导，以利润和经济效益最大化为目标，通过贸易、分工、投资和跨国公司实现世界各国市场和经济相互融合的过程，它是全球化的基础和产物的重要组成部分。在经济全球化的背景下，世界各国的市场日益融为一体，这使得企业在更大的市场上参与竞争。为了充分地获得规模经济效益，分工和国际贸易变得日益重要。

6. 需求偏好差异

当人们收入提高，解决了温饱以后，生活方面的需求变得日益多样化，这也促进了相互贸易的发展。

【扩展阅读】

世界范围的"大萧条"

美国股票市场的崩溃始于1929年9月。一个月内股票的价值就下降了40%，而且除了少数几次股价短暂的回升外，这种下降一直持续了三年。在此期间，美国钢铁公司的股票从262元下降到22元，通用汽车公司的股票从73元下降到8元。到1933年时，工业总产量和国民收入暴跌了将近一半，商品批发价格下跌了近1/3，而商品贸易则下降了2/3以上。

"大萧条"不仅是强烈的，而且具有独特的世界性影响。美国金融公司不得不收回它们在国外的短期贷款。毫无疑问，这产生了种种影响。1931年9月英国放弃了金本位制，两年后美国和几乎所有大国也都这样做了。工业和商业的崩溃与金融世界的崩溃极为相似：不包括苏联在内的世界工业生产指数从1929年的100下降到1930年的86.5、1931年的74.8和1932年的63.8，共下降了36.2%。而在前几次危机中，最多下降了7%。国际贸易的衰退更为急剧，它从1929年的686亿美元下降到1930年的556亿美元、1931年的397亿美元、1932年的269亿美元和1933年的242亿美元。还应指出的是，以往的国际贸易最大也就是在1907—1908年的危机中曾下降了7%。

（资料来源：斯塔夫里阿诺斯. 全球通史（第7版）. 北京大学出版社，2006。）

第三节 国际贸易的基本概念与分类

一、国际贸易的基本概念

（一）总贸易与专门贸易

各国在进行对外贸易统计时，所采用的统计方法存在差异，一些国家采用总贸易，而另一些国家采用专门贸易。

总贸易（General Trade）以货物通过国境作为统计标准，凡进入国境的商品一律列为进口，称为总进口（General Import）；反之，凡是离开国境的商品一律列为出口，称为总出口（General Export）。总进口额加总出口额就是总贸易额。日本、英国、加拿大、澳大利亚、俄罗斯等国家采用这种划分标准，中国也选择这种标准。

专门贸易（Special Trade）以货物通过关境作为统计标准，凡进入关境的一律列为进口，称为专门进口（Special Import）；反之，凡离开关境的商品一律列为出口，称为专门出口（Special Export）。专门进口额加专门出口额就是专门贸易额。美国、德国、法国、意大利、瑞士等国家都采用这种划分标准。

总贸易额和专门贸易额是不相等的。一是通过国境而未通过关境的贸易，如进入保税区又输出他国的货物，计入总贸易额而不计入专门贸易额；二是国境和关境往往不一致，有时国境大于关境，如一国在境内设立保税区；也有时关境大于国境，如若干国家成立关税同盟。

总贸易和专门贸易说明的是不同的问题。前者说明一国在国际货物流通中所处的地位和作用；后者说明一国作为生产者和消费者在国际货物贸易中具有的意义。

(二) 贸易额与贸易量

1. 贸易额

贸易额（Value of Trade）也叫贸易值，它是以货币表示的贸易金额，是对外货物贸易额与服务贸易额相加之和。各国的对外贸易额是用本国货币表示的，因此需要把各国的对外贸易额折算成相同的货币单位来表示，由于美元是当代国际贸易的主要结算货币，也是国际储备货币，所以，为了便于比较，许多国家除了用本国货币表示其贸易额外，还用美元来表示其贸易额。

出口货物贸易额是指一国在一定时期内（如一年、半年）向外国出口商品的全部金额。进口货物贸易额是指一国在一定时期内从国外进口商品的全部金额。一国的出口货物贸易额与进口货物贸易额之和，即为该国的对外货物贸易额。从国际范围来看，一国的货物出口就是另一国的货物进口，如果把世界各国的货物进出口额相加作为国际贸易额，就会造成重复计算。由于世界各国一般都是按 FOB 计算货物出口额，按 CIF 计算货物进口额，在商品进口额中，通常还包括运输和保险的费用等，因而不能把各国货物进口额相加作为国际贸易额，所以一般是把各国出口额的和作为国际贸易额。

通常以各国国际收支经常项目中的服务额代表服务贸易额。服务包括运输、旅游和其他服务。因服务的对外出口和进口部分不易与国内服务剥离，故统计中的对外或国际服务贸易额常常低于实际价值额。

由于各国币值经常波动，所以单纯用货币来计算的贸易额并不能准确地反映贸易的实际规模及其变化趋势，故需要以贸易量来表示。

2. 贸易量

贸易量是用进出口商品的计量单位来表示或反映贸易规模的指标。按照实物计量单位进行统计，其优点是可以剔除价格变动因素对货物贸易额带来的扭曲影响，更准确地反映实际货物贸易规模及其变动。但实物计量单位在统计一国全部商品进出口时，无法在不同商品间进行加总。所以，在实际工作中，往往要以固定年份为基期计算的进口或出口价格指数除当时的货物进口额或货物出口额的方法，得到相当于按不变价格计算的货物进口额或货物出口额。按照这种方法计算出来的对外贸易额已经剔除了价格变动的影响，单纯反映了对外货物贸易量，故称对外货物贸易量。

(三) 贸易差额

贸易差额（Balance of Trade）是一国在一定时期内（如一年、半年、一季、一月）出口（货物与服务）总额与进口（货物与服务）总额之间的差额。出口总额大于进口总额为出超（excess of export over import），又称贸易顺差（favorable balance of trade）。进口总额大于出口总额为入超（excess of import over export），又称贸易逆差（unfavorable balance of trade）。贸易顺差表明一国在贸易上收入大于支出；贸易逆差表明一国在贸易上收入少于支出。若出口贸易总额与进口贸易总额相等，则称为贸易平衡。

贸易差额是衡量一国对外贸易状况的重要指标。一般来说，贸易顺差表明一国对外贸易处于相对有利的地位，贸易逆差则表明一国对外贸易处于较为不利的地位。但这并不是绝对的，比如，长期大量的贸易顺差会使国内市场可供商品与服务相对于货币购买力来说变得匮乏，等于是将有用的商品换成无用的货币，造成对国内市场价格上升的压力。而贸易逆差若是出现在为加速经济发展而适度举借外债，引进先进技术及生产资料，也并非坏事。总之，从长期趋势来看，一国的进出口贸易应基本保持平衡。

（四）对外贸易或国际贸易结构

对外贸易结构分为广义的对外贸易结构和狭义的对外贸易结构。

广义的对外贸易结构是指货物、服务在一国总进出口贸易或国际贸易中所占的比重。如2018年，国际贸易出口总额为252202.96亿美元，其中，货物贸易出口额为194506.25亿美元，所占比重为77.1%；服务贸易出口额为57696.71亿美元，所占比重为22.9%。[一]

狭义的对外贸易是指货物贸易或服务贸易本身的结构比较，可分为对外货物贸易结构与对外服务贸易结构。

1. 对外货物贸易或国际货物贸易结构

对外货物贸易结构是指一定时期内一国或世界进出口货物贸易中以百分比表示的各类货物的构成。如2017年，世界货物贸易出口额为177285亿美元，其中，农产品为17360亿美元，所占比重为9.8%；燃料和矿产品为26342亿美元，所占比重为14.9%；制成品为121605亿美元，所占比重为68.6%。[二]

2. 对外服务贸易或国际服务贸易结构

对外服务贸易结构是指一定时期内一国或世界进出口服务贸易中以百分比表示的各类项目的构成。如2018年，世界服务出口贸易额为57697亿美元，其中，运输为10166亿美元，所占比重为17.6%；旅游为14365亿美元，所占比重为24.9%，其他服务为31056亿美元，所占比重为53.8%。[三]

广义和狭义的对外贸易或国际贸易结构可以反映出一国或世界的经济发展水平、产业结构的变化和服务业的发展水平等。为了进行深入比较，还可对货物贸易和服务贸易结构进行细分。如中国1990年货物出口结构中，国际贸易标准分类（SITC）商品分类的0~4类初级产品为25.6%，5~8类制成品为74.4%，到2017年，相应的比重分别为5.2%和94.8%。[四]

（五）对外贸易地理方向

对外贸易地理方向（Direction of Foreign Trade）表明一国出口货物和服务的去向地及进口货物和服务的来源地。一国的对外贸易地理方向通常受经济互补性、国际分工的形式与贸易政策的影响。计算公式为

对外贸易地理方向 =（对某国家和地区的出口或进口贸易额÷对世界出口或进口贸易额）×100%

对外贸易地理方向表明一国和地区与其他国家和地区之间经济贸易联系的程度。如2017年中国货物出口中，对发达国家出口占45.6%，对发展中国家出口占51.1%。同年，在中国货物进口中，来自发达国家进口的比重为39.7%，来自发展中国家的比重为57.1%。[五]

由于对外贸易是一国与其他国家之间的货物与服务的交换，因此，把对外贸易按货物与服务分类和按国家分类结合起来分析研究，即把货物与服务结构和地理方向的研究结合起

[一] 根据WTO官方网站数据计算。
[二] 数据来源于WTO，International Trade Statistics。
[三] 数据来源于WTO，International Trade Statistics。
[四] 中华人民共和国国家统计局，中国统计年鉴2018，http://www.stats.gov.cn/tjsj/ndsj/。
[五] 数据来源：2018年国际统计年鉴，http://data.stats.gov.cn/files/lastestpub/gjnj/2018/zk/indexch.htm。

来，可以查明一国出口中不同类别货物与服务的去向和进口中不同类别货物与服务的来源，具有重要意义。

(六) 国际贸易地区分布

国际贸易地区分布（International Trade by Country or Region）是指世界各洲、各国或地区在国际贸易中所占的比重。其计算公式为

$$国际贸易地区分布 = (对世界出口或进口额 \div 整个世界贸易额) \times 100\%$$

国际货物贸易地区分布计算公式为

$$国际货物贸易地区分布 = (对世界货物出口贸易额 \div 世界货物出口贸易额) \times 100\%$$

国际服务贸易地区分布计算公式为

$$国际服务贸易地区分布 = (对世界服务出口贸易额 \div 世界服务出口贸易额) \times 100\%$$

这一概念也可以细分到商品本身。

国际贸易地区分布表明各洲、地区或国家在国际贸易中的地位。国际政治、经济形势在不断变化，各国的经济实力对比经常变动，国际贸易地区分布也不断发生变更。其影响因素主要有：世界各国和地区的国内生产总值、经济贸易的发展和所处的地理位置等。如中国在2017年占世界货物贸易的比重为12.77%，在世界办公和电信设备贸易中的比重为11.24%，在世界电子数据处理设备贸易中的比重为6.15%，在世界通信设备贸易中的比重为2.89%，在世界集成电路和电子元件贸易中的比重是25.3%，在世界汽车产品贸易中的比重为5.33%，在世界服装贸易中的比重为1.03%。[○]

(七) 对外贸易依存度

对外贸易依存度（Degree of Dependence upon Foreign Trade）又称对外贸易系数，它是指一国的对外贸易额占其国民生产总值（GNP）或国内生产总值（GDP）的比重。其计算公式为

$$对外贸易依存度 = 对外贸易额/GNP(或GDP)$$

对外贸易依存度可分为出口依存度和进口依存度。出口依存度是指一国在一定时期内的出口额占GNP（或GDP）的比重；进口依存度是指一国在一定时期内进口额占GNP（或GDP）的比重。如，2017年中国国内生产总值（GDP）122377亿美元，货物出口总额22633亿美元，服务贸易出口总额2264亿美元，货物进口总额18419亿美元，服务贸易进口总额4641亿美元[○]，则可计算出中国2017年出口依存度是20.34%，进口依存度是18.84%。一般来说，经济发达、国土面积较小的国家，对外贸易依存度较大；反之，经济落后、国土面积较大的国家，其对外贸易依存度较小。

对外贸易依存度既反映对外贸易在一国国民经济发展中的地位或国民经济对于对外贸易依赖程度，又反映一国经济与其他国家经济联系的密切程度和该国参与国际分工的深度。对外贸易依存度越大，表明一国对世界经济的依赖程度越深。随着经济全球化的日益发展，各国的对外贸易依存度将普遍提高。

(八) 贸易条件

贸易条件是指一国在一定时期内出口一单位商品可以交换多少单位外国进口商品的比

○ 数据来源：根据WTO, International Trade Statistics 的数据计算所得。
○ 数据来源于2018年国际统计年鉴，http://data.stats.gov.cn/files/lastestpub/gjnj/2018/zk/indexch.html。

例，或交换比价。在国际贸易中，贸易条件有以下几种：

1. 净贸易条件

净贸易条件是一国在一定时期（通常为一年）内的出口价格指数与进口价格指数之比。其计算公式为

$$N = (Px/Pm) \times 100$$

式中，N 为净贸易条件；Px 为出口价格指数；Pm 为进口价格指数。

举例说明。假定某国贸易统计以 1970 年为基期，是 100；2000 年时出口价格指数下降 5%，为 95；进口价格指数上升 10%，为 110。那么这个国家 2000 年的净贸易条件为

$$N = (95/110) \times 100 = 86.36$$

这表明该国从 1970 年到 2000 年间，净贸易条件从 1970 年的 100 下降到 2000 年的 86.36，2000 年与 1970 年相比，贸易条件恶化 13.64。

2. 收入贸易条件

收入贸易条件是在净贸易条件的基础上，把贸易量加进来。其计算公式为

$$I = (Px/Pm) \times Qx$$

式中，I 为收入贸易条件；Qx 为出口数量指数。

还以上例说明。在进出口价格指数相同的条件下，该国的出口数量指数从 1970 年的 100 提高到 2000 年的 120。在这种情况下，该国 2000 年收入贸易条件为

$$I = (95/110) \times 120 = 103.63$$

它说明该国尽管贸易条件恶化了，但由于出口量的上升，本身的进口能力 2000 年比 1970 年增加 3.63，也就是收入贸易条件好转了。

3. 单项因素贸易条件

单项因素贸易条件是在净贸易条件的基础上，考虑劳动生产率提高或降低后贸易条件的变化。其计算公式为

$$S = (Px/Pm) \times Zx$$

式中，S 为单项因素贸易条件；Zx 为出口商品劳动生产率指数。

例如：假定进出口商品价格指数与上例相同，而该国出口商品的劳动生产率由 1970 年的 100 提高到 2000 年的 130，则该国的单项因素贸易条件为

$$S = (95/110) \times 130 = 112.27$$

这说明，从 1970 年到 2000 年，尽管净贸易条件恶化，但此期间出口商品劳动生产率提高，不仅弥补了净贸易条件的恶化，而且使单项因素贸易条件好转。它说明了出口商品劳动生产率提高在贸易条件改善中具有重要作用。

4. 双向因素贸易条件

双向因素贸易条件不仅考虑到出口商品劳动生产率的变化，而且考虑到进口商品劳动生产率的变化。其计算公式为

$$D = (Px/Pm) \times (Zx/Zm) \times 100$$

式中，D 为双向因素贸易条件；Zm 为进口商品劳动生产率指数。

假定上例中进出口价格指数不变，出口商品劳动生产率指数不变，而进口商品劳动生产率的指数从 1970 年的 100 提高到 2000 年的 105，则双向因素贸易条件为

$$D = (95/110) \times (130/105) \times 100 = 106.92$$

这说明，如果出口商品劳动生产率指数在同期内高于进口商品劳动生产率指数，则贸易条件会改善。

二、国际贸易的分类

国际贸易按照不同的标准可分为以下几种：

(一) 按交易内容划分

1. 货物贸易

货物贸易（Goods Trade），又称有形贸易（Visible Trade），是指看得见、摸得着的实际商品的进出口。国际贸易中的有形商品种类多，为了便于统计，联合国秘书处在1950年出版了《联合国国际贸易标准分类》（SITC），并分别在1960年和1974年进行了修订。在1974年的修订本里，把国际货物贸易共分为10大类、63章、233组、786个分组和1924个基本项目。这10类商品分别为：0类为食品及主要供食用的活动物；1类为饮料及烟类；2类为燃料以外的非食用粗原料；3类为矿物燃料、润滑油及有关原料；4类为动植物油及油脂；5类为未列名化学品及有关产品；6类为主要按原料分类的制成品；7类为机械及运输设备；8类为杂项产品；9类为没有分类的其他产品。在国际贸易统计中一般把0~4类商品称为初级产品，把5~8类称为制成品。海关统计记录有形贸易额。

2. 服务贸易

服务贸易（Trade in Service）亦称无形贸易（Invisible Trade），是指一切不具物质属性的服务进出口活动，例如运输、保险、金融、旅游、文化娱乐、法律服务、咨询等的提供与接受。服务贸易多为无形、不可存储的；服务提供与消费同时进行。WTO《服务贸易总协定》（General Agreement on Trade in Services，GATS）指出，国际服务贸易的形式为："从一参加方境内向任何其他参加方境内提供服务。在一参加方境内向任何其他参加方的服务消费者提供服务。一参加方在其他任何参加方境内通过提供服务的实体的介入而提供服务。一参加方的自然人在其他任何参加方境内提供服务。"世界贸易组织列出服务行业包括以下12个部门：商业、通信、建筑、销售、教育、环境、金融、卫生、旅游、娱乐、运输、其他。服务贸易额在各国国际收支表中只得到部分反映，不进入各国海关统计。

3. 国际技术贸易

国际技术贸易（International Technology Trade）是指技术跨越国界进行有偿转让的交易，主要包括：许可贸易；工业产权、非工业产权的转让；技术服务与技术咨询；合作生产与合作设计；工程承包；与设备买卖相结合的技术贸易。

(二) 按商品流向划分

1. 出口贸易

出口贸易（Export Trade）又称输出贸易，是指将本国生产或加工的产品输往国外市场销售。不属外销的产品则不属于出口贸易，如运出国境供驻外使馆人员使用的货物、旅客个人使用带出国境的货物，均不列入出口贸易。

2. 进口贸易

进口贸易（Import Trade）又称输入贸易，是指将外国商品输入本国市场进行销售。不属内销的货物不属于进口贸易，如外国使馆运进供自用的货物、旅客带入供自用的货物，均不列入进口贸易。

3. 过境贸易

过境贸易（Transit Trade）又称通过贸易，某种商品从 A 国经 C 国输往 B 国销售，该商品对 C 国而言即为过境贸易。这种贸易对 C 国来说，既不是进口，也不是出口，只是商品过境而已。过境贸易可分为直接与间接两种。凡外国商品运到国境后，不存放海关仓库，在海关监督下，通过国内交通线在另一处国境又输出国外，即为直接过境贸易。凡外国商品运到国境后，先存放海关仓库，未经加工又从仓库提出运往国外，即为间接过境贸易。

4. 复出口贸易与复进口贸易

从国外输入的商品，未在本国加工再次输出国外，称为复出口贸易（Re-export Trade）或再输出贸易。输往国外的商品未经加工又输入本国，称为复进口贸易（Re-import Trade）或再输入贸易，例如出口后退货、未售掉的寄售货物的退回等。

（三）按交易对象划分

1. 直接贸易

直接贸易（Direct Trade）是指商品生产国将商品直接出口到消费国，消费国直接进口商品生产国的商品时两国间进行的贸易。

2. 间接贸易

间接贸易（Indirect Trade）是指商品生产国不直接向消费国出口，商品消费国也不直接从生产国进口，而经由第三国的商人来完成的贸易。

3. 转口贸易

转口贸易（Transit Trade）是商品生产国与消费国通过第三国商人签订的进口合同和出口合同进行的贸易，对第三国来说就是转口贸易。转口贸易按其经营的渠道可分为两种：一是出口商品从生产国运往某一国（或地区）后，经过加工或并未经过加工，又从该地转口商销往消费国；二是出口商品虽然是从生产国直接运往消费国，但它们之间并未发生直接的买卖关系，交易是通过第三国的转口商进行的。从事转口贸易的城市多数是地理位置优越、运输方便、贸易限制少，如新加坡、香港、鹿特丹等。

（四）按运输方式划分

1. 陆运贸易

陆运贸易是指用陆路运输工具如火车、卡车运送货物的国际贸易。陆地毗邻国家之间的贸易常采用陆路运送货物开展贸易。

2. 海运贸易

海运贸易是指货物用各类船舶通过海上运输的国际贸易。海运是国际贸易最主要的运输方式。

3. 空运贸易

空运贸易是指以航空运送货物的国际贸易。价值昂贵、数量少或时间性强的货物常采用空运方式开展贸易。

4. 多式联运贸易

多式联运贸易是指用陆、海、空各种运输方式相结合运送货物的国际贸易。国际物流革命促进了这种方式的贸易。

5. 邮购贸易

邮购贸易是指采用邮政包裹方式寄送货物的国际贸易。邮政贸易的优点是服务周到、方便客户，适宜于样品传递和数量不多的个人购买等。

（五）按清偿工具划分

1. 自由结汇贸易

自由结汇贸易又称现汇贸易，是指以国际通用货币作为清偿手段的国际商品交易。国际通用货币是可以自由兑换的货币，如美元、英镑、日元等。

2. 易货贸易

易货贸易是指支付结算方式是以货换货，即货物经过计价后进行的国际商品交换。它的特点是进口与出口直接联系，以货换货，进出基本平衡，可以不用现汇支付。易货贸易有的根据两国政府间签订的贸易协定进行，有的根据民间贸易团体达成的易货协议或进出口企业之间签订的易货合同进行。

【扩展阅读】

芭比娃娃与世界经济

一个产品的出口值并不必然反映该出口国的增加值。如果某些投入品是进口到该国的，那么增加值就小于出口值。

一个在阿纳海姆的玩具反斗城商店出售的芭比娃娃，贴着"中国制造"，标价9.9美元。但是，中国能从中获得多少好处呢？约35美分。当芭比娃娃运抵美国时却以2美元的出口值记入中国账户。最终阿纳海姆芭比娃娃收取了全价，为美泰公司带来了至少1美元的利润。

根据美国海关统计，1995年从中国进口的玩具总额达54亿美元，约等于美国政府所计算的总逆差数字的1/6。其他几个国家或地区对阿纳海姆芭比娃娃制造的贡献与中国内地一样多，甚至更多。来自沙特阿拉伯的石油经提炼后生产成乙烯，中国台湾用这种乙烯生产用于制作芭比身躯的乙烯基塑料球，日本提供芭比娃娃的尼龙头发，美国供应芭比娃娃的纸板包装，中国香港管理所有事项。

每个国家或地区都从2美元的芭比出口值中切取了一块，2美元正是用于计算贸易额的数字（约为最终零售价的1/5）。但中国却不得不为此买单：在贸易账本上，芭比是一个中国出口品。随着中国对美国的贸易优势不断增长，这个事实变得日益重要，它给政客们敲响了警钟，使得世界上最富裕的国家和世界上人口最多的国家极易疏远。美国商务部官员最近声称，根据6月份的数字，中国在历史上首次超过日本成为对美国贸易不平衡最大的国家。

中国认为，美国的数字没有把在中国香港地区和其他途经国家对产品的价值增值计算在内。"商务交易如此复杂，在整个加工过程中它涉及两个或三个'地方'，"中国原对外贸易与经济合作部官员马晓野在其最近一篇阐述北京立场的文章中写道，"增加值是在多于两个地方中累积而成的并与转运交织在一起。这导致很难确定货物原产地，并且大量的加工贸易导致严重的贸易统计扭曲。"

（资料来源：节选自 Rone Tempest，"Barbie and the World Economy," Los Angeles Times, September 22, 1996, pp. A1, A12.）

第四节　当代国际贸易发展的特点

一、国际贸易发展速度超过历史水平

在第三次科技革命的作用下，在贸易自由化和投资自由化的推动下，国际贸易获得空前发展，世界货物贸易增长速度1950—1973年为7.88%，1973—1980年为5.07%，1980—1990年为6.0%，1990—2000年为6.7%，2000—2005年为10.0%。远远高于1870—1913年的3.4%和1913—1950年的0.9%，第二次世界大战结束到2005年的货物贸易发展速度都超过历史水平。受金融危机影响，2005—2012年的货物出口量平均增长率回落至8.4%。在2009年世界进出口货物贸易出现了负增长。2012—2018年由于受世界经济发展低迷和贸易保护主义思想抬头的影响，世界出口货物贸易年均增长率为0.83%，在2015—2016年连续两年世界进出口货物贸易都出现了负增长。○

二、国际分工向纵深发展

第二次世界大战后，国际分工向纵深发展，其特点如下：第一，各种类型国家都不同程度地参与国际分工，形成了世界性的分工。第二，水平型国际分工成为国际分工的主要形式，发达国家在国际分工中占据主导地位。第三，国际分工从产业间分工为主发展到产业内分工为主，不同型号和规格的产品专业化、零部件产品专业化和工艺过程的专业化在世界范围内急剧而迅猛地发展。第四，国际分工从货物分工向服务业领域发展，并出现了相互结合、相互渗透的趋势。第五，虽然目前发达国家仍然处于国际分工的中心，但新兴工业化国家和地区开始向国际分工中心地位发展。第六，国际分工机制从第二次世界大战前的殖民统治、不平等条约和价值规律作用，转变为以主权国家为主，通过价值规律作用，以跨国公司全球生产体系和资本国际化的方式进行。

三、国际贸易的商品结构向高科技、服务业领域发展

国际贸易的商品结构向高科技、服务贸易和技术贸易的发展，加速了国际贸易的商品结构的高科技与产业结构的升级，从其变化趋势看有以下两个突出特点。一是高科技产品在制成品贸易中的地位大大提高，尤以信息通信技术产品出口增长最快。与此同时，由于跨国公司纷纷把以信息技术为代表的高新技术产业向发展中国家转移，近年来发展中国家技术密集型产品出口占全球的比重快速上升。二是伴随着各国产业结构的优化升级，全球服务贸易发展迅猛。具体表现有以下几点：第一，在世界货物出口贸易中，工业制成品在世界货物贸易中所占比重超过初级产品，所占比重不断攀升，从1953年的50.3%上升到2017年的68.59%。○第二，高科技产品发展迅速，在国际贸易商品结构中所占比重不断提高。个人和商用电脑与相关设备、半导体、各种电话设备、传真机、收音机、广播电视和消费电子、航天航空设备等技术含量高的产品大量涌现，在国际贸易商品结构中所占比重不断攀升，2017

○ 数据来源：根据WTO，International Trade Statistics的数据计算所得。
○ 数据来源：根据WTO，International Trade Statistics以及https：//data.wto.org/的数据计算所得。

年办公和电信设备、汽车、科学和控制仪器等高新技术产品在整个世界货物出口中的比重已经达到21.09%。第三，国际服务贸易在整个世界贸易中的比重从1985年的16.1%提高到2018年的22.88%。第四，旅游、通信、计算机、信息、保险和金融服务业在世界服务业出口中所占比重呈上升趋势，而运输业呈下降趋势。

四、外贸依存度不断提高

《世界经济千年史》的作者按1990年价格计算了世界和主要地区商品出口占国内生产总值的比重。其中，世界的这一比重1950年为5.5%，1973年为10.5%，1998年为17.2%。世界银行《世界发展指标》显示：世界货物依存度从1990年的31.68%提高到2012年的50.82%，服务贸易依存度同期从7.5%提高到11.86%。随着各国外贸依存度的不断提高，各国国内市场与国际市场日益融合，国与国之间的经济依赖性加深，贸易对经济的传递作用加大，各国的经济互动性加强。

五、科学技术在国际贸易中的作用日益加强

科学技术成为对外贸易发展的关键因素，表现在：第一，科技进步有力地推动了世界经济的增长，为国际贸易的迅猛发展奠定了物质基础，发达国家经济增长的70%是依靠科技进步实现的。第二，跨国公司在当代世界经济贸易中占据主导地位，而掌握技术优势成为跨国公司全球战略的基础。第三，科学技术使国际贸易商品结构向高级、优化方向发展。科学技术不仅能节省大量的原材料，而且能研制出大量的替代品。第四，科技使拥有劳动力优势国家的竞争力下降，而拥有大部分世界科技成果的发达国家，其国际竞争力不断增强。在新的以知识为基础的财富创造系统中，劳动力成本在生产总成本中的比例不断缩小。第五，科学技术促进了国际服务贸易和技术贸易的迅速发展。第六，科技的发展使国际贸易方式不断发生革命。20世纪70年代后出现运输"集装箱"革命，随着计算机网络、电视媒体和电话通信的空前繁荣，又出现了新的贸易手段——电子商务。这增加了企业的贸易机会，提高了服务水平与质量，降低了交易成本，使企业内部运作过程合理化。电子商务的出现和应用，被认为是一场"结构性的商业革命"。

六、跨国公司成为推动国际贸易发展的重要力量

当今的全球经济是以全球价值链为特点的，在这一链式系统中，中间产品和服务的交易在被分割且分散在各国的生产工序中进行。全球价值链通常由跨国公司协调，投入和产出的跨界交易在其子公司、合同伙伴及正常供应商的网络中进行。因此，跨国公司在国际贸易中的地位不断提高，在经济全球化的推动下，生产要素特别是资本在全球范围内更加自由地流动，跨国公司通过在全球范围内建立生产和营销网络，推动了贸易投资日益一体化，并对国际贸易格局产生了深刻影响。跨国公司已成为全球范围内资源配置的核心力量，跨国公司在世界生产、贸易和投资中居主要地位。2012年，跨国公司的国际生产继续稳步扩张，直接投资存量增长了9%，达到23万亿美元。跨国公司的外国子公司创造了价值26万亿美元的

---

① 数据来源：根据WTO, International Trade Statistics 以及 https://data.wto.org/的数据计算所得。
② 数据来源：根据WTO, International Trade Statistics 以及 https://data.wto.org/的数据计算所得。

销售额，增加值达 6.6 万亿美元，增长了 5.5%，与全球国内生产总值 2.3% 的增幅相比相当突出⊖。跨国公司在一些国家出口中占据重要地位。跨国公司在所有产业出口中的比重，阿根廷、智利、墨西哥、波兰 2000 年分别为 20%、28%、31%、56%，法国 1998 年为 21%，匈牙利 1999 年为 80%。跨国公司为国际技术流动发挥了重要的媒介和渠道作用，跨国公司作为技术变革和技术转让的中心、应用技术及其服务的提供者在国际技术贸易中占有十分重要的地位，跨国公司垄断了 80% 的国际技术贸易，已成为当代国际技术贸易的最主要载体。跨国公司把许多发展中国家和经济转型国家纳入其全球生产和营销体系。

七、发达国家是国际贸易的主体

发达国家在世界货物贸易出口中的比重 1950—2000 年一直占 65% 以上，即使受金融危机影响有所下降，也占到一半以上。1990 年以后，发展中国家的比重基本处于上升状态，到 2014 年升到 44.65%；东南欧和独联体国家的比重则维持在 4% 左右。第二次世界大战后各类国家在世界货物出口贸易中的比重见表 1-1。

表 1-1 各种类型国家在世界货物出口贸易中的比重（%）

类型	年份								
	1950	1960	1970	1980	1990	2000	2006	2013	2014
世界	100.0	100.0	100.0	100.0	100.0	100.0	100.0	100.0	100.0
发达国家	62.82	70.76	76.36	66.18	72.50	65.70	58.71	50.87	51.33
发展中国家	34.02	24.50	19.08	29.65	24.12	31.91	37.54	44.78	44.65
经济转型国家①	3.16	4.75	4.55	4.17	3.39	2.39	3.75	4.35	4.02

① 原为东南欧和独联体国家，次分为亚洲和欧洲，独联体国家被视为贸易集团。
（资料来源：根据联合国贸易与发展会议《国际贸易与发展统计手册 2013》编。）

在国际服务贸易中，发达国家也占绝对比重，而且高于它们在世界货物出口贸易中的比重。2006 年和 2013 年，发达国家在世界服务出口贸易中的比重为 72.7% 和 67%。同期，发展中国家的相应比重为 25.2% 和 30.2%，经济转型国家的相应比重为 2% 和 2.8%⊜。

八、贸易自由化成为贸易政策的主流

在经济全球化的推动下，世界各国经济交往越发频繁，贸易自由化已是不可逆转的潮流。但是随着国际贸易规模不断扩大，贸易摩擦产生的可能性也就越大。当前，各国经济景气的不均衡性、区域贸易集团的排他性、贸易分配利益的两极化等都是造成贸易保护主义层出不穷的重要原因。因此，各国对外贸易政策仍然显现出自由化和保护主义同时并存、相互渗透和影响的基本态势。在不同时期，贸易自由化政策和贸易保护主义政策交替使用。某些国家某一时期贸易保护主义思想可能重新抬头，甚至占上风。但是，就整个国际贸易政策来说，贸易自由化是主流。主要表现在：第一，各国进出口关税大幅度降低，非关税壁垒被逐步削弱、取消。第二，各国的贸易歧视被限制在一定范围，对国际贸易的管理和干预，正逐

⊖ 数据来源于联合国贸易与发展会议（UNCTAD）官方网站。
⊜ 数据来源于联合国贸易与发展会议（UNCTAD）官方网站。

步趋于规范化和透明化。第三，受贸易自由化影响的国家和地区越来越多，贸易日益自由化。

九、多边贸易体制对国际贸易的发展发挥了重要作用

第二次世界大战后，为了促进世界经济的恢复与重建，1947年关税与贸易总协定（以下简称关贸总协定）成立，成为世界多边贸易体制的组织和法律基础。关贸总协定主持了八轮多边贸易谈判，关税不断下调，非关税壁垒受到约束，推动了关贸总协定缔约方的贸易自由化。经济全球化的发展，要求世界多边贸易体制进一步加强。1995年建立的世界贸易组织（WTO）取代了1947年的关贸总协定，其管理的贸易协定与协议，从货物延伸到投资、服务贸易和知识产权。这使世界多边贸易体制进一步巩固和完善，对国际贸易的发展发挥了重要作用。表现在以下几点：第一，世界贸易组织成员的贸易约占世界贸易额的98%。第二，世界贸易组织负责实施的贸易协定和协议从货物贸易延伸到服务贸易、投资和知识产权。第三，世界贸易组织的争端解决机制在一定程度上避免了许多"贸易战"，减少了"贸易战"带来的损失。

十、世界市场竞争向综合化、集团化和有序化方向发展

世界市场竞争日益综合化表现在：第一，把货物、服务、投资与知识产权有机地结合起来。第二，把贸易自由化与允许的正当保护结合起来。第三，把关税措施与非关税措施结合起来。第四，把跨国公司的发展与提高中小企业竞争力结合起来。第五，把国内市场竞争与国外市场竞争有机地结合起来。第六，把价格竞争与非价格竞争有机地结合起来。

世界市场竞争日益集团化体现在：第一，地区经贸集团数目急剧增加，已从20世纪80年代的80多个增加到2019年已通知关贸总协定/世贸组织的区域贸易协定481个①已生效。第二，地区经贸集团的类型更加多样化。除了自由贸易区、关税同盟、共同市场、经济同盟外，还出现了自我承诺类型的经贸集团，如亚太经合组织。个别经贸集团已从经贸集团向政治集团发展，如欧盟。第三，地区经贸集团形成的基础发生了结构性的变化，突破了地区、社会制度和经济发展水平的限制。第四，经贸集团内部通过贸易和投资等方面的自由化，统一市场，使内部贸易不断扩大。

世界市场竞争向有序化方向发展体现在：第一，164个WTO成员②涵盖了全球约98%的贸易，在WTO规则基础上进行"开放、公平和无扭曲"的竞争。第二，国际贸易法律、规则和标准日益趋同化，与各国国内相关法规的相融性在加强。

十一、电子商务使国际贸易方式发生革命

计算机网络在商业上的应用，出现了电子商务，国际贸易方式发生革命，有助于政府改进国际贸易管理方式。主要表现在以下几点：第一，通过政府网站发布国际贸易政策和法规。第二，通过信息网络开展进出口统计和统计资料发布。第三，实现网上申领发放进出口许可证，进行全面的进出口许可证核查，海关凭许可证验收，银行凭许可证结汇，大大减少

---

① 数据来源：世界贸易组织官方网站，http://rtais.wto.org/UI/publicsummarytable.aspx。
② 数据来源：世界贸易组织官方网站，数据截至2019年7月底。

不必要的中间环节,提高效率,节省费用。第四,进出口商品配额实行网上招标,企业在网上发出投标书竞标,外经贸管理部门在网上对标书进行评选和确认,并把配额迅速发放到企业。第五,进出口商品检验使用的报验、检验出证的计算机管理和系统内数据通信网,快捷、高效,且出错少。第六,实现海关管理和报关的网络化,既提高管理水平,给企业提供方便,又减少了逃税现象。

电子商务下的国际贸易把全部进出口货物所需要的主要流程,如市场调研、国际营销、仓储、报关等引入计算机网络中,将信息网络、金融网络和物流网络结合起来。通过信息网络把事务活动和贸易活动中发生关系的各方有机地联系起来,使信息流和资金流迅速流动,为世界各地的制造商和贸易商提供全方位、多层次、多角度的互动式的商贸服务,将处于不同的时间和空间的生产者、经营者和消费者以及商业和贸易所需环节通过网络数字技术有机地联结到现有的信息技术系统上,将商品和劳务的交易活动由固定的场所转移到无固定场所的开放的国际互联网上,打破了国际各个相对独立存在的国家、地区和实体市场之间的地域限制,使国际贸易走向无国界贸易,极大地摆脱了传统贸易活动中的物质、时间和空间对交易双方的限制,使贸易双方可在全球范围比较和选择。

目前,跨境电子商务已成为时代新潮流。全球的跨境电子商务正在重塑国际贸易的格局,包括生产模式、消费模式、流通模式以及全球的产业链、价值链和供应链的各个环节。跨境电子商务正在扮演外贸增长新动力的角色。

十二、出现了国际物流"革命"

所谓国际物流是指不同国家之间的商品流动,它是国内物流的延伸和进一步扩展,是国际贸易的重要环节。为了提高竞争力,各大物流企业加大了对物流信息网络和营运系统的投资建设,出现了国际物流"革命"。

运输成本的降低也对贸易增长做出了贡献,1956年人类发明了运输集装箱,这使得货物通过轮船、火车和卡车的流动比以前更便宜,集装箱的发明是物流行业的一次重大革命,在集装箱发明之前,海运业利润很低,集装箱发明之后,问题得到了革命性的解决。集装箱航运让来自世界各个角落的产品轻松地登陆全球各地,它戏剧性地降低了运输的成本。

十三、中国的贸易地位崛起

中华人民共和国成立后的前十年,中国的对外贸易开始起步。20世纪60年代,中国对外贸易发展总体缓慢;70年代,中国对外贸易发展总体呈停滞状态。

1953—1978年,中国出口额占世界出口总额的比重由1.23%下降到0.75%,在国际贸易中所占的位次由第17位滑落到第32位。1978年实行改革开放后,对外贸易进入快速发展时期,在世界出口总额中的比重从1980年的0.9%上升到2000年的3.9%;同期,在国际贸易中的位次从第26位提高到第7位。2001年加入WTO后,中国对外贸易进入高速发展时期,在世界货物出口贸易中的比重从2001年的4.3%上升到2012年的11.1%,2013年中国货物进出口总额达4.16万亿美元,跃居世界第一货物贸易大国⊖。2018年中国货物进

⊖ 数据来源于世界贸易组织官方网站。

出口 30.5 万亿元，增长 9.7%，服务进出口 5.2 万亿元，增长 11.5%，服务贸易连续五年位列世界第二；货物和服务的进出口规模均创历史新高，2018 年货物进出口比 2017 年净增 5100 多亿美元，超过中国 2001 年的进出口总额。

2018 年，中国外贸结构在贸易方式、商品结构、国内区域布局、经营主体等方面均实现了优化。2018 年全年一般贸易出口占比提高至 56.3%，机电产品出口占比上升至 58.7%。"一带一路"沿线国家进出口占比升至 27.4%，西部、中部地区外贸增速分别为 16.1%、11.4%，分别超过全国增速 6.4、1.7 个百分点。民营企业出口占比提升至 48%，继续保持出口第一大经营主体地位。外贸新业态发展环境不断改善，外贸发展新旧动能加快转换。

2018 年全国新设 22 个跨境电商综合试验区和 6 个市场采购贸易方式试点主体，已经有 35 个跨境电商综合区、14 家市场采购贸易方式试点主体，2018 年通过海关跨境电子商务管理平台实现进出口 1347 亿元，增长 50%，跨境电商市场采购贸易连续三年保持高速增长。以跨境电商为代表的外贸新业态、新模式快速发展，市场主体活力进一步提升。

2018 年，中国在稳住传统外贸市场的同时，引导企业积极开拓新兴市场。中国对"一带一路"沿线国家、非洲和拉丁美洲进出口增速分别高出整体增速 3.6、6.7 和 6 个百分点。⊖

【扩展阅读】

50 年前的航运巨变

全球化正在经历第五十个年头。正是在 50 年前，莫尔康·麦克莱恩，这位来自北卡罗来纳州的企业家，用一艘轮船装载了 58 只 35 英尺⇨的集装箱从纽约纽瓦克驶往休斯敦。他不是认为用集装箱运输可以提高运输效率的唯一的人，但他是第一个设计了这种运输系统的人，即把货物包装在巨大的金属盒里并可以用起重机进行装卸的系统。集装箱运输最终取代了传统的"散货运输方法"，极大地降低了运输成本，使市场得以复兴，推动了世界经济的增长。

根据马特森的研究，1959 年，在该产业每个工时只能装卸 0.627t 货物。到了 1976 年，随着集装箱运输的日益完善，每工时可以装卸 4234t 货物。一艘轮船滞留码头的时间由三个星期缩短到了 18 个小时。1950 年，一艘时速为 16 节的商业货轮平均装载量只有 10000t。用集装箱运输后，一艘时速为 23 节的商业货轮平均可以装载 40000t 货物。今天，这个数字更大。一艘时速达 24.8 节能装运 6600 只 20 英尺集装箱的货船能运载 77000t 货物。

"集装箱化革新了全球制造品贸易，就如同喷气式飞机改变了我们的旅行方式以及因特网改变了我们的沟通方式。"被誉为运输业圣经的《商业杂志》编辑约瑟夫·邦尼说道，"如果没有集装箱运输提供的高效率运输，过去二十年的亚洲经济奇迹就不可能发生。"

（资料来源：摘自 George Raine, "A Sea Change in Shipping: 50 Years Ago, Container Ships Altered the World," San Francisco Chronicle, February 5, 2006, electronic edition。）

⊖ 数据来源于中国商务部网站。
⇨ 1 英尺 = 0.3048m。

本章小结

国际贸易和国际贸易学的概念十分丰富，国际贸易和国内贸易也有较大的差异。随着社会生产力的发展和政治实体的出现，国际贸易先后经历了奴隶社会、封建社会和资本主义社会，国际贸易逐步形成，世界市场得以确立。

第二次世界大战以后，随着世界经济的恢复和发展、第三次科学技术革命、资本的国际化和贸易自由化，国际贸易取得空前发展，反过来又促进了世界经济的发展，当代国际贸易也呈现出许多新的发展特点，中国已经发展成为贸易大国，并正在向贸易强国迈进。

关键词

国际贸易学　国际贸易　总贸易　专门贸易　贸易额　贸易量　贸易差额　贸易结构　对外贸易地理方向　国际贸易地区分布　对外贸易依存度　贸易条件　出口贸易　进口贸易　过境贸易　有形贸易　无形贸易　直接贸易　间接贸易　转口贸易

复习思考题

1. 国际贸易与国内贸易有什么区别？
2. 对外贸易的产生需要什么条件？
3. 国际贸易如何分类？
4. 如何区分狭义与广义的对外贸易结构？
5. 影响一国对外贸易依存度的因素有哪些？
6. 案例分析

下面是从2018年国际统计年鉴摘录的2017年中国、日本、韩国、美国贸易数据（见表1-2）。

表1-2　2017年中国、日本、韩国、美国贸易数据　　（单位：亿美元）

	中国	日本	韩国	美国
服务贸易出口额	2264	1800	865	7617
服务贸易进口额	4641	1889	1203	5160
货物贸易出口额	22633	6981	5731	15467
货物贸易进口额	18419	6719	4785	24095
国内生产总值（GDP）	122377	48721	15308	193906

（1）试计算：

① 分别计算四国的对外贸易额、服务贸易额、货物贸易额、各项贸易差额，各项差额是顺差还是逆差？计算中国服务贸易和货物贸易所占的比重。

② 分别计算四国的外贸依存度、出口依存度和进口依存度。

（2）试分析：

从中国、日本、韩国、美国四国经济的外贸依存度分析，谈谈哪国更怕"贸易战"？

第二章

国际分工与世界市场

国际贸易的产生和发展与国际分工及世界市场的产生和发展密切相关。有国际分工才有以国际专业化生产为纽带的世界市场，才产生国际贸易。国际分工是国际贸易的基础，而国际贸易是国际分工的表现。世界市场是国际贸易动态化的平台，它与国际贸易和国际分工同步而生，并随着国际贸易和国际分工的发展而扩大。世界市场价格是世界市场上各种商品、服务及生产要素交换的基础，也是贸易产生的具体原因，它是价值规律在世界市场的表现，同时它带来了贸易利益，调节着国际分工，促进国际商品的生产和销售，决定着各国经济贸易政策的确立和企业贸易战略的选择。

通过本章学习，应了解国际分工的形成、发展过程以及对国际贸易的影响，熟悉国际分工与国际贸易的关系以及影响国际分工的因素，掌握世界市场的形成机制与发展历程，灵活运用开拓世界市场的手段和方法。

第一节 国际分工的含义、类型及发展历程

一、国际分工的含义

国际分工（International Division of Labor）是指世界各国或地区之间的劳动分工。它是社会分工发展到一定历史阶段，国民经济内部分工超越国家界限发展的结果，是社会分工的延伸和发展。国际分工的表现形式是各国货物、服务和生产要素的交换。

二、国际分工的类型

国际分工的类型是指世界各国在国际分工体系中所处的位置。按照参加国际分工国家的经济发展水平，国际分工可分为三种不同类型，即垂直型国际分工、水平型国际分工和混合型国际分工。

（一）垂直型国际分工

垂直型国际分工（Vertical International Division of Labor）是指经济发展水平不同的国家之间的纵向分工，主要是指发达国家和发展中国家之间的国际分工。

19世纪形成的国际分工就属于垂直型分工，其特征就是两种不同类型国家的生产分别属于两种不同的产业，主要表现为制造业与农矿业的分工、制成品与初级产品的分工。第二次世界大战后，随着发展中国家的经济发展，这种类型的分工有所减弱，但仍然是发达国家与发展中国家之间的一种主要的分工类型。这一阶段的垂直型国际分工的特点是发达国家从事资本和技术密集型产品的生产，发展中国家从事劳动密集型产品的生产，因此在同一产业的不同部门间形成垂直型国际分工。

（二）水平型国际分工

水平型国际分工（Horizontal International Division of Labor）是指经济发展水平相同或相近的国家之间的横向分工，主要是指发达国家之间、发展中国家之间以及发达国家与一些新兴工业化国家之间在工业部门上的分工。水平型国际分工主要表现为各个国家在不同的工业制成品上的分工。

从历史上看，不同国家技术水平存在着差异，工业部门发展很不平衡，因而形成了水平型分工。第二次世界大战前水平型国际分工表现为不同产业所生产的制成品之间的国际分工和贸易，即产业间分工；第二次世界大战后，由于科技进步与工业迅速发展，工业部门内部专业化生产程度越来越高，国际分工也进一步深化到产业内部，部门内部的分工、产品零部件的分工、各种加工工艺间的分工越来越细，形成了国际工业部门内部的分工，即产业内分工。

（三）混合型国际分工

混合型国际分工（Mixed International Division of Labor）即垂直型与水平型结合起来的国际分工方式，即一个国家在国际分工体系中，既参与垂直型分工，又参与水平型分工。例如，德国是典型的混合型国际分工的代表，它与发展中国家是垂直型分工，而与其他发达国家是水平型分工。

三、国际分工的形成与发展

国际分工是劳动分工经过自然分工和社会分工的必然结果。资本主义工业革命后，以大机器生产为标志的资本主义生产方式确定后，生产力迅速提高。机器生产出更丰富多彩的制成品，滋生着扩大市场的欲望，同时也对原材料、劳动力、土地提出更多的需求。市场的扩大本身表现为对原材料、劳动力、土地等生产要素需求的国际延伸，于是机器大生产在地理意义上得到扩展，国民经济的发展也就超越了国家的界限，通过国际贸易而与世界各国的经济发展相联系。同时，这种生产国际化发展必然导致社会分工发生一些新的变化。国内社会分工随着国际贸易的扩展而趋向于外向型的发展格局，并进一步在国际市场上发挥作用，演变为国际分工。国际分工并不是所有社会形态共有的，国际分工在其形成和发展的过程中经历了萌芽、发展、形成和深化阶段。

（一）萌芽阶段（16 世纪至 18 世纪中叶）

从 15 世纪末 16 世纪初的"地理大发现"到 18 世纪 60 年代的第一次工业革命之前，是国际分工的萌芽阶段。

在"地理大发现"之前，世界上的贸易活动只局限于以地中海为中心，此外还包括波罗的海、北海和欧洲国家之间的贸易，以及中国与邻近一些国家的贸易，真正意义上的国际贸易还没有出现。"地理大发现"之后，随着新大陆的发现和新航路的开辟，世界市场的范围扩大了，新兴资产阶级也有了更广阔的活动场所。从这时候起，他们的贸易地区从地中海沿岸扩大到了大西洋沿岸，这既带动了西欧经济从手工业向工场手工业的过渡，又极大地拓展了国家之间商品贸易的范围和规模。与此同时，西欧国家推行殖民政策，在南美洲、亚洲和非洲等新发现地区，运用暴力和超经济的强制手段进行掠夺。这些国家在殖民地强迫当地人民开采矿山，掠取金银，建立种植园为他们种植烟草、咖啡、甘蔗等，建立起早期的国际专业化生产和最初形式的分工——宗主国和殖民地之间的特殊分工。这种分工，既保证了宗主国对热带产品的输入，又增加了其工场手工业产品的出口。

(二) 发展阶段（18世纪60年代至19世纪60年代）

从18世纪60年代的第一次工业革命到19世纪后期第二次工业革命之前，是国际分工的发展阶段。

以蒸汽机为标志的第一次工业革命是国际分工逐渐形成和发展的原动力，18世纪60年代至19世纪60年代发生的工业革命，使资本主义从工场手工业过渡到机器大工业。蒸汽机、纺纱机、织布机等的发明和应用，使得生产能力和生产规模急剧扩大，极大地摧毁了以小生产为主的自然经济。这时，地域的差异逐渐缩小，各国开始被纳入国际分工的轨道。

(三) 形成阶段（19世纪中叶至第二次世界大战）

从19世纪后期第二次工业革命到20世纪中期第二次世界大战，是国际分工的形成阶段。

产生于19世纪70年代的第二次工业革命以电力和铁路运输为代表，同时相继产生了发电机、电动机、内燃机等各种新的生产手段。各种新兴的工业部门，如电力、电器、石油、汽车等也随之出现，社会生产力大大提高。在运输和通信方面，海洋航线的开启，电报及电话的发明和使用，亚洲、美洲、非洲铁路网的建设，把各国的国内市场汇合成为一个世界性的市场，使国际分工的扩大成为可能。19世纪末20世纪初，自由资本主义过渡到垄断资本主义，资本主义国家通过资本输出将资本主义生产日益扩大到殖民地和半殖民地国家中去，使得宗主国与殖民地之间的分工、工业国与农业国之间的分工越发加深。资本输出实现了世界范围的生产社会化和国际化，加强了各国在经济上的相互依赖关系，也加强了它们对国际分工的依赖性，因而反过来促进了国际分工的发展，使真正意义上的国际分工得以最终形成。

(四) 深化阶段（第二次世界大战至今）

第二次世界大战以来，随着第三次科技革命的发生，国际分工进入深入发展的阶段。20世纪中叶的第三次科技革命，诞生了一系列新型工业部门，以原子能、计算机、航天工业等为主要标志的新产业，促进了生产力的迅猛发展。生产和生产力的进一步国际化及产品的日益多样化、差异化，使各国在经济上日益依赖国际分工和世界市场，从而使国际分工进入一个崭新的阶段，尤其是具有一定技术水平的国家之间部门内部的分工得到了空前发展。

同时，跨国公司的兴起和发展也是推动国际分工发展变化的重要因素。跨国公司通过对外直接投资，不仅将社会劳动在地区范围和一国范围内进行分工，而且在世界范围内进行分工，使国际分工迅速扩大。

另外，第二次世界大战后世界政治经济形势的巨大变化，也对国际分工体系产生了较深的影响。战后帝国主义殖民体系的瓦解，使相继取得政治独立的国家走向了发展民族经济的道路，这些国家在国际分工中地位的改变，一定程度上打破了传统的国际分工格局。

区域性经济集团的建立和关税与贸易总协定（GATT）主持下的多边贸易谈判，也推动了国际分工的发展。

随着生产专业化和国际化的不断加强，各国之间的依存关系日益加深，国际分工进入深化发展的新时期，世界工业分工成为第二次世界大战后国际分工的基本趋向和基本特征，具体表现如下：工业国和工业国之间的分工居于主导地位；国际分工的领域不断扩大；跨国公司的作用大大加强；区域性分工日益深化。

【扩展阅读】

黑奴上船前为何要脱掉衣服？

航海时代最罪恶的贸易关系要数三角贸易了。黑奴们在船上赤膊着上身，下部分身体只有一块帆布遮掩。为什么要这样对待他们？其实这是人贩子故意这么做的。

首先，为了预防传染病。各个大洲还有大陆之间距离很远，不同地方会出现不一样的疾病，本地人时间长了可能会产生抗体，其他地方的人没有抗体可能很容易染病，更有可能会传染。当初最早发源于非洲的一种黄热病，已经产生抗体的非洲人不害怕，可欧洲还有美洲的大部分人却很容易感染。在那个时期，随着黑奴的到来，他们夹带的黄热病毒肆虐了欧洲还有美洲，传染病大规模暴发，大量的人得病死去，造成了劳动力的巨大损失。人贩子认为，将黑奴的衣服扔掉，可以减少感染病出现的风险。

其次，用帆布替代正式衣服可以节约成本。黑奴贸易也是货物交换的一种，奴隶贩子从供给需求中牟取利润。船的空间本来就有限，为了多运输黑奴，不可能为黑奴腾出存放衣物的空间。而用船上多余的帆布分发给黑奴穿，既节约了成本，而且黑奴还觉得满意。

最后，就是他们对待黑奴心态的原因。在当时大多数欧洲人眼中，黑奴和动物差不多，他们只是一种会说话的货物或是工具。欧洲人关心的是黑奴能带给他们多少利润，根本不管他们的生命。有一位船长的信中也提到，在海上的时候死了 70 个奴隶没什么大不了，他还有其他毫不逊色的奴隶。对于一个商人来说，利益才是最重要的，多少个奴隶死了都没事，只要这次交易不亏损就行。这位年轻船长的想法其实也是当时那个时代资本家的一个缩影。

（资料来源：https://baijiahao.baidu.com/s?id=1619795309123929751&wfr=spider&for=pc。）

第二节　影响国际分工发展的因素

国际分工受到各种因素的影响和制约，主要包括：社会生产力，自然条件，人口、劳动规模和市场规模，交通与通信业，资本国际化，国际生产关系和经济体制与政策等。

一、社会生产力是国际分工形成和发展的决定性因素

（一）国际分工是生产力发展的结果

生产力的增长是社会分工的前提条件。一切分工，包括国际分工，都是社会生产力发展的结果。它突出地表现在科学技术的重要作用上。迄今为止出现的三次科学技术革命，都不断地改善生产技术、工艺过程和生产过程，是促使社会分工和国际分工发生变革的最重要因素。18 世纪第一次产业革命的国际分工是建立在蒸汽机发明的基础上的，它不同于之前的手推磨和手纺机时代的国际分工；19 世纪第二次产业革命的国际分工是建立在铁路、轮船和内燃机的基础上的，它又不同于 18 世纪的国际分工；当代建立在原子能、电子计算机、机器人、人造卫星和航天飞机基础上的世界分工也不同于过去一切时代的国际分工。

（二）各国生产力水平决定其在世界分工中的地位

历史上，英国最早完成产业革命，生产力得到巨大发展，成为世界工厂，并在国际分工中居于主导地位。继英国之后，欧美资本主义国家相继完成产业革命，生产力迅速发展，它

们便与英国一起成为国际分工的中心国家与支配力量。第二次世界大战以后，原来的殖民地半殖民地国家在政治上取得独立，努力发展民族经济，生产力得到较快的发展，出现了一些新兴的工业化国家，它们过去在国际分工中的不利地位得到改善。

（三）生产力的发展决定国际分工的广度、深度和形式

随着生产力的发展，各种经济类型的国家和经济集团都加入到国际分工行列，国际分工已把世界各国紧密地结合在一起，形成了世界性的分工，各国参加国际分工的形式从"垂直型"向"水平型"过渡，从国际货物分工向国际服务业分工延伸，从单一类型的国际分工向多类型、多层次的国际分工形式发展。

（四）生产力的发展决定了国际分工的产品内容

随着生产力的发展，特别是科学技术的发展，一部分天然原料被人工合成原料所替代，例如人造纤维代替棉麻丝等天然纤维，人造橡胶代替天然橡胶，塑料代替木材、钢铁等。新产业和新产品的科技含量不断提高，如芯片价值的98%是技术，原材料价值只占2%。生产技术提高，生产工艺日益改进，国际贸易中的工业制成品、高精尖产品不断增多，中间产品、技术贸易大量出现，服务贸易也随之兴起，并参与到国际分工之中。

二、自然条件是国际分工产生和发展的基础

自然条件是一切经济活动的基础，它包括气候、土地、水流、自然资源、地理位置、地质条件和国土面积等，它们对各国产业结构和国际分工的影响是显而易见的。例如只有地处热带的国家才能生产热带作物，只有拥有大量矿藏的国家才能生产和出口矿产品，只有沿海且渔业资源丰富的国家才有可能发展海洋渔业和养殖业。一个内陆国家没有出海口，对外交通非常不便，肯定会影响到该国的经济发展。国土面积小的国家可能只拥有少数几种自然资源，也就只能以有限的自然资源发展某种产业。相反，国土辽阔的大国，例如俄罗斯、美国、中国等，国内各地区自然条件具有多样性，自然资源非常丰富，这为发展多种产业和建立相对完整的工业生产体系提供了必要条件。

自然条件的优劣能促进或限制一个国家发展某种产业，但这种促进或限制的作用不是决定性的。因为随着生产力的发展，人类的生产力及人类利用和开发自然的能力在不断提高，自然因素对国际分工的作用在逐渐减弱，建立在自然条件上的国际分工的意义也随之减弱。因此，自然条件只提供国际分工的可能性，不提供现实性，要把可能性变成现实性，需要一定的生产力条件。

三、人口、劳动规模和市场规模制约着国际分工的发展

人口稀少、土地广阔的国家往往偏重发展农业、牧业、矿业等产业；而人口多、资源贫乏的国家往往大力发展劳动密集型产业。于是国家间就有分工和交换产品、进行国际分工与国际贸易的必要。

现代大规模的生产使分工成为必要条件，这种分工跨越了国界，就产生了国际分工。随着劳动规模越来越大，分工越来越细，任何一个国家都不可能包揽所有的生产，必须参与国际分工。

在自给自足的自然经济条件下，由于商品经济不发达，市场狭小，参与国际分工的动力不足；在市场经济条件下，商品经济日益发展，市场不断扩大，分工向纵深发展，参与国际

分工的愿望强烈。

四、交通与通信业影响一个国家对国际分工的参与度

交通运输和通信成本通过以下几个途径影响一个国家对国际分工的参与度。第一，较高的运输成本减少了初级产品出口的收入，抬高了货物的出口价格，抑制了比较优势的发挥，而且运输成本的提高会降低一国经济可以用作投资的储蓄量。第二，在其他所有方面都相同的情况下，运输成本较高的国家可能把自己产出量较小的部分投在贸易上，很难吸引出口导向型的外国直接投资。第三，运输影响一国与他国的国际分工的形成，运输成本制约着国际分工伙伴的选择。第四，交通运输和通信业制约着世界分工的形成。

五、资本国际化是国际分工深入发展的重要条件

资本国际化促进了国际分工的迅速发展。资本流动的目的就是为了实现自身价值的最大增值，因此，在垄断资本最大限度地追逐垄断超额利润的情况下产生和发展起来的资本主义国际分工也必然具有不平等的性质。

自19世纪末以来，资本输出就成为世界经济中重要的经济现象。第二次世界大战后，跨国公司的迅猛发展和国际地位的提高、发展中国家和经济转型国家对外资的开发，都大大加速了资本的国际化进程，使国际分工向深化和广化发展，出现了世界性的分工。

六、国际生产关系决定国际分工的性质

国际生产关系主要包括：生产资料所有制的形式，各个国家、各个民族在世界物质和劳务生产中的地位，以及它们在国际分配、交换和消费中的各种关系。生产资料所有制的形式是最重要的国际生产关系，是国际生产关系的基础。它决定着国际商品的生产、分配、交换和消费。

在当代国际分工中，资本主义的生产关系居支配地位，使得国际分工的性质具有两重性。一方面，它节约了社会劳动，使世界各国人力资源和物质资源得到合理利用，有利于发挥分工国家的比较优势，并把这种优势转化为世界范围的巨大社会生产力，促进了先进国家和后进国家生产力的提高和经济发展。另一方面，它又带有资本主义的劣根性，即国际分工的利益不能平等地、合理地为分工国家享受，并形成了经济发展上的片面性和依附性。

七、经济体制与政策影响国际分工的形成和发展

经济体制决定各国的对外贸易政策。通常自给自足的经济体制执行的是保护贸易政策，计划经济体制采取的是国家高度垄断的保护贸易政策，市场经济体制倾向于采取自由贸易政策。

经济贸易政策对国际分工的促进作用主要表现在：第一，建立国际性的经济组织，如世界贸易组织、国际货币基金组织和世界银行等，调节相互的经济贸易政策，促进国际分工的发展。第二，实行对外开放政策、制定自由贸易政策、法令，推行自由贸易，加快国际分工的步伐。

同时，经济贸易政策对国际分工也可起延缓作用，如制定贸易保护政策、闭关锁国，会阻碍国际分工的发展。另外，通过建立关税同盟、共同市场、经济联盟等经济集团，加强内部分工的做法，也在不同程度上延缓世界性国际分工的发展。

【扩展阅读】

波音和空客准备自己造零部件了

美国波音和法国空客决定扩大零部件生产供应业务。这么做是担心零部件供应商的整合会带来挤压，但本质还是为了省钱——飞机零部件供应商之间的密集整合将使得两大飞机制造商在交易谈判中处于劣势。

《环球航空》的编辑 Ellis Taylor 曾表示："波音和空客逐渐更倾向与小型供应商合作，以提高其在供应链中的话语权。"

原先，制定出飞机设计方案的波音和空客会拥有更多的话语权，设计方案会提出对零部件的设计要求，然后在全球范围内寻觅合适的供应商。然而，当航空供应链发生了密集的整合，尤其是当飞机零部件供应商巨头之间开始联手之后，波音和空客在零部件设计方案和价格的谈判中可能受到挤压。

2017年，波音公司斥资2500万美元在英格兰谢菲尔德建设了一个新的工厂，用于制造飞机襟翼电动机，同时，它还计划研发和制造部分航空电子产品。

空客公司也计划自己制造部分发动机罩。公司首席运营官以及商用飞机负责人 Fabrice Bregier 称，该公司经常重新审视零部件"制造还是购买"的决定。

过去两年，飞机与发动机制造商的平均利润率为9%。提供大组件的一级制造商的利润率达到了14%，提供小型飞机部件的二级供应商的利润率更是达到17%。扩大零部件生产或许可以给波音和空客带来新的利润增长点。同时，加强飞机维护、修理、彻底检修和培训等业务也是在波音和空客的计划中。

波音准备在飞机维护与修理领域大展拳脚。2017年7月，波音全球服务集团投入运营，成为继民用飞机集团和防务、空间与安全集团之外的第三个主要业务部门。全球服务涵盖的领域包括供应链、工程/改装和维修、数字化航空和分析，以及培训和专家服务。波音方面预计，这一市场在未来十年中的总价值约为2.6万亿美元。

（资料来源：http://news.carnoc.com/list/446/446187.html。）

第三节　国际分工对国际贸易的影响

国际分工是国际贸易的基础，国际分工的发展变化必然对各国对外经济贸易的发展产生重大影响；国际贸易是国际分工实现的条件，作为国际分工的纽带引导国际分工的发展方向，国际贸易不仅制约着国际分工功能的实现，而且其规模和发展速度制约国际分工的发展，并协调参与国际分工主权国家的分工利益。

一、国际分工是国际贸易的基础

（一）国际分工影响国际贸易的发展速度

国际分工的发展速度与国际贸易的发展速度成正比例，国际分工的发展速度决定了国际贸易的发展速度。从国际贸易的发展来看，在国际分工迅速的时期，国际贸易也发展迅速。相反，在国际分工缓慢发展的时期，国际贸易也发展较慢或处于停滞状态。在资本主义自由竞争时期，形成了以英国为中心的国际分工体系，英国成为世界工厂，国际贸易得到了迅速发展。从贸易量来看，在资本主义世界国际贸易中的比重从1820年的18%，提高到1870年的22%，而且贸易的增长还超过了生产的增长。相反，在1913—1938年，世界生产发展缓慢，国际分工处于停滞状态，国际贸易量在这个时期年平均增长率极低，只有0.7%。第二次世界大战后，国际分工飞速的发展，国际贸易量的发展速度也加快了，并快于以前各个时期，1948—1973年，年平均增长率为7.8%。

(二) 国际分工影响国际贸易地理分布

国际分工发展的过程表明，在国际分工处于中心地位的国家，在国际贸易中也占据主要地位。从18世纪到19世纪末，英国一直处于国际分工的中心地位，在资本主义世界对外贸易中一直独占鳌头，1820年为18%，1870年上升到22%。随着其他国家在国际分工中地位的提高，英国的地位在逐步下降，但直到1925年在国际贸易中仍占15%。19世纪末以来，发达国家成为国际分工的中心，这些国家在国际贸易中一直居于支配地位。发达国家在世界出口所占比重，1950年为60.8%，1985年为69.9%，1991年上升到72.4%，2006年为58.6%。

(三) 国际分工影响对外贸易地理方向

各个国家的对外贸易地理方向与它们的经济发展及其在国际分工中所处的地位分不开。国际分工的变化也使国际贸易的地理方向发生了与国际分工大致相同的变化。19世纪到第二次世界大战前，形成了以英国为核心的国际分工，英国、法国、德国、美国在国际贸易中的地位显著提高。它们在世界贸易中所占的比重从1750年的34%提高到1860年的54%。国际分工的主要形式为宗主国与殖民地等落后的发展中国家、最不发达国家之间的分工，在国际贸易中表现为宗主国、发达国家出口工业制成品，发展中国家出口农矿产品、原材料及自然资源产品。第二次世界大战后，国际分工从垂直型向水平型、混合型过渡和发展，从而国际贸易地理方向也发生了相应变化，发达国家之间及发达国家与发展中国家之间的工业制成品贸易居于国际贸易的主导地位，特别是发达国家之间的双向贸易发展迅速，发达国家与发展中国家之间的贸易居于次要地位。

(四) 国际分工影响国际贸易的商品结构

随着国际分工的发展，国际贸易商品结构与各国的进出口商品结构不断发生变化。第二次世界大战后，这些变化主要表现在以下几个方面：

(1) 国际货物贸易发展规模扩大，国际服务贸易发展速度加快，货物贸易在世界贸易中的比重下降，服务贸易比重相对上升。

(2) 在国际货物贸易中，工业制成品贸易比重上升，初级产品贸易比重下降。第二次世界大战前，由于宗主国与殖民地落后国家的国际分工以垂直型分工为主，故初级产品在国际贸易中的比重一直高于制成品。从1953年起，工业制成品在国际贸易中的比重超过初级产品所占比重。这归功于国际资本流动，特别是大量的直接投资资本集中于制造业。第二次世界大战后的科技革命促进了发达国家产业结构的调整，一系列新兴部门建立，企业在大举对新兴工业部门投资的同时，大量迁出夕阳产业，这些行业通过对外直接投资，利用其他国家和地区的有利资源条件和政策在当地开展生产和经营活动，产品除供应东道国市场外，还出口到其他国家，包括返销本国市场。

(3) 发展中国家尤其是新兴工业化国家出口中的工业制成品贸易增长较快。20世纪60

年代后发展中国家工业化战略的实施及外资的引入加速了国内工业的发展，改变了出口商品结构中严重依赖初级产品的状况，提高了工业制成品的出口比重。

（4）在工业制成品贸易中，中间性机械产品的贸易比重提高。中间产品比重的持续增长在一定程度上与跨国企业的经营方式有关，跨国企业是从全球的角度进行资源配置的，其经营方式为内部企业间分工协作，定点生产、定点装配、定向销售，这样使大量零部件在国家之间往返运输，由此增加了中间产品的贸易比重，在主要发达国家，制成品贸易中约占70%以上。

（五）国际分工影响国际贸易利益

国际分工可以扩大整个国际社会劳动的范围，使贸易参加国扬长避短，发挥优势，促进世界资源的合理配置；还可以节约世界劳动时间，从而提高国际社会的生产力。因此，国际分工的发展是一个进步的过程。

但是，由于国际分工的产生与发展是在资本主义生产方式下进行的，它代表了生产力发展的进步过程，同时也体现了资本主义社会的生产关系，因此，国际分工也成为旧的不平等的国际经济贸易秩序的重要组成部分。在资本主义国际分工体系中，发达国家之间的分工是比较平等或平等的关系。但是在发达国家与发展中国家或地区之间的分工却是中心和外围的关系，两者之间是控制与被控制、剥削与被剥削的关系。在这种不平等的分工关系中，发达国家享有国际贸易的大部分利益。发达国家凭借自己在市场上的独占地位，在国际贸易中低价买进，高价卖出，进行不平等交换；通过对外贸易转嫁经济危机，把国际贸易中的利益大部分甚至是全部占为己有，使发展中国家或地区的贸易条件不断恶化，大大影响了这些发展中国家或地区的经济发展。第二次世界大战后，随着发展中国家在政治上取得独立、民族工业的不断发展，发展中国家在国际分工中的地位有所改善，贸易利益随之增多，但是还未发生根本性、实质性的变化。

（六）国际分工影响各国对外贸易政策

一个国家对外贸易政策的制定，不仅取决于它的工业发展水平及其在世界市场上的竞争地位，而且还取决于它在国际分工中所处的地位。第一次产业革命后，英国率先完成产业革命，建立起大机器工业，工业力量雄厚，产品竞争能力强，不怕与其他国家竞争，同时，它需要以工业制成品的出口换取原料和粮食的进口，所以当时英国实行自由贸易政策。而美国和西欧的一些国家工业发展水平落后于英国，它们为了避免英国竞争的冲击，保护本国的幼稚工业，便采取了贸易保护的政策。第二次产业革命后，资本主义从自由竞争过渡到垄断阶段，垄断代替了自由竞争。帝国主义通过资本输出把殖民地半殖民地卷入资本主义生产中，使后者成为前者的商品销售市场、投资场所和原料来源地，使国际分工进一步深化，国际市场竞争更加剧烈，在对外贸易政策上便采取了超贸易保护政策，这种政策具有更大的侵略性和扩张性。战后西方工业国家虽然继续实行超贸易保护政策，但其表现形式却发生了变化，即从20世纪70年代中期以前的贸易自由化政策到20世纪70年代中期以后转变为贸易保护政策。西方国家贸易政策的这种演变是和世界国际分工进一步向纵深和广阔发展分不开的，也与各国在国际分工中所处的地位变化密切相关。

（七）国际分工影响各国的对外贸易的依存度

国际分工的发展，促进了各国对外贸易的发展，导致各国对外贸易依存度不断提高，尤其是第二次世界大战后国际分工的深入发展，整个世界贸易依存度和各国对外贸易依存度在不断提高。1950—1997 年，整个世界外贸依存度已从 8.5% 提高到 18%，到 2000 年已达到 20% 以上。随着国际分工的深入发展，国际贸易的重要性有了显著的提高。不同类型国家的出口依存度都有了不同程度的增长。从 1950 年到 1980 年间，发达国家的出口依存度从 7.7% 增长到 26.8%，而有些发展中国家的出口依存度已超过 40%。

二、国际贸易是国际分工实现的条件

（一）国际贸易推动国际分工的发展

在现代科学技术的推动下，生产力得到了快速发展，国际分工更加细化，各国之间的分工向纵深发展，使国际社会经济形成一个多肢的有机整体。这个有机体越向前发展，它的各个部分，各经济体之间的联系就越密切，变得更加复杂。国际贸易作为国际经济有机体的联结系统，也就越发成为这个有机体不可分割的部分，它的纽带功能也就日益加强。

（二）国际贸易影响国际分工功能的实现

国际分工是国际经济生活的一种基本形式，是社会一切具体经济活动的基础结构。分工是生产的范畴，是各国生产者之间通过市场而形成的一种相互劳动关系。在国际分工的作用下能解放各国劳动的局限性，扩大活动范围，缩短达到一定目标所需要的劳动时间，形成单个国家不能发挥出来的巨大力量，能促进社会生产力的发展。通过国际分工能够提高各国劳动者的综合技能，提高全社会的效率，可以节约资源、降低劳动成本，使各种生产要素配置合理。上述的功能是通过国际商品交换实现的，但其实现的程度与合理性又受到国际贸易机能的制约。

（三）国际贸易的规模影响国际分工的发展

分工、交换、市场这三个概念是密不可分的。分工引起交换，交换需要市场。生产越发展，分工越细密，交换越频繁，市场也日益扩大。也可以说，没有分工，就没有商品交换，也就不需要市场。所以，社会分工是商品经济的基础，市场是商品经济中社会分工的表现。社会分工的发展，决定着交换的深度、广度和方式，也决定着市场的规模和内容；反之，交换的种类、数量以及市场的规模，也会影响生产和分工的发展。当今国际商品交换的规模影响国际分工的规模，而国际商品交换发展速度影响国际分工扩大的程度。

（四）国际贸易促进参与国际分工主权国家的分工利益

国际贸易作为分工跨越国界发展的必然产物，极大地促进了人类社会和世界经济的发展，给参加国际贸易的国家带来极大的利益，经济学家罗伯逊甚至提出了国际贸易是"经济增长的发动机"。国际贸易利益，可以有效配置社会资源，提高社会的产出水平；弥补产品不足，提高福利水平；促进国内产业的规模经济发展和效率提高；有利于引进先进的设备、技术和管理经验。

（五）国际贸易影响国际分工的发展方向

在国际分工下，各国的商品生产是为国际交换而进行的生产。商品的生产是否需求对路，价格信息通过国际商品交换传递是否及时准确，国际贸易将影响着国际分工的发展方向。伴随知识经济的不断深入，作为经济发展的一部分，国际分工正发生和将发生的变化是巨大的。知识经济时代国际分工的变化是由四个因素引起的：生产要素、市场状况、产业结构和企业组织。这些因素将在 21 世纪的国际分工中发挥更重要的作用。

【扩展阅读】

iPhone 价值链中的国际分工

高盛 2018 年的一份报告指出，在苹果智能手机的全球供应链中，中国的生产成本占 25%~35%，其中 15% 左右为零部件加工和最终组装所投入的劳动力成本。该报告估算，如将在中国的 iPhone 生产与组装全部移到美国，iPhone 的生产成本将提高 37%。为此，美国通过工序和产品调整以适应生产自动化，提高生产率，5 年后可望消化部分新增成本。在苹果公司利润不变的情况下，iPhone 售价将上涨 15%。当然，这种情况不会成为现实。即便由于某种原因，美国公司的中国工厂全部撤回美国，iPhone 生产和组装也不会回到美国。因为在中国为苹果进行生产组装的工厂只有少数属于美国公司。

苹果公司对外公布的 2017 年物料清单显示，iPhone 的供货商有美国、德国、日本、韩国、中国等国家和地区的 183 家企业。就核心零部件供货商数目来说，美国、日本和中国台湾最多，合计占比达 69.74%。从价值链来看，美国供应商主要提供核心芯片、内存和集成电路等核心零部件，日本供应商提供摄像头模组等光学组件及显示面板，中国台湾供应商主要从事印刷电路板生产、代工中央处理器芯片以及最终组装，韩国供应商提供显示面板和部分芯片。而中国大陆共有 33 家供应商为 iPhone 提供声学组件以及结构件等非核心零部件。

可见，iPhone 的供应链是全球性的，多个国家和地区都深度参与苹果手机的供应链。（资料来源：https://www.yicai.com/news/5424637.html。）

第四节 世界市场的构成与发展

一、世界市场的概念

世界市场（World Market）或国际市场（International Market）是世界各国进行商品、服务和生产要素交换的场所，由世界范围内通过国际分工联系起来的各个国家内部及各国之间的市场综合组成。世界市场是在各国国内市场的基础上形成的。但是，世界市场并不是各国国内市场的简单之和，两者既有不可分割的联系，又有十分明显的区别。世界市场的概念可以从其外延和内涵两个方面来理解。世界市场的外延是指它的地理范围，世界市场的地理范围要比一国的市场范围大，前者包括世界各国之间的商品和劳务交换，后者只包括一国境内的商品和劳务的交换。世界市场的内涵是指与交换过程有关的全部条件和交换的结果，包括商品、技术转让、货币、运输、保险等业务，其中商品是主体，其他业务是为商品交换服务的。

二、世界市场的分类

世界市场是一个广泛的概念，根据不同的标准，可以把它划分为不同的类型。

（一）按国家类型划分

按照国家类型的不同可以分为发达国家市场、发展中国家和地区市场。其中，发达国家人均 GDP 在 10000 美元以上，普遍具有工农业发达、但其在国民经济中的地位不断下降、服务业地位不断上升的特点，发达国家市场在货物贸易、服务贸易和技术贸易中都占有绝对优势。发展中国家和地区市场中也有经济发展水平较高的国家或地区，但绝大多数国家和地区经济发展不平衡，工业或农业不发达，收入分配不均，在国际贸易中处于逆差地位。

（二）按地理位置划分

世界市场按地理位置可以划分为欧洲市场、北美市场、亚洲市场、非洲市场和南美市场等。这些地区市场还可进一步细分，如亚洲市场可分为东亚市场、南亚市场、中亚市场和西亚市场等。

（三）按交易对象划分

世界市场按照交易对象可分为商品市场、服务市场和金融市场。这些市场均可进一步细分，如商品市场可分为制成品市场、半制成品市场和初级产品市场；初级产品市场可分为燃料市场、原料市场、农产品市场；金融市场可分为货币市场、资本市场、证券市场、外汇市场等。

（四）按所属区域经济集团划分

世界市场按照所属区域经济集团可分为欧盟市场、东盟市场、北美自由贸易协定市场和亚太经合组织市场等。

（五）按垄断程度划分

世界市场按照垄断程度可分为垄断市场、半垄断市场和非垄断市场。

（六）按消费者划分

世界市场可按性别、年龄、收入和职业等划分，如妇女用品市场、儿童用品市场、劳保用品市场等。

按照地理位置划分以及按照交易对象划分的方法比较常见。

三、世界市场的形成与发展

世界市场的形成与发展是和资本主义生产方式的产生与发展密切联系在一起的，世界市场是随着地理大发现而萌芽，随着第一次产业革命的完成而迅速发展，最后又随着第二次产业革命的进展而最终形成的，大约经历了 400 年的时间，可以划分为四个时期。

第一阶段：世界市场萌芽时期（16 世纪初至 18 世纪 60 年代）。
第二阶段：世界市场的发展时期（18 世纪 60 年代至 19 世纪 70 年代）。
第三阶段：世界市场的形成时期（19 世纪 80 年代至 20 世纪初）。
第四阶段：世界市场的扩大与深化（20 世纪 40 年代至今）。

四、世界市场的交易方式

世界市场上的国际贸易方式是指对国际商品流通所采取的形式和具体做法。它包括：单纯的商品购销、包销、代理、寄售、拍卖、招标与投标、期货交易、易货贸易、补偿贸易、加工贸易、租赁贸易等。

（一）单纯的商品购销

1. 含义

单纯的商品购销是指交易双方不通过固定市场而进行的商品买卖活动，它是通过独立洽商进行的。

2. 内容

这种方式通常包括如下内容：买卖双方自由选择成交对象；洽商商品的品质、规格、数量、价格、支付、商检、装运、保险、索赔、仲裁等条款内容；在相互意见一致的基础上签订成交合同。这种交易方式是世界市场上最为普遍的交易方式。

（二）包销

1. 含义

包销（Exclusive Sales）是指卖方在指定的地区范围和期限内，把指定的商品出售给指定的买方。

2. 特点

（1）售定性质。在包销方式下，交易双方之间的关系是本人（Principal）之间的买卖关系，而不是本人与代理人（Agent）之间的代销关系。双方对销售的产品在确定价格后，各自承担市场价格涨落和经营中的各种风险，即自负盈亏。

（2）独家销售权利。即包销方式的买方享有一定期限在指定地区内的独家销售权。

（3）签订包销协议。包销协议的主要条款包括：商品种类、包销地区、包销期限、专营权、最低购买数量或金额及价格等内容。

（三）代理

1. 含义

代理（Agency）是指货主在进口当地市场指定代理人，由代理人在一定的地区范围和一定期限内，积极推销货主指定的商品。

2. 特点

同包销方式相比，代理方式具有如下特点：

（1）双方的关系是委托人和被委托人的关系。代理人只能在委托人的授权范围内，代表委托人从事商业活动。

（2）代理人一般不以自己的名义与第三者签订合同。

（3）代理人通常是运用委托人的资金从事业务活动。

（4）代理人不负责交易中的盈亏，只收取佣金。

（5）代理人只是在中间介绍生意、招揽订单，并不承担履行合同的责任。

（四）寄售

1. 含义

寄售（Consignment）是指货主为开拓国际市场，先把货物运往国外市场，委托指定商号代销其货物，在货物售出后才收回货款，并支付代销商代垫的费用和佣金。

2. 特点

（1）代销性质。寄售的关系并非买卖关系，而属于代销关系，也是一种委托与被委托的关系。

（2）货物所有权仍属于货主。在寄售方式下，虽然货主把货物运交给国外指定商号，但货物的所有权和风险并未转移，仍然属于货主。

（3）先售后结。委托人根据寄售合同，先把货物运往国外市场的寄售商号，待货物售出，再由代销人扣除费用和佣金后，把售出货款汇给货主。

（五）拍卖

1. 含义

拍卖（Auction）是由经营拍卖业务的拍卖行接受货主的委托，在规定的时间和场所，按照一定的章程和规则以公开交易的方式,把货物卖给出价最高的买主的一种贸易方式。

2. 特点

拍卖是在一定的机构内有组织地进行的;拍卖具有自己独特的法律和规章;拍卖是一种公开竞买的现货交易;通过拍卖成交的商品通常是品质难以标准化,或难以久存,或按传统习惯以拍卖出售的商品,如裘皮、茶叶、烟草、羊毛、木材、水果以及古玩和艺术品等。

(六) 招标与投标

1. 含义

招标(Invitation to Tender)是指招标人(买方)在规定时间和地点发出招标公告,提出准备买进商品的品种、数量和有关买卖条件,邀请卖方投标的行为。

投标(Submission of Tender)是指投标人(卖方)应招标人的邀请,根据招标公告或招标单的规定条件,在所规定投标的时间内向招标人递盘的行为。

2. 特点

(1) 不经过磋商。招标与投标是一种不经过磋商的贸易方式,只按照招标人发出的招标通告所规定的招标条件由多家卖主投标,最后由招标人从中选择对他最有利的条件购买。

(2) 没有讨价还价的余地。招标与投标是由招标人邀请递价(Call for Bid),投标人应邀递价,中标与否、是否有竞争性、能否被招标人所接受,取决于投标人所报出的条件,一般没有讨价还价的余地。

(3) 在规定的时间、地点,众多投标人公开竞争。招标与投标一般是在规定的时间和地点公开进行的,由于有国内外多家卖主同时参加投标,投标人之间的竞争十分激烈,往往都报出尽可能优惠的条件,以争取中标,故招标人可以争取到比较有利的条件。

(七) 期货交易

1. 含义

期货交易(Futures Trading)是指在期货交易所内,按一定规章制度进行的期货合同的买卖。期货市场(Futures Market)是指按一定的规章制度买卖期货合同的有组织的市场。期货交易就是在期货市场上进行交易的行为。期货市场由期货交易所、场内经纪人与期货佣金商以及清算所等构成。期货交易所(Futures Exchanges)是具体买卖期货合同的场所。

2. 期货交易的特点

(1) 合约标准化。在交易所进行交易的商品,合同中的品名、质量和数量必须标准。因此,期货交易双方只需就期货合同的份数、交货期及价格达成一致。

(2) 保证合同绝对能够履行。交易所通过订立包括保证金在内的各种规定,保证在交易所中订立的合同能够被绝对地履行,从而使期货交易得以顺利进行。

(3) 脱离实际货物的交付。交易所只管买方、卖方的登记结算,自己不进行直接交易,交易的全过程一般不发生实际货物的收交。

(八) 易货贸易

1. 含义

易货贸易(Barter Trade)有狭义的易货贸易和广义的易货贸易之分。从狭义上说,就是纯粹的以货换货方式,不用货币支付。现代的易货贸易即所谓广义的易货,采用比较灵活的方式,双方将货值记账,相互抵冲,或通过对开信用证来结算货款。需要说明的是,这种做法仍是以货换货,而非现汇交易。

2. 特点

交换商品的价值相等或相近,没有第三者参加,并且是一次性交易,履约期较短。

(九) 补偿贸易

1. 含义

补偿贸易(Compensation Trade)又称产品回购(Product Buyback)。其基本含义是指交易的一方在对方提供信贷的基础上,进口设备或技术,而用进口设备或技术所生产的直接产品或相关产品或其他产品或劳务所得的价款分期偿还进口价款。

2. 特点

(1) 贸易与信贷结合。补偿贸易必须是在提供信贷的基础上进行的,这是构成补偿贸易的前提条件。一方购入设备等商品是在对方提供信贷的基础上,或由银行提供信贷。

(2) 设备供应方必须承诺回购产品或劳务的义务。这是构成补偿贸易的必备条件,也是补偿贸易与延期付款的根本区别。

(3) 进口与出口、生产相联系。设备进口与产品出口相联系,产品利用引进的设备来制造。

(十) 加工贸易

1. 含义

加工贸易是指一国的企业利用自己的设备和生产能力,对来自国外的原材料、零部件或元器件进行加工、制造或装配,然后再将产品销往国外的贸易方式。

2. 方式

加工贸易分为进料加工和来料加工两种。两者的共同点是"两头在外",即原料来自国外,成品又销往国外。两者的不同点如下:进料加工一般是指从国外购进原料,加工生产出成品再销往国外。由于进口原料的目的是为了扶植出口,所以,又可称为以进养出。来料加工贸易是指进口料件由外商免费提供,经营企业不需要付汇进口,它们按照外商的要求进行加工或者装配,只收取加工费,而制成品由外商销售的贸易方式。

(十一) 租赁贸易

1. 含义

租赁贸易(Leasing)是指出租人在一定时间内把租赁物租借给承租人使用,承租人分期付给一定租赁费的融资与融物相结合的经济活动。根据租约规定,出租人定期收取租金,并保持对租赁物的所有权;承租人通过交纳租金取得租赁物的使用权。

2. 特点

(1) 租赁是所有权和使用权相分离的一种物资流动形式。

(2) 租赁是融资与融物相结合、物资与货币结合的运动形式。

(3) 租赁是国内外贸易中的辅助渠道。

五、当代世界市场的构成与竞争

(一) 当代世界市场的构成

1. 当代世界市场的构成

当代世界市场主要由国家与地区、贸易厂商、交易商品、交易场所与渠道、运输和信息媒体网络、管理与协调机构等构成。

2. 当代世界市场发展的特点

（1）世界市场上国家类型的多样化。第二次世界大战后，在世界市场上，出现了三种类型的国家，即发达市场经济国家、发展中国家（地区）和经济转型国家。其中发达市场经济国家约占 70%，发展中国家（地区）约占 20%，而经济转型国家和苏联、东欧国家约占 10%。

（2）国际贸易方式多样化。第二次世界大战后，世界市场上出现了一些新贸易形式，主要有补偿贸易、对外加工装配贸易、租赁贸易、展卖等。

（3）国际贸易商品结构发生了重大变化，主要表现在国际贸易中初级产品的比重不断下降，工业制成品的比重不断上升，而在工业制成品中机械产品、电子产品和与新技术有关的产品的比重在加大。

（4）世界市场上的垄断与竞争更为剧烈。第二次世界大战后，世界市场由卖方市场转向买方市场，垄断进一步加强，使得市场上的竞争更为激烈。为了争夺市场，各国采取了各种各样的方式：第一，组织经济贸易集团控制市场；第二，通过跨国公司打进他国市场；第三，国家积极参与世界市场的争夺；第四，从价格竞争转向非价格竞争，主要包括提高产品质量、性能、改进产品设计、做好售前售后服务等；第五，开拓新市场，使市场多元化。

（5）国际服务贸易发展迅速。这主要表现在不仅传统的服务贸易如银行业、保险业、运输业等进一步发展，而且国际租赁、国际咨询和管理服务、技术贸易、国际旅游等也发展迅速。服务贸易的增长速度大于同期货物贸易的增长速度，目前世界服务贸易总额占世界商品贸易额的 1/4 左右。

（二）当代世界市场的竞争

当代世界市场是竞争激烈的市场，在多样化的国际政治、经济环境和文化背景下，当代世界市场的竞争也表现出复杂性。

1. 当代世界市场竞争的特点

在世界市场上，各国贸易商为了追逐利润展开了激烈的竞争，出现了各种竞争方式与策略。

（1）市场竞争成为国际竞争的重要内容。在当代国际环境下，国家之间存在政治竞争、军事竞争、经济竞争等。其中经济竞争成为竞争的主要内容，也成为其他竞争的基础。而在经济竞争中，市场开拓、占有与维护的竞争占据非常重要的地位。

（2）市场竞争格局出现多元化。在世界经济发展不平衡规律的作用下，市场竞争格局呈现多元化。它包括六个方面的竞争：发达国家之间的竞争；发达国家与发展中国家和地区之间的竞争；经济转型国家与发达国家和发展中国家之间的竞争；地区性经济贸易集团之间的竞争；跨国公司与大企业之间的竞争；跨国公司、大企业与中小企业之间的竞争。

（3）市场竞争日益广阔与深化。这一点主要体现在：竞争已经从局部竞争走向整体竞争，竞争的商品从货物贸易向服务贸易和技术贸易发展。竞争方式从粗放式竞争走向集约式竞争。贸易中的非价格竞争占据主导地位。国际贸易方式日趋多样，从封闭式的市场竞争走向开放式的市场竞争等。

（4）在国家干预和保护下竞争。各国为了维护本国的经济利益，不断运用国家权力对竞争进行干预和保护，以促进本国经济的发展。如通过经济、科技、产业政策和措施改善本国企业参与世界市场竞争的环境和条件，优化出口产业结构，提高出口产品的竞争力。

2. 国际竞争力的含义

国际竞争力可被界定为："一国生产符合国际市场标准的货物和服务，同时又能保持和提高人民的实际收入的能力。""一个具有竞争力的公司能够明确要生产什么，为谁生产，并且能够为实现其生产和营销目的有效和高效率地管理资源的获取和分配，从而实现讨价还价的能力。"

3. 国际竞争力的相关指标

（1）贸易专业化系数。[①]

1）贸易专业化系数（Trade Specialization Coefficient，TSC）的基本公式为

$$贸易专业化系数(TSC) = \frac{出口(X) - 进口(M)}{出口(X) + 进口(M)}$$

当 TSC = 1 时，为完全出口专业化；当 TSC = -1 时，为完全进口专业化。

2）一国某产品的国际竞争力的公式为

$$一国某产品的国际竞争力 = \frac{一国A产品对世界出口额 - 该国A产品从世界进口额}{一国A产品对世界出口额 + 该国A产品从世界进口额}$$

当计算结果大于 0 时，表明该产品具有竞争力；反之，如果小于 0，则表明该产品竞争力弱。

（2）出口业绩相对指数。[②]

出口业绩相对指数（Index of Relative Export Performance，IREP）的计算公式为

$$\text{IREP}_{ij} = \frac{X_{ij}/\sum_j X_{ij}}{\sum_i X_{ij}/\sum_i \sum_j X_{ij}}$$

式中，IREP_{ij} 为 j 国 i 产品的出口业绩相对指数；X_{ij} 为 j 国 i 产品出口额；$\sum_j X_{ij}$ 为 i 产品世界总出口额；$\sum_i X_{ij}$ 为 j 国出口总额；$\sum_i \sum_j X_{ij}$ 为世界出口总额；分母为 j 国总出口额在世界出口总额中所占的比例；分子为 j 国 i 产品出口额在 i 产品世界总出口额中所占的比例。

（3）固定市场份额模型指标。

固定市场份额模型指标（The Constant Market Share Model，CMS）指标是指在一定时期内，本国某产品的出口增长率与为保持该产品原有的市场占有份额应有的出口增长率之差。若其数值为整数，则表明本国该产品在这一时期内的出口竞争力相对于其他出口国有所提高；反之，则表明该国竞争力下降。由于很难测定保持原有市场份额应达到的出口增长率，因此，这一指标的实际运用有一定难度。

（4）显示比较优势指标。

显示比较优势指标（Revealed Comparative Advantage，RCA）指标的计算公式为

$$\text{RCA}_{ij} = \frac{X_{ij}/\sum_i X_{ij}}{\sum_j X_{ij}/\sum_i \sum_j X_{ij}}$$

式中，RCA_{ij} 为 j 国 i 产品的显示比较优势指数；X_{ij} 为 j 国 i 产品出口额；$\sum_i X_{ij}$ 为 j 国所有产品出口总额；$\sum_j X_{ij}$ 为世界 i 产品出口总额；$\sum_i \sum_j X_{ij}$ 为世界出口总额。

一般认为，若 $\text{RCA}_{ij} > 2.5$，则表明 j 国的 i 产品（或产业）具有极强的竞争力；若 1.25 <

[①] 林彩梅. 多国籍企业论. 五南图书出版公司，1991。

[②] 张玮. 国际贸易. 高等教育出版社，2006。

$RCA_{ij} \leq 2.5$，则表明 j 国 i 产品具有较强的竞争力；若 $0.8 < RCA_{ij} \leq 1.25$，则表明 i 产品具有中等程度的竞争力；若 $RCA_{ij} \leq 0.8$，则表明 j 国 i 产品的竞争力较弱。

【扩展阅读】

中国正从"世界工厂"发展为"世界市场"

泰国正大集团认为，中国正在逐渐从"世界工厂"发展为"世界市场"。中国中等收入群体已超过 4 亿人，规模还在扩大，未来中国会成为世界第一大市场。

作为改革开放后首批进入中国发展的外资企业，泰国正大集团多年来深耕农牧食品、零售、制药等多领域，在中国设立企业超过 400 家，总投资超 1200 亿元，年销售额近 1300 亿元。正大集团见证并亲身参与了中国市场的不断扩大。以正大青岛工厂为例，40 年前产品基本都出口欧美和日本，现在内销占 70%，外销只占 30%。

随着中国经济的不断发展，中国企业也逐渐成长，开始借助"一带一路"等开拓海外市场，参与世界经济。正大集团与中国的经贸合作也因此发生了变化。作为"深外资证字 0001 号"企业，正大集团过去主要发挥的是"引进来"的桥梁作用，而现在正大集团正在帮助越来越多的中国企业"走出去"。正大集团与上汽集团合作生产汽车，在泰国已经拥有了 110 家经销商，年产量超过 10 万台。此外，中国移动也入股了正大集团在泰国的电信产业。

对于未来，正大集团表示依然对中国市场充满信心。近年来，正大集团积极进行调整转型，从过去的"生产导向"型企业，发展为"从生产到餐桌"的全产业链，同时结合自身零售业务，推出了包含餐厅、便利店、生鲜三大功能的"正大优鲜"，以及现代化生产、适宜休闲旅游的正大生态园等，以适应中国消费者不断升级的新需求。

（资料来源：https://baijiahao.baidu.com/s?id=1638004452500492359&wfr=spider&for=pc。）

第五节 世界市场价格的基础

商品的世界市场价格（World Market Price）又称为国际价格（International Price），是指商品在世界市场上交易时体现的市场价格，其形成是以世界货币的形成为前提的，没有世界货币，各国的国内价格就不可能均衡为世界市场价格。传统观念认为，商品的世界市场价格是国际价值的货币表现。

一、商品的国际价值

（一）国际价值的含义

国际价值（International Value）是世界市场范围内的商品市场价值，它是由世界劳动的平均单位，即在世界经济现有条件下，在各国劳动者的平均劳动熟练程度和强度下，生产某种商品所需要的国际社会必要劳动时间决定的。由于世界劳动的平均单位或国际社会必要劳动时间是随着世界劳动生产力的变化而变化的，所以国际价值是一个动态的概念。影响国际价值量变化的因素主要有世界平均劳动生产率、世界平均劳动强度和主要供货国的生产条件。

(二) 国际价值与国别价值

商品的国际价值和国别价值作为一般人类劳动的凝结物，在本质上是完全相同的，但在量上存在差别。商品的国别价值量是由该国生产该商品的社会必要劳动时间决定的。因此，在同一国内，在同等的劳动熟练程度和强度下，用相同的劳动时间所生产的各种商品具有相等的价值。而商品的国际价值量是由生产该商品的国际社会必要劳动时间决定的。在世界市场上，国家不同，劳动的强度也不同，有的国家高些，有的国家低些。这个平均的劳动单位就是在世界经济的一般条件下生产某种商品时所需的特殊的社会必要劳动时间。国别价值与国际价值在表现形式上也是不同的，商品的国别价值是以本国货币表示的，而商品的国际价值是以世界货币来表示的。

商品的国际价值是在国别价值的基础上形成的。任何国家所生产的商品的价值内容都是由抽象的社会劳动决定的。当资本主义打破了分散的自然经济，并把地方市场结合为全国市场，随后又结合为世界市场后，社会劳动便获得全面的发展。它不仅是作为个别国家的劳动，而且作为世界上所有国家的劳动，当商品交换变成世界性交换时，社会劳动便具有普遍的国际性质，商品的国别价值便由此发展为国际价值。

(三) 国际价格机制的作用

国际价格机制是世界市场运行的重要机制之一，这一机制不仅促进了商品的国际流动，而且还调节着世界经济利益在各国之间的分配。国际价格机制的作用主要有：

（1）世界市场的价格机制具有把不同的国别价值统一为单一国际价值的功能，即把国别价值统一为世界价值，把国别价格转换为国际价格。

（2）世界市场的国际价格机制是世界各国经济利益分配的重要渠道。由于各国劳动生产率及其他条件的差异，各国同种同量产品的要素投入量在世界市场各不相同，因而生产成本也不相同。按照国际统一价值进行等价交换，就会出现价值的国际转移，即从劳动生产率低的国家转移到劳动生产率高的国家。这样，世界市场就成了各国经济利益分配和再分配的场所。

（3）世界市场的供求关系引起价格围绕着均衡价格上下波动，对调节各国、各产业间的资源配置也产生积极的作用。

二、影响当代世界市场价格变动的因素

世界市场价格的变动归根到底是受价值规律支配的，商品的世界市场价格是以国际价值为基础，并围绕国际价值上下波动的。但除了国际价值这一决定因素之外，还有一些因素对世界市场价格产生影响，这些因素主要包括以下几种。

(一) 供求关系及其变动

在通常情况下，某种商品的世界市场价格会与这种商品需求的变动呈同向变动，而与对这种商品供给的变动呈反向变动，这是世界市场上供求机制的主要内容。世界市场价格在供求关系的推动下围绕国际价值上下波动，正是世界市场上价值规律的实现形式。任何影响供求关系的因素都会对商品的世界市场价格产生影响。

(二) 货币价值

世界市场价格是商品国际价值的货币表现。因此，世界市场价格的变动不仅取决于国际价值，还依赖于世界通用货币的价值。世界通用货币的升值或贬值，会使世界市场价格呈反

向变动。

(三) 经济周期

世界市场是在资本主义生产方式下产生和发展的，资本主义经济周期也会通过世界市场上供求关系的变动影响到商品的世界市场价格。一般而言，在经济周期的危机阶段，需求乏力，商品积压，生产下降，大部分商品的世界市场价格下降；而危机过后的复苏阶段，情况正好相反，世界市场价格普遍上升。

(四) 竞争因素

在商品同质的情况下，竞争者众多，出现了替代品，都会使商品的世界市场价格下降。但激烈的竞争也会使一些厂商企业设法通过提高商品质量、增加商品功能、突出商品个性化设计等方法赋予商品更高价值，也就是说使同种商品出现异质化，从而提高其世界市场价格。

(五) 垄断因素

当世界市场的某种商品只有一个或少数几个供应者或需求者时就会形成垄断，垄断者无视商品的国际价值，也不受供求关系的影响，利用自身的特殊地位制定对其有利的价格。垄断者有些是在激烈的竞争中通过资本运作获取了垄断地位，有些是国家政府给予其垄断特权，还有些是通过掌握知识产权、国际标准达到了控制世界市场价格的目的。

垄断对世界市场价格的影响取决于国际垄断组织垄断力量的大小，市场垄断程度越高，垄断操纵市场价格的力量就越强。垄断分为买方垄断和卖方垄断。买方垄断是垄断组织凭借买主的垄断地位，以低于国际价值的价格购买商品；卖方垄断是垄断组织凭借卖主的垄断地位，以高于国际价值的价格出售商品，以获取高额利润。

(六) 国际组织和各国政府

许多大宗产品都有其相关的国际组织，这些国际组织以稳定相关商品的世界市场价格为宗旨，通过控制产量、调整储备等方式来调节供求关系，从而影响商品的世界市场价格。各国政府采取的各种政策措施，如扶持某些产业的政策、出口补贴政策、对出口国采取贸易制裁的措施等也可影响世界市场价格。

(七) 金融投机

在期货市场普遍存在投机资金炒作，使得世界市场商品的期货价格变化剧烈，连带造成现货商品市场价格的大幅度波动。当某种商品的期货购买量不断增加时，会推动期货价格和现货价格不断上涨。以石油价格为例，一些机构投资者为了操纵市场，利用自己的影响力人为制造诸如供需紧张、运输通道风险等话题，导致普遍的油价上涨预期。这种预期不仅刺激大量投机资金的涌入，拉高期货价格，还刺激了实货交易者通过增加存货、惜售等做法谋求资产收益，他们的投机行为强化了油价上涨的趋势。

(八) 汇率

当一国货币升值时，出口商品用外币表示价格上升，从而需求减少；进口商品用本币表示价格下降，从而需求增加。当一国货币贬值时，情况则是相反的。可见，汇率变动是通过影响供需从而对世界市场价格产生影响的。

实际上，造成当代世界市场价格变动的因素是极为复杂多样的，每次大幅度的价格变动往往是多方面因素共同作用的结果。此外，重大的政治事件、战争、疾病、突发事件、突破性创新等都会通过种种途径引起世界市场价格的变动。

三、世界市场价格的种类

由于世界市场的多元化发展,世界市场价格的种类也呈现多样化的特点。现行的世界市场价格主要有以下几种。

(一) 世界"自由市场"价格

世界"自由市场"价格是指在国际上不受垄断组织或国家垄断力量干扰的条件下,独立经营的国际买者和国际卖者之间进行交易的价格。它是在世界"自由市场"领域里通过买卖双方公开竞争而形成的,因而国际供求关系是这种价格形成的客观基础。"自由市场"是由较多的买主和卖主集中在固定的地点,按一定的规则,在规定的时间进行的交易。尽管这种市场也会受到国际垄断和国家干预的影响,但是由于商品价格在这里是通过买卖双方公开竞争而形成的,所以,它常常较客观地反映了商品供求关系的变化。

联合国贸易与发展会议所发表的统计中,把美国谷物交易所的小麦价格、玉米(阿根廷)的英国到岸价格、大米(泰国)的曼谷离岸价格、咖啡的纽约港交货价格等36种初级产品的价格列为世界"自由市场"价格。

(二) 世界"封闭市场"价格

世界"封闭市场"价格是买卖双方在一定的约束关系下形成的价格。商品在国际上的供求关系,一般对它不会产生实质性的影响。世界"封闭市场"价格一般包括以下几种。

1. 调拨价格

调拨价格又称转移价格,是跨国公司为了最大限度地减轻税负、逃避东道国的外汇管制等目的,在母公司与子公司或其各子公司之间相互提供产品或劳务时所规定的价格。这种价格不是跨国公司按照生产成本和正常的营业利润或国际市场价格水平来定价,而是根据全球性经营"战略部署"和子公司所在国的具体情况,人为地加以确定。

2. 垄断价格

垄断价格是指国际垄断组织利用其经济力量和市场控制力量决定的价格,在世界市场上国际垄断价格有两种:一种是卖方垄断价格,另一种是买方垄断价格。前者是高于商品的国际价值的价格,后者是低于商品的国际价值的价格。在两种垄断价格下,均可取得超额垄断利润。垄断价格的上限取决于世界市场对于国际垄断组织所销售的商品的需求量,下限取决于生产费用加国际垄断组织所在国的平均利润。由于垄断并不排除竞争,故垄断价格也有一个客观规定的界限。

此外,在世界市场上,由于各国政府通过各种途径对价格进行干预,所以出现了国家垄断价格或管理价格。

3. 区域性经济贸易集团内的价格

第二次世界大战后,成立了许多区域性的经济贸易集团。在这些经济贸易集团内部,形成了区域性经济贸易集团内价格,如欧洲经济共同体的共同农业政策中的共同农产品价格。

4. 国际商品协定下的协定价格

国际商品协定是指某些初级产品的主要出口国和进口国之间为了稳定产品的经济效益、保障供销稳定等所缔结的政府间多边书面文件。国际商品协定通常采用最低价格和最高价格等办法来稳定商品价格。当有关商品价格降到最低价格以下时,就减少出口,或用缓冲基金收购商品;当市价超过最高价格时,则扩大出口或抛售缓冲库存中的存货,增加商品供应量，使商品价格回落。目前，国际商品协定有 8 个，分别是国际糖协定（1993 年）、国际谷物协定（1995 年）、国际天然橡胶协定（1995 年）、国际咖啡协定（2001 年）、国际黄麻和黄麻制品协定（2002 年）、国际橄榄油及食用橄榄协定（2005 年）、国际热带木材协定（2006 年）和国际可可协定（2010 年）。

四、世界市场价格的作用

世界市场价格体现了价值规律在世界市场发生的作用，主要表现在以下几个方面。

（一）调节国际分工

在历史上，欧美国家利用廉价的工业品摧垮欠发达国家的民族工业，形成了有利于自己的国际分工。在资本主义初期，建立了采用机器技术和蒸汽发动机的大工业，国家劳动生产率大大提高，其工业品的价值大大低于欠发达国家手工制造的手工业品价值，欠发达国家的手工业者与农民破产，被迫从事工业国所需要的农业生产、矿业生产，仅生产一两种或少数几种原料、食品或矿产品，形成"单一经济"。

第二次世界大战以后，随着生产和资本国际化过程的加强，发达国家与发展中国家的国际分工形式发生了变化。发达国家利用熟练的劳动者和高度的科学技术发展那些高精尖、用料少、污染轻的资本和知识密集型产业，而把一般用料多、污染重的产业放到发展中国家，这就刺激了新型国际分工的形成。

（二）刺激贸易各国改进出口和销售技术

商品的国际价值，不是取决于生产商品的国别社会必要劳动时间，而是取决于国际社会必要劳动时间。因此，那些劳动生产率较高、国别社会必要劳动时间较少，即商品的国别价值较低的国家，按照由国际社会必要劳动时间决定的国际价值出售产品便可以获得较多的利益；反之，那些劳动生产率较低，国别劳动耗费较多，从而商品的国别价值较高的国家，按照国际价值出售产品，便只能获得较少的收入。另外，那些国别价值较低的国家，还可以以低于国际价值的价格出售商品，不仅可以获利，而且还可以打击竞争对手。因此，参加贸易的各国为了获得较多的利益，并在竞争中取得主动地位，便采用各种办法提高劳动生产率，降低商品的生产成本。

（三）加深世界各国的不平衡发展

在世界市场上，由于价值规律的作用，商品交换对不同国家的经济发展产生不同的影响，从而导致各国发展不平衡。欠发达国家生产商品所耗费的国别社会必要劳动时间较多，国别价值较高，因而在世界市场的竞争中处于不利地位，国民经济发展缓慢。而发达国家生产商品所耗费的国别社会必要劳动时间较少，国别价值较低，因而不仅在竞争中处于有利地位，而且获得的贸易利益也更多，有利于其经济的增长。同时，在发达国家之间也存在商品国别价值的大小差异，从而使他们在世界市场价格竞争中表现出各自不同的优劣势，因此发达国家之间的经济发展也是不平衡的。

（四）各国制定对外贸易政策的重要依据

发达国家在制定对外贸易政策时，除政治因素外，还要考虑其出口商品价格的竞争能力。经济发达、生产力水平高、商品竞争能力强的国家都主张或执行自由贸易政策，一旦其商品竞争能力减弱时，就转而采取贸易保护政策。经济比较落后，生产力不发达、商品竞争能力弱的国家基本上都采取或执行贸易保护政策，在其出口商品竞争能力提高后，它们又放弃贸易保护政策，鼓吹自由贸易政策。价值规律的作用成为发达国家制定和改变贸易政策的重要基础。以英国为例，在其发生产业革命成为"世界工厂"以后就抛弃保护主义（重商主义），鼓吹和执行自由贸易政策。在20世纪初，由于资本主义政治经济发展不平衡，其出口商品能力减弱时，就被迫放弃自由贸易政策，实行超贸易保护政策。第二次世界大战以前，美国实行贸易保护政策；第二次世界大战之后，由于它的经济竞争能力加强，就制定并推行自由贸易政策。

【扩展阅读】

中国这一技术的突破让国际市场价格降低了2/3

玻璃是人类生活和工作中最为常见的材料之一。玻璃的种类非常多，用途也千差万别。超薄玻璃是现在电子信息产业中的常见材料，比如手机显示屏、电脑显示屏。超薄玻璃的出现不但减轻了产品的重量，也让这些产品的触控技术得到了发展。

关于超薄玻璃的技术问题，却有一个让我们比较尴尬的地方。因为中国在超薄玻璃的制作方面起步较晚，尤其在厚度1.1mm以下的超薄玻璃，我们国家一直未能获得突破。长时间以来，关于电子信息显示的核心材料仍需从国外采购，而售价和供货一直是由国外说了算，这就在一定程度上，限制了中国一些电子产品的发展。

而现在属于中国自主知识产权的中国超薄玻璃在蚌埠玻璃工业设计研究院诞生了。该研究院的首席科学家彭寿和科研团队经过三十多年的探索，研制出只有0.12mm的超薄玻璃，这在世界范围内都是一个非常先进的技术。

更为关键的是，这种超薄玻璃在强度、韧度指标上也是国际领先的。在实验中，把55g的钢球放在1m的高度，采用自由落体的方式砸向超薄玻璃，玻璃完好无损。可不要小瞧这个实验，因为钢球所带来的冲击力相当于一辆家用轿车以时速150km的高速撞停到墙上的冲击力，可想而知，我们的超薄玻璃是多么强悍了吧！

国产超薄玻璃的出现对外国的超薄玻璃垄断者来说是一场噩梦。正是因为我们的技术突破和创新，使超薄玻璃的国际市场价格降低了2/3。然而，我们的科研人员并没有满足0.12mm的厚度，现在他们已经朝着0.1mm超薄玻璃前进了。

（资料来源：http：//baijiahao.baidu.com/s? id=1601355600578621658&wfr=spider&for=pc。）

本章小结

国际分工随着市场经济和技术革命的发展，不断向纵深发展：参与分工的国家遍及全球、分工的形式多样化、分工的利益在扩散等，但是本质上国际分工的性质没有改变。

国际分工的产生与发展受社会生产力、自然条件、市场规模、交通与通信、资本国际化、国际生产关系和经济贸易政策的综合影响，其中决定性的制约条件是社会生产力的发展程度。

国际贸易的产生和发展与国际分工密切相关。国际分工是国际贸易的基础，国际贸易是国际分工的表现，二者相辅相成，互相制约，互相促进。

世界各国参与国际分工的形式表现为其在世界市场上的贸易活动，世界市场是国家贸易动态化的平台，它与国际贸易和国际分工同步而生，并随着国际贸易和国际分工的发展而扩大。

价值规律是世界市场运作的"无形之手",世界市场价格是其运作的表现。在世界市场上,由于市场的发育程度不同,世界市场价格出现了"自由市场"价格和"封闭市场"价格。世界市场价格不仅带来了贸易利益,包括调节国际分工、刺激贸易各国改进出口和销售技术、决定各国经济贸易政策的确立和企业贸易战略的选择,还加深了世界各国的不平衡发展。

关键词

国际分工　垂直型国际分工　水平型国际分工　世界市场　出口业绩相对指数　显示比较优势指标　商品国际价值　世界"自由市场"价格　调拨价格　垄断价格

复习思考题

1. 国际分工的类型有哪些?请举例说明。
2. 影响国际分工产生和发展的主要因素是什么?
3. 简述国际分工与国际贸易的关系。
4. 世界市场的交易方式有哪些?
5. 当代世界市场发展的特点是什么?
6. 影响当代世界市场价格变动的因素有哪些?
7. 简述世界市场价格的种类和作用。

第三章

国际贸易理论

西方经济学家在经济发展的不同阶段提出了不同的国际贸易理论，其核心内容是说明如何通过对外贸易获得最大限度的利益。根据历史发展的先后阶段，国际贸易理论主要有比较优势理论、生产要素禀赋学说和产业内贸易理论等。由于历史和社会的局限，这些理论都未能全面和科学地阐述国际贸易发生和发展的客观必然性。但是，西方国际贸易理论也含有不少合理的内核。

通过本章学习，应重点掌握比较优势说、生产要素禀赋学说、产业内贸易理论、国家竞争优势理论，熟悉新新贸易理论，了解里昂惕夫之谜及其各种解释。

第一节 比较优势说

一、绝对优势说

绝对优势说是由英国经济学家亚当·斯密（Adam Smith，1723—1790）提出的。亚当·斯密是资产阶级古典政治经济学总体系的创立者，曾任大学教授、海关专员、大学校长等职。主要著作有《国民财富的性质和原因的研究》（又译《国富论》，1776）和《关于法律、警察、岁入及军备的演讲》（1869）等。

（一）绝对优势说的产生背景

亚当·斯密所处的时代，在英国已是资产阶级占统治地位的时代。当时，英国从事国内外贸易的一切生产者、商人和工人的活动，不是受到中世纪遗留下来的行会制度的限制，就是遭受重商主义经济政策的桎梏。当时的国内贸易虽然已经摆脱了一切障碍，可是对外贸易仍然荆棘丛生。对于制成品的进口，或者加以极重的税课，或者完全禁止。有些外国特产，如法国的酒也遭受同样的厄运。有些为本国企业所必需的商品，也在禁止之列。英国把殖民地当作原料的供给地和工业品的销售市场。亚当·斯密对这一切措施肆力攻击，并提出了以自由贸易为核心的国际贸易学说。他认为，在国际贸易问题上，应主张自由地发展对外贸易，反对垄断和政府限制政策。

（二）绝对优势说的主要内容

亚当·斯密认为，如果一件东西在购买时所费的代价比在家里生产时少，就永远不要在家里生产，这是每个精明的家长都知道的格言。一个人所需要的物资不要都自己生产，而应利用特长生产最擅长生产的，以此与他人交换，取得他所需要的物资。这样花费最少最为有利。

亚当·斯密认为，分工可以提高劳动生产率，降低产品成本，促进财富的增加。理由是：一是分工能使劳动者的熟练程度提高，从而提高劳动生产率；二是分工可使每个人专门从事某项工作，从而节省与生产没有直接关系的时间；三是分工可使专门从事某项工作的劳动者比较容易改进工具和发明机械。

亚当·斯密运用实证论方法，由个人之间的经济关系推及整个国家之间的经济关系，论述了国际分工和国际贸易的必要性。他认为个人之间可以进行分工，国家内部也可以进行分工，国家之间也可以进行分工。每个国家都应充分利用其在生产上的优势进行专业化生产，向国外输出产品；对于生产成本高的产品，则可通过进口来获得。通过贸易各国都可获利。

绝对优势说认为，在某一种商品的生产上，如果一个国家在劳动生产率上占有绝对优势，或其生产所消耗的劳动成本绝对低于另一个国家，如果各个国家都从事自己占有绝对优势商品的生产，然后进行交换，那么双方都可以通过交换从中获得绝对的利益，从而整个世界也可以获得分工的好处。

（三）绝对优势说的数学分析

假设有甲、乙两个国家，每个国家均可生产 X 和 Y 两种产品。它们在分工前和分工后的情况见表3-1。

分工前，甲国生产1单位的 X 产品需要1单位的劳动，生产1单位 Y 产品需要2单位的劳动。乙国生产1单位的 X 产品需要2单位劳动，生产1单位的 Y 产品需要1单位的劳动。这里可以看出，甲、乙两国的劳动消耗各为3单位，每个国家各生产1单位 X 和1单位 Y 产品，全世界在生产中的劳动消耗共6单位，全世界 X 和 Y 两种商品的产量共4单位。甲国在 X 产品的生产上和乙国在 Y 产品的生产上分别具有更高的劳动生产率，具有绝对的优势。

表3-1　两个国家、两种产品分工前后状况

	国际分工前				国际分工后			
	X 产品		Y 产品		X 产品		Y 产品	
	劳动日（天）	产量（t）	劳动日（天）	产量（t）	劳动日（天）	产量（t）	劳动日（天）	产量（t）
甲国	1	1	2	1	3	3	0	0
乙国	2	1	1	1	0	0	3	3
世界	3	2	3	2	3	3	3	3

现在甲、乙两国根据自己的绝对优势进行国际分工。甲国将全部3单位劳动用于生产 X 产品，可获得3单位的 X 产品，但 Y 产品只有0单位的劳动，因此 Y 产品也只有0单位。乙国用全部3单位劳动专门生产 Y 产品，共获3单位，但是因只有0单位劳动用于生产 X 产品，因此 X 产品为0单位。可以发现，通过国际分工，在全部劳动消耗不变的情况下，世界总产量增加了2单位，各国的消费在保持1单位 X 产品和1单位 Y 产品时，按照1X：1Y 的比率进行交换，甲、乙两国的消费均会有所增加，或劳动消耗会有所减少，福利水平有所提高。

（四）对亚当·斯密绝对优势说的评价

1. 从国际贸易实际出发的评价

亚当·斯密绝对优势说的存在有一个必要的假设，即一国要想参与国际贸易，就必然要有至少一种以上产品在生产上与交易伙伴相比处于劳动生产率绝对高或生产所消耗的劳动处于绝对低的地位上，否则该国就不具备参与国际分工的条件，或者在国际贸易中就没有任何

利益而只有损害，这一点在理论过于绝对，在实践中不符合实际情况。因此，亚当·斯密的绝对优势说只能解释现在世界贸易中的一小部分贸易，很多情况解释不了的。如发达国家与发展中国家之间，在所有产品的生产上，发展中国家的劳动生产率很可能都低于发达国家，但他们之间仍在进行贸易。如发达国家之间，他们的劳动生产率可能非常相近，但他们之间仍存在大量贸易。

2. 亚当·斯密强调劳动价值论

亚当·斯密强调劳动价值论，但是没有说明产品交换的内在等价要求是什么。同时，他认为分工引起交换，而不承认交换是生产力发展的结果；认为自然条件是决定因素，不承认生产力是决定因素，自然条件是第二位的；分工对所有参加者都有利，强调自由贸易政策。

二、比较优势说

比较优势说最早是由英国经济学家罗伯特·托伦斯（Torrens. R）于1815年在其《论对外谷物贸易》一书中提出来的，后来大卫·李嘉图在其1817年出版的《政治经济学及赋税原理》一书中对此进行了详细的阐述，并加以完善。其目的在于说明决定国际贸易的基础是比较优势，而不是绝对优势。

（一）比较优势说产生的背景

大卫·李嘉图（David Ricardo，1772—1823）是英国著名的经济学家，资产阶级古典政治经济学的完成者。1809年，他开始钻研政治经济学，处女作《黄金的价格》（1809）使其一举成名，后被选为国会议员，受到英国政府的青睐。

在李嘉图所处的时代，资产阶级的主要任务仍然是反对封建主义，它与无产阶级的矛盾虽已发展但还未达到十分尖锐的程度，因而他能以较诚实的科学态度，无顾虑地探讨政治经济学中的许多重要问题，将资产阶级古典政治经济学推向顶峰。在国际贸易学说方面，其贡献卓著，不但提出了著名的比较成本学说，而且就货币、汇兑、国际分工、自由贸易等问题进行了深入研究，是国际贸易学说的集大成者。当然，他的学说主要是为英国资产阶级利益服务的。以自由贸易学说为例，英国是世界上工业革命开始最早的国家，当时其产品行销全世界，没有任何一个国家可以在与它的自由竞争中取胜，即使使用英国机器、在英国技术人员监督下进行生产也是如此。如果世界各国都实行贸易保护政策，英国商品的销售市场将大大缩小，其所必需的一些廉价生活资料和原料也无法得到，只有实行自由贸易，英国才能达到目的。

（二）比较优势说的假设条件

比较优势说的假设条件如下：

1）假定贸易中只有两个国家和两种商品（X商品与Y商品），这一个假设的目的是为了用一个二维的平面图来说明这一理论。

2）两国在生产中使用相同的技术，即如果要素价格在两国间是相同的，两国在生产同一商品时，就会使用相同数量的劳动。

3）模型只假定在物物交换条件下进行，没有考虑复杂的商品流通，而且假定1单位的X产品和1单位的Y产品等价。

4）在两个国家中，商品与要素市场都是完全竞争的。

5）要素在一国内可以自由流动，但是在国际上不流动。

6）分工前后生产成本不变。
7）不考虑交易费用和运输费用，没有关税或影响国际贸易自由进行的其他壁垒。
8）价值规律在市场上得到完全贯彻，自由竞争，自由贸易。
9）假定国际经济处于静态之中，不发生其他影响分工的经济变化。
10）两国资源都得到了充分利用，均不存在未被利用的资源和要素。
11）两国的贸易是平衡的，即总进口额等于总出口额。

在此基础上，李嘉图证明了国际贸易的基础是比较优势，而不是绝对优势。

（三）李嘉图比较优势说的基本内容

现以两个国家为例。李嘉图认为，如果两个国家的生产力水平不等，甲国在任何产品的生产上其成本都低于乙国，或劳动生产率都高于乙国，处于绝对的优势；而乙国则相反，在任何产品的生产上其劳动生产率都低于甲国，处于绝对的劣势。这时，甲、乙两国仍然可以根据"两优取强、两劣取弱"的原则进行分工，并通过国际贸易获得好处，因为两国劳动生产率的差异，并不是在所有产品上都一样。这样，处于绝对优势的甲国不必生产全部产品，而应集中生产本国具有较大优势的产品；处于绝对劣势的乙国也不必停止生产所有产品，而应生产劣势较小的产品。通过分工和自由交换，两国可以节约社会劳动，增加产品的产量，世界也会因为自由交换而增加产量，提高劳动生产率。

（四）比较优势说的数学分析

现假设有甲、乙两个国家均生产 X、Y 两种产品，其实行分工前后的情况如表 3-2 所示。

分工前，甲国生产 1 单位 X 产品需要 1 单位劳动，而生产 1 单位的 Y 产品需要 2 单位的劳动。相比之下，乙国生产 1 单位 X 产品和 1 单位 Y 产品分别需要 6 单位和 4 单位的劳动。显然，甲国劳动生产率在 X 和 Y 产品的生产上均高于乙国。世界全部产出为 4 单位，每一个国家分别获得 1 单位的 X 和 1 单位的 Y 产品。世界劳动总支出为 13 单位，即甲国为 3 单位，乙国为 10 单位。根据"两优取强、两劣取弱"的原则进行分工后，甲国的比较优势在于生产 X 产品，因而应集中生产 X 产品，放弃生产 Y 产品；乙国的相对优势在于生产 Y 产品，因而应集中生产 Y 产品，放弃生产 X 产品。

表 3-2 李嘉图比较优势下的国际分工

	国际分工前				国际分工后			
	X 产品		Y 产品		X 产品		Y 产品	
	劳动日（天）	产量（t）	劳动日（天）	产量（t）	劳动日（天）	产量（t）	劳动日（天）	产量（t）
甲国	1	1	2	1	3	3	0	0
乙国	6	1	4	1	0	0	10	2.5
世界	7	2	6	2	3	3	10	2.5

分工后，甲国用原来全部 3 单位的劳动去生产 X 产品，这时得到 3 单位的 X 产品（3/1）；乙国用原来全部 10 单位的劳动去生产 Y 产品，这时可得到 2.5 单位的 Y 产品（10/4）。甲国在保持专业化分工前 1 单位 X 产品消费的同时，还可以用 2 单位的 X 产品来换取乙国的 Y 产品进行消费；乙国则在保持专业化分工前 1 单位 Y 产品消费的同时，还可以用 1.5 单位的

Y 产品来换取甲国 X 产品进行消费。

贸易的基础在于利益的比较：以 X 产品为 Y 产品的价值衡量标准，乙国 Y 产品的劳动成本（4/6）小于甲国 Y 产品的劳动成本（2/1）；而以 Y 产品为 X 产品的价值衡量标准，乙国 X 产品的劳动成本（6/4）大于甲国 X 产品的劳动成本（1/2）。这就决定了交换的基础，即甲国的优势在于 X 产品的生产，而乙国的优势在于 Y 产品的生产。

（五）对大卫·李嘉图比较优势说的评价

1. 比较优势说是为英国服务的

比较优势说的目的是为英国资产阶级自由贸易服务的，是为了使欠发达国家成为英国的原料基地，为英国服务。但是英国本身并没有按照比较优势说进行国际分工。如 18~19 世纪，英国生产棉织品的成本比印度和中国要高得多，按其观点，英国应该放弃棉织品的生产。但事实却相反，英国把机器用于棉织业，提高了生产率，降低了成本，结果打败了中国和印度的棉织业，成为世界霸主。其他一些发达国家，如美国、德国、法国、意大利等，在其发展过程中也都是如此，都没有按照李嘉图的比较优势说来发展本国的对外贸易。

2. 比较优势说分析和揭示了国际贸易所具有的互利性

比较优势说证明了各国通过出口相对成本比较低的产品，进口相对成本比较高的产品就可以实现贸易互利。这是该学说在研究国际分工方面的主要贡献。

3. 比较优势说并没有从根本上揭示出国际贸易产生的原因

比较优势说力求说明，国际贸易中比较利益产生的原因在于国内、国际两个市场中有着不同的交换比率，在这一点上该学说并不全错，但是用这一点作为解释贸易发生的全部基础却是不对的。国内和国际交换在社会再生产中的职能是一样的，都是为了实现商品的价值，在实践中都是为了使初始投资回归，获取一般利润，尽力争取超额利润。在这种情况下，即使国内和国际销售所获收入相同，没有比较利益，厂商也会出口商品。

4. 比较优势说许多假设过于苛刻，不符合经济现实

关于完全自由竞争的假设、生产要素在国内自由流动和在国际完全不能自由流动的假设、资源充分利用和充分就业的假设等都不符合经济现实。因此在这种严格条件下论证的理论很难作为世界各国对外贸易的指导原则，这样比较优势说的普遍适用性就值得怀疑。

5. 比较优势说与现实的国际贸易实际不相符合

首先，按照这一学说，比较利益相差越大，则发生贸易的可能性越大，从这一点出发，目前国际贸易应该主要在发达国家与发展中国家之间展开，而现实中，国际贸易主要在发达国家之间进行。

其次，按照这一学说，在自由贸易条件下，国际商品交换中参加贸易的双方都可获利，从这一点出发，世界各国为了获得贸易的比较利益，都应自觉自愿地实行自由贸易，但是在国际贸易现实中，哪个国家都未实行过彻底的自由贸易，总是在不同程度上实行某种贸易保护政策。

再次，按照这一理论，国际贸易双方是互利的，不存在价值转移和剥削，甚至相对落后的国家通过分工和国际贸易可以节约更多的社会劳动，这与当前国际贸易中富国总是剥削穷国的事实是相悖的。

最后，按照这一理论，国内价值和国际价值是不同的，这一点违背了李嘉图自己坚持的劳动价值论。当他看到这一情况时，表现无能为力，只认为国内的商品交换规律不适应国际交换。

【扩展阅读】

比较优势陷阱

所谓"比较优势陷阱"是指一国（尤其是发展中国家）完全按照比较优势，生产并出口初级产品和劳动密集型产品，虽然在与以技术和资本密集型产品出口为主的发达国家的国际贸易中能获得一定的利益，但贸易结构不稳定，总是处于不利地位，从而落入"比较优势陷阱"。

"比较优势陷阱"有两种类型：

第一种类型是初级产品"比较优势陷阱"。它是指执行比较优势战略时，发展中国家完全按照机会成本的大小来确定本国在国际分工中的位置，运用劳动力资源和自然资源优势参与国际分工，从而只能获得相对较低的附加值。并且比较优势战略的实施还会强化这种国际分工形式，使发展中国家长期陷入低附加值环节。由于初级产品的需求弹性小，加上初级产品的国际价格下滑，发展中国家的贸易条件恶化，甚至出现"贫困化增长"。

第二种类型是制成品"比较优势陷阱"。由于初级产品出口的形势恶化，发展中国家开始以制成品来替代初级产品的出口，利用技术进步来促进产业升级。但由于自身基础薄弱，主要通过大量引进、模仿先进技术或接受技术外溢和改进型技术等手段来改善在国际分工中的地位，并有可能进入高附加值环节。但是这种改良型的比较优势战略由于过度依赖技术引进，自主创新能力长期得不到提高，无法发挥后发优势，只能依赖发达国家的技术进步。

荷兰20世纪50年代发现海岸线蕴藏巨量天然气而迅速发展成以出口天然气为主的国家，其他工业逐步萎缩。资源带来的财富使荷兰国内创新动力萎缩，国内其他部门失去国际竞争力，陷入了比较优势陷阱。至20世纪80年代初，荷兰经历了一场前所未有的经济危机。

（资料来源：https：//baike.so.com/doc/679196-718953.html。）

第二节 生产要素禀赋学说

生产要素禀赋学说是由当代著名瑞典经济学家俄林（Bertil Ohlin，1899—1979）提出的。俄林是现代瑞典学派的重要代表，当代资产阶级国际贸易学说的开拓者，获1977年诺贝尔经济学奖。

一、生产要素禀赋学说产生的背景

1929年，资本主义世界爆发了历史上最严重的一次经济危机，并持续5年之久，直到1933年才结束，资本主义国家工业生产下降了37.2%，国际贸易额缩减了2/3，国际贸易量也缩减了1/4。这次经济危机促使帝国主义争夺国外市场的斗争大大加剧，导致了激烈的"关税战"和"贸易战"，各国都力图加强对外倾销本国的商品，同时一再提高进口税率，建立新的关税壁垒，用以限制或者禁止外国商品的进口。瑞典是个经济发达的小国，国内市场狭小，一向对外国市场依赖很大，因而人们对新的保护主义抬头深感不安。正是在这种历史背景下，俄林在其老师赫克歇尔（Heckscher）研究的基础上做了进一步的分析，出版了

《地区间贸易和国际贸易》一书，提出了著名的生产要素禀赋学说，又称资源禀赋理论（简称 H-O 理论）。该理论以生产要素自然禀赋说为立论基础，深入探讨了国际贸易产生的更深层次的原因，阐述了国际分工的好处和自由贸易的必要性。由于这些学说既迎合了瑞典的需要，又适合资产阶级的口味，结果一出笼就受到各界人士的热烈欢迎，并誉其为"现代国际贸易理论的新开端"。

1941 年，美国著名经济学家萨缪尔森和斯托尔珀在美国《经济统计周报》8 月号上发表了一篇重要文章——《实际工资和保护主义》，用数学方法论证了俄林提出的自由贸易引起的生产要素价格均等化理论，为此，国际贸易界有时又将俄林的生产要素禀赋说称之为"赫克歇尔—俄林—萨缪尔森模式"（H-O-S Model）。

二、生产要素禀赋学说的假设条件

俄林生产要素禀赋学说是基于下列的一些假设。

1）贸易中只有两个国家（A 国和 B 国），两种商品（X 和 Y 商品），两种生产要素（劳动和资本）。

2）两国在生产中都使用相同的技术，即如果要素价格在两国是相同的，两国在生产同一种商品时就会使用相同数量的劳动和资本。

3）在两个国家中，商品 X 都是劳动密集型产品，商品 Y 都是资本密集型产品，也就是说，在相同的要素价格下，生产商品 X 的劳动/资本比例要高于生产商品 Y 的该比例，或者说，生产商品 X 的资本/劳动比例要低于生产商品 Y 的这一比例。

4）在两个国家中，两种商品的生产都是规模报酬不变的，即增加生产某一商品的劳动和资本投入会带来该商品的产量同一比例的增加。

5）两国在分工中均为不完全分工，即产生贸易之后，参加贸易的两个国家并不是只生产某一种商品，该假设表明两个国家都不是"小国"。

6）两国需求偏好相同，即两国有着相同的收入，而且面对同样的商品价格，两种商品消费的比例也相同。

7）在两个国家中，两种商品与两种要素市场都是完全竞争的。

8）在一国内，要素可以自由流动，但要素不能在国际上自由流动，也就是说国际上不存在要素的国际贸易，国际要素差异将永远存在。

9）没有运输成本、没有关税或影响国际贸易自由进行的其他壁垒。

10）两国资源均得到了充分利用。

11）两国的贸易是平衡的，进口和出口总是相等。

三、生产要素禀赋学说的基本内容

（一）生产要素禀赋学说

俄林认为，全世界可看作一个整体，它划分为若干个大区域，每个大区域又可划分为若干个小区域。区域与区域之间的贸易可称为地区间贸易。国际贸易是地区间贸易的一种，两者并无本质区别，只是由于各国的关税制度、贸易政策和货币制度等各不相同，国际贸易才有另行研究的必要。国际贸易只不过是一种重要的地区间贸易罢了。

俄林和亚当·斯密一样，首先考察了分工的成因和好处，认为就某项工作而言，有些人的能力比另一些人强，不同的禀赋使一些人适合于做某项工作，另一些人适合于做他项工作。即使每个人的禀赋才能都一样，长期从事一种职业或少数几种职业比每个人为自己生产全部产品即从事众多的职业更有利些。

俄林将个人间分工推及地区间分工，指出："从个人转向地区，人们发现地区同个人一样，在生产各种物品的便利条件方面，禀赋的差别也很大，原因之一是生产要素的供应有所不同。某一地区可能富于铁砂和煤，但只有少量的小麦耕地；而另一地区麦地很多，但缺少矿物资源的供应。显然，前者较适宜于生产铁砂，而后者适于种植小麦。因此，某一地区生产要素的供给比例决定了该地区适合于什么样的产业。"

各个地区的生产要素比例不同，使各个地区生产不同的产品。那些某种生产要素在本地区比较丰富的地区，会主要生产所需这种生产要素较多的产品。例如，澳大利亚拥有较多的土地，但有着相对较少的劳动力和资本，它就生产使用较多土地和较少劳动力和资本的羊毛、小麦等；英国拥有较少的土地、较多的劳动力和资本等，它就生产需要大量劳动力和资本的工业品。

地区间贸易或国际贸易存在的必要条件，是商品和生产要素价格在不同区域或国家间存在差异。在各个孤立的地区，每个地区都有一个价格机制，它受四项基本因素影响：①消费者的欲望；②生产要素所有权；③生产要素的供给；④生产的物质条件。当这些因素之间的关系不同时，商品和生产要素的相对价格必然也就不同，除非不同地区之间生产要素的差异恰好等于商品需求的相应差异。

由于生产要素价格的差异，导致各个地区生产同种商品的成本不同，这时各个地区生产含本地区比较丰富的生产要素的产品，会比生产含本地区较缺乏的生产要素的商品更有利。

俄林把生产要素分为三大类：自然资源（含土地）、资本和劳动力。自然资源又分为五小类：农业和林业用资源、渔业和狩猎业用资源、矿产资源、水力发电用资源和运输业用资源。资本分为两小类：短期资本和长期资本或安全资本和风险资本。劳动力分为三小类：不熟练工、熟练工和技术工。他认为，在考察各个地区生产要素禀赋差别时，不但要注意主要类别的影响，而且要注意小类别及其次级因素的影响。

为了论证其学说的正确性，他反复举了很多实际例子，并专门分析了美国的对外贸易。俄林指出，美国之所以出口铜、石油、小麦、棉花、烟草等原料和仪器，进口粮类、生丝、咖啡、橡胶和皮毛等，是因为它有丰富的适合生产这些出口品的资源，而缺乏生产这些进口品的资源。美国进口高级纺织品之类的工业品，是因为这些货物的生产需要大量劳动力，而美国工资高，生产这些物品不合算。

（二）生产要素价格均等化学说

俄林认为，在开放经济中，国家间因生产要素自然禀赋不同而引起的生产要素比价差异，将通过两条途径逐步缩小，实现生产要素价格均等化。第一条途径是生产要素的国际移动，第二条途径是商品的国际移动。前者又称为直接均等化，后者又称为间接均等化。

由于各国之间存在工资差异，劳动力就会设法从工资较低的国家流出，进入工资较高的国家，结果导致流入国家工资水平降低，流出国家工资水平上升，从而使各国之间的工资水平更为接近。

同样，由于各国之间存在工资差异，资本为了多得利润，也会设法进行国际转移。不过，劳动力是从工资较低的国家向工资较高的国家转移，资本则相反，则是由工资较高的国家流出，进入工资较低的国家，其结果，使资本利息率达到均等化。

自然资源不能移动，但是，通过劳动力和资本的国际移动，地租也会达到国际均等化。有的国家土地相对缺乏，地租水平较高，而劳动力流出则会使土地的相对缺乏矛盾缓和，从而降低地租水平。

商品的国际移动使生产要素价格均等化的道理显而易见。例如，甲国土地供应丰富、劳动力供应缺乏，乙国土地供应缺乏、劳动力供应丰富，前者将会出口土地密集型产品，进口劳动密集型产品。这样，前者因使用大量土地的产业增加了，因而对土地的需求相对增加，结果对劳动力的需求相对降低。后者因使用大量劳动力的产业增加了，因而对劳动力的需求相对增长，对土地需求相对下降。这样，通过贸易，各国之间的生产要素价格趋于均等。

但是，通过上述两条途径而引起的生产要素价格均等化趋势，并不会使世界各国的生产要素价格达到完全一致，因为除了运输费用的差异外，还有关税和其他阻碍商品和生产要素国际移动的因素。

美国经济学家萨缪尔森（P. A. Samuelson）认为，国际要素价格均等化不仅是一种趋势，而且是一种必然。他认为，在多种要素相对价格有差异的情况下，贸易仍将持续扩大和发展，而贸易的扩大和发展将会减少两国间要素价格的差异，直到两国国内各种商品的相对价格完全均等化为止，这是就意味着两国国内的要素相对价格也完全均等化了。他还进一步论证了两国要素的绝对价格均等化问题。在要素的相对价格均等化、商品市场和要素市场存在着完全的自由竞争以及两国使用同样的技术等条件下，国际贸易将会导致要素绝对价格均等化。

（三）运输费用

俄林认为，运输费用可分为两种：一种是运输成本或运输费用，另一种是克服类似关税壁垒障碍的费用。

在国际贸易中，不同商品的运输成本相差很大，有的商品庞大笨重，有的商品易受损坏，它们的运输成本就比较高。而另一些商品即使进行环球运输，其运输成本与其价值相比仍不显得很高。

运输成本像其他劳务和货物的成本一样，受要素供给和要素需求影响。某一商品是应该进口、出口，还是在本地生产，是由这一商品的生产成本和运输成本决定的。如果生产成本已定，运输成本较高，则可能在本地生产；否则，则可能进口或出口。

在国际贸易中，除了运输费用外，还会产生其他费用，如关税以及因法律、语言不同产生的费用等。关税属于特殊的范畴，支付这种费用与支付运输费用不同，运输费用是用于支付使用某些生产要素的报酬，而关税仅有一部分是用于支付使用生产要素如海关官员、职员和工人等劳动力要素的报酬。

运输费用的差异使世界各国之间的生产要素和商品价格差距扩大，这样生产要素价格均等化原理只能从总体上来看是正确的，但对任何两个国家间的相对要素价格并不一定适用。

四、对生产要素禀赋学说的评价

赫克歇尔—俄林的生产要素禀赋学说被认为是现代国际贸易的理论基础，它继承了古典的比较成本理论，但又有新的发展。

(一) 生产要素禀赋学说的贡献

俄林的生产要素禀赋学说仍然没有脱离李嘉图的比较优势说范畴，它只不过是从另一个角度探讨了比较成本差异产生的一部分原因。俄林开创了更深入、更细致地探讨比较成本差异产生原因研究的先例，仅从这一点来说，他对国际贸易学说做出了巨大贡献。

(二) 生产要素禀赋学说的普遍适用性

俄林把李嘉图的个量分析扩大为总量分析，不仅比较两国、两种产品的单位劳动消耗差异，而且直接比较两国生产要素总供给的差异，从一国经济结构中的资本、土地、劳动力等一些最基本要素来解释贸易分工的基础和贸易的格局。这种"靠山吃山、靠水吃水"的资源优势理论，对于解释第二次世界大战前的国际贸易格局具有普遍性实际意义。

(三) 生产要素禀赋学说仍属于比较成本理论的范畴

生产要素禀赋学说使用的是比较成本理论的分析方法，但其分析认为一种要素（劳动力）无法进行生产，至少要有两种。李嘉图认为国内等量劳动力相交换的原则不能应用于国际贸易，但俄林认为国内和国际贸易均属于不同区域间的商品贸易，本质是相同的，交换的原则也是相同的。因此，生产要素禀赋学说更接近经济运行的现实，从而增强了其理论的实用性。

(四) 生产要素禀赋学说的局限性

李嘉图用比较成本差异阐述了贸易互利性的普遍原则，而俄林的生产要素禀赋学说进一步解释了为什么比较成本有差异，在理论上有所发展和创新，但是他把生产者个人利益冒充为国家利益，因为出口使用本国较丰富生产要素生产的商品，整个国家并不一定有好处。如果生产者个人所得利益大于较丰富生产要素所有者因生产要素价廉所受的损失，这时国民收入总量增加，就有利。如果生产者个人所得利益小于较丰富生产要素所有者因生产要素价廉所受的损失，这时国民收入总量减少，即不利。如果生产者个人所得的利益恰好等于较丰富生产要素所有者因生产要素价廉所受的损失，则国民收入保持不变，既无利得也无损失。上述三种情况，只有第一种情况与俄林的论断相符。

(五) 过分强调生产要素自然禀赋的重要性

俄林没有认识到自然禀赋并非是国际贸易发生的充分条件，同时比较强调静态效果，排除了技术进步的因素及许多实际存在的情况，影响了理论的广泛适应性。同时，生产要素禀赋学说未充分重视需求因素，也影响了该理论对于实际情况的分析。

(六) 俄林把问题看得太绝对

有些进口商品，虽然含有多量本国较丰富的生产要素，但由于它们能大大提高本国劳动生产率，也应毫不犹豫地进口，如某些先进技术设备和技术专利等。有些出口商品，虽然含有多量本国较缺乏的生产要素，但由于采用了先进的生产技术和方法，加强了企业管理，提高了产品质量，降低了生产成本，仍然可以在国际市场上占一席之地，而不是像俄林说的那样应关在国门之内。20世纪60年代日本将相对缺乏的资本集中用于发展造船、钢铁、汽车、电子等资本密集型产业，把这些产品打入国际市场，打败资本相对丰富的美国的实例，就是明证。

(七) 俄林论断低估了判断一国某种生产要素丰富与否问题的复杂性

众所周知，资本、土地、劳动力等生产要素存在较大差异，美国密西西比河流域的沃土与中国黄土高原的瘠地，英国的技师与印度的普通工人，日本融合于先进设备之中的资本与某些非洲国家融合于原始落后工具之中的资本等，都是不能同日而语的，笼统地谈论一国某种生产要素的丰富与稀缺，根本没有什么实际意义，而详细地考察各种次级生产要素的差别，则不但十分繁杂，且无法找到统一衡量标准加以度量，从而陷于两难。

【扩展阅读】

要素禀赋与贸易结构

沙特阿拉伯是一个石油大国，石油资源丰富，在其领土范围内，已探明的石油储量2615亿桶，约占全球总储量的25.2%。沙特阿拉伯现共有8座大型炼油厂，日提炼能力约158万桶，实际日产量为40万~150万桶，其中60%左右供国内消费，其余供出口。

沙特阿拉伯经济结构单一，石油是其经济发展的命脉，因此，对外贸易在其国民经济中举足轻重。石油收入占其国家财政收入的60%~80%，石油和石化产品出口占其出口总额的90%左右。进口中，机电设备、食品和交通工具所占比重最大。自20世纪70年代起，沙特阿拉伯利用其丰厚的石油资金大力发展经济和改善人民生活，进行了多期五年发展规划，经过20年的努力，使沙特阿拉伯从一个贫穷落后的国家变成一个举世闻名的现代化石油大国，而且成为中东最大的商品和承包劳务市场，并拥有大量的海外资产。依靠石油收入，沙特阿拉伯对外经济援助数量可观，共计向全世界70多个发展中国家提供了700亿美元的援助。

由于对石油高度依赖，沙特阿拉伯深受国际市场上石油价格波动的影响。20世纪70年代石油价格高攀给沙特阿拉伯带来了可观的贸易收益，使其一跃成为世界人均高收入成员；而80年代以后的石油价格萎靡不振，也给其带来了巨大的不利影响。

大多数发展中国家的出口商品都与其要素禀赋密切关联。尼日利亚、印度尼西亚、墨西哥、肯尼亚、埃及、委内瑞拉等是世界石油的主要供给国，赞比亚、扎伊尔、智利是著名的铜出口国，哥伦比亚、坦桑尼亚、埃塞俄比亚、巴西、科特迪瓦、危地马拉是咖啡供应地。

（资料来源：https://www.mianfeiwendang.com/doc/72975359f52c5e44dcd3d3f8。）

第三节 里昂惕夫之谜及其解释

里昂惕夫（Wassily W. Leontief，1906—1999）是出生于俄国的当代著名美国经济学家、投入产出经济学的创始人、第四届（1973）诺贝尔经济学奖获得者。

一、里昂惕夫之谜的产生背景

第二次世界大战后，国际贸易迅猛发展，贸易结构和地区分布等发生重大变化，传统的国际贸易学说——俄林的生产要素禀赋学说和哈伯勒的机会成本说等无法解释国际贸易中出现的一些新现象，结果引起了经济学家们对已有学说的怀疑。"里昂惕夫之谜"就是针对俄林的生产要素禀赋学说提出的一种质疑。

二、里昂惕夫之谜的内容

根据俄林的生产要素禀赋学说，各个国家都应该出口那些含有多量本国较丰富生产要素的产品,进口那些含有多量本国较缺乏生产要素的产品。美国是个资本相对丰富、劳动力相对缺乏的国家,按理说它应该出口资本密集型产品,进口劳动密集型产品。但是,里昂惕夫用投入产出分析法对美国1947年200种进出口商品的要素(资本和劳动力)结构进行了对比分析,计算出每百万美元进口替代商品和出口商品所使用的资本和劳动量,得出的结果却与俄林所说的不同。按1947年价格计算,美国每100万美元出口商品的资本投入量为2550780美元,劳动力投入量为182.313人/年,每100万美元进口替代商品(指美国虽进口但国内也大量生产的产品)的资本投入量为3091339美元,劳动力投入量为170.004人/年,如表3-3所示。

表3-3 1947/1951年美国出口商品和进口替代商品对国内资本和劳动力的需求量

	1947年		1951年	
	出 口 品	进口替代品	出 口 品	进口替代品
资本(美元)	2550780	3091339	2256800	2303400
劳动力(人/年)	182.313	170.004	173.91	167.81
人平均资本量(美元)	13991	18184	12977	13726

这里我们可以看出,1947年进口替代商品的人均资本量与出口商品的人均资本量相比是18184:13991=1.30,即高出30%,而1951年的这一比率为1.06,即高出6%。尽管这两个数字不同,但结论基本相同,即美国出口商品中含有较少的资本和较多的劳动力,进口替代商品中含有较多的资本和较少的劳动力,与人们根据"赫克歇尔—俄林定理"所一直广泛持有的看法相反。人们一般认为,美国在生产那些需要较多资本和较少劳动力的商品方面占有比较优势,而生产那些需要较少资本和较多劳动力的商品方面占劣势,因而应当主要出口资本密集型商品,进口劳动密集型商品。事实上,美国参与国际分工是以劳动力密集度高而不是以资本密集度高的生产专门化为基础的。换句话说,这个国家进行对外贸易是为了节约它的资本并解决他的过剩劳动力,而不是相反。许多人都认为,同其他国家比较,美国经济的特点是资本相对过剩和劳动力相对不足,现在证明这种看法是错误的。

里昂惕夫发表其验证结论后,使西方经济学界大为震惊,因而将这个不解之谜称为"里昂惕夫之谜",并掀起了一个验证和探讨里昂惕夫之谜的热潮。

三、对里昂惕夫之谜的解释

(一)劳动熟练学说

劳动熟练说又称人类技能说(Human Skill Theory)和劳动效率说,最早由里昂惕夫自己提出。里昂惕夫认为"谜"的产生是由于美国工人的劳动效率比其他国家工人高所造成的。他认为美国工人的劳动效率大约是其他国家工人的3倍。因此,在劳动以效率单位衡量的条件下,美国就成为劳动力要素相对丰富、资本相对稀缺的国家。为什么美国工人的劳动效率比其他国家高呢?里昂惕夫认为这是由于企业管理水平较高、工人所受的教育和培训较多,以及美国工人进取精神较强的结果。这些观点实际上是劳动熟练学说的雏形。但是一些人士认为,里昂惕夫的解释过于武断,一些研究表明实际情况并非如此。例如,美国经济学家克雷宁(Krelnin)经过验证,认为美国工人的效率和欧洲工人相比,最多高出1.2~1.5倍,因此,他的这个论断通常不为人们所接受。

后来，美国经济学家基辛（D. B. Kessing）对这一学说进行了研究，并先后于1965年在《经济统计周报》8月号和1966年在《美国经济周刊》5月号上发表了两篇讨论劳动熟练学说的重要论文——《劳动技能与国际贸易：用单一方法评价多种贸易》和《劳动技能和比较利益》。在这两篇论文中，基辛利用美国1960年的人口普查资料，将美国企业职工区分为熟练劳动力与非熟练劳动力两大类，其中熟练劳动力是指科学家、工程师、厂长或经理、技术员、制图员、机械工人、电工、办事员、推销员、其他专业人员和熟练的手工操作工人等，非熟练劳动力是指不熟练和半熟练工人。基辛还根据熟练劳动力和非熟练劳动力的分类对14个国家进口商品的构成进行了分析，得出了资本较丰富的国家倾向出口熟练劳动密集型商品，资本较缺乏的国家倾向出口非熟练劳动密集型商品的结论。如表3-4所示，在出口商品中，美国熟练工人比重最高，非熟练劳动力比重最低；印度的熟练劳动力比重最低，非熟练劳动力比重最高。在进口商品中，情况完全相反，美国的熟练劳动力比重最低，非熟练劳动力比重最高；印度的熟练劳动力比重最高，非熟练劳动力比重最低。这表明，发达国家在生产含有较多熟练劳动力的商品方面具有比较优势，不发达国家在生产含有较少熟练劳动力的商品方面具有比较优势。换言之，劳动熟练程度不同是引发国际贸易的重要原因之一。

表3-4　部分国家进出口商品所需熟练劳动和非熟练劳动比重（%）

国　　家	出口商品		进口商品	
	熟练劳动	非熟练劳动	熟练劳动	非熟练劳动
美国	54.6	45.4	42.6	57.4
瑞典	54.0	46.0	47.9	52.1
联邦德国	52.2	47.8	44.8	55.2
意大利	41.1	58.9	52.3	47.7
印度	27.9	72.1	53.3	46.7

为什么劳动熟练程度会成为国际贸易产生的重要因素之一呢？基辛认为有三个原因：一是劳动熟练程度不能够轻易和迅速获得，而在发达国家与发展中国家中，熟练劳动力与非熟练劳动力的拥有比重极不相同，前者熟练劳动力所占比重较大，后者非熟练劳动力所占比重较大。二是劳动熟练程度在经济发展中起着重要作用，而国际贸易又与经济发展程度的高低密切相关。三是资本能够在低成本条件下进行国际移动，劳动力却只能在高成本条件下进行国际移动，而且这种差别又导致国际资本边际生产力均等化和国际劳动力边际生产力非均等化，因此，那些主要靠资本和劳动力生产出来的工业品的比较优势就主要取决于劳动力的质量即劳动熟练程度。

（二）研究开发要素说

研究开发要素说主要是基辛、格鲁伯（W. H. Gruber）、梅达（W. D. Mehta）和维农（R. Vernon）几个人提出来的。

基辛在《劳动技能与国际贸易：用单一方法评价多种贸易》一文中，通过对商品生产所需的资本量、自然资源量、熟练劳动量、规模利益和研究开发等五种竞争力要素进行比较分析，得出了一个重要结论：研究开发要素是五种竞争力要素中最强有力的一个要素。在飞机、汽车、钢铁和电器设备等18个产业部门中，出口额占10个主要工业国（美国、英国、联邦德国、法国、意大利、日本、比利时、荷兰、瑞典和加拿大）出口总额比重较大的部门，一般来说，其专门从事研究开发的就业人数占全部就业人数的比重也较大，如飞机、办公设备、药品、器具、化学制品、电气设备等产业就是如此。而出口额占 10 国总出口额比重较小的产业，其专门从事研究开发的就业人数占全部就业总人数的比重也较小，如纺织品、钢铁、运输、机械、纸及纸类制品等产业。由此可以推断：出口比重高和国际竞争能力强的产业部门，就是那些从事研究开发等高质量劳动力较多的部门。

基辛的上述观点，得到了格鲁伯、梅达和维农三人的赞同，他们于 1967 年在《政治经济杂志》2 月号上发表的题为《美国工业中的国际贸易研究开发要素与国际投资》的论文，着重研究了研究开发要素问题，并根据 1962 年美国 19 个产业部门的有关资料，分析了科研和发展费用、技术人员人数和出口关系等，得出了与基辛基本相同的结论：研究开发要素与出口比例密切相关。例如，美国的运输（尤其是飞机）、电器、工具、化学和机器制造 5 个产业的出口量占 19 个产业总量的 72%，而其科研和发展费用则占 19 个产业总量的 89.4%，从事科研与发展工作的科学家和工程师占 19 个产业总量的 85.3%。此外，他们通过进一步研究得出如下结论：研究开发要素比重较大的企业倾向于进行对外直接投资。

（三）技术差距说

技术差距说由波斯纳（M. Posner）首创，发表于 1961 年《牛津经济论丛》10 月号上，题目为《国际贸易和技术变化》。波斯纳认为，实行技术革新的国家，在一定时期内由于拥有新技术而在某种商品生产上属世界垄断地位，在这种情况下，其他国家与它之间存在一个技术差距，因而引起这种产品的国际贸易，由于这种技术还会通过转让专利权、直接投资、国际贸易产生示范效应等传递到其他国家，随着时间的推移，新技术最终将被其他国家掌握，技术差距缩小，并在其他国家能够生产出满足其全部需要的产品。

波斯纳把从技术差距产生到技术差距引起的国际贸易完全终止之间的时间间隔称为模仿滞后时期，全期又分为两个阶段：反应滞后阶段和掌握滞后阶段。反应滞后阶段初期则又称为需求滞后阶段，是指新技术发明国家新产品开始生产到开始出口之间的时间间隔。所谓反应滞后阶段，是指技术革新国家开始生产新产品到其他国家模仿其技术开始生产此新产品的时间间隔。掌握滞后阶段是指其他国家开始生产新产品到该国此新产品进口为零之间的时间间隔。

在波斯纳看来，需求滞后阶段的长度主要取决于两国的收入水平差距和市场容量差距，差距越小长度越短。需求滞后阶段一般短于反应滞后，反应滞后阶段的长度则主要取决于企业家的决定意识和规模利益、关税、运输成本、国外市场容量及居民收入水平高低等因素，如果技术革新国家在扩大新产品生产中能够获得较多的规模利益，运输成本较低，进口国家的关税税率较低，进出口国际市场容量或居民收入水平差距较小，就有利于保持其出口优势，延长反应滞后阶段，否则，这种优势就容易被打破，反应滞后阶段就会缩短。掌握滞后阶段的长度则主要取决于模仿国家吸收新技术能力的大小，吸引新技术能力越大长度越短。

胡弗鲍尔（G. C. Hufbatuer）用图形形象地描绘了波斯纳的学说，如图 3-1 所示。技术革新国 A 国的生产量和出口量由 T 线上方的曲线表示，技术模仿国的 B 国生产量和出口量由 T 线下方的曲线表示。在 t_0 点，A 国开始生产新产品，$[t_0, t_1]$ 为需求滞后阶段，这时 B 国对新产品没有需求，因而 A 国不能将新产品出口到 B 国。过了 t_1 点，B 国模仿 A 国消费，开始对新产品有需求，且随着时间的推移需求量逐渐增加，A 国的出口量也开始从零逐渐扩大。到 t_2 点，B 国新产品市场扩大，企业家觉得生产新产品有利可图，加上这时新技术已通过各种途径扩散到 B 国，于是 B 国也开始生产新产品，这时 A 国的生产量和出口量达到极大点。随着 B 国生产量的逐渐增加，A 国的出口量和生产量不断下降。到 t_3 点，B 国生产规模进一步扩大，新产品成本进一步下降，其产品不但可满足国内市场需求，而且可以用于出口，于是，技术差距全部消失，模仿滞后阶段完全结束。

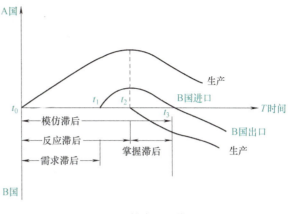

图 3-1　技术差距模型

（四）产品生命周期学说

1966 年，美国经济学家维农在《经济学季刊》5 月号上发表了题为《生命周期中的国际投资与国际贸易》论文，第一次提出产品和生物一样具有生命周期，并把产品的整个生命周期划分为三个阶段：新生期、成长期和成熟期。

所谓新生期，就是指新产品的研究和发展阶段。在新生期，由于一方面要投入巨额资本购置研制设备，另一方面需要许多科学家和工程师等高级熟练劳动力，因此，只有那些具有充足资本和拥有由科学家、工程师及其他技术人员组成的庞大知识集团的国家才具有比较优势，同时也只有这样的国家才具备开发新产品和推销新产品的市场条件。因为新产品问世时成本高昂、价格昂贵，这样的国家工资水平较高，产品生产出来后有人购买。此外，由于其工资水平较高，新生期新产品不但拥有较大的国内市场，而且拥有其他收入水平较高国家的一部分国外市场。

所谓成长期，是指产品基本定型，可以批量生产并在一定程度上普及的阶段。在成长期，由于研究开发费用已大幅度下降，需要大量开支的是资本设备购置费和原料成本费等，所用的劳动力不再是高级熟练劳动力，而是一般熟练劳动力，即新产品生产已从技术密集型过渡到了资本密集型，因而具有比较优势的是大多数发达国家。这时技术专利期限逐步消失，生产技术开始普及，新产品生产厂家逐渐增多，生产者之间的竞争逐渐加剧，产品成本及市场价格逐步下降，那些想在竞争中取胜的企业，将在为消费者服务、管理和推销技术上下工夫，即这时经营能力已经变为重要因素，而大多数发达国家在经营能力方面占了上风，故它们将开始生产新产品，并且产量逐步增加。在成长期，新产品开发国家仍有适量出口，虽然在发展中国家市场上仍然占据着优势，但在发达国家的销售受到来自这些国家自己生产的产品的激烈竞争。

所谓成熟期，是指新产品已经完全变为标准品，广泛普及于世界各国市场，批量生产方法更大规模适用的阶段。在成熟期，这时生产方法变得更简单，生产过程中不再需要大量熟练劳动力，只需要大量半熟练劳动力和非熟练劳动力，不但发达国家可以大量生产，发展中国家也可以组织生产，且企业数目和产量不断增加。由于半熟练劳动力和非熟练劳动力工资较低，发展中国家又拥有大量这种劳动力，他们就具有比较优势。在成熟期，新产品开发国家、发达国家和发展中国家都存在出口的可能性，只是各类型国家的可能性大小不一样，一般来说，发展中国家可能性大些。

1968年，美国另一位销售学者威尔士（L. T. Wells）在《销售杂志》6月号上发表了《国际贸易中有一个产品生命周期吗》一文，就维农提出的新产品生命周期说进行了进一步研究。威尔士以美国开发的新产品为例阐述了自己的观点，认为新产品生命应划分为四个阶段。

在第一阶段，虽然美国企业对科学技术知识等并无垄断权，但由于他们对美国这个拥有大量高收入消费者的市场非常熟悉，且在新产品试销阶段，他们拥有各种便利条件迅速搜集消费者的反应，并针对消费者的意愿对新产品设计加以改进，使之更适合消费者的口味等，再加上美国在新产品原材料供应方面拥有优势，供应商能及时根据改进的设计提供新的原材料供应等，新产品必然由美国企业推出。在这个阶段，由于美国对新产品拥有相对的垄断权，在出口方面就有一定的优势，能吸引外国富裕阶层消费，因而出口量不断增加。

到了第二阶段，由于美国新产品吸引欧洲、日本等地消费者的队伍不断扩大，队伍扩大到一定规模后，就为这些地区的生产者自己组织新产品生产创造了便利条件。这些地区的新产品问世之后，由于在本国市场上销售，不需要支付长途运输费用和缴纳关税，也不必支付研究开发费用，生产成本比美国新产品低，因而在本国市场上的竞争能力也必然比美国新产品强。但在第三国市场上，由于双方都要支付运输费用和交纳关税等，其竞争力还是不如美国。因此，在这一阶段，美国新产品生产量和出口量仍将继续增加，但增长速度放慢。

随着其他发达国家的新产品产量进一步扩大，规模收益也将不断增加，加上这些国家的工资水平比美国低，其产品价格将进一步下降，从而进入第三阶段。在这个阶段，美国和其他发达国家出口到第三国的新产品虽然都须负担长途运输及关税费用，但由于其他发达国家产品成本和售价更低，在第三国市场的激烈角逐中将逐步取胜，结果美国被排挤出第三国市场。但在关税的保护下，美国新产品在本国市场上仍然占据着垄断地位。

进入第四阶段，由于其他发达国家的规模收益进一步增加，加上工资较低、改进后的设备更先进、技术水平更高等，生产成本大大低于美国，它们不仅可以在第三国市场上击败美国，而且将冲破美国市场的关税保护从而进入美国。这时美国新产品的生产量和出口量几乎下降到零，只有一些特殊的新产品零部件才幸免于难。至此，这种新产品的生命周期在美国就结束了。

美国新产品生命周期的终止，并不等于其他国家的新产品生命周期到了尽头，相反，其他国家新产品的生命周期还在继续，在其他发达国家可能正处在第三或第二阶段，在发展中国家则可能正处在第二甚至第一阶段。某一新产品的生命周期的完全结束，将延续到它完全退出世界所有国家市场之时。

（五）收入需求偏好相似说

1961年，著名瑞典经济学家林德（S. B. Linder）推出《贸易和转移支付》一书，另辟蹊径，从需求方面探讨了国际贸易产生的原因。林德的学说被称为收入需求偏好相似说。

林德指出，俄林的生产要素禀赋学说只能用于解释农产品、矿产品等初级产品国际贸易产生的原因，不能解释机器等工业制成品国际贸易产生的原因，制成品国际贸易产生的原因应该从需求方面探讨。林德认为，制成品或工业品需求分为两大类：国内需求和国外需求。决定工业品生产与否的是国内需求，而不是国外需求。其理由是：

（1）国内需求是企业家决定生产的动因。企业家最熟悉各自的国内市场，他们决定生产某种新产品的最终目的是赚钱，而赚钱的机会首先来自国内市场。企业家们不会去生产一种国内市场没有消费需求的新产品,因为企业家决定生产某种新产品,必须先花尽可能少的成本调查清楚市场对其是否有需求,而调查费用最低的自然是国内市场。只有在生产规模扩大到一定程度、企业家感到国内市场容量不够时,他才会考虑国外市场;只有在国外市场打开销路之后,国外需求才变得重要起来,新产品的国外销售比重才逐渐超过国内市场。国家越小情形越是如此,例如,19世纪下半叶瑞典的木材、纸浆等生产就是这样发展起来的。

(2) 国内需求为新产品发明提供刺激力。一种新产品的发明,首先必须存在产生发明的环境。只有周围的环境中出现某种需要解决的问题,发明家才会为解决问题发明出新产品。没有一定的环境条件,就不会存在需要解决的问题,也不可能产生出解决问题的办法。发明家只有身居某种环境之中,耳闻目睹现实生活中某个具体需要解决的问题,才会产生出某种发明灵感。因此,创造发明出来的新产品,一般总是国内市场有需求的产品,新产品的需求和生产总是从国内开始,然后逐渐向国外扩张。

(3) 国内市场更有利于新产品的试制和改进。退一步讲,即使国外市场上存在某种需求,由于发明家不熟悉该市场,也难于生产出适合该市场需求的新产品。即使能够生产出这些新产品,成本也会比生产国内市场所需求的产品大得多。因为要生产这种新产品,必须先组织人力到国外市场进行调查,试销以后又要派人去征求消费者的改进意见,即生产者要反复和消费者交流信息。由于距离远、语言不通等原因,获取国外信息所付的代价必然比国内信息高。因此,国内市场更有利于新产品的试制和改进,只有国内市场存在需求的新产品发明才具有比较优势。

林德重点考察了国际贸易与需求结构的关系,认为平均收入水平是影响两个国家需求结构的主要因素,因而它也是影响国际贸易的重要因素。两个国家或地区的平均收入水平越接近,其需求结构就越相似。商品分为消费品和资本品两类,不同收入水平的国家对这两类商品有不同的需求结构。

就消费品而言,不同收入水平国家的需求结构存在两方面的差异:一是总的需求结构不一样,二是个别的需求结构不一样。收入水平较低的国家需要的主要是那些能满足基本生活需要的消费品,如粮食、食油、布匹、民用燃料和各种日用品等;收入水平较高的国家需要的不仅仅是基本生活必需品,它们还需要精制品和满足新需要的产品,如式样美观与制作精巧的服饰、家用电器、高级轿车等。收入增加后,收入水平较低的国家主要将增加基本生活必需品的需求量,收入水平较高的国家则主要将增加对精制品与新产品的需求,必需品的需求增加量较少甚至可能下降。个别需求结构的差异还与收入分配方式有关。如果收入分配不平均,低收入阶层在收入增加后将主要增加必需品的需求,而高收入阶层则主要增加精致品或新产品的需求。两个国家,一个收入水平较高,另一个收入水平较低,前者的低收入阶层的需求结构将与后者的高收入阶层相类似。

就资本品而言,不同收入水平国家的需求结构虽然不存在直接联系,但存在间接联系。一般说来,平均收入水平较低的国家,其选择的消费品质量也较低,同时,为了实现充分就业和掌握生产技术,只能选择通用的技术和简单的资本设备;而人均收入水平较高的国家,所选择的消费品质量和档次也较高,其资本设备需求结构也必须更先进、更高级。

两个国家或地区之间的需求结构越相似,它们之间的贸易就越多,反之亦然。如果两个国家的需求结构完全相同,其进口商品结构和出口商品结构也将基本相同。在不同收入水平的两个国家和地区间,其收入分配越不平均,两国的贸易量也将越大,因为这时高收入水平国家的低收入阶层的需求结构与低收入水平国家的高收入阶层的需求结构更为相似，他们可能需要各类相同的商品，从而产生更多的贸易。不过，收入水平的差异又是国际贸易的潜在障碍，因为如果一个国家虽然有占据比较优势的产品，其他国家却可能因收入水平过高或过低而对它们没有需求。

【扩展阅读】

要素密度逆转

在生产要素禀赋理论的模型里，我们曾假设，无论在什么情况下，X 与 Y 的要素密度之间的关系是不会改变的，即对任何一组要素价格，X 永远都是资本密集型的，Y 也永远都是劳动密集型的。但是在另外一些要素价格下，X 变成劳动密集型，Y 变为资本密集型，那么这种现象我们称之为要素密度逆转。当存在要素密度逆转时，同样一种产品，虽然两国生产函数形式相同，但在两国不同的要素价格下，可能属于不同类型，如封闭条件下 X 在 A 国是资本密集型的，但在 B 国却可能是劳动密集型的。这样一来有可能发生这种情形：资本丰富的国家可比较廉价地生产某种资本密集型商品，而在劳动力丰富的国家，也可以比较廉价地生产同样一种产品，因为该产品在劳动力丰富的国家是劳动密集型的而不是资本密集型。

该假说不仅在理论上对要素禀赋理论造成冲击，在现实中也会找到例证。中国是土地相对劳动力稀缺的国家，而不少农产品看来似乎是土地密集型的，比如在美国就是如此。按照 H-O 定理，中国加入 WTO 后好像应该从美国进口农产品、出口劳动密集型的工业品。但是，由于中国劳动力多、工资低，农产品在中国却逆转成劳动密集型产品。因此，中国反而可能会大量出口农产品。例如，中国的苹果、猕猴桃等农产品，现在已对发达国家农产品构成强大竞争。

（资料来源：牟海林，尉伟. 商场现代化. 2010，30：225。）

第四节　产业内贸易理论

1975 年格鲁贝尔（H. G. Grubel）和劳埃德合著了题为《产业内贸易：异质产品国际贸易的理论及测量》一书，系统地论述了产业内贸易的理论，提出了产业内同类产品贸易增长的特点和原因，对产业内贸易理论的研究做出了开创性的贡献。

一、产业内贸易理论的产生

第二次世界大战以后，制成品在具有相似的相对生产要素禀赋工业国之间的贸易迅速发展，而且这些国家之间的大部分贸易是以相同要素比例生产的产品，对此，传统的国际理论无法进行解释，尤其是制成品的贸易。无论是宏观贸易总水平还是微观市场结构，都难以把实际的制成品贸易情况与以前所有贸易理论及其假设协调起来，于是许多经济学家提出了各种不同于传统理论的说法。美国经济学家格鲁贝尔等人在研究欧共体成员国之间贸易量的增长时，也发现发达国家之间的贸易并不是按赫—俄原理进行，即大部分的国际贸易并不是反映各国资源禀赋的产业间贸易，如工业制成品和初级产品之间的贸易，而是产业内同类产品的相互交换。到20世纪80年代中期，产业内贸易理论已形成比较完善的模型，并能对贸易现象提供一种有效的分析框架和简洁的解释。

二、产业内贸易理论的基本内容

格鲁贝尔等人认为，在当代国际贸易的产品结构上，主要有产业间贸易和产业内贸易两大类。前者是指不同产业间的贸易；后者是指产业内部同类产品之间的贸易，即一个国家同时出口和进口同类产品。产业内贸易主要有两类，一是相同商品的产业内贸易，二是差异商品的产业内贸易。

（一）相同商品的产业内贸易

相同商品的产业内贸易是指完全可以相互替代的商品之间的贸易。这类商品具有很高的需求交叉弹性（Cross Elasticity of Demand），消费者对这些商品的偏好完全相同。通常这类商品是以产业间贸易的形式出现的，但在以下几种情况会发生产业内贸易：

（1）边境交叉贸易。例如水泥、砖和玻璃等建筑材料，其成品运输成本在总成本中的比重很大，因此，这类商品的生产布局是以市场为指向的，工厂应尽可能靠近市场。但是，如果A国的原料产地接近B国的市场，而B国的原料产地又接近A国的市场，同时，A、B两国对这类商品的出口限制都很少，则A、B两国就可能发生产业内贸易，以解决市场指向矛盾。

（2）季节性贸易。有的商品生产具有很强的季节性，为了解决供需矛盾也会产生产业内贸易。

（3）转口贸易。同类商品同时反映在转口国的进口项目和出口项目中，当然也就成了产业内贸易。

（4）跨国公司的内部贸易。有些学者把跨国公司内部的"垂直贸易"计算为产业内贸易。

（5）相互倾销。不同国家生产同样商品的企业，为了占领更多的市场，往往会采取倾销的手段在对方市场上出售这种商品，这也是一种产业内贸易。

（二）差异商品的产业内贸易

差异商品的产业内贸易是指相似但不完全相同，也不能完全相互替代的商品之间的贸易，它的交叉需求弹性小于前一类商品。商品差异分为三种类型。

第一，水平差异。同一类商品具有一些相同的属性，但是这些属性的不同组合会使商品产生差异，这就是水平差异。这一类差异在烟草、化妆品和制鞋等行业比较普遍。这种差异的产生是由于消费和生产两方面的因素引起的。从消费方面看，随着收入的增加，人们对商品的需求越来越多样化；从生产方面看，厂商为了在竞争中开拓或者扩大其销售市场，常常生产出有别于其他竞争对手的产品以赢得自己的顾客。同时，企业为了防止新的企业进入，也要努力增加其产品的花色品种。

第二，技术差异。它是指由技术水平提高带来的差异，也就是新产品的出现带来的商品差异。这种差异在电器和制药业比较普遍。技术差异商品产业内贸易产生的原因也有两个。一是产品的生命周期。先进的工业国技术水平较高，不断推出新产品，而后进的国家则主要生产已实现标准化、技术含量不高的产品，因而处于不同生命周期阶段的同类产品会出现产业内贸易。二是这类商品的研究与开发费用很高，并且这笔费用在产品生产和销售以前就已经支付，能否收回还得看将来产品的销售情况。然而，即使是一个成功的新产品，它的生命周期也不会很长，因此厂家必须以尽可能高的价格快销和多销这种新产品才能获利。这一动机促进了国际性产业内专业化，因而也促进了产业内贸易。

第三，垂直差异。它是指产品质量上的差异。这类差异在汽车行业比较普遍。垂直差异商品产业内贸易的原因有两个。一是消费者对商品档次的需求是有差异的，不仅国家之间存在这种差异，一个国家内部也存在这种差异。这种差异主要取决于个人收入的差异，收入高的消费者偏好高档商品，而收入低的消费者偏好中低档产品。为了满足不同层次的需求，就有可能出现高收入国家进口中低档产品以满足其低收入层次的需求，而中低收入国家进口高档产品以满足高中层次的需求。二是这类产品也存在着提高生产和销售规模、降低研究与开发成本的问题，只不过这类产品的研究与开发费用不如前一类产品那么高。

从上述分析可以看出三类商品有一个共同点，即在需求方面都存在着消费偏好的多样性，在供给方面都存在着生产的规模经济，由于这两方面的共同作用，使三类商品都存在产业内贸易。所不同的是，不同种类的商品两方面的作用大小不一样。对于水平差异商品而言，需求方面作用较强，而对规模经济的要求相对较低。这类商品的产业内贸易比例较高，但是随着国际直接投资的增加，可能会对产业内贸易产生一种抵消作用。因而这类商品的产业内贸易发展并不是很快。对于技术差异商品来说，其规模经济作用非常强，而且商品价格较高，因此这类商品要求有广泛的地域销售范围，其产业内专业化程度较高，产业内贸易水平也很高。在实际贸易中，与科学技术联系密切的新兴产业和主导产业的产品一直是工业化国家进行产业内贸易的热点，如办公设备、医药及医疗设备等。对于垂直差异商品来说，两方面作用都比较强，产业内贸易比较普遍，发展也比较迅速。

三、产业内贸易的利益

产业内贸易可以给生产者和消费者带来利益，生产者的利益主要来源于市场的扩大，而消费者的利益主要来源于商品可选择性的增加。

（一）产业内贸易的静态利益

从静态观点出发，产业内贸易能比产业间贸易给消费者和生产者带来更多的消费者剩余和生产者剩余，而这些静态利益主要是基于产品的差异性和规模经济。

从消费者角度来看，利益的增加主要来源于产品种类的增加和消费者选择权的扩大。由于消费多样化和个性化的发展，人们对差异产品的需求日益增多，但单个经济体受到规模经济的制约，不可能提供大量的差异产品。如果生产和消费结构相似的国家和市场相互开放，开展产业内贸易，那么市场上可供选择的差异商品品种就会大大增加，而且随着竞争加剧，所有差异产品的价格会下降，消费者的福利就会得到提高。

从生产者的角度来看，利益的增加得益于市场扩大带来的规模经济效应。事实上，任何一个国家的生产者生产一个产业内的所有产品都会受到市场规模、固定成本和所需技术的制约。如果每一个国家只生产一个产业内有限的差异产品，那么所有贸易国的生产都将实现规模经济。

（二）产业内贸易的动态利益

首先，产业内专业化可以延长产品的生命周期，减少由生产转向带来的浪费。对于生产者来说，由于每种产品的市场容量有限，企业必须不断进行产品更新换代，以适应市场需求。这时，产业内贸易可以使专业化水平提高，市场扩大，使生产者获得规模经济收益。

其次，产业内贸易对产品革新有较强的刺激作用，主要表现为对增加产品花色品种（即水平差异商品）和对创造新的替代产品（即技术差异商品和垂直差异商品）的刺激。通过产业内贸易，增加产品花色品种具有双重动机：一是侵入动机，即增加一些接近国外消费者偏好的新品种，以占领国外市场；二是防御动机，即增加一些新品种以防止新的竞争者进入国内市场。同时，产业内贸易可以加速替代产品的开发，给社会带来更多的利益。新的替代产品的研制通常需要投入较多的研究与开发费用，因此，开发新产品的风险是很大的，而产业内贸易可以使这种风险大大降低，因为产业内贸易可以扩大并加快新产品的出售，在尽可能短的时间内收回研究与开发费用。

再次，产业内调整所引起的摩擦比产业间调整小。同一产业要素投入有很大的相似性，在同一产业内进行生产调整，生产要素不需要大规模的调整。即使需要调整，由于对要素价格的弹性要求不高，而且这种调整通常是发生于同一企业或同一地区，因而调整起来比较容易。例如劳动力在产业内从一个部门转移到另一个部门比较容易，可以减少调整所引起的失业。因此，产业内专业化会带来更大的社会效益。

最后，从收入再分配来看，产业内专业化所带来的收入再分配影响要小于产业间专业化。因为同一产业的要素投入密度很相似，因此产业内专业化对要素相对价格影响不大，稀缺要素所有者不仅不会因此有所损失，而且其实际收入还会有所提高。克鲁格曼曾建立模型详细分析了产业内专业化对收入再分配的影响，其结论是所有的利益集团都会从产业内专业化中获得利益。因此产业内专业化不会遭到抵制，产业内贸易将会受到各种利益集团的支持。

通过以上对产业间贸易与产业内贸易的利益比较分析可以看出，产业内贸易所带来的利益并不亚于产业间贸易所带来的利益，而且产业内贸易所带来的利益是多方面的，它更有利于一个国家生产能力的提高和经济结构的改善。

四、产业内贸易水平的衡量

产业内贸易的发展水平可以用产业内贸易指数（T）（Intra-industry trade index）来衡量，它是由格鲁贝尔和劳埃德于 1975 年在《产业内贸易：异质产品国际贸易的理论及测量》一文中提出的。它的计算公式为：

$$T = 1 - \frac{|X - M|}{X + M}$$

其中 X 和 M 分别表示某一特定产业或某一类商品的出口额和进口额，分子上的两条竖线表示对 $X - M$ 的差取绝对值。T 的取值范围为 $[0, 1]$。当一个国家只有进口或只有出口（即不存在产业内贸易）时，T = 0；当某一类商品的进口等于出口时（即产业内贸易达到最大），T = 1。

格鲁贝尔和劳埃德计算了 1967 年 10 个工业化国家不同产业的产业内贸易指数，发现这 10 个国家原油和润滑油产业的产业内贸易指数为 0.30，与之相关的化工工业为 0.66，10 个国家所有产业的混合加权平均产业内贸易指数为 0.48。这就意味着在 1967 年这 10 个国家的贸易额中有一半是由同一产业差别商品的交易引起的。而且随着时间的推移，产业内贸易依存度还在不断上升。

计量经济学分析结果表明，产业内贸易程度受多种因素的影响，如收入水平、贸易强度、贸易壁垒和语言文化差异等。具体来说，产业内贸易程度与贸易国家的人均收入水平、国家的经济实力、贸易方向、共同的边界、相同的语言、地区一体化的参与程度之间存在着正相关关系，而与收入不平衡、国家经济实力的大小的失衡、距离及贸易不平衡之间存在负相关关系。

五、对产业内贸易理论的评价

产业内贸易理论的创新之处在于：

（一）揭示了原来静态比较优势学说所掩盖和忽视的问题

比较优势学说强调的是贸易的互利性，根本没有提及不互利的现实。产业内贸易理论认为，一国规模经济借助垄断竞争的力量，占据较大的市场份额而获得贸易利益，这种利益不会随着国际贸易的发展而转移。对贸易双方来说，拥有规模经济的一方得到的好处不仅更大，而且将强化其垄断地位，贸易利益的差距不仅不会均等化，还会有扩大的趋势。

（二）产业内贸易理论将产业组织理论引入贸易理论

产业内贸易理论所提出的规模经济优势，不是指一国的产业规模，而是指从事国际贸易主体的企业规模。通过企业创造出口优势，这是分析国际贸易竞争条件的新角度。

（三）产业内贸易理论强调政府干预

规模经济固然可以由国内市场经济的自发作用而产生，但政府干预对其起着重要的作用，特别是当大公司跨出国门后更是如此。各国政府为了保护本国垄断企业规模经济优势的形成和发展，无不通过各种政策给予支持。

当然，产业内贸易理论也存在一定的不足。首先，是在论述产业内贸易时，所提到的产品异质性指的是最终产品在质量和性能上的差异，没有看到由于生产国际化的深化，产业内专业化分工的发展，越来越多的中间产品进入了国际商品流通领域，这也促进了产业内贸易的发展。其次，对规模经济优势的作用，应规定在什么样的范围，产业内贸易理论没有提及。在现实生活中，并不是所有产品的生产都是规模越大越好，在技术革命的浪潮中，企业经营出现了多品种、小批量的趋势，加上需求日益分散化，必然有规模经济不起作用的范围。

【扩展阅读】

中美相关产业 GL 指数

表 3-5 是 2006—2016 年间中美相关产业的产业内贸易指数。纵向比较来看，机电业、塑料和橡胶业、化工业和运输设备业的 GL 指数 2006—2016 年期间平均为 17.84、52.88、86.52 和 78.74；可以看出，除了机电业，其他三项 GL 指数均在 50 以上，说明两国产业内贸易水平较高，且两国之间贸易分工状态为水平分工，而在机电业，两国在贸易附加值和技术能力上具有很大差距。

横向比较来看，中美两国近些年产业内贸易水平总体保持较高状态，两国贸易大体上呈现水平分工状态（除机电业）。从贸易分工水平来看，我国机电业产业内贸易水平仍然低下，说明在中美贸易价值链中，我国位于下游水平，贸易产品附加值低，贸易利益少，两国机电业贸易处于高度垂直分工。在塑料和橡胶业，两国产业内贸易指数处于中间水平，2006—2016 年间 GL 指数平均为 50，说明在中美塑料和橡胶贸易中，我国处于产业链中游水平，两国贸易利益获取相当。在化工业，产业内贸易指数平均为 83 左右，两国处在高度水平分工状态，说明在两国化工业商贸中，我国获取较多贸易利益。在运输设备业，GL 指数大体呈下降趋势，说明我国该行业在贸易利益份额中获取变少。

从整体角度看，2006—2016 年期间两国产业内贸易水平有着长足的提升，两国总体 GL 指数从 32.18 增长到 40.02，我国在和美国的国际贸易分工中逐渐从下游水平发展到中游水平，在化工业和运输设备业都在分工中占据有利地位，而在机电业一直处于产业链下游，我国应加强机电业在外贸竞争力和技术能力上的提升。

表3-5　2006—2016年中美相关产业的产业内贸易指数

年　份	2016	2015	2014	2013	2012	2011	2010	2009	2008	2007	2006
机电	18.98	19.07	20.15	19.30	15.92	16.51	16.97	16.54	17.02	17.97	24.67
塑料和橡胶	47.18	46.05	46.60	47.64	50.69	58.17	61.67	63.36	53.67	53.79	48.24
化工	85.46	83.27	82.74	86.93	86.26	89.79	94.70	90.32	76.01	89.74	86.66
运输设备	73.27	71.43	64.07	63.98	80.30	82.34	84.17	84.97	98.75	84.10	85.88
总 GL	40.02	38.85	41.89	43.39	41.22	41.29	40.23	38.02	34.22	33.74	32.18

（数据来源：中华人民共和国商务部《中美国别贸易报告》。）
（资料来源：闫树琴，刘宁．中美产业内贸易研究．牡丹江师范学院学报（哲社版），2018，4：11-16。）

第五节　国家竞争优势理论

国家竞争优势理论是 1990 年由美国哈佛大学商学院的波特教授（Michael Porter）在其《国家竞争优势》一书中提出的。这是一个革命性的概念，超越了比较优势概念，拥有丰富内涵的崭新范畴，它对于建立一个统一的、现代的国际贸易理论体系起到了奠基性的作用。

一、国家竞争优势理论产生的背景

国家竞争优势理论的产生是以美国国际经济地位变化为背景的。在第二次世界大战后 20 年里，美国经济曾实力强盛，遥居世界领先地位。此后，由于其他西方国家经济的高速增长，美国各项经济指标在世界经济中的比重不断下降。20 世纪 70 年代开始，西欧共同市场的形成和势力壮大，日本的崛起，都对美国国际经贸地位构成了严重挑战。美国在国际市场上的竞争优势严重削弱，连新兴工业化国家都在夺取美国商品在世界市场上的份额。美国一些传统支柱产业，如汽车制造业的竞争力被日本和西欧国家超过，一些新兴产业也受到这些国家的强大竞争压力。美国对外贸易逆差和国际收支赤字不断增大。如何提高国际竞争力是当时美国学术界、产业界、政府部门需要解决的一个紧迫问题。1983 年里根总统设立直属白宫的产业竞争力委员会，迈克尔·波特教授被任命为该产业竞争委员会成员之一，开始研究美国的竞争力问题，并于 1990 年提出了国家竞争优势理论。

二、国家竞争优势理论的基本内容

波特认为，一个国家的竞争优势，就是企业、行业的竞争优势，也就是生产力发展水平上的优势。一个国家的兴衰其根本原因在于能否在国际市场中取得竞争优势,竞争优势形成的关键在于能否使主导产业具有优势,优势产业的建立有赖于生产率的提高,生产率提高的源泉在于企业是否具有创新机制。从宏观角度来看,一个国家的竞争优势来源于四个基本因素和两个辅助因素,如图 3-2 所示。由于此图形看起来像一颗钻石,所以又把它称为"钻石模型"。

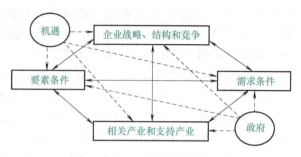

图 3-2　国家竞争优势理论模型

四个基本因素是要素条件、需求条件、相关产业和支持产业以及企业战略、结构和竞争,两个辅助因素是机遇和政府。

(一) 要素条件

要素条件中的要素是指一国拥有的生产要素,它主要包括人力资源、物质资源、知识资源、资本资源和基础设施等。要素可分为初级要素和高级要素、专门要素和一般要素。初级要素是被动继承的,它们的产生需要较少的或不那么复杂的私人投资和社会投资,比如自然资源、气候、简单劳动力等。高级要素是指高科技、熟练劳动力等,它们往往需要长期的投资才能得到,高级要素才是竞争优势的长远来源。一般要素是一些适用范围广泛的要素,如公路系统和受过高等教育的雇员等。专业要素是指专门领域的人才、特殊的基础设施、特定领域的专门知识,如掌握光学技术的研究所等。专门要素比一般要素更能为国家提供持久的竞争优势,因为一般要素提供的仅是基本类型的竞争优势,许多国家都能得到,更容易被取代。

(二) 需求条件

需求条件对竞争的影响是通过国内买主的结构和买主的性质实现的。不同的国内需求使企业对买方需求产生不同的看法和理解,并做出不同的反应。在国内需求给当地公司及早提供需求信号或给当地企业施加压力,要求它们比国外竞争者更快创新、提供更先进产品的产业或部门时,国家最可能获得竞争优势。国内市场的三个特征对国家竞争优势有十分重要的影响,它们是细分的需求结构、老练和挑剔的买主以及前瞻性的买方需求。当然独立的买主数量、需求的增长速度、需求的规模以及市场饱和的时间也会对一国企业的竞争优势产生影响。

(三) 相关产业和支持产业

一个国家的产业要想获得持久的竞争优势,就必须具有在国际上有竞争能力的供应产业和相关产业。相关产业是指因共用某些技术、共享同样的营销渠道或服务而联系在一起的产业或具有互补性的产业。支持性产业以下列几种方式为下游产业创造优势:①以最有效的方式及早而迅速地为国内公司提供最低成本的投入;②不断与下游产业合作;③促进下游产业的创新。

(四) 企业战略、结构和竞争

企业战略包括企业建立、组织和管理的环境以及国内竞争的性质。不同国家的企业在目标、战略和组织方式上都不相同。国家优势来自于对它们的选择和搭配。

各个国家由于环境不同,需要采用的管理体系也不相同。适合国家环境、适合产业竞争优势源泉的管理方式能提高国家竞争优势。不同国家的不同企业有着不同的目标，对经理和雇员有着不同的激励机制。国家竞争优势还取决于国内的竞争程度，激烈的国内竞争是创造和保持竞争优势最有力的刺激因素，其作用在于减少外国竞争者的渗透，造成模仿效应和人员交流效应，促使竞争升级，强化竞争程度，迫使企业走向海外。

上述四种因素是国家竞争优势的决定因素，它们的情况直接导致国家竞争地位的变化。但除了上述四种因素外，还有两个重要的变量对国家的竞争优势产生重要影响，这就是机遇和政府。

（一）机遇

机遇包括重要的新发明、重大的技术变化、投入成本的剧变、外汇汇率的重要变化、突然出现的世界或地区需求和战争等。机遇的重要性在于它可能打断事物的发展进程，使原来处于领先地位企业的竞争优势无效，落后国家的企业如果能顺应局势的变化、利用新机会便可获得竞争优势。但机遇对竞争优势的影响不是决定性的。同样的机遇可能给不同的企业带来不同的结果，能否利用机遇以及如何利用，还是取决于上述四种决定因素。

（二）政府

政府对国家竞争优势的作用主要在于对四种决定因素的影响。政府可以通过补贴、对资本市场加以干预、制定教育政策等影响因素条件，通过确定地方标准、制定规则等影响买方需求。政府还可以通过各种方式决定相关产业和支持产业的环境，影响企业的竞争战略、结构和竞争状况等，因此政府的作用十分重要。但由于政府的影响主要是通过对四种决定因素的影响而实现的，所以它没有被归入决定因素。

三、对国家竞争优势理论的评价

波特的国家竞争优势理论弥补了其他国际贸易理论的不足，较圆满地回答了理论界长期未能解答的一些问题，对国际贸易理论发展做出了贡献。同其他贸易理论相比，波特理论的贡献可以归纳为以下几点。

（一）提出了一个重要的分析工具

波特提出国家竞争优势的决定因素系统，为人们分析各国竞争优势的基础、预测它们竞争优势的发展方向以及长远发展潜力，提供了一个非常有用的分析工具。由于四种决定因素及两种辅助因素的范围、品质和交互作用的方式决定了企业生产的产品和服务的种类以及生产的效率；而产品和服务的种类和生产效率又决定一国进入国际市场的产品和服务的价值，决定这些产品和服务相对于其主要竞争对手的产品和服务的增长率；因此它们最终决定一国竞争优势的势力、构成和持久性。分析这些因素的范围、品质和交互方式，将它们同其他国家的决定因素系统相比较，就能发现一国的竞争优势在哪些领域？有多大？能持续多长时间？就能回答过去的理论界长期不能回答的问题，即为什么各国的竞争优势不同？哪些国家能获得某种竞争优势？

（二）强调动态的竞争优势

传统的比较优势理论强调的是比较利益，注重的是各国现有的要素禀赋，因此它无法解释为什么像日本和韩国这类资源稀缺的国家能在众多领域获得竞争优势，而许多资源丰富的国家却长期落后。波特从动态的竞争优势角度比较圆满地解释了这一问题：日本和韩国这类国家的竞争优势来自于不断创造的要素优势，不断创造的要素比静态要素更持久，其优势会随着时间的推移和知识的积累而增加，而依靠静态要素禀赋获得的竞争优势则会随着要素禀赋的被消耗而减少。

（三）强调国内需求的重要性

传统贸易理论忽视国内需求对企业竞争优势的影响，认为国内需求对竞争优势的影响很小。但国家竞争优势理论明确提出了国内需求同国家竞争优势之间的因果关系，弥补了传统贸易理论对需求的忽略。

（四）强调国家在决定企业竞争力方面的关键作用

随着生产全球化，许多学者认为国家在决定企业竞争优势方面的作用越来越小，企业可以摆脱国家的束缚，在全球范围内组织生产和经营。但波特认为国内的决定因素绝大部分是在国家的支持和影响下实现的，因此，在全球化时代，国家的作用不是削弱了而是加强了。这对于加强国家对企业竞争优势的培育和促进从而促进企业竞争优势的发展有着积极的意义。

四、国家竞争优势理论的发展

波特的国家竞争优势理论对于解释诸如美国、日本、德国和英国等发达国家的国际竞争力来源有很强的说服力，这些国家自身具有良好的国内经济环境，具备波特模型中的各种因素，国内企业可以依托"母国基地"建立起竞争优势。但是对于小国经济，对于欠发达国家和发展中国家而言，它们现实经济并不必然具备与波特"钻石模型"相称的国内经济环境，它们有的缺乏足够大的市场容量，有的缺乏资本、技术要素等，那么，这些国家应当如何创造竞争优势呢？显然波特没有给出很好的回答。

针对以上缺陷，国外学者又进一步拓展了"钻石模型"。例如，鲁格曼等人以加拿大为研究对象，将波特的"钻石模型"拓展为适合解释加拿大竞争优势的"双重钻石模型"。穆恩等人认为鲁格曼的模型只适用于加拿大的分析，因此，他们又进一步将"双重钻石模型"拓展为适用于所有小国经济分析的"一般化的双重钻石模型"。韩国汉城大学教授乔东逊以韩国为例构建了"九要素模型"，使其在欠发达国家和发展中国家更具解释力。

【扩展阅读】

中国国家竞争优势模型

构建中国国家竞争优势模型必须把握三个基本原则：一是要实事求是地整体考察新中国成长经历，特别是要分析、思辨自1978年以来经济高速增长的原因和缺憾；二是有理有据地找到推动中国高速成长最主要的因素，这些因素及其组合产生的作用，不仅在过去、现在，还要在可预见的未来成为中国国家竞争优势根本的决定性力量；三是这些因素所创造的竞争优势必须是基于全球性的、长期性的考虑。

据此考察分析，我们得出这样的结论：政府、对外开放、生产力和市场需求四个相互关联的因素，它们创造了中国国家竞争优势，如图3-3所示。模型中，生产力包括四个变量：制度、科技、文化和劳动力；对外开放包括对外贸易和外资两个方面；由于中国人口众多，我们也把市场需求作为中国国家竞争优势创造过程中的重要力量；我们还突出了政府对中国国家竞争优势创造过程中的中心地位，因为正是在政府的指导下，中国才发生了翻天覆地的变化。

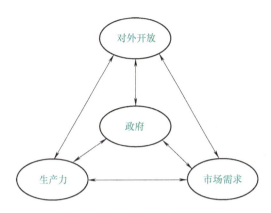

图 3-3　中国国家竞争优势模型

(资料来源：徐松，李永发．构建中国国家竞争优势模型．市场周刊·理论研究，2006，4：6-9。)

第六节　新新贸易理论

新新贸易理论是美国哈佛大学教授赫尔普曼、梅里兹、安切斯等在克鲁格曼的新贸易理论基础上提出的一种解释国际贸易现象的理论。该理论认为，一个国家是否以及如何参与国际经济贸易活动，不仅取决于比较优势、自然禀赋等因素，更取决于该国企业的状态、效率和竞争力状况。一个国家的企业如果效率很高、竞争力很强，对其他国家的企业具有优势，就可以在很大程度上让全球变为自己的市场，否则就只能龟缩在国内，甚至被淘汰。不仅贸易行为，企业投资行为也是如此。

一、新新国际贸易理论产生的背景

新贸易理论是指 20 世纪 80 年代初以来，以保罗·克鲁格曼（Paul Krugman）为代表的一批经济学家提出的一系列关于国际贸易的原因，国际分工的决定因素，贸易保护主义的效果以及最优贸易政策的思想和观点。起初新贸易理论旨在用实证的方法解释贸易格局，填补传统贸易理论的逻辑空白，后来发展成为以规模经济和非完全竞争市场为两大支柱的完整的经济理论体系。自赫尔普曼和克鲁格曼提出新贸易理论以来，在近 20 年中国际贸易理论的前沿进展甚少，其分析视角是从国家或产业层面入手，模型中企业是同质的、无差异的，无法解释国际贸易中更为微观层面的许多现象。如为什么同一产业内有的企业从事出口，而其他企业却仅仅涉足于国内市场等问题。直至 2003 年梅里兹提出"异质企业贸易模型"，形成了以企业层面研究国际贸易的新新贸易理论。

二、新新国际贸易理论的主要内容

新新贸易理论有两个分支：一是梅里兹（Melitz）为代表的学者提出的异质企业贸易模型，另一个是安切斯（Antras）为代表的学者提出的企业内生边界模型。异质企业贸易模型主要解释为什么有的企业会从事出口贸易而有的企业则不从事出口贸易；企业内生边界模型主要解释是什么因素决定了企业会选择公司内贸易、市场交易还是外包形式进行资源配置。二者都研究了什么决定了企业会选择以出口方式还是 FDI 方式进入到海外市场。

（一）新新贸易理论的异质企业贸易模型

1995 年，伯纳德（Bernard）和杰森（Jensen）在研究美国企业时发现，美国只有很少一部分企业从事出口，与非出口企业相比，美国的出口企业有很大的不同，表现为出口企业规模都相当大，生产率较高，支付的工资较高，使用更熟练的技术工人，更具备技术密集型和资本密集型特征，这些差异被称为是企业的异质性。异质企业贸易模型就是探讨异质企业是如何从事国际贸易，贸易对企业的生产率增长和福利究竟会产生哪些影响。

梅里兹（Melitz）异质企业贸易模型认为，在同一产业内部，不同企业拥有着不同的生产率，不同企业在进入该产业时面临不可撤销投资的初始不确定性也各不相同，进入出口市场也是有成本的，企业在了解生产率状况之后才会做出出口决策。梅里兹的研究结果显示，贸易能够引发生产率较高的企业进入出口市场，而生产率较低的企业只能继续为本土市场生产甚至退出市场。国际贸易进一步使得资源重新配置，流向生产率较高的企业。产业的总体生产率由于资源的重新配置获得了提高，这种类型的福利是以前的贸易理论没有解释过的贸易利得。

一个产业部门的贸易开放将会提高工资和其他要素价格，驱使生产率最低的企业被迫退出市场。生产率最高的企业将能够承担海外营销的固定成本并开始出口，生产率居于中游的企业将继续为本土市场生产。利益分配将有利于那些生产率较高的企业，因为这些企业既为本土市场生产也为出口市场生产，而生产率最低的企业已经退出市场，其结果是整个产业的生产率因为国际贸易而得到提升。当削减关税、降低运输成本或增加出口市场规模时，整个产业的生产率也会得到相应提高，这些贸易措施都将提高本土和出口市场销售的平均生产率。

（二）新新贸易理论的企业内生边界模型

企业在国际化过程中面临着两个关键选择：一是是否进入国际市场，是继续做一个本土的企业还是选择进入国际市场？二是以何种方式进入国际市场，是选择出口还是 FDI 的形式？原有模型能解释为什么一家本土企业有在外国进行生产的激励，但是这些模型无法解释为什么这些海外生产会发生在企业边界之内，而不是通过常见的市场交易、分包或许可的形式进行海外生产。新新贸易理论的企业内生边界模型从单个企业的组织选择问题入手，将国际贸易理论和企业理论结合在一个统一框架下。

安切斯（Antras）和赫尔普曼（Helpman）探讨了企业异质性对企业边界、外包以及内包战略选择的影响，为研究企业全球化和产业组织提供了全新的视角。

企业内生边界模型认为，企业进入国际市场时面临一体化（Integration）和外包（Outsourcing）两种选择，而一体化和外包又分为国内和国外两种情况。

(1) 国内一体化，也称为国内内包（Insource Home），是指企业只在国内生产。

(2) 国际一体化，又称国际内包（Offshore Insource）或垂直对外直接投资（Vertical FDI），是指企业通过在国外设立分公司生产部分中间产品和零部件，再通过公司内贸易出口到国内母公司的生产形式，其涉及公司内贸易（Intra-firm Trade）。

(3) 国内外包（Outsource home），是指企业通过在国内外包的形式组织生产。

(4) 国际外包（Offshore Outsource），是指企业将部分中间产品和零部件在国外市场外包,再通过贸易进口到国内来组织生产。

异质性企业会根据自身的特点选择不同的生产方式,进而选择不同的组织或契约制度。一般而言,具有资本和技术密集型特征的企业往往倾向于采用内部一体化或垂直一体化,相应的贸易模式更多采用母公司与子公司之间或者子公司之间的内部贸易,而对市场的依赖较少。

三、对新新贸易理论的评价

以梅里兹异质企业模型为核心的新新贸易理论开启了国际贸易研究新领域,其贡献主要表现在:

(一)新新贸易理论确立了新的研究视角

21世纪诞生的新新贸易理论突破了新古典贸易理论和新贸易理论以产业为对象的研究范畴,将分析变量进一步细化到企业,以异质企业的贸易投资作为研究重点,使得国际贸易理论获得了新的微观基础和新的视角。新新贸易理论通过异质企业贸易模型的建立,阐明了现实中只有部分企业选择出口和对外直接投资的原因;通过企业内生边界模型的建立和拓展,将产业组织理论和契约理论的概念融入贸易模型,很好地解释了公司内贸易模式,并在企业全球化生产研究领域进行了理论创新。

(二)新新贸易理论创新了研究方法

新新贸易理论是对传统贸易理论的补充,尤其是对新贸易理论的补充,它在垄断竞争模型的基础上放松了企业同质的假定,从异质企业角度提出了贸易的新观点,成功将企业生产率内生到模型中,将贸易理论研究对象扩展到企业层面,从而在研究方法上取得了突破。

当然,尽管新新贸易理论的体系正在逐渐完善,但其较为严格的假设前提仍然导致了解释力的局限性。首先,该理论没有充分考虑产品差异性,产品的差异不仅体现在产品的功用上,还体现在技术含量、功能多样性、质量、档次等方面,现代企业越来越重视产品差异化和市场细分,将市场分为高端和低端,一些企业的产品主要销往高端市场,而一些企业产品销往低端市场,新新贸易理论还不能解释如技术含量等差异带来的产业内贸易现象。其次,新新贸易理论还有待引入企业异质性的其他内涵,企业异质性不仅体现在生产率、企业规模、组织结构等方面,还体现在跨国经营方式(出口、FDI、独资、合资等)、企业战略、市场定位等方面。

【扩展阅读】

出口贸易促进生产率增长的主要途径

1. 出口"学习"效应

相对于国内市场,国际市场上客户对产品质量要求更高,出口企业必须按客户的产品质量要求来改进生产技术和生产工艺,甚至可能需要对生产设备进行升级改造以及对员工进行技术培训,以使其购买的产品能达到质量要求,这些举措都会提高出口企业生产率。而且,出口企业在国际市场上更容易接触到先进的生产技术和管理方法,出口企业可以通过"学习"先进的生产技术和管理方法来提高生产率。

2. 规模经济效应

国际贸易在国际分工的作用下不仅使更多的本国资源被配置到出口部门,还会通过扩张出口部门的生产规模发挥规模经济效应来提高生产率。而且,出口不仅会提高出口部门的生产规模,还会提高单个出口企业的生产规模。相对来说,国际市场远大于国内市场,企业进入国际市场后其市场需求大大增加,进而提高其生产规模,在规模经济效应的作用下,企业生产率也会得到提高。

3. 技术溢出效应

技术溢出效应可以分为水平溢出效应和垂直溢出效应。水平溢出效应指的是出口企业对不出口企业产生的技术溢出效应。出口企业在国际市场通过"学习"获得的新技术也会被不出口企业"学习",从而提高这些不出口企业的生产率。

垂直溢出效应指的是出口企业会通过产业的上下游关联来提高其供应企业和客户企业的生产率。出口企业会对其上游供应企业进行技术指导,通过提高供应企业的产品质量来提高上游企业的生产率。

(资料来源:吕大国,耿强. 出口贸易与中国全要素生产率增长. 世界经济研究,2015,4:72-79。)

本章小结

传统比较优势理论认为,一个国家即使在两种产品的生产上处于全面的劣势,仍然可以按照"两优取强、两劣取弱"的原则参与国际分工,并从贸易中获利。而生产要素禀赋理论则认为,各国应按照"靠山吃山、靠水吃水"的原则,利用本国丰富的要素参与国际分工和交换。里昂惕夫对生产要素禀赋理论的检验引发了对国际分工理论的探讨,推动了国际分工理论的蓬勃发展。

以产业内贸易理论为代表的新贸易理论主要是研究在规模收益递增和不完全竞争条件下的产业内贸易。国家竞争优势理论从相关产业和支持产业、需求条件、要素条件以及企业战略、结构和竞争等方面研究了一国国际竞争力的决定因素,对于如何提高和保持一国的国际竞争力有重要意义。而新新贸易理论则是从企业的异质性这一新的视角解释了企业参与国际贸易和投资现象,并探讨了异质性企业参与国际贸易的利得。

关键词

绝对优势　比较优势　要素禀赋　技术差距　产品生命周期　产业内贸易　差异商品　钻石模型　异质企业　异质企业贸易模型　企业内生边界模型

复习思考题

1. 如何正确评价比较优势学说?
2. 对生产要素禀赋学说有哪些评价?
3. 什么是"里昂惕夫之谜"?其产生的原因何在?有哪些解释?
4. 什么是产品生命周期学说?
5. 收入偏好相似学说的主要内容是什么?
6. 产业内贸易理论的基础是什么?
7. 简述异质企业贸易模型。
8. 简述企业内生边界模型。

第四章
国际贸易政策

世界各国都力求通过对外贸易政策的制定和实施，在现有的资源条件和发展水平下，通过开展国际贸易，参与国际分工，最大限度地促进本国经济发展，获取最大限度的贸易利益。

通过本章学习，应充分掌握各国对外贸易政策的类型与内容构成，认识和了解各国贸易政策制定的理论依据。同时能够正确认识和理解对外贸易政策的变化，了解政策变化的条件，并能客观地对贸易政策的适用性做出评价。

第一节 对外贸易政策概述

一、对外贸易政策的定义与目的

（一）对外贸易政策的含义

对外贸易政策（Foreign Trade Policy）是指一国政府为实现经济和政治目标，运用经济、行政或法律手段，对对外贸易活动进行管理和调节而采取的一系列措施。对外贸易政策属于上层建筑的一部分，是一个国家对外贸易活动的总体指导方针和原则。

（二）对外贸易政策的目的

各国制定对外贸易政策的目的在于：保护本国市场、扩大本国产品的国外市场、促进本国产业结构的改善、积累发展资金、维护同其他国家和地区的政治经济关系等等。具体如下：

1. 促进经济稳定与发展

途径是：优化本国产业结构，提高企业的竞争力；扩大本国产品的出口市场，增加就业，提高劳动者的收入；鼓励资本输入，鼓励引进国外先进技术及管理经验；获取规模经济效益。

2. 积累本国经济发展资金

通过对外贸易政策调整，增加国家财政收入，提高国家的经济福利；提高企业竞争力，实现利润最大化；积极参与社会分工和国际竞争，创收更多的外汇。

3. 改善国际经济与政治环境

通过实施和调整各种贸易政策，能够维护、改善和加强与他国之间的政治经济关系，为一国对外贸易发展获得一个良好的外部环境。

二、对外贸易政策的基本类型

自对外贸易产生与发展以来，对外贸易可以分为两种基本形式：一是自由贸易政策，二是保护贸易政策。

（一）自由贸易政策

自由贸易政策是指国家取消对进出口贸易的限制和障碍，取消对本国进出口商品的各种特权和优惠，使商品和服务能够自由的输出和输入，在世界市场上自由竞争与合作，从而使资源得到最合理的配置。

（二）保护贸易政策

保护贸易政策是指政府采取各种政策限制商品和服务的进口，以保护本国商品和服务在本国市场上不受或少受外国同类商品和服务的竞争。同时，对本国的出口商品和服务实行补贴和优待以提高其国际竞争力，扩大出口贸易规模。其实质是"奖出限入"。

三、对外贸易政策的演变及成因

（一）资本主义生产方式准备时期

为促进资本原始积累，西欧各国推崇重商主义，通过限制货币（贵金属）的出口和扩大贸易顺差的方法增加黄金白银的流入，积累财富。

（二）资本主义自由竞争时期

资本主义生产方式占据统治地位，世界经济进入资本国际化阶段。由于英国率先完成工业革命，成为较发达的资本主义国家，推行自由贸易政策。

但由于欧美各国经济发展水平不同，在比较落后的资本主义国家，如德国、美国，执行以保护幼稚工业为目标的保护贸易政策。

（三）19世纪末到第二次世界大战之前

垄断资本主义出现与加强，资本输出占据统治地位。由于1929—1933年经济大危机的冲击，英国放弃了自由贸易政策，主要资本主义国家开始推行带有垄断性质的超保护贸易政策。

（四）第二次世界大战之后

先是由于美国对外扩张的需要，后因为生产和资本国际化发展的要求，国际分工迅猛发展，贸易自由化政策成为发达国家起主导作用的贸易政策。多数发展中国家根据各国发展需要，制定和执行相应的保护贸易政策，但总体趋势是多数发展中国家的外贸政策从内向型的保护转向外向型的保护。

（五）20世纪70年代中期之后

经济发展由于两次经济危机的爆发而放缓，出现失业等市场问题，以美国为首的发达国家转而采取新保护贸易政策。

（六）20世纪80年代中后期以来

各国经济相互联系日益加强，世界经济政治关系发生巨大变化，发达国家开始推行协调管理贸易政策。对内制定对外贸易法规和条例，加强对本国进出口的秩序化管理；对外签订各种对外经贸协定，协调和发展与他国的经济与贸易关系。

四、对外贸易政策制定的主要依据

从世界经济贸易发展过程来看，自由贸易政策和保护贸易政策的制定和实施受到世界经济发展和贸易大国竞争力变化的影响。因此，在不同历史时期，不同国家的贸易政策选择不同，程度也不相同。一般来说，影响对外贸易政策制定的因素主要有以下几个：

(一) 经济发展力量的强弱

经济发展力量的强弱对贸易政策的选择有重要的影响。一般来说，经济越发达、商品竞争力越强的国家，越倾向于实行自由贸易政策；而经济发展水平较低、商品竞争力较弱的国家则往往实行保护贸易政策。当然，一国实行自由的贸易政策并不意味着完全自由。西方国家在标榜自由贸易时，往往依然对某些产业进行保护，"自由贸易"口号往往用来要求别国为其开放市场。另外，实施保护贸易政策也并不意味着完全闭关锁国，而是对不同产品的保护程度有高有低。

(二) 本国的经济结构和经济状况

一国的传统产业，如农业和手工业占据主导地位，现代工业尚未成长起来，为保护传统行业和促进幼稚工业的成长，往往实行保护贸易政策；而经济结构已经达到现代化的国家则推崇自由贸易政策。

一国国内经济出现萧条，失业率高、贸易逆差严重、国际收支赤字、劳动生产率和商品竞争力下降等情况，此时的贸易政策就会出现保护主义色彩；反之，经济状况转好，就会出现自由主义成分。

(三) 本国利益集团的影响

不同的对外贸易政策对本国不同的利益集团会产生不同的影响，因此，一国在制定对外贸易政策时，往往要考虑某些利益集团的要求，这也不可避免地造成各种利益集团在外贸政策上的冲突。如自由贸易政策有利于出口集团、进出口贸易商和消费者，但不利于进口竞争集团；相反，那些同进口商品竞争的行业和与之有生产联系的各种力量是贸易保护主义的倡导者。两股力量对比的消长，直接对对外贸易政策的制定产生重大影响。

(四) 国际政治经济环境和一国的外交政策

一般来说，一国对与其政治、外交关系友好，经济上不会构成威胁的国家倾向于开放本国市场，扩大产品和技术出口；而对那些政治或经济上的敌对国家则采取贸易保护政策。可见，对外贸易政策和外交关系密切联系，相互促进、相互服务。大多数情况下，外交是为对外经贸活动提供保护和疏通障碍的，当今许多国家奉行经济外交战略，就是出于打开国际市场、扩大产品进出口的目的。

(五) 他国的利益以及国际规则

各国制定对外贸易政策首先是以本国利益为基点，但在经济全球化的今天，与他国在经贸关系上一味对立是行不通的。如果每个国家都只从本国的利益出发来制定和实施对外贸易政策，那么国际贸易很快就会陷入无序和混乱状态，各经济体之间的贸易分工基础将会受到破坏。一国在做出对外贸易政策的选择之前，要充分考虑到他国的利益，如此才能真正实现贸易的互利互惠发展，不会招致其贸易伙伴的报复。此外，实践表明，要真正实现上述目的，还需要贸易政策的国际协调。贸易政策的国际协调要求各国把对外贸易政策当作国际贸易总体政策的不同组成部分，考虑各方利益，以使贸易遵循某些共同的"竞赛规则"。

总之，一国实行对外贸易政策类型，取决于本国的具体经济发展阶段和当时的国际环境，但要时刻遵循某些共同的原则和规则。总体来讲，既要积极参与国际分工，增强本国话语权，又要把获取贸易分工利益的代价降到最低，这才是各国制定对外贸易政策的出发点。

【扩展阅读】

贸易政策应该扶持什么？

贸易政策扶持的产业具有以下特点：

（1）产业或潜在的产业所获得的额外收益（利润或工人能得到更多的回报）必须超过补贴的总成本。这就要求至少在一段时间内保持相对高的进入壁垒。

（2）本国产业必须面临着外国厂商的激烈竞争或潜在竞争。对本国产业的补贴要能迫使外国竞争对手改变生产能力计划、削减产出。大量的固定资本投入可能增加这类行为的机会。

（3）国内的扶持政策不应引起要素价格上升得过高。为此需要具备三个条件：①该产业没有强大的工会；②工人收入至少部分地取决于利润分成；③关键投入品的供给不能固定。

（4）本国产业相对于外国竞争有相当大的成本优势，增加生产会带来相当大的规模经济或学习经济。

（5）在国内某产业面临外国厂商竞争的情况下，该产业符合以下条件：①研究开发和资本构成该产业成本的重要组成部分，这意味着它们是厂商竞争的重要因素；②可能领先的产品正处于产品开发和研究开发的早期阶段，给予投资补贴会提高外国厂商进入该行业的壁垒。

基本符合以上扶持标准的一个例子就是欧洲空中客车集团公司的发展。该集团约70%的股份由政府控制，得到法国和德国政府的巨额补贴。据计算，这些补贴高达飞机价格的20%。空中客车公司以美国竞争者（如波音和麦道）的销量下降为代价，成功地获得了商用宽体喷气式客机市场的较大份额。很显然，政府补贴使空中客车占据了较补贴前大得多的市场份额。如果没有政府扶持，欧洲私有公司根本不可能进入世界飞机市场。虽说空中客车公司符合理论上认为的一系列标准，但空中客车公司获得的额外收益是否足以支付补贴的成本即政府补贴是否能转化为经济上的成功，还不清楚。

（资料来源：巴巴拉·斯潘塞．贸易政策应该扶持什么？中国人民大学出版社，2000。）

第二节 重商主义

一、重商主义理论

重商主义（Mercantilism）是15～17世纪欧洲资本主义生产方式准备时期代表商业资产阶级利益的一种经济思想和政策体系，是典型的保护贸易理论。

（一）产生背景

重商主义的产生有着深刻的历史背景。15世纪以后，西欧封建自然经济逐渐衰落，商品货币经济不断发展，封建主阶级力量不断削弱，商业资产阶级力量不断增强，社会经济生活对商业资本的依赖日益加深。此时，社会财富的重心已经由土地转向贵金属，货币具有至高无上的权威，并被认为是财富的代表和国家富强的象征，成为社会各阶层追求的对象。由于欧洲国家缺乏金银矿藏，获得金银的主要渠道来自流通，尤其是从对外贸易顺差中取得。因此，对外贸易被认为是财富的源泉，重商主义理论应运而生。

（二）主要论点

早期重商主义被称为重金主义，即绝对禁止贵重金属的外流。流行于15世纪到16世纪中叶，以"货币差额论"为中心，代表人物是英国的威廉·斯塔福（W. Stafford. 1554—1612）。他们反对进口，认为一切进口都会减少货币，而货币的减少对本国是有害的；对外应该少买或者根本不买。同时他们主张鼓励出口，应该多向国外销售产品，销售得越多越好；出口产品越多，从国外吸收的货币就越多；严格禁止货币流向国外。

晚期重商主义也称贸易差额论。最重要的代表人物是托马斯·孟（Thomas Mun，1571—1641）。他的主要代表作是《英国得自对外贸易的财富》，于1644年出版。他认为，增加英国财富的手段就是发展对外贸易。但必须遵循一条原则，即卖给外国人的商品总值应大于购买他们的商品总值，取得贸易顺差，增加货币流入量。他反对早期重商主义者禁止金银输出的思想，把货币与商品联系起来，指出"货币产生贸易，贸易增多货币"，为了保证贸易顺差，托马斯·孟主张扩大农产品和工业品的出口，减少外国制品的进口，发展加工工业和转口贸易。

二、重商主义贸易政策

（一）早期重商主义

（1）禁止货币出口，由国家垄断所有的货币交易。

（2）要求外国人来本国进行贸易时，必须将其销售货物的全部款项用于购买本国的货物。

英国政府对进出口贸易的控制更为严格。凡是英国出口商只能到国外指定的地点进行交易，并规定每次出售英国商品所得到的货币，必须包括一部分外国货币或金银，以便运回本国。

（二）晚期重商主义

晚期重商主义执行的是奖励出口、限制进口的贸易政策与措施。

1. 限制进口的政策

（1）限制非生产性产品进口。对生产用的原料鼓励进口，对非竞争性产品允许进口。对竞争性产品限制进口，禁止奢侈品的进口。

（2）实行差别式的保护关税。对于竞争力强的进口商品，征收很高的保护关税，以抵消它们的竞争力。

2. 促进出口的措施

（1）减免关税。对本国商品的出口，除减低或免除出口关税，还给予各种补贴。

（2）出口退税。当国内生产的商品出口后，把在国内已征收的国内税退还给出口厂商。

3. 管制短缺物资出口

禁止重要原料的出口，但许可自由进口原料，加工后再出口。

4. 独占殖民地贸易与航运

设立独占经营的殖民地贸易公司（如英国、法国、荷兰等国成立的东印度公司），在殖民地经营独占性的贸易与海运，使殖民地成为本国制成品的市场和本国原料的供给地。1651

年英国通过的《航海法案》规定：一切输往英国的货物必须用英国船只载运或原出口国船只装运；对亚洲、非洲及北美的贸易必须由英国或殖民地的船只载运。

5. 其他措施

（1）保护农业。英国通过《谷物法》来限制粮食的进口。
（2）政府通过职工法，鼓励外国技工的移入。
（3）以行会法规奖励国内工场手工业的发展。
（4）由本国船只运输货物。奖励人口生育，以扩大劳工来源。

三、重商主义理论与政策评价

（一）积极意义

重商主义理论开创了贸易保护理论的先河，第一次阐述了贸易保护的理由。经济学家熊彼特（J. A. Schumpeter，1883—1950）对重商主义的评价是："为18世纪末和19世纪初形成的国际贸易一般理论奠定基础"。

重商主义贸易学说冲破了封建思想的束缚，开始了对资本主义生产方式的最初考察，指出对外贸易能使国家富足。同时，晚期重商主义贸易学说看到了原料贸易与成品贸易之间巨大的利润差额，认识到了货币不仅是流通手段，而且具有资本的职能，只有将货币投入流通，尤其是对外贸易，才能取得更多的货币。正如恩格斯评价说：他们（指晚期重商主义者）开始明白，一动不动地放在钱柜里的资本是死的，流通中的资本却会不断增殖……人们开始把自己的金币当作诱鸟放出去，以便把别人的金币引回来……

（二）局限性

由于商业资产阶级的历史局限性和国际贸易实践的限制，重商主义贸易学说存在许多缺陷和不足。重商主义贸易学说只研究如何从国外取得金银货币，而未探讨国际贸易产生的原因以及能否为参加国带来实际利益，也没有认识到国际贸易对促进各国经济发展的重要性。而且，它对社会经济现象的探索仅限于流通领域，未深入生产领域，没有认识到财富是在生产过程中产生的，流通中纯商业活动并不创造财富，因而无法解释财富的真正来源。

【扩展阅读】

《谷物法》是什么？

《谷物法》（Corn Laws）是1815—1846年英国强制实施的一道进口关税，藉以"保护"英国农夫及地主免受来自从生产成本较低廉的外国所进口的谷物的竞争。要注意的是，在英式英语里，"corn"这个词语泛指所有谷物，与美式英语专指玉米的意思有所不同。《谷物法》管辖范围保护任何需要磨制的谷物，特别是小麦。《谷物法》直接影响着英国人的主食价格，工人需要花多大比例的薪水用于吃饭。因此《谷物法》长期是工业企业家集团激烈对抗的焦点。

根据David Cody教授的说法：《谷物法》是用来保护英国地主之利益；其手段为，当谷物价格下降到一定程度时，即鼓励出口并限制进口。《谷物法》最终在"反谷物法联盟"的军事动乱中被废除了；此联盟在1838年成立于曼彻斯特，宣称《谷物法》增加了工业生产成本。经过一连串的竞争之后，反《谷物法》者终于在1846年得以遂其心愿，这也象征了英国中产阶级在政治权力中一项重要的胜利。

1813年英国下议院一个委员会建议当英国谷物低于80先令/夸特（约相当于2015年的18.5英镑/kg）时，停止进口谷物。1815年立法后，受印尼坦波拉火山喷发导致无夏之年影响，全世界陷入了持续数年的饥馑，直至1820年英国国内才开始有反《谷物法》的声音。

1845年爱尔兰马铃薯灾荒，几百万爱尔兰人饿死，更多的人流落他乡。解救灾荒让外国粮食自由进入英国势在必行。第二年《谷物法》被废除。

（资料来源：https：//baike.so.com/doc/8403768-8723462.html。）

第三节　自由贸易政策

一、自由竞争时期的自由贸易

（一）英国自由贸易政策的产生和胜利

英国自18世纪中叶开始进入产业革命，确立了资产阶级在国内的统治地位，机器大工业代替了民族手工业，工业生产迅速发展。19世纪英国成为最强的工业国家，它的商品销往世界各地，原料、食品来自世界各地，英国的地位被形容为"世界工厂"。重商主义的保护贸易政策已经成为束缚英国经济发展和影响英国工业对外扩张的严重障碍。为此英国新兴工业资产阶级迫切要求废除以往的保护贸易政策，主张在世界市场上实行无限制的自由竞争和自由贸易政策。

从19世纪20年代开始，伦敦和曼彻斯特等地的英国工业资产阶级开展了一场大规模的自由贸易运动，运动的中心内容就是反对保护贸易的立法——《谷物法》。经过数十年的斗争，工业资产阶级终于在废除《谷物法》和原《航海法》，简化税法、降低关税税率和减少纳税商品项目等方面取得胜利，取消特权公司，改变对殖民地的贸易政策，与外国签订贸易条约等。

（二）自由贸易政策的理论

亚当·斯密和大卫·李嘉图的国际分工、自由贸易理论为英国推行自由贸易政策提供了理论上的依据。后来一些经济学家，如穆勒和马歇尔，进一步对古典学派的论点进行了演绎和发展。主要论点有以下几个方面：

1. 自由贸易可以形成互相有利的国际分工

在自由贸易条件下，各国可以按照自然条件（亚当·斯密）、比较利益（大卫·李嘉图）或要素禀赋（俄林）的状况，专心生产其最有利和有利较大或不利较小的产品，提高各国的资源配置效率。

2. 扩大国民的实际收入

在自由贸易条件下，每个国家都根据自己的条件发展最擅长的生产部门，生产要素会得到最有效的配置，再通过对外贸易以较少的花费换回较多的物品，实质上提高了国民的真实收入。

3. 自由贸易可以阻止垄断，加强竞争，提高经济效益

自由贸易使得独占或垄断无法实现，企业必须通过开发、改进技术以及提高生产效率、降低成本等办法加强自身的竞争能力，提高经济效益。

4. 自由贸易有利于提高利润率,促进资本积累

李嘉图认为,社会的发展势必导致工人的名义工资上涨,从而降低利润率,削弱产品的竞争力。为避免这一情况的出现,维持高水平的资本积累和工业扩张,只有通过国际贸易从外部输入廉价的生活必需品,降低工人名义和实际工资水平。

二、贸易自由化

第二次世界大战爆发,世界经济陷入混乱,国际分工与国际贸易处于停顿状态。第二次世界大战后,资本主义各国经济迅速恢复和发展,从20世纪50年代到70年代初期,发达国家对外贸易政策具有自由化的倾向。

(一) 贸易自由化的表现

1. 关税大幅度降低

关贸总协定成员内部大幅度降低了关税。1947—1979年,在关贸总协定的主持下共进行了七轮多边贸易谈判,关贸总协定缔约方的平均进口税率从战后初期的50%左右降到了5%左右;欧洲经济共同体对内取消关税,对外通过谈判达成关税减让协议,使关税大幅度降低。例如,欧共体原六国之间工农业产品的自由流通于1969年完成,后加入的国家也已按计划完成,实现了成员国之间全部互免关税;从1973年开始,欧共体与欧洲自由贸易联盟之间逐步降低工业品关税,到1977年实现工业品互免关税,从而建立起一个包括17国的占世界贸易总额40%的工业品自由贸易区;1975年,欧共体同非洲、加勒比和太平洋地区的46个发展中国家签订了《洛美协定》,规定共同体对来自这些国家的全部工业品和96%的农产品给予免税进口的待遇,之后又分别签订了几个《洛美协定》,扩大到向70多个非洲、加勒比海和太平洋地区的发展中国家提供免税进口待遇。此外,欧共体还与地中海、阿拉伯、东南亚一些国家签订了优惠贸易协定,规定对某些商品实行关税减让;从1971年开始,20多个发达国家对170多个发展中国家实行制成品和半制成品的普惠制优惠关税待遇。

2. 非关税壁垒逐渐减少

第二次世界大战后初期,发达国家对许多商品进口实行严格的进口限额、进口许可证和外汇管制等非关税壁垒措施。随着经济的恢复和发展,这些国家在不同程度上放宽了进口数量限制,到20世纪60年代初,西方主要国家间进口自由化率已达90%以上。由于各国国际收支状况的改善,20世纪50年代,这些国家还在不同程度上放宽或取消了外汇管制,实行货币自由兑换。

(二) 贸易自由化的特点

第二次世界大战后的贸易自由化是在国家垄断资本主义日益加强的条件下发展起来的,它主要反映了垄断资本的利益,是世界经济和生产力发展的内在要求。它在一定程度上同保护贸易政策相结合,是一种有选择的贸易自由化。第二次世界大战后贸易自由化呈现出如下特点。

1. 发达国家之间的贸易自由化程度超过它们对发展中国家和社会主义国家的贸易自由化程度

发达国家根据关贸总协定对国际多边协议的规定,较大幅度地降低了彼此之间的关税和放宽了彼此之间的数量限制。但对发展中国家的一些商品特别是劳动密集型产品仍征收较高的关税,并实行其他的进口限制;对社会主义国家征收更高的关税和实行更严格的非关税壁垄进口限制。不仅如此，发达国家还对社会主义国家实行出口管制。

2. 区域性经济集团内部的贸易自由化程度超过集团对外的贸易自由化程度

欧洲经济共同体内部取消关税和数量限制，实行商品完全自由流通，对外则有选择、有限度地实行部分的贸易自由化。

3. 不同商品的贸易自由化程度不同

工业制成品的贸易自由化程度超过农产品的贸易自由化程度；在工业制成品中，机器设备的贸易自由化程度超过工业消费品的贸易自由化程度，特别是所谓"敏感性"的劳动密集型产品，如纺织品、服装、鞋类、皮革制品和罐头食品受到较多的进口限制。

（三）贸易自由化的主要原因

1. 美国对外经济扩张的需要

美国在第二次世界大战后发展成为世界头号经济强国，为了对外经济扩张，美国积极主张削减关税、取消数量限制，成为贸易自由化的积极倡导者和推行者。

2. 关税与贸易总协定的签订有力地推动了贸易自由化

关贸总协定以自由贸易为己任，通过多边贸易谈判的进行和贸易规则的实施，不仅大幅度地削减了关税，而且在一定程度上限制了非关税壁垒的使用。

3. 经济一体化组织的出现加快了贸易自由化的进程

各种区域性的自由贸易区、关税同盟、共同市场均以促进商品自由流通、扩大自由贸易为宗旨。

4. 跨国公司的发展推动了贸易自由化

跨国公司的大量出现和迅速发展促进了资本在国际市场中的流动，加强了生产的国际化，客观上要求资本、商品和劳动力等在世界范围内自由流动。

5. 国际分工的广泛和深入发展，分工形式的多样化，使商品交换的范围扩大，在一定程度上促进了贸易自由化的发展

6. 世界各国发展经济的需要

西欧和日本经济为了迅速恢复和发展，发展中国家为了发展民族经济、扩大资金积累，使它们也愿意通过减少贸易壁垒来扩大出口。

【扩展阅读】

中国积极推动全球贸易便利化和自由化

2019年中国国际服务贸易交易会在京召开。会议期间，世界贸易组织（WTO）副总干事易小准在接受记者专访时表示，中国正积极推动全球贸易便利化、自由化，坚定不移引领经济全球化进程，为维护多边贸易体系贡献中国智慧与方案。

中国积极参与了世界贸易组织贸易便利化谈判，积极推动了世界贸易组织《贸易便利化协议》的顺利达成。同时，中国积极参与了世界贸易组织《信息技术协议》扩围谈判，这个协议的达成给全球带来了上万亿美元的贸易额。

易小准认为，稳定和可预测的多边贸易体系对中国大有裨益。中国最近发布了《中华人民共和国外商投资法》，出台了进一步开放服务市场的新措施，涉及银行、证券、电信、教育、医疗和社会服务等多个领域。这些举措不仅受到中国贸易伙伴的欢迎，也能够振兴中国自身的经济。为应对不断变化的世界形势，包括中国在内的许多世界贸易组织成员正在积极和建设性地参与世界贸易组织的若干谈判或对话举措，内容涉及电子商务、服务业国内监管、投资便利化和小微企业参与贸易等。

加入 WTO 近 18 年以来，中国已经从一个初学者成长为世界贸易组织不可或缺的核心成员。现在，中国对于世贸组织任何一个谈判都是不可或缺的。中国的立场和建议、看法很重要，也非常受重视。中国正积极参加世界贸易组织改革的讨论，提出了自己的建议文案，积极和其他成员进行协商讨论。从这些角度看，中国在世贸组织改革中扮演了建设性角色。

第四节　保护贸易政策

一、资本主义自由竞争时期的保护贸易政策

19 世纪 70 年代以后，美国和西欧的一些国家（如德国）纷纷从自由贸易转向保护贸易。其主要原因在于这些国家的工业发展水平不高，经济实力和商品竞争能力都无法与英国抗衡，需要采取强有力的政策措施（主要是保护关税措施）来保护本国新兴的产业，即幼稚产业，以免遭受英国商品的竞争。因而逐步实施了一系列限制进口和鼓励出口的保护性措施，并取得了良好的效果，使美国和德国等国的工业得以避免遭遇外国的竞争而顺利发展。

（一）美国保护贸易政策的实施

1776 年，也就是亚当·斯密的《国富论》出版的同一年，美国宣告独立，英国极力反对，派军队进行镇压，于是一场独立与反独立战争爆发并持续了 7 年之久。美国虽然取得了战争的最后胜利，但经济却遭到了严重的破坏，加上战后英国的经济封锁，使其经济更加凋敝，工业处于落后状态。美国的开国元勋、政治家和金融家、美国独立后的首任财政部长亚历山大·汉密尔顿代表当时美国工业资产阶级的利益，极力主张美国实行保护贸易政策。他于 1791 年 12 月向美国国会递交了一份《关于制造业的报告》，在报告中，他阐述了保护和发展制造业的必要性，并提出了以加强国家干预为主要内容的一系列措施。

汉密尔顿认为，自由贸易不适合美国现实，美国必须执行保护贸易政策，源于本国的幼稚工业经不起外来竞争，自由贸易只能使美国永远成为欧洲先进国家的原料产地和工业产品的销售市场。汉密尔顿认为，制造业对国民经济发展具有重要意义，它不仅能够使特定工业部门获得发展，而且将会产生连带效果，促进国家整体经济实力的增强。他主张用征收保护关税的办法鼓励幼稚工业发展，但他并不主张对一切进口商品征收高关税或禁止进口，而只是对本国能够生产的但竞争力弱的进口商品实施严厉的限制进口政策。

（二）德国保护贸易政策的实施

德国资产阶级经济学家李斯特，1841 年出版了他的名著《政治经济学的国民体系》，拓展了汉密尔顿以发展制造业为核心的保护关税学说，建立了保护幼稚产业理论，成为欠发达国家实行保护贸易政策最重要、最流行的依据。

1. 保护幼稚产业理论产生的背景

当 19 世纪上半期英国已完成了工业革命、法国近代工业也有长足发展时，德国还是一个政治上分裂、经济上落后的农业国。英国、法国工业的发展，造成大量廉价商品涌入德国市场。德国的贸易商品结构则是出口原料和食品，进口本国所需的半制成品和制成品。德国

的经济发展实际上受到了来自外国强大经济力量的冲击。

李斯特移居美国之后，受到汉密尔顿关税保护论的启发和影响，他开始从当时德国的实际情况出发，强烈呼吁德国实行保护贸易政策。1841年，李斯特的代表作《政治经济学的国民体系》一书出版。在书中，他批判了古典学派的自由贸易理论，发展了汉密尔顿的保护关税说，提出了以生产力理论为基础，以经济发展阶段论为依据，以保护关税制度为核心，为经济落后国家服务的幼稚产业保护理论。所谓幼稚产业，是指处于成长阶段尚未成熟，但具有潜在优势的产业。

2. 保护幼稚产业理论的主要观点

（1）生产力理论和保护关税理论。李斯特反对古典自由贸易理论关于贸易双方都能从贸易中获益的主张。他认为传统的自由贸易理论只重视交换价值和财富而忽视了生产力。贸易只是既定财富的再分配，它虽然使一个国家获得了短期的贸易利益——财富的交换价值，却丧失可长期的生产利益——创造物质财富的能力。他认为，"财富的生产力比财富本身，不晓得要重要多少倍；它不仅可以使已有的和已经增加的财富获得保障，而且可以使已经消失的财富获得补偿"。据此，李斯特主张经济落后的国家应该实行保护贸易政策，以抵御外国竞争，促进国内生产力的发展。他认为，如果采取保护关税制度，开始时国产工业品的成本要高些，消费者要支付较高的价格，但当本国的工业发展起来以后，生产力将会提高，生产商品的成本将会下降，本国商品的价格就会下降，甚至会降到进口商品的价格以下。

（2）经济发展阶段理论。李斯特反对不加区别的自由贸易。认为传统自由贸易理论忽视了各国历史和经济发展的特点。因此他指出国际自由贸易的有利性是有条件的，必须以各国不同的经济发展水平和国情为出发点。

李斯特把各国的经济划分为五个阶段，即原始未开化期、畜牧期、农业期、农工业期和农工商期。他认为，处于不同经济发展阶段的国家应实行不同的对外贸易政策；处于农业阶段的国家应实行自由贸易政策，以利于农产品的自由输出，并自由输入外国的工业产品，以促进本国农业的发展，并培育工业化的基础；处于农工业阶段的国家，由于本国已有工业发展，但并未发展到能与外国产品相竞争的地步，故应实施保护关税制度，使它不受外国产品的冲击；而农工商阶段的国家，由于国内工业产品已经具备国际竞争能力，国外产品的竞争威胁已不存在，故应实施自由贸易政策以享受自由贸易的最大利益，刺激国内产业进一步发展。

李斯特提出上述主张时，他认为英国已达到第五个阶段，法国在第四个阶段与第五个阶段之间，德国和美国均在第四个阶段，葡萄牙和西班牙则在第三个阶段。因此，李斯特根据其经济发展阶段论，认为德国在当时必须实行保护贸易政策。

（3）国家干预论。李斯特认为，要想发展生产力，必须借助于国家的力量。李斯特认为在培植国家生产力尤其是发展民族工业方面，国家应当做一个理性的"植树人"，采取主动而有效的产业政策。李斯特还以英国经济发展的历史为证，论述了英国经济之所以能够迅速发展，主要是由于当初政府实行扶植政策的结果。德国正处于类似英国发展初期的状况，应实行国家干预下的保护贸易政策。

总之，李斯特的保护幼稚产业论以生产力理论为基础，以经济发展阶段论为依据，以英国、荷兰、西班牙等国的兴衰为佐证，猛烈抨击了传统的自由贸易学说，建立起了一套以保护关税为核心，以阶段保护为特点的为落后国家提供保护贸易政策依据的国际贸易理论体系。

3. 保护幼稚产业的政策主张

（1）保护的对象。李斯特认为，国家综合生产力的根本点在于工业成长，因此，保护关税的主要对象应当是新兴的（即幼稚的）、面临国外强有力竞争的并具有发展前途的工业。在李斯特看来，一个国家工业生产力发展了，农业自会随之发展。当然，农业不是绝对不需要保护，只有那些刚从农业阶段跃进的国家，距离工业成熟期尚远，这时的农业才适宜保护。

（2）保护的目的。李斯特认为，保护关税制度的根本目的就是通过国家干预，保护和促进国内生产力的发展，最终仍然是进行国际贸易。

（3）保护的手段。李斯特认为，保护关税制度是建立和保护国内工业的主要手段，但应根据具体情况灵活地加以运用。一般说来，在从自由竞争过渡到保护阶段初期，绝不可把税率定得太高，因为税率过高会中断与外国的经济联系，妨碍资金、技术和企业家精神的引进，这必然对国家不利。正确的做法是从国内工业起步开始逐步提高关税，并且应当随着国内或从国外吸引来的资本、技术和企业家精神的增长而提高。

（4）保护的时间。李斯特认为，保护必须有一个时限，而不应该是永远的。保护的时间不宜过长，最多为30年。在此期限内，如受到保护的工业还发展不起来，表明其不适宜成为保护对象，就不再予以保护，换言之，保护贸易不是保护落后的低效率。

4. 对保护幼稚产业理论的评价

如果说汉密尔顿第一个提出保护幼稚工业的政策主张，那李斯特则是第一个从理论上探讨在面临国际竞争的条件下，如何运用保护贸易政策与措施来促进本国的经济发展，建立了具有完整体系的贸易保护理论。李斯特的许多观点是有价值的，整个理论是积极的，对欠发达国家制定对外贸易政策有较大的借鉴意义。

然而，李斯特的理论在居于合理性和进步性的同时，仍然存在着不科学性。首先，他把政治经济学归结为国家经济学，在某种程度上忽视了经济生产客观规律的普遍意义，过分强调了国家对经济发展的决定作用；其次，他的经济发展阶段论是按一定部门在经济发展中的地位和作用来划分的，把社会历史的发展归结为国民经济部门的变迁，而撇开生产关系这个根本因素，因此不能反映社会经济形态变化的真实情况；再次，该理论在具体操作中存在着困难，保护对象的选择、保护手段的选择都缺乏标准，而且对本国幼稚产业的保护必将招致别国的报复。

二、垄断时期的超保护贸易政策

随着生产力的发展，在两次世界大战期间，资本主义经济由自由竞争进入垄断时代，国际经济秩序产生了巨大变化，1929—1933年资本主义世界爆发了空前严重的经济危机，市场问题进一步尖锐化。上述变化使得诞生于资本主义自由竞争时期的贸易保护理论不再适用，超贸易保护理论在这种情况下诞生。

（一）超贸易保护理论产生的背景

超保护贸易政策盛行于第一次世界大战和第二次世界大战之间。在这一时期，垄断代替了自由竞争，资本主义国家实现了资本的高度积聚和集中，由此国内市场变得相对狭小，资本对市场的争夺日益激烈，不断爆发的经济危机又使市场问题进一步尖锐化，从而使保护贸易获得空前发展,出现了超保护贸易政策。

(二) 超贸易保护理论的主要内容

超贸易保护理论被有的学者称之为凯恩斯主义的超贸易保护理论,是由凯恩斯及其追随者马克卢普、哈罗德共同创立的。约翰·梅纳德·凯恩斯(John Maynard Keynes,1883—1946)是英国资产阶级经济学家,凯恩斯主义的创始人和现代宏观经济学的奠基人,一生著作很多,其中最有名的是1936年出版的《就业、利息和货币通论》,堪称他的代表作。凯恩斯主义的国际贸易理论主要有两方面内容,分别是贸易顺差论和对外贸易乘数论。

1. 贸易顺差论

一方面,凯恩斯认为古典贸易理论既无视资本主义社会存在的大量失业现象,也忽视了贸易差额对一国国民收入和就业的影响。如果仔细分析该影响,得出的结论是贸易顺差有益而贸易逆差有害。其原因是:一国总投资包括国内投资和国外投资两大部分,国内投资数量由资本边际效率和利率决定,而对外投资则由贸易差额决定。贸易顺差可以为一国带来货币流入,进而利率下降,投资增加,结果是物价上涨,就业率提高。而贸易逆差则会引起货币外流,利率提高,投资减少,最终使国内经济萧条,失业人数增加。因此,国家应该采取保护贸易政策,努力获得贸易顺差。

2. 对外贸易乘数论

凯恩斯为了说明投资对国民收入和就业的作用,强调政府干预影响要比投资量实际变动数额大若干倍,对拉动就业也有相当影响。凯恩斯的后继者哈罗德和马克卢普等人把这一原理引用到对外贸易,提出了对外贸易乘数理论。该理论认为出口就像投资一样,能增加收入,而进口与储蓄一样有减少收入的作用。当对外出口时,从外国获得的收入可以使国内出口部门的收入增加,出口部门因此可以增加消费和投资,这又会引起国内相关产业生产增加、收入增加、消费增加,最终使国民收入获得倍数增加,反之亦然。边际储蓄倾向与边际进口倾向之和的倒数为对外贸易乘数。具体说来,以 Y 代表国民收入,C 代表消费,S 代表储蓄,I_d 代表对内投资,I_f 代表对外投资,X 代表出口,M 代表进口。下列等式成立:

$$Y = C + I_d + I_f;\ S = I_d + I_f;\ I_f = X - M$$

现在假设在任何收入水平的国民收入上,I_d 均是稳定的,则出口增量 ΔX 只能等于储蓄增量 ΔS 与进口增量 ΔM 的和,即 $\Delta X = \Delta S + \Delta M$。

等式两边都被 ΔY 除,得

$$\Delta Y/\Delta X = \Delta Y/(\Delta S + \Delta M) = 1/(\Delta S/\Delta Y + \Delta M/\Delta Y)$$

$\Delta Y/\Delta X$ 即为对外贸易乘数。而 $\Delta S/\Delta Y$ 是边际储蓄倾向,$\Delta M/\Delta Y$ 是边际进口倾向,由于边际进口倾向和边际储蓄倾向都小于1,二者之和也小于1,所以对外贸易乘数大于1。

因此结论是边际进口倾向越小,国民收入增长就越多,即如果出现贸易顺差,将有助于国民收入的增长。

(三) 对超贸易保护理论的评价

1. 贡献

凯恩斯主义的超贸易保护理论学说是贸易保护理论的发展,它用宏观经济分析的方法说明了贸易顺差与国民所得和就业增长间的数量比例关系,并以此调节资本主义经济,是经济学理论的重大发展。对外贸易乘数理论用定量分析的方法,通过对出口贸易的增加而使国民收入倍数增加作用的分析,把贸易流量与国民收入流量结合起来进行考察,这反映了对外贸

易与国民经济发展之间的内在联系，较过去单纯的因素分析是一个巨大的进步。日本"贸易立国"政策的成功和"亚洲四小龙"以出口为主导带动经济起飞的实绩完全证实了对外贸易乘数论的研究是有现实意义的。

2. 局限性

首先，该理论对贸易伙伴国的反应未能给予充分考虑。凯恩斯理论分析的一个前提就是假定贸易伙伴国的收入不变，但当一国实行保护贸易政策而令伙伴国收入减少时，伙伴国的进口必然减少，这会使贸易保护国的出口下降，贸易乘数下降，而且伙伴国也会采用同样手段来报复，这样保护贸易政策的效力将很难发挥。其次，一国扩大出口对国民收入和就业所产生的乘数效应，只是近似地反映了二者之间的关系，而且这种乘数效应对不同产业部门的影响也是不同的，不同的产业部门对其他产业部门的传递作用差异也较大，这样保护贸易政策对国内产业结构的影响就必须给予关注，而凯恩斯贸易保护理论未对国内产业问题进行深入分析。最后，扩大出口并不能解决资本主义的根本矛盾，采用超保护贸易政策仅仅是忽略了阻碍新投资和正常贸易顺差增长的一系列因素，没有从根本上解决问题。

三、20世纪70年代中期以后的新贸易保护主义

（一）新贸易保护主义的背景

新贸易保护主义是对历史上的贸易保护主义和贸易自由化而言。资本主义经济在经历了20多年的高速发展后进入低速增长期，失业率不断增高，致使贸易保护在世界自由贸易进程中再度兴起。贸易保护再度兴起的原因除经济增长缓慢、失业增加外，还包括以下几方面的影响因素。

1. 发达国家失业率增高

20世纪80年代以后，主要工业国家经济处于低速发展状态，失业率一直较高。

2. 主要工业发达国家的对外贸易发展不平衡

20世纪70年代中期以后，美国对外贸易逆差不断增加，特别是对日本、德国的贸易逆差不断加重。为了减少贸易逆差，美国一方面迫使对它有巨额贸易顺差的日本等国开放市场，另一方面加强限制和报复的进口措施。

3. 国际货币关系的失调

汇率长期失调影响了国际贸易的正常发展，带来了巨大的贸易保护压力。汇率的过高或过低均易产生贸易保护压力。

4. 贸易政策的相互影响

随着世界经济相互依赖的加强，贸易政策的连锁反应也更敏感。美国采取了许多保护贸易措施，它反过来又遭到其他国家的报复措施，使得新贸易保护主义蔓延与扩张。随着关贸总协定"乌拉圭回合"的结束，世界贸易组织成立，最后文件的生效与执行使得新贸易保护主义受到抑制。

（二）新贸易保护主义的政策特点

1. 被保护的商品不断增加

被保护的商品从传统产品、农产品转向高级工业品和服务部门。1977年，欧洲经济共同体对钢铁进口实行限制。1978年，美国对进口钢铁采取"启动价格"，即在钢铁价格降到按照生产成本规定的基点价格以下时，即对进口钢铁征收反倾销税。1977—1979年，美国、

法国、意大利和英国限制彩电进口。进入20世纪80年代以后，美国对日本汽车实行进口限制，迫使日本实行汽车的"自愿出口限额"。加拿大、德国也相继采取限制汽车进口的措施。1982年，美国与欧洲经济共同体签订钢铁的"自愿出口限额协议"。1986年8月《多种纤维协定》，对纺织品进口限制进一步升级，把限制的种类从棉类合成纤维扩大到棉麻、棉丝混纺织品。高级技术产品如数控工作母机和半导体等也被纳入保护范围。此外，加强了劳务上的保护主义，如签证申请、投资条约、限制收入汇回等。

2. 限制进口措施的重点从关税壁垒进一步转向非关税壁垒

非关税壁垒的种类显著增多，在20世纪60年代末70年代初，资本主义国家采用的非关税壁垒由约850种增加到1000多种。

3. 加强了征收反补贴税和反倾销税行动

近年来，发达国家采取的征收反倾销和反补贴税的行动更有增无减。1980—1985年，发达国家反倾销案件达283起，涉及44个国家或地区。1983—1992年，欧共体对第三国的出口产品进行反倾销调查案共达345起。其中，中国占35起，占总数的10%，被列入第一位。20世纪90年代以来，国外对中国反倾销调查急剧增加，仅1993年国外对中国出口产品反倾销调查就有37起。

4. 贸易保护日益制度化、法律化

这一特点具体表现在两个方面。一是加强贸易立法，甚至以此为中心与国内其他法律形成配套，同时增强贸易中单边行动的权利。如《美国1974年贸易法案》中的"301条款"授权，美国总统对给予美国出口时不公平待遇的国家进行报复。《1988年美国综合贸易竞争法》中的"超级301条款""特别301条款"针对实施公平贸易不得力、知识产权保护不善的国家进行报复。目前，美国涉及对外贸易的法律规定达到1000多种。二是对外贸易单边管理、双边与多边协调并存。各国在加强单边行动权利的同时，也不放弃进行国际协调，通过谈判，达成互惠、有限度的让步，为国内产品出口营造比较宽松的贸易环境。如1995年，依据《美国1974年贸易法案》中的"301条款"，对来自日本的豪华轿车征收100%的进口关税，原因在于日本向美国同类轿车市场开放不够，使得美国轿车在日本市场的占有率远远低于日本轿车在美国市场的占有率，前者为1.5%，后者达到25%。在双边汽车零部件贸易中，美国的逆差超过100亿美元。为此，日本也曾经表示要采取措施改变现状，但迟迟没有实际行动。因而，美国认定日本侵害其利益，日方不合理的政策和做法已经对美国商业构成负担和限制，在此基础上，单方面宣布并采取贸易制裁，最后的结果是迫使日本与美国进行谈判，承诺开放相关产品的市场。

5. 奖出限入措施的重点从限制进口转向鼓励出口

20世纪70年代中期以来，随着发达国家之间"贸易战"的日益加剧，各国政府仅靠贸易壁垒来限制进口不但难以满足本国垄断资本对外扩张的需要，而且往往会遭到其他国家的谴责和报复。因此，许多发达国家把奖出限入措施的重点从限制进口转向鼓励出口，从财政、组织、精神等方面鼓励出口，促进商品输出。

（三）新贸易保护主义对国际贸易的影响

1. 阻碍了国际贸易的发展

新贸易保护主义打着公平贸易的旗号，实际上其政策与做法带有明显的歧视性、排他性。它保护着国内缺乏竞争力的产业，降低了资源配置效率，同时限制和扭曲了国际贸易商品正常流向,降低了国际贸易增长速度。1975—1985 年,世界国际贸易年均增长速度为 7.78%(贸易量增长 2.94%),较之 1960—1970 年的 9.66%(贸易量增长 8.96%)低了近 2 个百分点,贸易量增长则低了近 6 个百分点。

2. 严重损伤了发达国家和发展中国家的经济贸易利益

发达国家对进口严格限制,其直接结果就是导致国内生产成本和最终产品价格上升,进一步影响着国内产品的价格竞争力,也影响着消费者的利益。如英国在签订第二个《多种纤维协定》之后,服装零售价格平均上涨 20%。新贸易保护主义导致发展中国家的主导出口产品,如纺织品、鞋、玩具等劳动密集型产品出口受阻,出口收入锐减,造成一些发展中国家经济增长减速,甚至有些发展中国家出现债务危机。

3. 新贸易保护主义并没有解决发达国家的问题

发达国家没有获得预期的保护政策效果,经济增长没能走出低迷。发达国家 GDP 实际增长速度,1973—1980 年平均年增长率为 2.8%,1980—1985 年为 2.5%。

【扩展阅读】

2018—2019 年中美贸易争端

贸易争端源自美国总统唐纳德·特朗普于 2018 年 3 月 22 日签署备忘录,宣布以"中国偷窃美国知识产权和商业秘密"为由,指示美国贸易代表对从中国进口的商品征收关税,涉及商品总计估达 600 亿美元。中国商务部其后做出反制措施,向 128 种美国进口商品征税,其中包括美国向中国出口最多的大豆。

2018 年 7 月 6 日,特朗普政府正式对来自中国价值 340 亿美元的商品加征 25% 关税,标志着特朗普对华关税政策正式实施。中国商务部其后在声明中指出,美国违反世贸规则,发动了迄今为止经济史上规模最大的"贸易战",中方的反制措施将在美方加征关税措施生效后立即实施。2018 年 9 月 18 日,美国政府宣布将加征 25% 关税的中方商品范围扩增至 500 亿美元。中国政府旋即宣布对约 600 亿美元美国输华商品加征 10% 或 5% 的关税。

2019 年 5 月 5 日,美国总统唐纳德·特朗普宣布对另外价值约 2000 亿美元,共约 2500 亿美元的中国输美商品征收 25% 的关税,该措施于 6 月 1 日起正式对到达美国港口的中国商品生效。2019 年 5 月 13 日,中国国务院关税税则委员会宣布自 6 月 1 日起对原产于美国价值 600 亿美元的部分进口商品提高到加征 5%~25% 的关税。

2019 年 8 月 1 日,因特朗普政府不满中国政府对美国农产品的购买进程,特朗普在推特上宣布将在 2019 年 9 月 1 日起,对余下价值 3000 亿美元的所有中国输美商品征收 10% 的关税。8 月 5 日,人民币兑美元汇率跌破 7 关口。同日,美国财政部宣布将中国列为汇率操纵国。其后,中国政府宣布暂停购买美国农产品,并于 8 月 24 日宣布对约 750 亿美元美国商品加征 10% 或 5% 关税、对美国汽车及其零部件恢复加征关税;而美国在次日也增加之前加征的 3000 亿美元中国货品的税率至 15%,以及目前的 2500 亿美元中国货品加征的 25% 关税至 30% 作为反制。

(资料来源:https://zh.wikipedia.org/wiki/2018%EF%BC%8D2019%E5%B9%B4 E4%B8%AD%E7%BE%8E%E8%B4%B8%E6%98%93%E6%88%98。)

第五节 战略性贸易政策

20世纪70年代以后，发达国家的经济增长速度普遍放缓，欧洲国家失业率不断增加。在美国，由于工资水平上涨缓慢，导致实际购买力下降。堪称世界经济增长奇迹的日本在20世纪90年代也开始经历长时期的经济增长停滞与下降。发达国家如何作为才能改善其经济发展的现状？一种要求国家干预，通过对某些所谓战略产业进行扶持以刺激经济增长的新的理论观点即战略贸易理论出台。虽然不能武断地评述自由贸易与保护贸易孰优孰劣，但从全球资源配置效率的角度看，无疑自由贸易会成为首选，贸易保护会为采用该举措的国家带来利益损失。但战略贸易理论却认为，在一定条件下一国可以通过采取能够赋予某些国内产业以竞争优势的政策而获得利益。

一、战略性贸易政策的含义

所谓战略性贸易政策，是指国家从战略高度，运用关税、出口补贴等措施，对现有或潜在的战略性部门、产业进行支持和资助，使其取得竞争优势，从而达到提高经济效益和增加国民福利的目的。战略性贸易理论是基于寡头市场结构的理论，在经济学模型中一般需要使用博弈论来进行分析。因此，"战略"一词在这里也具有"博弈互动"的意思。

二、战略性贸易政策理论构成

（一）政府干预是实现规模经济的最优途径

在非完全竞争及规模经济条件下，国际贸易中垄断利润普遍存在，一个企业的垄断势力越强，获得的垄断利润就越多。后起国家的企业依靠自身去积累和成长，在强手如林、技术突飞猛进的今天，要成为国际市场上的真正挑战者，显然困难。而政府作为"第一推动力"，选择有发展前景的产业在一定时期内给予扶助，使其尽快扩大规模、获得规模经济效益、降低成本便是最直接、最有效、最迅速的途径。

（二）外部经济效应方面的战略性政策干预

所谓外部经济效应是指某一产业的经济活动对其他产业产生的有利影响。新兴的高技术产业往往具有这种积极的外部经济效应，其创造的知识、技术和新产品对全社会的科技进步与经济增长有着积极的推动作用。

这方面的贸易政策往往要和产业政策相配合才能达到预期效果，具体包括信贷优惠、国内税收优惠或补贴、对国内企业进口中间品的关税优惠、对外国竞争产品进口征收关税等措施。

（三）布兰德和斯潘塞"以补贴促进出口"的论点

布兰德（James Brander）和斯潘塞（Barbara Spencer）认为，传统贸易理论是建立在完全竞争的市场结构之上的，因而自由贸易政策为最优贸易政策。但现实中，不完全竞争和规模经济普遍存在，市场结构以寡头垄断为特征。他们根据产业组织理论和博弈论的研究成果，创造性地探讨了在不完全竞争和规模经济条件下，政府的补贴政策对一国产业发展和贸易发展的影响，建立了战略性贸易政策理论的基本框架。

他们认为，政府通过对本国厂商生产和出口的产品进行补贴，包括直接补贴和减税，可以使本国厂商实现规模经济,降低产品的边际成本,从而使本国产品可以在国内外竞争中占有较大的市场份额和垄断利润份额。同时未来规模经济的实现也可以为消费者带来利益。因而,政府可以运用补贴对国外的竞争对手构成威慑,迫使它们减产或影响它们在国际市场的战略地位,而这一点上只有厂商的力量是达不到的。

关于战略性政策的行业选择标准,斯潘塞认为:产业或潜在产业所获得的额外利益(利润或工人能得到更多的回报)必须超过补贴的总成本;本国产业必须是面临着外国厂商的激烈竞争或潜在竞争;与出口相关的国内产业应该比外国竞争产业更集中或同样集中。

斯潘塞认为,如果本国产业相对于外国竞争者有相当大的潜在的成本优势,增加生产会带来相当大的规模经济,那么扶持政策的效果将更明显。

下面引用美国波音公司和欧洲空中客车公司的例子来说明布兰德和斯潘塞的战略性贸易政策理论。

为分析简便起见,假定两家企业都能生产一种新型客机,这种机型生产具有规模经济。企业面对的选择是生产还是不生产这种新型客机。在市场需求有限的条件下,不同的决策对企业蕴含不同的意义。两家公司在不同情况下的收益如表4-1所示,正数为收益,负数为亏损。每对数字,左边代表波音公司,右边代表空中客车公司。

表4-1 波音公司和空中客车公司不同决策情况下的盈利/亏损

波音公司	空中客车	
	生 产	不 生 产
生产	(−5,−5)	(100,0)
不生产	(0,100)	(0,0)

从表4-1可以发现,无论哪一家企业单独生产都会盈利。但是,如果两家都生产,结果是都亏损。哪一家能获得利润呢?这取决于谁能先占领这一市场。

如果波音公司先进入,对于空中客车公司只存在生产亏损和不生产不亏损两种选择;但如果是空中客车公司先进入,波音公司就面临着与前面空中客车公司一样的备选方案。

布兰德和斯潘塞认为,欧洲政府能改变这种状况。假设欧洲政府对空中客车公司进入新机型生产提供25单位的补贴,这时无论波音公司做何决策,空中客车公司都会盈利,如表4-2所示。

表4-2 政府对空中客车公司提供补贴时,两家公司不同决策情况下的盈利/亏损

波音公司	空中客车	
	生 产	不 生 产
生产	(−5,20)	(100,0)
不生产	(0,125)	(0,0)

在空中客车接受补贴进入新机型生产的形势下,如果波音选择生产,它会蒙受损失,只有放弃,退出新机型生产。最后的结果,仅仅因为欧洲政府提供了25单位的补贴,使得空中客车公司的盈利从0变为125单位。这个数字也表明,补贴使利润的增加远远超过补贴本身。

布兰德自己也认为，战略性贸易政策的实施会招致贸易对手国家的报复。各国政府所面临的战略环境类似于寡头厂商所面临的环境，每一个参与方的所得既取决于自己的行动，也取决于竞争对手的行动。在政府是参与方的条件下，一国的福利既取决于自己的贸易政策，也取决于外国的贸易政策，但结果不外乎三种情况：

第一，一个国家通过保护使本国厂商在国际市场上获得竞争优势。
第二，所有国家都试图通过补贴保护国内厂商，但没有一个国家取得成功。
第三，所有国家都放弃补贴保护的想法和做法。

三、战略产业的确定

（一）高附加值产业

整个国家的国内生产总值由各个产业所创造的附加值构成，而国内生产总值越大，表明该国的经济实力越强。高附加值产业是指投入少而产出价值高的产业。通过扶植理想的具有战略性的目标产业，提高该产业的竞争力，扩大市场，从而提高整个国民的福利水平。故政府要把具有高附加值的产业作为优先考虑的战略性产业。

（二）高科技产业

高科技产业是指依靠产品以及生产过程的快速革新而获取成功的产业。目前普遍认为的高科技产业主要有生物工程、新型材料、远程通信、计算机软件等。

（三）规模经济效应明显、市场结构集中的产业

有的产业例如飞机制造业，需要大规模的固定成本投资，是典型的具有规模经济效应的产业。这类产业往往市场结构集中，整个世界市场上能够容纳的生产企业为数不多，因此这类产业往往具有一定的超额利润，是各国实行利润转移的主要目标产业。

四、对战略性贸易政策理论的评价

（一）贡献

1. 战略性贸易政策强调了政府干预对外贸易的必要性

战略性贸易政策理论是国际贸易新理论在国际贸易政策领域的反映和体现。与传统的自由贸易理论不同，该理论精巧地论证了在现实经济与自由贸易理论前提相背离的情况下，政府干预对外贸易的必要性，并强化了政府干预的理论依据。它对发达国家和发展中国家的贸易和产业政策都产生了较大的影响，美国克林顿政府的对外贸易政策就是战略性贸易政策，许多发展中国家的贸易保护也从该理论中得到一定启示。

2. 战略性贸易政策在研究方法上的突破

战略性贸易政策理论广泛借鉴和运用了产业组织理论与博弈论的分析方法和研究成果，特别是对博弈论的运用，应该说是国际贸易理论研究方法上的突破。

（二）局限性

1. 战略性贸易政策的实施条件过于苛刻

战略性贸易政策理论未就政府的干预给出任何总的通用的解决方法，其成立亦依赖一系列严格的限制条件。如战略性贸易政策的实施除了必须具备不完全竞争和规模经济这两个必要条件外，还要求政府拥有齐全可靠的信息，对实行干预可能带来的预期收益心中有数；接受补贴的企业必须与政府行动保持一致，且能在一个相对较长的时期内保持住自身的垄断地

位；产品市场需求旺盛，被保护的目标市场不会诱使新厂商加入，以保证企业的规模经济效益不断提高；别国政府不会采取针锋相对的报复措施。一旦这些条件得不到满足，战略性贸易政策的实施就不会取得理想的效果，甚至无效。

2. 战略性贸易政策容易招致贸易伙伴的报复

战略性贸易政策常会因为贸易保护而导致两败俱伤。即使该政策充分有效，它也是一方得益而另一方受损，其结果只是全球福利分配的再调整，而不是世界总福利水平的绝对增加。

3. 战略性贸易政策容易导致保护主义

该理论背弃了自由贸易传统，采取富于想象力和进攻性的保护措施，劫掠他人市场份额与经济利益。这往往使它成为贸易保护主义者加以曲解和滥用的口实，恶化国际贸易环境。因此，许多严肃的经济学家，包括国际贸易新理论学派的一些学者都指出对这一政策必须深刻理解和正确把握，切不可片面夸大或曲解其功效，以防贸易保护主义泛滥。

【扩展阅读】

中国外贸发展战略的转型

中国"十三五"规划建议提出，未来五年中国对外贸易优化升级的目标是"从外贸大国迈向贸易强国"。为实现这一目标，建议提出：一方面要"创新外贸发展模式，加强营销和售后服务网络建设，提高传统优势产品竞争力，巩固出口份额"；另一方面要"推动外贸向优质优价、优进优出转变，壮大装备制造等新的出口主导产业"。千方百计扩大出口让位于贸易平衡发展。

进入21世纪，中国成为名副其实的贸易大国，对世界和贸易伙伴的影响巨大。在国际市场上，不仅中国纺织服装等传统劳动密集型产品出口量居世界第一，彩电、手机、计算机等产品出口量也居世界第一。但是中国从对外贸易中获得的实际利益与贸易规模并不相符，竞争优势地位与发达国家还有很大差距。这导致了贸易伙伴的反倾销、贸易限制和各种贸易争端产生。中国已经连续23年成为遭受反倾销调查最多的国家。

提高对外开放水平，关键是转变外贸增长方式，在战略导向上要向质量效益型转变。从政府层面，就是要支持高附加值、高科技含量的产品出口，从扩大消费品出口向机械设备等资本品出口突破上转变，减少高能耗和高污染性产品出口。从出口管理上，要从根本上制止企业间的恶性竞争，坚决杜绝国内企业因恶性竞争不仅没有占领市场反而丢掉市场的情况。从出口的效益看，要大幅度减少从企业角度、从局部利益看有利，从全局、从长远看有害的出口，这种出口增加了中国的出口规模，损失的却是实在的利益。无论是一般贸易还是加工贸易，都要避免单纯追求出口规模的现象，从根本上缓解贸易顺差问题。

（资料来源：https：//baijiahao.baidu.com/s? id=1597427914142318430&wfr=spider&for=pc。）

本章小结

对外贸易可以分为两种基本形式，一是自由贸易政策，二是保护贸易政策。

资本原始积累时期，西欧各国推崇重商主义。资本主义自由竞争时期，由于各国经济发展水平的差异，各自奉行不同的贸易政策。英国遵循李嘉图的比较优势理论，实施进出口自由、无限制、无鼓励、无歧视的自由贸易政策。美国、德国在汉密尔顿和李斯特以保护生产力为出发点、保护关税为核心的"幼稚产业保护论"的指导下，对幼稚产业实施保护贸易政策。

垄断资本主义时期，凯恩斯提出对外贸易乘数理论，运用定量分析的方法，通过对出口贸易的增加而使国民收入倍数增加作用的分析，把贸易流量与国民收入流量结合起来进行考察，反映了对外贸易与国民经济发展之间的内在联系，强调政府干预影响要比投资量实际变动数额大若干倍，对拉动就业也有相当影响。

战略贸易政策理论的核心是：国家从战略高度，运用关税、出口补贴等措施，对现有或潜在的战略性部门、产业进行支持和资助，使其取得竞争优势，从而达到提高经济效益和增加国民福利的目的。

关键词

对外贸易政策　重商主义　自由贸易政策　保护贸易政策　超保护贸易政策　战略性贸易政策

复习思考题

1. 各国制定对外贸易政策的目的是什么？
2. 简述国际贸易政策的基本类型及其特征。
3. 试述李斯特的保护幼稚产业理论的主要内容。
4. 凯恩斯的超保护贸易政策的主要内容是什么？
5. 既然自由贸易有贸易保护所不具有的诸多好处，为什么到目前为止没有任何一个国家实行完全的自由贸易政策？你估计到什么时候"自由贸易时代"会到来？

第五章
关 税

关税是贯彻国际贸易政策的主要手段之一，其种类繁多，十分复杂。征收关税对一国的消费、生产、贸易、财政收入和再分配都有着重要影响，对不同类型的国家其影响也不尽相同。因此，在制定关税税率时不但要考虑关税的名义税率，而且还要考虑其有效税率，这样才能发挥关税应有的作用。

通过本章学习，应了解各种关税的区别和优缺点比较。

第一节 关税概述

一、关税的含义

关税是一个国家的海关对进出关境或国境的货物所征收的一种税收。

海关是设在关境上的国家行政管理机构，它是贯彻执行本国有关进出口政策、法令和规章制度的重要工具。征收关税是海关的重要任务之一。关境是海关征收关税的领域，是执行统一海关法令的领土。一般来说，一个国家的关境和国境是一致的，但在某些情况下，国家的关境和国境有所不同。如当一国在其境内设立自由港、自由贸易区或海关保税仓库时，关境就会小于国境；如果几个国家之间缔结成关税同盟，对外实行统一的关税，这时关境就会大于国境。

二、关税的特点

关税是国家财政收入的一个重要组成部分。和其他税收一样，它具有强制性、无偿性和预定性。强制性是指税收是凭借法律的规定强制征收的，而不是一种自愿献纳，凡是要交税的，都要按照法律规定无条件地履行自己的义务，否则就要受到国家法律的制裁。无偿性是指征收的税收，除特殊情况外，都是国家向纳税人无偿取得的国库收入，国家不需付出任何代价，也不必把税款直接归还给纳税人。预定性是指国家事先规定一个征税的比例或征税数额，征、纳双方必须共同遵守执行，不得随意变化和减免。除此以外，关税还有自己的一些特点。

（一）关税是一种间接税

关税属于间接税。因为关税主要是对进出口商品征税，其税负可以由进出口商人先行垫付，然后把它作为成本的一部分加在货价上，在出售货物时向买方收回这笔垫款。这样，关税负担最后便转嫁给了买方或消费者。

（二）关税的税收主体和客体是进出口商人和进出口货物

按纳税人与课税货物的标准，税收可分为税收的主体和税收客体。税收主体也称课税主体，是指在法律上根据税法规定，负担纳税的自然人或法人，也称纳税人。税收客体也称课税客体或课税对象，如消费品等。

（三）关税是贯彻对外贸易政策的重要手段

进出口商品，不仅与国内的经济和生产有着直接关系，而且与世界其他国家和地区的政治、外交、经济、生产和流通等方面也有着密切关系。关税措施体现了一国对外贸易政策。关税税率的高低，影响着一国经济和对外贸易的发展。通过关税措施，可以垄断国内市场和争夺国外市场，维护和发展本国的经济，发展平等互利的对外贸易关系。

（四）关税可以起到调节进出口贸易发展的作用

许多国家通过制定和调整关税税率来调节进出口贸易。在出口方面，通过低税、免税或退税来鼓励商品出口；在进口方面，通过税率的高低、减免来调节商品的进口。关税对进出口商品的调节作用，主要表现在以下几个方面：

（1）对于国内能大量生产或暂时不能大量生产但将来可能发展的产品，规定较高的进口关税，以削弱进口商品的竞争能力，保护国内同类产品的生产和发展。

（2）对于非必需品或奢侈品的进口制定较高的关税，从而达到限制甚至禁止进口的目的。

（3）对于本国不能生产或生产不足的原料、半制成品、生活必需品或生产环节急需品的进口，制定较低的税率或免税，鼓励进口，满足国内的生产和生活需要。

（4）通过关税调整贸易差额。当贸易逆差过大时，提高关税或征收进口附加税以限制商品进口，缩小贸易逆差。当贸易顺差过大时，通过减免关税缩小贸易顺差，以缓解与有关国家的贸易摩擦与矛盾。

长期以来，关税一直是各国对外贸易政策的重要手段。第二次世界大战后，特别是20世纪50年代到70年代初，发达国家的关税有了较大幅度的下降，但是关税仍然是这些国家限制某些商品特别是纺织品、轻工产品和农产品进口的重要手段。

三、关税的种类

关税的种类繁多，按照不同的标准，关税可分为以下几类。

（一）按照征收的对象或商品的流向，关税可分为进口税、出口税和过境税

1. 进口税

进口税（Import Duties）是进口国的海关在外国商品输入时，根据海关税则对本国进口商所征收的关税。在外国货物直接进入关境时征收进口税，或者外国货物由自由港、自由贸易区或海关保税仓库提出运往进口国的国内市场销售，在办理海关手续时根据海关税则征收进口税，又称为一般关税。

进口税通常分为最惠国税和普通税两种。最惠国税适用于与该国签订有最惠国待遇条款的国家或地区所进口的商品，普通税适用于与该国没有签订这种贸易协定的国家和地区所进口的商品。最惠国税率比普通税率低，两者税率差幅往往很大。第二次世界大战以后，大多数国家都加入了关贸总协定和世界贸易组织，或者签订了双边的贸易条约或协定，相互提供最惠国待遇，享受最惠国税率。因此这种关税通常又被称为正常关税（Normal Duties）。

征收进口税提高了进口商品的价格，从而削弱了这些商品的竞争能力，起到了限制进口的作用。因此通常所说的关税壁垒，就是指高额进口关税对商品输入的限制。

进口国家并不是对所有进口商品都一律征收高额关税。对于发达国家来说，一般情况下

工业制成品的关税较高，半制成品的关税较低，原料性商品的关税最低，甚至免税。在工业制成品中，加工程度越高，关税税率就越高。对于发展中国家来说，为了保护本国民族经济和国内市场，对国内已能生产并能满足市场需要的商品或者非生活必需品以及奢侈品，征收较高的进口税，而对于目前国内暂不能生产或供不应求的生活必需品和机器设备等生产资料，征收较低的进口税或者免税。

2. 出口税

出口税（Export Duties）是出口国家的海关在本国商品输往国外时，对出口商品征收的一种关税。由于征收出口税会提高出口商品的销售价格，削弱出口商品在国外市场上的竞争能力，不利于扩大出口。因此大多数国家对绝大部分出口商品都不征收出口税。但是在一些特殊情况下，一国也会征收出口税。这时，征收出口税的目的主要是以下几个。

（1）保护本国购买者的利益，使本国市场不致受到国外购买者的冲击，以防止在本国出现较高的国际价格。为保证本国生产和本国消费而征收的出口税，其税率一般较高，有时还辅之以出口许可证之类的数量限制，在极端情况下，甚至征收禁止性的出口关税，即提高到国外购买者无力购买的程度。例如北欧的瑞典、挪威两国，为了保护本国的纸浆及造纸工业，对木材出口征收较高的出口税。对于本国生产不足而需要量又较大的生活必需品，征收较高的出口税，以抑制价格上涨。

（2）改善贸易条件，提高出口效益，防止"贫困化增长"。众所周知，如果生产要素的增长使得出口产品的供给迅速增加，则有可能产生"贫困化增长"。这种增长不仅会恶化贸易条件，甚至还会使一个国家的经济状况恶化。在这种情况下，通过出口税等形式适当控制出口，有助于防止出口增加反而导致效益下降的情况发生。如果是本国在国际市场上具有垄断地位或占有支配地位的商品，征收出口税可以控制出口数量，迫使国际市场价格上涨，从而改善该国的贸易条件，增加收入。

（3）取得财政收入。不管出于什么目的，征收出口税，无疑会取得财政收入。对于那些由于政治或组织上存在障碍、难以执行收入税、货物税或其他税的初级产品或原料出口国而言，征收出口税无疑是一种具有吸引力的税制。只要出口税不高到禁止性出口税的地步，国家就可以通过出口税增加财政收入。

（4）一些发展中国家利用出口税作为与发达国家跨国公司斗争的武器。发达国家往往通过跨国公司在对外贸易中采取垄断价格，在发展中国家低价收购初级产品及其他原材料，使发展中国家蒙受重大损失。按照联合国贸易与发展会议发布的数字，仅在1981—1985年期间，发展中国家出口主要初级产品就因价格下跌而损失600多亿美元。发展中国家为了反对发达国家垄断组织的低价收购，往往对某些初级产品和原材料等的出口征收出口税。

3. 过境税

过境税（Transit Duties）又称通过税。它是一国对于通过其关境的外国货物所征收的关税。在中世纪时，欧洲一些国家封建割据，关卡林立，纷纷征收通过税，以增加财政收入。这种关税在资本主义生产方式准备时期最为盛行。随着经济的发展，交通运输事业日益发达，各国在货运方面竞争激烈。同时过境货物对本国生产和市场没有影响，所以征税率很低，财政收入意义不大，因此过境税相继被废除。第二次世界大战之后，大多数国家都不征收过境税，仅仅在外国商品通过时，征收少量的准许税、印花费、签证费和统计费。

(二) 按照征税的目的分类

1. 财政关税

财政关税（Revenue Tariff）又称收入关税，是指以增加国家财政收入为主要目的而征收的关税。为了达到增加财政收入的目的，对进口商品征收财政关税时，必须具备以下三个条件：①征税的进口货物必须是国内不能生产或无代用品而必须从国外进口的商品；②征税的进口商品，在国内必须有大量消费；③关税税率要适中或较低，如果税率过高，将阻碍进口，达不到增加财政收入的目的。

征收关税，最初的目的是为了获取更多的财政收入。随着世界经济的发展，财政关税在增加收入方面的重要性已相对下降，这一方面是由于其他税源的增加，关税收入在国家财政收入中所占的比重相对下降；另一方面是，大多数国家都广泛地利用高关税来限制外国商品的进口，保护国内生产和国内市场，于是财政关税就为保护关税所代替。

2. 保护关税

保护关税（Protective Tariff）是指以保护本国工业或农业发展为主要目的而征收的关税。保护关税的税率要高，越高越能达到保护的目的。有时税率高达100%以上，等于禁止进口，成为禁止关税（Prohibitive Tariff）。

保护关税又可分为工业保护关税和农业保护关税。工业保护关税是为保护国内工业发展所征收的关税，主要是为了保护本国幼稚工业，农业保护关税是为了保护国内农业。第二次世界大战以后，一些国家（如欧盟等）通过农业保护关税，保护其农业的发展。

就具体某个税目来说，是财政关税还是保护关税很难分清。保护关税同样有财政收入的作用，财政关税对进口数量也不无影响，都不能简单地从税率的高低加以区分，只能从制定税率时的目的加以区分，但是制定税率时的目的从表面上很难看出。经济学家哈勃勒（Harberler）提出的区别方法是：如果对进口产品与本国同类产品征收同样的税收；或者征收的税收不引导本国生产该种产品，而且也不引导生产能转移进口产品需求的代用品，这样的关税就是财政关税。例如，本国不能生产石油而对进口石油征税，或者对进口烧酒征税，人们不会因进口烧酒的减少而改喝啤酒，这样的关税就是财政关税。另一方面，如果关税能够引导国内生产的趋向，把原来经营出口的产业转移到被保护的产业上去，或者由于某种产品因征税而减少了进口量，人们把需求转移到另一种产品上去，使出口产业的生产要素转移到后一产品的生产上去，这样的关税就是保护关税。

（三）按照差别待遇和特定的实施情况分类

1. 进口附加税

一些国家对进口商品，除了按公布的税率征收正常进口税外，还往往根据某种目的再加征进口税。这种对进口商品征收正常关税外再加征的额外关税，就为进口附加税（Import Surtaxes）。征收进口附加税是限制商品进口的一种临时措施，其主要目的是为了：应付国际收支逆差，维持进出口平衡；防止外国商品的低价倾销；对某个国家实行歧视或报复等。因而，进口附加税又称为特别关税。如2019年美国总统特朗普为消除美中贸易逆差，宣布对来自中国的5500亿美元进口商品加征5%~30%的进口附加税，以限制商品的进口。

进口附加税往往是针对个别国家或个别商品征收的，它主要有以下两种。

（1）反补贴税。

反补贴税（Counter-Veiling Duties）又称抵消税。它是对于直接或间接接受任何津贴或补贴的外国商品在进口时所征收的一种进口附加税。凡是进口商品在生产、制造、加工、买卖、输出过程中所接受的直接或间接补贴都构成征收反补贴税的条件，不管给予这种补贴的是外国政府还是其他组织。直接补贴是指直接付给出口商的现金补贴。间接补贴是指政府对某些出口商品给予财政上的优惠，如减免出口税或某些国内税，降低运费，对于为加工出口而进口的原料、半制成品实行免税或退税等。

"乌拉圭回合"谈判达成的《补贴与反补贴协议》，把补贴分为三种：一是禁止使用的补贴（Prohibited Subsidy），包括在法律上或事实上对出口履行相关的补贴，即出口补贴；国内含量补贴，即补贴只与使用国产货物相联系，而对使用进口货物不予补贴。二是可申诉的补贴（Actionable Subsidy），是指政府通过直接转让资金、放弃财政收入、提供货物或服务和各种收入支持和价格支持，对某些特定企业提供的特殊补贴。如果这些特殊补贴造成其他缔约方国内有关工业的重大损害时，该国可诉诸争端解决机制加以解决。三是不可申诉的补贴（Non-actionable Subsidy），是指普遍实施的补贴和在事实上并没有向某些特定企业提供的补贴。对于这些补贴不可诉诸争端解决，但是应将这类补贴情况提前、及时通知各缔约方。

反补贴税是按补贴数额征收的，其目的在于抵消出口国给予其出口商品的补贴，使它不能在进口国市场上进行低价竞争以保护国内生产和市场。对此，《关税与贸易总协定》第六条做了严格的规定。其要点有：A. 如果补贴的后果对国内某项已建的工业造成重大损害或产生重大威胁，或对国内某一工业的新建造成严重阻碍，才能征收反补贴税。B. 反补贴税的征收不得超过"补贴数额"。C. 对于受到补贴的倾销商品，进口国不得同时对它既征收反倾销税又征收反补贴税。D. 在某些例外情况下，如果延迟将会造成难以补救的损害，进口国可在未经缔约方全体事前批准的情况下，征收反补贴税，但应立即向缔约方全体报告，如果未获批准，这种反补贴税应立即予以撤销。E. 对产品在原产国或输出国所征的捐税，在出口时退还或因出口而免税，进口国对这种退税或免税不得征收反补贴税，如符合该项条件，不应作为造成了重大损害来处理。

（2）反倾销税。

反倾销税（Anti-dumping Duties）是对实行商品倾销的进口商品所征收的一种进口附加税。其目的是为了抵制商品倾销，保护本国的工业和市场。进口商品以低于正常价值的价格进行倾销，并对进口国的同类产品造成重大损害是构成征收反倾销税的重要条件。反倾销税的税额一般以倾销差额征收。

关于倾销和反倾销，《关税与贸易总协定》第六条做了明确规定：A. 用倾销手段将一国产品以低于正常的价格挤入另一国贸易时，如果因此对某一缔约方领土内已建立的某项工业造成重大损害或产生重大威胁，或者对某一国内工业的新建产生严重阻碍，这种倾销应该谴责。B. 缔约方为了抵制或防止倾销，可以对倾销的产品征收数量不超过这一产品倾销差额的反倾销税。C. 对于"正常价格"，第六条认为是指相同产品在出口国用于国内消费时在正常情况下的可比价格。如果没有这种国内价格，则是相同产品在正常贸易情况下向第三国出口的最高可比价格；或产品在原产国的生产成本加合理的推销费用和利润。D. 不得因抵消倾销或出口补贴，而同时对它既征收反倾销税又征收反补贴税。E. 为了稳定初级产品价格而建立的制度，即使它有时会使出口商品的售价低于相同产品在国内市场销售的可比价格，也不应认为造成了重大损害。

"东京回合"达成的《反倾销守则》和"乌拉圭回合"达成的《反倾销协议》，对反倾销做了详细的规定。

关于损害问题，协议规定，在确定倾销对本国工业部门造成损害或重大威胁时，该国应对倾销品进口的数量以及给本国生产者带来的影响进行客观的调查，其他因素给工业部门造成的损害不能归于倾销。调查一定要以事实作为依据，不得以推测、可能做出判断。

关于反倾销调查，协议规定，受倾销影响的生产部门如果要对倾销进行调查，应事先提出书面申请。申请书中要有充分的根据说明存在倾销与造成损害以及损害与倾销之间的因果关系。在特殊情况下，如果没有生产部门提出申请调查，而有关当局已经掌握构成倾销的条件以至造成损害的程度，也可以调查。

关于反倾销税的征收，协议规定，在对所需的情况调查结束后，是否征收反倾销税以及税收的金额问题由进口国家有关部门自行决定。所征税额最好接近于倾销差额，但不能超过这个差额。倾销税所征金额要能弥补给工业部门遭受的损失。一旦损失予以弥补，应立即停止征收反倾销税。

尽管《关税与贸易总协定》对倾销和反倾销做了一系列规定，但是实践中这些规定并没有得到很好的遵守。实际上，受关税与贸易总协定和世界贸易组织的约束，传统的关税、许可证和配额等保护手段相继失去威力，反倾销已成为一些国家，特别是一些发达国家实行贸易保护主义和歧视政策的一种工具。一些发达国家不仅利用征收反倾销税来阻止外国商品的进入，而且还借助征税前的反倾销调查来暂时停止某种商品的进口。从反倾销调查开始到结束，一般需要一两年时间，在此期间，被调查的商品不能进入该国市场。

2. 差价税

差价税（Variable Levy）又称差额税。当某种本国生产的产品的国内价格高于同类进口商品价格时，为了削弱进口商品的竞争能力，保护国内生产和国内市场，按国内价格与进口商品价格之间的差额征收关税，就叫作差价税。由于差价税是随着国内外价格差额的变动而变动的，因此它是一种滑动关税（Sliding Duty），能较好地起到限制进口的作用。对于征收差价税的商品，有的按价格差额征收，有的规定在征收一般关税以外另行征收，这种差价税实际上属于进口附加税。例如，欧盟对冻牛肉进口首先征收20%的一般进口税，然后根据每周进口价格与欧盟的内部价格变动情况征收变化不定的差价税。

欧盟为了实行共同农业政策，建立农畜产品统一市场、统一价格，对进口的谷物、猪肉、食品、家禽、乳制品等农畜产品，征收差价税。

欧盟征收差价税有两种：一种是对非成员国征收，一种是对成员国征收。对欧盟以外的非成员国的农畜产品进口征收差价税，其目的在于排挤这些国家的农畜产品大量进入欧盟市场。对于成员国之间相互征收某种农畜产品的差价税，其目的在于实现统一价格。这时因为各成员国的产品价格有高有低，征收差价税可以使一国某种产品价格不致受到其他国家同类产品较低价格的影响，以便于逐步消除各成员国之间的差价。这种差价只是在实现共同农业政策的过渡时期内对成员国征收。过渡时期结束后，即予以废除。但对从非成员国进口的农畜产品，在过渡期结束后仍继续征收。

欧盟征收差价税的办法比较复杂，例如对谷物进口的差价税分为三个步骤。第一步，由欧盟委员会对有关谷物按季节分别制定统一的"指标价格"（Target Price）。"指标价格"是欧盟市场内部以生产效率最低而价格最高的内地中心市场的价格为准而制定的。这种价格一一般比世界市场价格高。为了维持这种价格水平，还确定了干预价格，一旦中心市场的实际市场价格跌到干预水平，有关机构便从市场上购进谷物，以防止价格继续下跌。第二步，确定"门槛价格"（Threshold Price）。即从"指标价格"中扣除把有关谷物从进口港运到内地中心市场所付一切开支的余额。这种价格是差价税估价的基础。第三步，确定差价税额。它是由有关产品的进口价格与"门槛价格"的差额所决定的，其差额的大小决定差价税的高低。

3. 特惠税

特惠税（Preferential Duties）是指从某个国家或地区进口的全部商品或部分商品，给予特别优惠的低关税或免税待遇，但它不适用从非优惠国家或地区进口的商品。特惠税有的是互惠的，有的是非互惠的。

特惠税开始是在宗主国和殖民地之间的贸易中实行。宗主国的产品输出到殖民地享受特惠税的待遇，殖民地产品输出到宗主国则不能享受相应的待遇，这叫作非互惠的特惠关税。后来，宗主国与殖民地之间以及同一宗主国的殖民地之间，都适用特惠关税。

实施特惠税的主要有欧盟给予非洲、加勒比海和太平洋地区60多个国家和地区的特惠关税，这是一种非互惠的单向优惠关税。因这一优惠关税是在西非多哥首都签订的，所以又叫作《洛美协定》（Lome Convention）。第一个《洛美协定》签订于1975年2月，为期5年。1979年和1985年两次续签。第四个《洛美协定》签订于1989年12月15日，其有效期为10年（1990—2000年）。《洛美协定》国家间实行的这种优惠关税是世界上最优惠的一种关税。一是优惠商品的范围广，除极少部分农产品外，几乎所有工业品和农产品都在优惠范围之内。二是优惠幅度大，列入优惠的产品全部免税进口。它有力促进了共同体和这些国家之间的经济贸易关系的发展。

2000年2月，非加太集团和欧盟就第五期《洛美协定》达成协议，并于同年6月在贝宁首都科托努正式签署，称《科托努协定》。《洛美协定》就此宣告结束。经欧盟15国和非加太集团76国政府的正式批准，《科特努协定》自2003年4月1日起正式生效。《科托努协定》的有效期为20年，每5年修订一次。

《科托努协定》包括政治对话、贸易与投资、为促进发展而进行的合作三方面。主要内容是欧盟向非洲、加勒比海和太平洋地区提供经济援助，双方进行全面政治对话，及时解决在消除贫困和防止地区冲突方面的问题，扩大经贸合作以及进行财政援助改革等。

4. 普遍优惠制

普遍优惠制（Generalized System of Preferences，GSP）简称普惠制，它是发达国家对来自于发展中国家和地区的某些产品，特别是工业制成品和半制成品给予的一种普遍关税减免优惠制度。普惠制的主要原则是普遍的、非歧视的和非互惠的。所谓普遍的，是指发达国家应对发展中国家和地区出口的制成品和半制成品给予普遍的优惠待遇。所谓非歧视的，是指应使所有发展中国家或地区都不受歧视、无例外地享受普惠制的待遇。所谓非互惠的，是指发达国家应单方面给予发展中国家或地区关税优惠，而不要求发展中国家提供反向优惠。

普惠制的目的是：增加发展中国家或地区的外汇收入；促进发展中国家或地区的工业化；加速发展中国家或地区的经济增长。

普惠制是国际贸易中一项重要的贸易政策，是发展中国家长期努力的结果，是1968年通过建立普惠制决议之后取得的。目前实施普惠制的发达国家即给惠国有28个，享受普惠制待遇的受惠国已有170多个发展中国家和地区。自1978年下半年以来，先后有21个发达国家宣布给予中国这一关税优惠待遇,而美国是至今仍未给予中国普惠制待遇的唯一一个发达国家。

但是,实行普惠制的发达国家在提供关税优惠时,还规定了种种限制措施。这些措施主要有以下几个方面:

(1) 对受惠国家或地区的限制。这是一个受惠国家或地区的名单。普惠制原则上应对所有发展中国家和地区都无歧视、无例外地提供优惠待遇,但是有些给惠国从自身的经济和政治利益出发,把某些受惠国排除在名单之外。如美国公布的受惠国名单中,就不包括某些与其政治制度不同的国家、石油输出国组织的成员国。

(2) 对受惠商品范围的限制。普惠制原应对受惠国的制成品和半制成品普遍实行关税减免,但是实际上许多给惠国在公布的受惠商品名单中却把许多对发展中国家出口有利的一些"敏感性"商品,如纺织品、鞋类、某些皮革制品及石油产品排除在受惠商品的范围之外。同时,一些发达国家和集团还在普惠制的实行中引入了"毕业条款"。1981 年 4 月 1 日起美国采取了这项规定,欧盟从 1995 年 1 月 1 日起也实施了这项办法,即当一些受惠国的某项产品或其经济发展到较高的程度,在世界市场上有较强的竞争能力时,则取消该项产品或全部产品享受关税优惠待遇的资格,称之为"毕业"。这项条款按适用范围的不同,可分为"产品毕业"和"国家毕业"。前者是指取消从受惠国或地区进口的部分产品的关税优惠待遇;后者是指取消从受惠国或地区进口的全部产品的关税优惠待遇,即取消其受惠国或地区享受普惠制待遇的资格。

(3) 对享受优惠程度的限制。发展中国家有些出口商品即使被列入优惠计划,还要受到种种规定的限制。例如,当来自受惠国商品的进口量增加到对其本国同类产品或有竞争关系的商品的生产者造成或将要造成严重影响时,给惠国保留完全取消或部分取消关税优惠待遇的权利。再如对受惠商品实行的数量限制,预先规定限额,在限额数量以内的进口商品,给予优惠待遇,超过限额的进口取消优惠待遇,按规定征收较高的关税或予以限制等。

(4) 原产地规则 (Rules of Origin)。原产地规则是衡量受惠国出口产品是否取得原产地资格、能否享受优惠待遇的标准。其目的是确保发展中国家和地区的产品能利用普惠制扩大出口,防止非受惠国的产品利用普惠制的优惠待遇扰乱普惠制下的贸易秩序。原产地规则要求,产品必须全部产自受惠国,或产品中所包含的进口原料或零件经过高度加工后发生了实质性变化,才能享受关税优惠待遇。同时受惠商品必须由受惠国直接运到给惠国,受惠国还必须向给惠国提交原产地证书和托运的书面证书,才能享受优惠关税待遇。

普惠制的实行在一定程度上改善了发展中国家产品进入发达国家市场的条件,从而提高了发展中国家出口产品的竞争能力,扩大了发展中国家工业制成品的出口。但是,发达国家为其自身的利益,在普惠制的实施上设置了不同程度的障碍和限制。因此,发展中国家还需进一步加强团结,为争取普遍的、非歧视的和非互惠的优惠关税待遇而努力。

(四) 按照征税的一般方法或征税标准分类

1. 从量税

从量税 (Specific Duties) 是按照商品的重量、数量、容量、长度和面积等计量单位来征收的关税。例如美国对青豆罐头的进口征税从量税,普通税率为每磅[①]2 美分,最惠国税

[①] 1 磅 = 0.45359237 克。

率为每磅1美分。世界上大多数国家在征收从量税时,是以商品的重量为单位来征收的,但是各国对应纳税商品重量的计算方法各有不同。有的国家按商品的净重计征,有的国家按商品的毛重计征,有的国家按法定重量(商品净重加上销售包装)计征。

在从量税确定的情况下,从量税额与商品的数量增减呈正相关关系,但是与商品价格无关。按从量税方法征收进口税时,在商品价格下降时,加强了关税的保护作用。反之,在商品价格上涨的情况下,用从量税的方法征收进口税,则不能完全达到保护关税的目的,这是因为商品价格上涨,而进口税额不变,财政收入的作用相对减少,保护作用也随之减弱。第二次世界大战以后,由于商品种类、规格日益繁杂和通货膨胀加剧,大多数国家都普遍采取从价税。

按从量税计征关税,对于发展中国家的出口不利,因为发展中国家出口的产品大多属于制成品和半制成品或者是原材料。

2. 从价税

从价税(Ad Valorem Duties)是以进口商品的价格为标准计征的关税,其税率表现为货物价格的一定百分比率。例如美国曾对羽毛制品的进口征收从价税,普通税率为60%,最惠国税率为4.7%。

从价税额与商品价格有直接关系,它与商品价格的涨落呈正相关关系,其税额随着商品价格的变动而变动,所以它的保护作用与价格有着密切的关系。商品价格上涨时,从价税额也随之增加,但当价格下降时,征收从价税,国家财政收入就会减少。因此,从价税的优点有:①从价税的征收比较简单,对于同种商品,可以不必因其品质的不同,再详加分类。②税率明确,便于比较各国税率。③税收负担较为公平,因为从价税额随着商品价格和品质的高低而增减,符合税收的公平原则。④在税率不变的情况下,税额随商品价格上涨而增加,既可增加财政收入,又可起到保护关税的作用。

在征收从价税时,最为复杂的问题是如何确定进口商品的完税价格。完税价格是海关审定作为计征关税的商品价格,是决定税额多少的重要因素。因此,如何确定完税价格是十分重要的。世界各国所采用的关税完税价格大体上可分为三种:出口国离岸价格(FOB)、进口国到岸价格(CIF)和进口国的官定价格。现在大多数国家规定"正常价格"为完税价格。所谓正常价格是指正常贸易过程中,买卖双方在没有任何关系的情况下,经过充分竞争和讨价还价所达成的价格。如果出口商品发票中所载明的价格与正常价格相一致,即以发票价格作为完税价格,如果发票价格低于正常价格,则根据海关估定价格作为完税价格。

3. 混合税

混合税(Mixed or Compound Duties)又称复合税,是对某种进口商品,同时征收从量税和从价税的一种征税方法。混合税的计算公式为:

$$混合税额 = 从量税额 + 从价税额$$

征收混合税一般有两种方式。一种是以从量税为主,加征从价税。例如,美国曾对钨砂的进口税普通税率为每磅60美分,加征50%的从价税,其优惠税率为每磅21美分,加征12.5%的从价税。另一种是以从价税为主,加征从量税。例如日本曾对每只价格在6000日元以下的进口手表,征收15%的从价税,另外每只加征150日元的从量税。

4. 选择税

选择税(Alternative Duties)是对进口商品同时规定有从价税和从量税两种税率,在征收时选择其税额较高的一种征税。例如，日本曾对进口坯布规定的关税为：基本税率为7.5%，或每平方米2.6日元，征收其高者。但有时为了鼓励某种商品的进口，也会选择其中税额较低者征收。

【扩展阅读】

美国"337调查"

"337调查"，是指美国国际贸易委员会（United States International Trade Commission，简称USITC）根据美国《1930年关税法》（Tariff Act of 1930）第337节（简称"337条款"）及相关修正案进行的调查，禁止的是一切不公平竞争行为或向美国出口产品中的任何不公平贸易行为。

这种不公平行为具体是指：产品以不正当竞争的方式或不公平的行为进入美国，或产品的所有权人、进口商、代理人以不公平的方式在美国市场上销售该产品，并对美国相关产业造成实质损害或损害威胁，或阻碍美国相关产业的建立，或压制、操纵美国的商业和贸易，或侵犯合法有效的美国商标和专利权，或侵犯了集成电路芯片布图设计专有权，或侵犯了美国法律保护的其他设计权，并且，美国存在相关产业或相关产业正在建立中。

"337调查"的对象为进口产品侵犯美国知识产权的行为以及进口贸易中的其他不公平竞争。

2012年11月举行的"科技创新全球化进程中中美知识产权保护和反倾销法律实务高峰论坛会"上，中国已经成为美国"337调查"的最大受害国，在已判决的相关案件中，中国企业的败诉率高达60%，远高于世界平均值26%。

（资料来源：https://baike.so.com/doc/5438151-5676468.html。）

第二节 关税的经济效应

征收关税会引起进口商品的国际价格和国内价格变动，从而影响出口国和进口国在生产、贸易和消费等方面的调整，引起收入的再分配。关税对进出口国经济的多方面影响称为关税的经济效应。这里主要分析进口关税对进口国的经济影响。

一、关税对贸易小国的经济影响

如果进口国是一个贸易小国，即该国某种商品的进口量在世界进口量中占很小一部分，该国进口量的变动不会影响世界市场价格。这样，该国征收关税以后，进口商品国内价格上涨的幅度等于关税税率，关税全部由进口国消费者负担。

具体来说，贸易小国对某种进口商品征收关税以后，将产生如下经济效应。

（一）消费效应

消费效应是指由于征收关税引起进口商品价格上涨，对消费者造成的直接损害。一方面，如果该进口产品的进口需求弹性比较小，价格的上涨不能通过减少需求来调整，消费者就要支付较高的价格。如果进口产品是具有需求刚性的资本品，将增加最终产品的生产成本，导致价格上涨，增加消费者负担。另一方面，如果该进口产品的进口需求弹性比较大，国内消费者将减少需求量，从而降低福利水平。

（二）生产效应

生产效应是指对于与进口商品相竞争的国内生产者来说，显然是可以从保护关税中获得利益，即由于征收关税，会导致国内生产的扩大。我们知道，外国商品之所以会输入，其根本原因在于国际市场价格比国内市场价格低，或在价格相同的情况下国外产品的品质优于国内，如果自由进口，进口竞争厂商会被迫降低价格，并把自己的产品调整到边际成本等于价格的水平。征收关税提高了该商品的国内价格，国际价格则保持不变，使得国内生产者得以根据上涨的价格扩大生产量，增加利润。由于该种商品国内生产量的增加，也会提高同类产品或可替代产品的国内价格，使生产集团获得利益。但从整个国家来看，由于征收关税，一些国内资源从生产更有效率的可出口商品转移到生产较缺乏效益的可进口商品，由此造成了该国资源配置效率的下降。

（三）贸易效应

征收关税提高了进口商品的价格，导致消费减少和进口减少，从而使经营进口商品的公司和个人损失了部分市场，减少了收入。

（四）财政收入效应

只要关税不提高到禁止关税的水平，它就会给进口国带来财政收入，这项收入等于每单位课税额乘以征税的进口商品数量。在小国情况下，由征收关税带来的收入是由国内消费者支付的。应该看到，关税收入的一部分要用来支付征收关税这一行为的费用，如海关官员的报酬，因此关税收入只有一部分成为财政收入。

（五）收入再分配效应

关税还会造成收入从国内消费者转向国内生产者的再分配效应。关税引起国内商品价格上涨，生产者增加的利润其中一部分是从消费者支付的较高价格中转移过来的。

小国征收关税时，不会影响世界市场价格。然而，它的进口商品的国内价格却会增加一个与关税相同的数额。

尽管对单个生产者和消费者来说，进口商品的国内价格会增加一个与关税相同的金额，但对小国作为一个整体来说，商品进口价格是不变的，因为是这个国家自己征收了关税。例如，如果进口商品 X 的国际市场价格是每单位 1 美元，这个国家征收 100% 的从价税，则只要国内生产者能以不高于 2 美元的价格生产和销售商品 X，就可以与进口商品竞争。消费者将不得不对每单位商品 X 支付 2 美元。然而，对于进口商品来说，由于这个国家对进口商品 X 征收了每单位 1 美元的关税，就其而言，进口商品 X 的价格仍为 1 美元。

二、关税对贸易大国的经济影响

如果进口国是一个贸易大国，即该国某种商品的进口量占了世界进口量的较大份额，征收进口关税后，该国进口量的调整就会影响世界市场价格。该国增加进口，将引起世界市场价格的上涨；该国减少进口，世界市场价格就会下降。因此，大国征收关税的代价和利益的净效果就不同于小国。

大国进口征收关税引起的价格上涨必然导致进口量减少，而且幅度较大，这样就可能迫使该商品的国际市场价格下降。也就是说，大国进口商品价格上涨的幅度不会等于关税税率，而是低于关税税率。大国征收关税，进口商品国内市场价格上涨，同时，国际市场价格下跌，价格上涨部分和下跌部分加在一起才等于进口关税税额；大国进口商在进口商品时支付的进口关税，不是全部由进口国消费者负担的，而是由进口国消费者和出口国生产者（通过出口商）共同负担的。大国向出口国转嫁了部分关税。

由于征收关税，大国进口商品的国际市场价格下降，如果该国出口价格不变，该国的贸易条件就得到了改善。但是与小国相比，在其他条件不变的前提下，大国关税对本国生产者的保护作用相对较小。这是由于大国关税引起的价格上涨被出口国下降的价格部分抵消，因此进口的数量下降不像小国那么多。由此可见，与小国相比，大国征收关税能获得较多的收入，其中一部分收入是来自出口国。一般来说，小国从征收关税中遭受的净损失，永远等于保护成本，因为大国出口价格或世界市场价格不受其影响。而大国征收关税对该国净福利的影响，则要把关税的保护成本与贸易条件改善而获得的利益相比较；如果该国贸易条件改善的利益超过关税保护的代价，则意味着从征收中获得了净利益；如果贸易条件改善的利益和保护成本相等，那么该国从关税中既未获得收益，也未遭到损失；最后，如果贸易条件改善的利益比保护成本小，该国将会从征收关税中遭受净损失。究竟是何种情况，要具体分析商品的进口需求弹性和出口供给弹性。

因此，大国征收关税减少其贸易量，但是改善了其贸易条件，贸易量的减少使其国家财富减少，但贸易条件的改善却使国家财富增加，国家财富的增减实际上就取决于这两种相反作用的净效应。这可与小国征税的情况相对比，小国贸易量减少时，贸易条件依然不变，因此小国的财富总是减少的。

三、最优关税和报复关税

如上所述，当大国征收关税后，其贸易量减少，但是其贸易条件却改善了。由自身原因导致的贸易量的减少，将减少该国的福利。另外，贸易条件的改善又会增加该国的福利。

最优关税（Optimum Tariff）是这样一种税率，它使得一国贸易条件的改善相对于其贸易量减少的负面影响的净所得最大化，即以自由贸易为起点，当一国提高其关税税率时，其福利逐渐增加到最大值（最优关税率），然后当关税率超过最优关税率时，其福利又逐渐下降。最终这个国家又将通过禁止性关税回到自给自足的生产点。

然而，随着关税的征收，一国的贸易条件改善了，而其贸易伙伴的贸易条件却恶化了。因为他们的贸易条件与征税国是相对的。面临着更低的贸易量和恶化的贸易条件，贸易伙伴的福利无疑会下降，结果其贸易伙伴极有可能采取报复行动，也对自己的进口商品征收最优关税。当它的贸易条件的改善使其挽回大部分损失后，它的报复性关税无疑又会进一步减少其贸易量。此时第一个国家自己也会采取报复行动，如果这个过程持续下去，最终的结果通常是所有国家损失全部或大部分贸易所得。值得注意的是，甚至当一国征收最优关税，其贸易伙伴并不采取报复行动时，征收关税国家的所得也要小于贸易伙伴所受的损失。这样，对于整个世界而言，征收关税要比在自由贸易下情况更差。正是从这个意义上考虑，自由贸易使世界福利最大化。

四、普惠制的贸易效果

普惠制是发达国家对发展中国家单方面提供贸易优惠、实行关税减让的制度。从理论上分析，普惠制主要产生以下贸易效应：①降低给惠国含关税的进口价格。②增大给惠国的进口量。③对于受惠的发展中国家来说,由于关税降低了,即使提高出口价格,也可能以更便宜的价格向发达国家市场提供产品。④由于出口量增加、价格提高,发展中国家出口收入提高。⑤给惠国消费者可按较低的价格进行消费。⑥给惠国生产者受到进口产品的竞争而承受压力。⑦迫使第三国降低对给惠国的出口价格,降价的幅度相当于给惠国实行普惠制后国内价格下降的幅度。⑧使第三国的出口盈利下降,在成本递增的通常情况下,会减少第三国的出口盈利,使给惠国进口从第三国转向受惠的发展中国家。

普惠制除了具有上述直接静态效果外,还具有促进发展中国家改进生产方法、扩大生产规模、降低成本、改善经济结构等间接动态效果,并可带动发展中国家从发达国家引进直接投资和技术,提升发展中国家经济增长的能力。

对于普惠制的贸易效应,也存在一些批评意见,主要是:①普惠制违反了无差别原则,减轻了发达国家全面取消高关税的压力,使其长期化,而且使受惠发展中国家也不愿意发达国家降低一般关税,以保持普惠制的优惠程度。②与自由贸易相比,实行普惠制的贸易利益较小。

【扩展阅读】

美国关税制度的"嫌贫爱富"

美国一向高喊对内照顾最穷消费群体,对外帮助最穷国家的发展。然而,美国的现行关税政策却对内伤害穷人中的穷人,对外歧视穷国中的穷国。

1. 美国对穷国征税超过富国

数据表明,蒙古国、孟加拉国和柬埔寨等国是世界上最穷的国家之一,却是最受美国关税制度歧视的国家之一。以2001年为例,蒙古国人均国内生产总值(GDP)只有396美元,对美出口总额为1.43亿美元,却被美国海关课征2300万美元,税率为16.1%;挪威人均GDP为33470美元,对美出口总额为51.73亿美元,美国海关也课征2400万美元,税率为0.5%。孟加拉国人均GDP为370美元,美国对其产品征收高达14.1%的关税;却对人均GDP为24170美元的法国产品只征收1.1%的关税。柬埔寨人均GDP为260美元,美国对其产品征收高达15.8%的关税;却对人均GDP为30170美元的新加坡产品只征收0.6%的关税。

2. 越是初级产品征税越高

美国的平均关税水平经过数十年的贸易谈判已降到2%以下,但对消费品的海关税率仍停留在20世纪70年代工业品的关税水平上。美国关税制度中的不合理现象不但突出,而且很荒谬。如在工业品关税普遍大幅下降后,不但对消费品继续征收高关税,而且对低档次的消费品征收高关税。最不可思议的是,对服装和鞋类产品的关税,目前仍平均超过11%、部分高达40%以上。

3. 低档货高税率穷人受害

在对进口消费品征收关税方面,美国的税率规律是质量越高税率越低,反之亦然,服装和鞋类更是如此。这种不合理的关税制度,在美国国内伤害最大的是经济最困难的以母亲为户主的单亲家庭。以婴儿衣服为例,人造纤维质地的婴儿服装进口关税竟高达23%~29%不等,纯棉制品相对较低,丝绸或类似的高档产品几乎没有关税。

(资料来源:http://www.docin.com/p-1620978703.html。)

第三节 关税的结构和有效保护率

一、关税水平

关税水平（Tariff Level）是指一个国家的平均进口税率而言。它有不同的计算方法，但是基本上不外是使用算术平均法和加权平均法。算术平均法是单纯根据一国税则中的税率（法定税率）来计算的，不管每个税目实际的进口数量，只按税则中的税目数求其税率的平均值。由于有很多高税率的税目是被禁止的，实际很少进口。另外，在贸易中重要的税目如汽车，和不重要的税目如火花栓，以同样的分量计算，显然是不合理的，因此简单平均法很少使用。使用较多的是加权平均方法，是用进口商品的数量或价格作为权数进行平均，也有不同的计算方法。下面是计算关税水平的几种公式。

（一）算术平均法

$$关税水平 = \frac{税则中所有税目的税率之和}{税则中的税目数}$$

从量税要折算成从价税才能相加，如何折算，很难做到准确。

（二）一般加权平均法

按进口税额占进口商品价额的百分比计算，这是一种常用的加权平均计算方法，计算公式为

$$关税水平 = \frac{进口税款总额}{进口总值} \times 100\%$$

这种方法比算术平均法稍为合理些，但是也存在类似的缺点，如果一个国家税则中免税的项目较多，计算出来的数字就会偏低，不易看出有税商品税率的高低。

（三）按进口税额占有税商品进口总值的百分比计算

这种方法比前两种都要合理些，计算出来的数值要比一般加权平均法的数值高一些。计算公式为

$$关税水平 = \frac{进口税款总额}{有税商品进口总值} \times 100\%$$

（四）代表性商品加权平均法

为了更具体地比较，也可以选出一些代表性的商品（Sampling），根据不同商品类别进行加权平均比较。选用的代表商品越多，计算越准确。一般是以每种商品的进口值作为权数。代表性商品要有代表性，一般把使用禁止性关税的商品排除在外。"肯尼迪回合"谈判时，使用了联合国贸发会议选取的504项商品代表进行比较。

取样加权平均的计算公式为

$$关税水平 = \frac{1}{\sum_{i=1}^{n} V_i} \times \sum_{i=1}^{n} V_i \times R_i \%$$

式中，V_i 为各种商品进口值；R_i 为各种商品的税率；$\sum_{i=1}^{n} V_i$ 表示 n 种商品进口值的和；

$\sum_{i=1}^{n} V_i \times R_i$ 表示 n 种商品，每种商品的税额之和。

例如，取 A、B、C 三种代表性商品做计算（见表 5-1）

表 5-1 相关情况

	A	B	C
进口值（万元）	100	40	60
税率（%）	10	30	50

关税水平为

$$关税水平 = \frac{100 \times 10\% + 40 \times 30\% + 60 \times 50\%}{100 + 40 + 60} = \frac{52}{200} = 26\%$$

关税水平的数字虽然能用以比较各国关税的高低，但是它还不能完全表示保护程度。

二、名义保护率

名义保护率（Nominal Rate of Protection）是相对于有效保护率提出的。世界银行研究保护结构时，给名义保护率所下的定义是："对一商品的名义保护率是由于实行保护而引起的国内市场价格超过国际市场价格的部分与国际市场价格的百分比"。它的计算公式为

$$名义保护率 = \frac{进口货物国内价格 - 自国外进口价}{自国外进口价} \times 100\%$$

名义保护率的计算与外汇兑换率的关系很大。一般是把国内外价格都折算成本国货币价格进行比较，也有人为了排除汇率变化的影响，把国内价格与国际价格（外币）直接对比计算。

三、有效保护率

关税的有效保护率（Effective Rate of Protection & Effective Tariff Rate）与名义保护率不同。前面对关税保护作用的分析，是按关税税则的税率，即名义税率来计算的，并且假定征收关税的对象只是进口的最终产品。但是，在实际的进出口商品中，不仅仅是最终商品，而且包括大量中间投入品，如原料、机器设备等。最终产品的进口税率，显示的是对同类进口竞争商品提供的名义保护率，而一整套关税结构的综合效果，才表明对某一最终产品国内生产者提供的实际保护或有效保护率。

有效保护率的概念是加拿大经济学家巴伯（Clarence L. Barber）于 1955 年提出的，到 20 世纪 60 年代才因做出理论性的阐述而被引用。1970 年在日内瓦召开关于有效保护理论的学术讨论会，推动了这一理论的发展。

有效保护率是指整个关税制度（其他保护措施）对某类产品在其生产过程中给予净增值的影响。有效保护率主要是关税制度（和其他保护措施）对加工工业的保护。

名义保护率只考虑关税（和其他保护措施）对某种成品的价格的影响，而不考虑对其投入材料的保护。有效保护率不但注意了关税对成品的价格影响，也注意了投入品（原材料或中间产品）由于征收关税而增加的价格，因此有效保护率计算的是某项加工工业中受全部关税制度影响而产生的增值比。

有效保护率是对一种产品的国内外增值差额与其国外增值的百分比。增值是最终产品价格减去用来生产该产品的进口投入品成本。如果最终产品在不征收关税时的单位产品的附加值为 V，征收关税以后的附加值增加到 V'，那么，附加值的增加率，也就是有效保护率 g 为

$$g = \frac{V' - V}{V}$$

例如，假定在自由贸易情况下，一辆汽车的国内价格为 10 万元，其中 8 万元是自由进口的钢材、橡胶、仪表等中间投入品的价格，另外 2 万元就是国内生产汽车的附加值。现在假设对每辆汽车的进口征收 10% 的名义关税，而对钢材等仍然免税进口，同时假设进口汽车价格上涨的幅度等于名义税率，即 10%。这样，国内汽车的价格上涨到 10 万元 + 10 万元 × 10% = 11 万元。保护关税使国内制造的汽车的附加值增加到 11 万元 − 8 万元 = 3 万元。这时，国内汽车附加值的增值率即有效保护率。它为

$$g = \frac{V' - V}{V} = \frac{3 \text{ 万元} - 2 \text{ 万元}}{2 \text{ 万元}} = 50\%$$

如果现在对进口投入品钢材等征收 5% 的名义关税，而汽车仍为 10% 的名义关税。则钢材等的国内价格上涨到 8.4 万元，汽车的附加值减少为 11 万元 − 8.4 万元 = 2.6 万元，有效保护率为

$$g = \frac{V' - V}{V} = \frac{2.6 \text{ 万元} - 2 \text{ 万元}}{2 \text{ 万元}} = 30\%$$

如果对汽车和钢材同时征收 10% 的名义关税，那么成本和汽车价格将按同一比例上升。这时国内钢材的价格为 8.8 万元，汽车的附加值减少为 11 万元 − 8.8 万元 = 2.2 万元，实际保护率就是

$$g = \frac{V' - V}{V} = \frac{2.2 \text{ 万元} - 2 \text{ 万元}}{2 \text{ 万元}} = 10\%$$

由此可见，当最终产品的名义税率大于原材料等中间产品的名义税率时，最终产品的有效保护率大于它征收的名义税率。只有当最终产品和中间产品的名义税率相同时，最终产品的有效保护率才和名义税率相同。

如果进口汽车的名义税率仍为 10%，而进口钢材等中间产品的名义税率增加到 20%，那么钢材等的国内价格上涨到 9.6 万元，汽车的附加值减少为 11 万元 − 9.6 万元 = 1.4 万元，这时，有效保护率则变为

$$g = \frac{V' - V}{V} = \frac{1.4 \text{ 万元} - 2 \text{ 万元}}{2 \text{ 万元}} = -30\%$$

对最终产品汽车的有效保护率为负数。这是由于对钢材等征收的名义税率超过了对最终产品汽车的名义税率，使得钢材等中间产品价格上涨的数额（1.6 万元）超过了对汽车征税后附加值增加的数额 1 万元而造成的。

在现实经济生活中，由于一个产业部门的投入要素是多种多样的，因此，有效保护率通常用下列公式计算：

$$g = \frac{t - \sum a_i t_i}{1 - \sum a_i}$$

这里，g 是对某部门最终商品生产者的有效保护率，t 是对最终商品征收的名义关税，a_i 是自由贸易条件下各种进口投入品成本与最终商品价格的比率，t_i 是对各种进口的中间投

入品征收的名义关税率。该公式的推导如下：

假设某种汽车自由贸易条件下的价格为 P，各种进口投入品（钢材、橡胶、仪表等）的总成本价格为 $a_1P + a_2P + \cdots a_nP = \sum a_iP$，这里，$i$ 是指任何 n 进口投入品，a_iP 是用于国内一辆汽车生产的进口投入品 i 的成本，那么，自由贸易条件下该国生产一辆汽车的国内附加值为 $V = P - P\sum a_i = P(1 - \sum a_i)$。由于对汽车进口和用于国内汽车生产进口投入品征收关税，则汽车国内附加值增加到 $V' = P(1+t) - P\sum a_i(1 = t_i)$，这样，有效保护率的公式为

$$g = \frac{V' - V}{V} = \frac{P(1+t) - P\sum a_i(1+t_i) - P(1+\sum a_i)}{P(1-\sum a_i)}$$

$$= \frac{1 + t - \sum a_i - \sum a_i t_i - 1 + \sum a_i}{1 - \sum a_i}$$

$$= \frac{t - \sum a_i t_i}{1 - \sum a_i}$$

研究关税结构，区别名义保护率和实际保护率，具有重要的意义。当最终产品名义税率一定时，对所需的原材料等中间投入品征收的名义税率越低，最终产品名义税率的保护率作用（即有效保护率）就越大。因此，如果要对某种产业实行保护，不仅要考虑对该产业最终产品的关税率，而且要把整个关税结构与该产业的生产结构结合起来，再制定相应的政策措施。

四、研究有效保护理论的意义及有效保护率的应用

有效保护率已成为各国尤其是发达国家制定税率的重要依据，成为阶梯式关税结构的理论基础。过去通常对初级产品征收低税，对加工程度较高的最终产品征收高关税的逐步升级的关税结构，现在得到了理论上的论证。有效保护理论说明，原料和中间产品的进口税率与其制成品的税率相对越低，对有关的加工制造业的有效保护率则越高。因此在关税减让谈判中，应注意有效保护率的提高，对初级产品的名义保护率可以多减让一些，而对最终产品的关税不能过多降低。

五、关税税则

关税税则（Tariff Schedule）也称海关税则（Customs Tariff），是国家根据其关税政策和总体经济政策，以一定的立法程序制定和颁布实施的应税商品和免税商品的种类划分，及按商品类别排列的关税税率表，是海关凭以征收关税的依据，体现了一国的关税政策。

关税税则一般包括两个部分：一部分是海关课征关税的规章条例，另一部分是商品分类及关税税率一览表。关税税率表则包括税则序列（Tariff No. & Heading No. & Tariff Item，简称税号）、货物分类目录（Description of Goods）、税率（Rate of Duty）三类。

（一）关税税则的货物分类

关税税则的货物分类主要是根据进出口货物的构成情况，对不同商品使用不同的税率，以便于贸易统计而进行的系统分类。

各国关税税则分类不尽相同，主要有以下几种：①按货物的自然属性分类，如动物、植物、矿物等；②按货物的加工程度或制造阶段分类，如原料、半制成品和制成品等；③按货物的成分或按同一工业部门的产品分类，如钢铁制品、塑料制品、化工产品等；④按货物的

用途分类，如食品、药品、染料、仪器、乐器等。实际分类依据上述方向层次，分为不同等级，一般可分为 3~5 级。例如，先按自然属性分成大类，再按其他方法分成不同层次的章或组、项目、子目、分目等不同层次。

为了统一各国的商品分类，减少税则分类的矛盾，欧洲关税同盟研究小组于 1952 年 12 月制定了《海关合作理事会税则目录》（Customs Co-operation Council Nomenclature，CCCN）。因该税则是在布鲁塞尔制定的，故又称为《布鲁塞尔税则目录》（BTN）。国际上主要用于贸易统计的商品分类目录，是 1950 年由联合国经社理事会下设的统计委员会，编制并公布的联合国"国际贸易标准分类"（SITC）。由于上述两种分类分别用于海关税则和贸易统计，海关合作理事会成立专门研究小组，研究能满足海关、统计、运输、贸易等各个方面共同需要的商品编码协调制度。经过 10 年的努力，于 1983 年 6 月海关合作理事会正式批准《协调商品名称及编码制度的公约》，形成了《协调商品名称和编码制度》。

1.《海关合作理事会税则目录》

根据《海关合作理事会税则目录》（CCCN），商品分类原则是以商品的自然属性为主，结合加工程度等，将全部商品分成 21 类、99 章、1011 项税目号。第 1~24 章为农畜产品，第 25~99 章为工业制成品。每项税目号都用 4 位数表示，中间用圆点分开，前 2 位数字是税目所属章号，后 2 位数字是税目在这一章里排列的顺序号。如税目"55·09（棉织品）"表示第 55 章内第 09 项目。税则目录中的类、章、项这三级的税目号排列及编制，会员国有一定的机动权。

《海关合作理事会税则目录》由四部分组成。第一部分是税则目录，正文部分分为三栏，第一栏为税目号，第二栏为国际贸易标准分类号，第三栏为商品名称。第二部分是税目分类注释说明，还包括对税目号和子目录项下的各种商品的属性、规格和用途等的详尽描述。第三部分是税目及注释说明子目排序索引。第四部分是分类意见提纲，汇集海关合作理事会历次会议上，关于税目分类问题的意见文件。

2.《国际贸易标准分类》

《国际贸易标准分类》（Standard International Trade Classification，SITC），简称《标准分类》，主要用于贸易统计。它的商品分类主要是为适应经济分析的需要，按照商品的加工程度由低级到高级进行编排，同时也适当考虑商品的自然属性。从 1960 年以来，许多国家的政府按《标准分类》编制国际贸易统计资料。《国际贸易统计年鉴》《商品贸易统计》《统计日报》《世界贸易年报》等都以《标准分类》发表统计资料为准。2006 年《标准分类》（第 4 版）将商品分为 10 大类、63 章、223 组、786 个分组和 1924 个项目。

3.《协调商品名称和编码制度》

《协调商品名称和编码制度》（The Harmonized Commodity Description and Coding System），简称《协调制度》（HS），是一部为供国际贸易有关方面使用的税则和统计合并目录。它是在《海关合作理事会税则目录》和联合国《国际贸易标准分类》基础上编制的，是一种新型的、系统的、多用途的商品分类制度。

《协调制度》的特点是：①完整。贸易主要品种全部分类列出，任何商品都能找到自己的位置。②系统。分类原则科学，既按生产类部、自然属性、用途划分，又照顾商业习惯和操作可行性划分。③通用。各国海关税则及贸易统计商品目录可以相互对应转换，具有可比性、用途广。④准确。各项目范围清楚明了，决不交叉重复。自 1988 年实施以来，大多数国家，包括原来单独使用分类的加拿大、美国等都广泛运用《协调制度》于贸易统计、进出口业务、商情调研、制定贸易政策、进行贸易管理、海关管理、征收关税、国际信息交流、运输及普惠制签证等领域。中国也于1992年1月1日起按此制度进行关税税则分类。

《协调制度》目录分21类、97章和5019项商品组，每项以6位数编码的独立商品组组成。《协调制度》基本上是按社会生产的分工（即生产部类）分类，按商品的属性或用途分章。第1~83章（其中第64~66章除外）按商品的自然属性（如动物、植物、矿物）为序，第64~66章、第84~86章按货物的用途或功能划分。税目排列一般也是按属性或加工程度排列，先原料后成品，先初级加工产品后深加工产品。

《协调制度》项目号列为4位数码，前2位是项目所在章，后2位是有关章的排列次序，如"52·02"是废棉，"52"表示在第52章，"02"表示是该章的第2个项目。在项目下分为商品组，由6位数表示商品的编码，如"5202·10"为废棉纱线、"5202·91"为回收纤维。

（二）税则制度和税率

按税率分类，各国关税税则可分为单式税则和复式税则。

1. 单式税则

单式税则（Single Tariff）又称一栏税则，是指对每一种应税商品不论产于何地，每个税则项号下都只有一个税率。单一税则的特点是无歧视，对不同国家的同种商品实行同一待遇。但是也因此无法在必要的时候利用税则制度对外实行区别对待政策，或争取关税上的优惠，降低了关税的综合性功能。现在大多数国家都放弃了单一税则，只有少数发展中国家仍沿用单一税则，如巴拿马、加纳、阿尔及利亚等。

2. 复式税则

复式税则（Complex Tariff）又称多栏税则，是指一个税目下设有两个或两个以上的税率，以便对来自不同国家和地区的进口商品采用不同的税率。复式税则的特点是歧视性，对不同国家的同一种商品实行有差别的歧视性待遇。为了充分发挥关税的综合作用，体现对外贸易政策的差别，世界大多数国家都相继实行了复式税则。

各国复式税则的税率名目繁多，栏数从2栏到5栏不等，基本的税率大致有四种。

（1）普通税率。普通税率是最高税率，一般用于来自没有建交国家的进口商品。现在仅个别国家的商品实行这种歧视性税率。普通税率一般要比优惠税率高1~5倍，个别税率甚至高达10倍。

（2）最惠国税率。最惠国税率也称协定税率，是根据所签订的贸易条约或协定的最惠国待遇条款，所给予的优惠税率。如世界贸易组织成员之间相互适用最惠国税率。

（3）普惠制税率。它是发达国家向发展中国家的工业品提供的优惠税率。这种税率是在最惠国税率的基础上进行减税或免税，并且是单向的、非互惠的。

（4）特惠税率。它仅适用于与本国有特殊关系的国家，现在仅存在与欧盟签订《科特努协定》的成员国之间，是当前最低的一种税率。

美国采用普通税率、最惠国税率和普惠制税率三栏税率；日本将税率分为基本税率、协定税率、特惠税率、暂定税率四栏，其中暂定税率相当于协定税率，适用于没有签订贸易协定但与日本友好的国家；欧盟对外实行统一关税，包括普通税率、最惠国税率、普惠制税率、协定税率和特惠税率在内的五栏税率。

(三) 税率制度的制定方式

根据各国制定方式的不同，税则制度可以分为自主税则、协定税则和混合税则三种类型。

1. 自主税则

自主税则（Autonomous Tariff）又称国定税则（National Tariff System），或通用税则（General Tariff System），是一国立法机构根据本国经济发展状况，独立自主地制定关税税法和税则。它分为自主单一税则制度和自主多重税则制度。

2. 协定税则

协定税则（Conventional Tariff）是一国政府通过与其他国家订立贸易条约或协定的方式所确定的关税税则。这种税则是在本国原有固定税则的基础上，通过关税减让谈判另行规定的一种税率。不仅适用与该条约或协定的签字国，而且某些协定税率也适用于享有最惠国待遇的国家。协定税则的特点是：税则的制定不是完全自主的，还要取决于协定国的态度；税则的变动，特别是税率的调整要受条约或协定的约束；协定税率并不适用所有的进口商品，而是局限在一定的范围；税率是复式税率或多栏税率。

协定税则制度分为双边协定、多边协定和片面协定税则制度三种形式。双边协定税则是由两个国家通过贸易条约或协定相互给予关税优惠的制度。多边协定税则是相对于双边协定税则而言的，具有稳定、协调范围广泛、关税优惠普遍的特点。关税与贸易总协定是最典型的多边协定。片面协定税则是指国与国之间通过订立不平等的贸易条约或协定，使部分协定国单方面获得其他协定国关税优惠待遇的关税税则制度。这种制度具有明显的掠夺性。第二次世界大战前，宗主国与殖民地国家之间采用片面协定税则制度很普遍。

3. 混合税则或称自主与协定税则

混合税则或称自主与协定税则（Automatic and Conventional Tariff）是一国关税的制定同时采用自主税则和协定税则两种方式的税则制度。在实际操作中，一国通常自主制定应税税目的协定税率。混合税则的优点是：首先，能适应本国对外经济政策及其变化的需要，有利于贯彻区别对待的原则；其次，具有灵活性，能适应复杂多边的国际经济环境；最后，体现了本国充分的自主权，但又不排斥贸易伙伴的意向。它兼容了自主税则和协定税则的长处，已被越来越多的国家所采用。

【扩展阅读】

海关总署公告2018年第212号（关于2019年关税调整方案）
公告〔2018〕212号

《2019年进出口暂定税率等调整方案》已经国务院批准，将自2019年1月1日起实施（具体内容见财政部网站）。为准确实施《2019年进出口暂定税率等调整方案》，现将相关事宜公告如下：

一、2019年关税调整方案主要内容

（一）调整进口关税税率

1. 最惠国税率

（1）自2019年1月1日起对706项商品实施进口暂定税率；自2019年7月1日起，取消 14 项信息技术产品进口暂定税率，同时缩小 1 项进口暂定税率适用范围。

（2）对《中华人民共和国加入世界贸易组织关税减让表修正案》附表所列信息技术产品最惠国税率自 2019 年 7 月 1 日起实施第 4 次降税。

2. 关税配额税率

继续对小麦等 8 类商品实施关税配额管理，税率不变。其中，对尿素、复合肥、磷酸氢铵 3 种化肥的关税配额税率继续实施 1% 的进口暂定税率。继续对配额外进口的一定数量棉花实施滑准税，并进行适当调整。

3. 协定税率

（1）根据我国与有关国家或地区签署的贸易或关税优惠协定，除此前已报经国务院批准的协定税率降税方案继续实施外，自 2019 年 1 月 1 日起，对我国与新西兰、秘鲁、哥斯达黎加、瑞士、冰岛、韩国、澳大利亚、格鲁吉亚以及《亚太贸易协定》国家的协定税率进一步降低。根据内地与香港、澳门《关于建立更紧密经贸关系的安排》中《货物贸易协议》（以下简称《协议》），自《协议》实施之日起，除内地在有关国际协议中做出特殊承诺的产品外，对原产于香港、澳门的产品全面实施零关税。

（2）当最惠国税率低于或等于协定税率时，按相关协定的规定执行。

4. 特惠税率

根据《亚太贸易协定》规定，对《亚太贸易协定》项下的特惠税率进一步降低。

（二）出口关税税率

自 2019 年 1 月 1 日起继续对铬铁等 108 项出口商品征收出口关税或实行出口暂定税率，税率维持不变，取消 94 项出口暂定税率。

二、其他说明事项

为服务进出口企业，保证《2019 年进出口暂定税率等调整方案》顺利实施，便于进出口货物的收发货人、经营单位及其代理人有所对照以正确申报，海关总署已编制 2019 年《进出口商品暂定税率表》和《中华人民共和国海关进出口商品规范申报目录》，供通关参考（详见海关总署门户网站）。

海关总署
2018 年 12 月 28 日

（资料来源：http：//www.customs.gov.cn/customs/302249/302266/302267/2161513/index.html。）

本章小结

国际贸易中各国普遍采取的重要贸易政策工具——关税，具有消费效应、生产效应、财政收入效应和收入再分配效应等各种经济效应，同时关税对大国和小国的影响不同。小国征收关税由于无法影响国际价格，所有税负全部由进口国承担；但大国征收由于能够影响世界价格，其税负则由出口商和进口商共同承担，大国征税可以改善贸易条件，增加社会福利。

征收关税可以对进口国的生产者实施保护，但衡量关税保护程度的不是名义税率，而是有效关税率。

海关税则是征收关税的依据，征收关税的标准也不尽相同，有从价税、从量税，以及由此派生出来的混合税和选择税。

关键词

从量税　从价税　特惠税　普遍优惠制　名义保护率　有效保护率　反倾销税　反补贴税　财政关税　保护关税

复习思考题

1. 财政关税和保护关税有何特点和区别？
2. 什么是进口附加税？反补贴税和反倾销税有何异同？
3. 什么是普遍优惠制？
4. 名义保护率和有效保护率有何区别？
5. 征收关税有哪几种方法？各有那些优点和缺点？
6. 关税对大国和小国各有什么样的影响？
7. 海关税则可分为哪几类？什么是 HS？

第六章
非关税壁垒

非关税壁垒是指除关税以外一切限制进口的措施。非关税壁垒在当代国际贸易中正逐渐取代关税成为限制进口的主要手段，这在发达国家的进口贸易中表现尤为明显。其原因除了关税水平下降外，还在于非关税壁垒相对于关税壁垒而言具有多方面优越性，如针对性、隐蔽性、灵活性等。

通过本章学习，应掌握非关税壁垒的特点，熟悉各种非关税壁垒措施及其影响，了解其经济效应，掌握应对非关税壁垒的措施。

第一节　非关税壁垒概述

一、非关税壁垒的概念

非关税壁垒又称非关税贸易壁垒，是指一国政府采取除关税以外的各种办法，来对本国的对外贸易活动进行调节、管理和控制的一切政策与手段，其目的就是试图在一定程度上限制进口，以保护国内市场和国内产业的发展。非关税壁垒主要措施有进口配额制、进口许可证制、"自动"出口限额制、严格的海关手续、外汇管制、对进口货征收国内税、制定购买国货和限制外国货的条例、烦琐的卫生安全质量标准以及包装装潢标准等。据统计，自20世纪90年代初以来，世界上使用的非关税壁垒就多达3000多种。

二、非关税壁垒的特点

与关税措施相比，非关税措施主要具有下列三个明显的特点：

（一）非关税措施比关税具有更大的灵活性和针对性

关税的制定，往往要通过一定的立法程序调整或更改税率，也需要一定的法律程序和手续，因此关税具有一定的延续性。而非关税措施的制定与实施，则通常采用行政程序，制定起来比较迅速，程序也较简单，能随时针对某国和某种商品采取或更换相应的限制进口措施，从而较快地达到限制进口的目的。

（二）非关税措施的保护作用比关税的作用更为强烈和直接

关税措施是通过征收关税来提高商品成本和价格，进而削弱其竞争能力，因而其保护作用具有间接性。而一些非关税措施如进口配额，预先限定进口的数量和金额，超过限额就直接禁止进口，这样就能快速和直接地达到关税措施难以达到的目的。

（三）非关税措施比关税更具有隐蔽性和歧视性

关税措施，包括税率的确定和征收办法都是透明的，出口商可以比较容易地获得有关信息。另外，关税措施的歧视性也较低，它往往要受到双边关系和国际多边贸易协定的制约。但一些非关税措施则往往透明度差，隐蔽性强，而且有较强的针对性，对其他国家实施差别待遇比较容易。

三、非关税壁垒的分类

非关税壁垒数量繁多，形式各异，为便于对某种或一组非关税贸易壁垒的作用方式进行分析，可将其分为以下几类：

从非关税壁垒制定的主体看，可以分为内生性非关税壁垒和外生性非关税壁垒两大类。前者是指由本国政府设立的，影响与限制外国商品进口的非关税壁垒；后者是指由外国政府设立的，影响与限制本国商品进口的非关税壁垒。

从影响方式与程度上看，它可以分为直接性非关税壁垒、间接性非关税壁垒和溢出性非关税壁垒三类。直接性非关税壁垒是指进口国直接规定进口商品的数量或金额，或通过施加压力迫使出口国自觉限制其产品出口的非关税壁垒，如许可证、配额等。间接性非关税壁垒是指进口国通过制定各种严格的规章、条例及措施，间接影响商品进口的非关税壁垒，如贸易性投资措施、技术标准和水平等。溢出性非关税壁垒是指进口国的政策一般来说并不是出于贸易政策上的动机，然而由于溢出效应对商品或服务的贸易产生了副作用，如工业和结构政策、外汇平衡措施等。其中直接性非关税壁垒对进口贸易的影响非常明显，间接性非关税壁垒的影响比较隐蔽，溢出性非关税壁垒一般并不是出于要限制进口贸易的政策，但事实上起到了限制进口的作用。

从非关税壁垒的作用机制看，较为权威的有联合国贸发会议所做的七类区分，分别为价格控制措施、技术性壁垒、数量控制措施、与进口有关的非关税壁垒、财政金融措施、自动许可措施、垄断措施等。

【扩展阅读】

欧盟支持法国禁售"红牛"

欧盟在2004年2月5日做出一项裁决，支持法国禁止能量饮料"红牛"在该国境内销售。欧盟的决定使沉寂了几年的"红牛事件"再掀波澜，引起"红牛"饮料生产商和销售商的强烈不满。

作为功能饮料的重要代表，"红牛"饮料于20世纪90年代后期迅速进入欧美市场，在70多个国家和地区的饮料市场上创造了良好的销售业绩。尽管该饮料颇受消费者欢迎，但功能饮料的安全性一直受到许多食品专家的质疑。

法国专家认为，"红牛"的咖啡因含量对人体心脏有刺激作用，长期过量饮用可能引发高血压和心脏病。美国食品药品管理局专家则建议，应该对功能饮料的摄入量加以限制，高血压和心脏病患者最好不要饮用。法国曾对"红牛"饮料进行专门研究，由于无法证明它具有百分之百的安全性，最终在3年前禁止其在法国市场销售。

欧洲法院近日的裁决引起了"红牛"的强烈不满。该饮料在澳大利亚的生产商宣布，一罐红牛中的咖啡因含量还不如一杯淡咖啡，因此"这种饮料绝对安全"。"红牛"中国公司也发表声明称，"红牛"饮料在全球销售了37年，已经得到70多个国家健康管理部门的批准，并且在欧洲拥有15年的销售时间。各国市场的检验和各国严格的产品试验都充分证明，"红牛"绝对是合格的和优秀的产品。

"红牛"中国公司人士认为,欧盟内部国家众多,各国的产品标准存在差异。由于某些国家将此标准差异上升为非关税贸易壁垒,并以技术升级的方式体现,从而使在其他国家可以自由销售的产品无法进入这个市场。据介绍,法国几年来一直将"红牛"的销售限制在药店里,现在的"禁售"只是技术壁垒的升级而已。

(资料来源:http://www.chinanews.com/n/2004-02-08/26/399232.html。)

第二节 非关税壁垒的主要形式

非关税壁垒形式多样,且更为隐蔽。根据对美国、欧盟等 WTO 成员贸易壁垒的调查研究,非关税壁垒主要表现为以下几种形式。

一、进口配额制

进口配额制(Import Quotas System)又称进口限额制,是一国政府在一定时期(如一季度、半年或一年)以内,对某些商品的进口数量或金额加以直接限制。在规定的期限内,配额以内的货物可以进口,超过配额不准进口,或者征收更高的关税或罚款之后才能进口。

(一)进口配额制的分类

进口配额主要有绝对配额和关税配额两种。

1. 绝对配额

绝对配额(Absolute Quotas)是在一定时期内,对某些商品的进口数量或金额规定一个最高数额,达到这个数额后,便不准进口。这种进口配额在实施中又有以下两种方式:

(1)全球配额(Global Quotas & Unallocated Quotas)。全球配额属于世界范围的绝对配额,对于来自任何国家和地区的商品一律适用。主管部门通常按进口商的申请先后或过去某一时期的实际进口额批给一定的额度,直至总配额发完为止,超过总配额就不准进口。

由于全球配额不限定进口国别和地区,在配额公布后,进口商竞相争夺配额并可从任何国家和地区进口。同时,由于邻近国家或地区因地理位置比较接近,到货较快,比较有利,而较远的国家或地区就处于不利的地位。因此,在限额的分配和利用上,难以贯彻国别政策。为了避免或减少这些不足,于是一些国家采用了国别配额。

(2)国别配额(Country Quotas)。国别配额是在总配额内按国别或地区分配给一定的配额,超过规定的配额便不准进口。为了区分来自不同国家和地区的商品,在进口商品时进口商必须提交原产地证明书。实行国别配额可以使进口国家根据它与有关国家和地区的政治经济关系分配给不同的额度。

一般来说,国别配额可以分为自主配额和协议配额。

自主配额(Autonomous Quotas)又称为单方面配额,是由进口国家完全自主地、单方面强制规定在一定时期内从某个国家或地区进口某种商品的配额。这种配额不需征求出口国的同意。

自主配额一般参照某国过去某年对其出口的实绩,按一定比例确定新的进口数量或金额。由于各国或地区所占比重不一,所得到的配额也有一定的差异,所以进口国可以利用这种配额贯彻国别政策。此种配额对国内进口商的进口是否应预先限定,可依实际需要而定。如果实施的主要目的是为了换取或扩大出口市场,或为了限制外国商品对本国产品的竞争,一般可不必在进口商中进行分配；如果为了加强对进口商的严格管制或适应外汇管制的要求，则需要分别限定本国进口商的进口数量或金额。

自主配额由进口国家自行制定，往往会由于分配额度的差异引起某些出口国家或地区的不满或报复。因此，有些国家采用协议配额以缓和矛盾。

协议配额（Agreement Quotas）又称双边配额（Bilateral Quotas），是由进口国家和出口国家政府或民间团体之间协商确定的配额。如协议配额是通过双边政府的协议订立的，一般需要在进口商或出口商之间进行分配；如果配额是双边的民间团体达成的，应事先获得政府的许可，方可执行。协议配额是由双方协商确定的，通常不会引起出口方的反感与报复，并可使出口国对于配额的实施有所谅解与配合，执行起来也比较容易。

一些国家为了加强绝对进口配额的作用，往往对进口配额规定得十分繁杂。例如，对配额商品规定得很详细，有的按商品不同规格规定不同配额，有的按价格水平差异规定不同配额，有的按原料来源的不同规定不同配额，有的按外汇管制情况规定不同配额，有的按进口商的不同规定不同配额等。

一般来说，绝对配额用完后，就不准进口。但是有些国家由于某种特殊的需要和规定，往往另行规定额外的特殊配额或补充配额，如进口某种半制成品加工后再出口的特殊配额、展览会配额或博览会配额等。

2. 关税配额

关税配额（Tariff Quotas）是对商品进口的绝对配额不加限制，而是在一定时期内，对规定配额以内的进口商品，给予低税、减税或免税待遇。对超过配额的进口商品则征收较高的关税，或征收附加税或罚款。

关税配额按商品进口的来源，可分为全球性关税配额和国别关税配额。按照征收关税的目的，可分为优惠性关税配额和非优惠性关税配额。前者是对关税配额内进口的商品给予较大幅度的关税减让，甚至免税，而对超过配额的进口商品则征收原来的最惠国税率。如西欧共同市场在实行普惠制中所采取的关税配额就属于这一类。后者是在关税配额内仍征收原来的进口税，但是对超过配额的进口商品，则征收极高的附加税或罚款。

（二）进口配额对一国福利的影响

总的来说，配额的影响取决于其对进口的限制程度；在一般条件下，由于其所规定的进口量通常要小于自由贸易下的进口量，所以配额实施会引起进口商品在国内市场的价格上涨，从而像关税一样产生消费效应、生产效应、国际收支效应和收入再分配效应，并导致福利的下降。

（三）配额与关税的比较

1. 进口配额的限制比关税更严厉

在征收关税的情况下，如果一国出口商试图进入课征关税的市场，那么只要在产品价格或质量上有竞争力就有可能渗透进该国的市场；而在采取进口配额措施的情况下，无论出口国生产的产品在价格或质量上有多强的竞争力，由于进口的数量是确定的，出口国都不可能打入进口国市场。

2. 配额的实施更容易

关税的征收是通过价格变动影响国内对进口品的需求，而配额的实施则是限制商品的进口量或进口金额，因此配额在实施上和对进口限制的程度方面更直接、更易于控制。

3. 关税收入和配额租金归属不同

关税是由设置在关境的海关代表政府征收的，关税收入为政府所有；而配额租金由于分配方式的不同，可能成为政府收入，也可能成为进口商的收入。

（四）配额的分配方式

现实中，分配进口配额常常要与进口许可证相结合。分配配额的方法主要有三种。一是竞争性拍卖，政府可通过拍卖的方法分配配额，把配额卖给出价最高的进口商。在一般情况下，进口商购买配额的成本要加到商品的销售价格上。但这种方法属于市场方法，具有较高的效率。二是固定的受惠，它是政府根据现有进口某种产品的企业在上一年度在进口该商品总额中的比重，将固定的份额分配给某些企业的方法。这种方法比较简便，但其问题是：①政府不再有关税收入或拍卖配额的收入；②这种方式带有某种垄断性，它意味着新增的企业难以获得此种商品进口的特权，因此这种分配方式不利于打破垄断，实现资源的有效配置。三是资源使用申请程序，它是指在一定的时期内，政府根据进口商递交进口配额管制商品申请书的先后顺序分配进口商品配额的方法。这种方法形成了申请人获得所需进口品的自然顺序，即按照先来后到获得所需进口商品配额。其缺点是，可能给管理部门留有利用职权"寻租"的机会。

因此，比较而言，公开拍卖可能是分配进口配额的最好方法。

二、"自动"出口配额制

"自动"出口配额制又称"自动"限制出口，也是一种限制进口的手段。所谓"自动"出口配额制是出口国家或地区在进口国的要求或压力下，"自动"规定某一时期内某些商品对某国的出口限制，在限定的配额内自行控制出口，超过配额即禁止出口。例如，1981年美国与日本签订了汽车"自愿"出口协议，规定日本每年向美国出口汽车168万辆。

"自动"出口配额制与绝对进口配额制在形式上略有不同。绝对进口配额制是由进口国家直接控制进口配额来限制商品的进口，而"自动"出口限额是由出口国家直接控制这些商品对指定进口国家的出口。但是，就进口国家来说，"自动"出口配额像绝对进口配额一样，起到了限制商品进口的作用。

"自动"出口配额制带有明显的强制性。进口国家往往以商品大量进口使其有关工业部门受到严重损害、造成所谓"市场混乱"为理由，要求有关国家的出口实行"有秩序地增长"（Orderly Growth），"自动"限制商品的出口，否则就单方面强制限制进口。在这种情况下，一些出口国家被迫实行"自动"出口限制。"自动"出口限制有以下两种形式：

（一）非协定"自动"出口配额

非协定"自动"出口配额是不受国际协定约束，而是出口国迫于来自进口国方面的压力，自行单方面规定出口配额，限制商品出口的一种配额。这种配额有的是由政府有关机构规定配额，并予以公布，出口商必须向有关机构申请配额，领取出口授权书或出口许可证才能出口。有的是由本国大的出口厂商或协会"自动"控制出口。

（二）协定"自动"出口配额

协定"自动"出口配额是进出口双方通过谈判签订的"自限协定"（Self-restriction Agreement）或"有秩序销售协定"（Orderly Marketing Agreement）。在协定中规定有效期内某些商品的出口配额，出口国应根据配额实行出口许可证制或出口配额签证制（Export

Visa），自行限制这些商品的出口，进口国则根据海关统计进行检查。"自动"出口配额大多属于这一种。

目前各种"自限协定"或"有秩序销售协定"的内容不尽相同，一般包括以下几个方面。

1. 配额水平

配额水平（Quotas Level）是指协定有效期内各年度"自动"出口限额。通常是以签约前一年的实际出口量为基础，商定新协定第一年的限额，然后再确定其他各年度的增长率。配额水平有的只规定总限额，有的按不同类别规定个别限额，有的则对某种商品实行磋商限额。当出口超过限额时，双方可按一定程序磋商解决。

2. 自动限制出口的商品分类和细则

早期自动限制商品的品种较少，分类较笼统。20世纪70年代以后，品种增多，分类也日趋复杂。如1971年的《日美纺织品协议》中，将日本输美的棉、化纤、毛三大类纺织品共分为六组243项，按组别分别规定各自限额，对组内"特别项目"又规定个别限额。

3. 限额的融通

对各种受限商品的限额相互之间适用的权限与数额问题，主要有两种融通的做法：

（1）水平通融。它是指同一年度内组与组、项与项之间在一定百分率内的融通使用。这种替换率一般在1%～15%之间，有些品种禁止移用。

（2）垂直通融。它是指同组同项之间在上下年度间的融通，即在协定中规定留用额（Carry-over）和预用额（Carry-in）。留用额是指当年未用完的配额，拨入下半年度使用的额度和权限。预用额是指当年配额不足，而预先使用下一年度的配额的权限。留用额和预用额的规定一般都会有一些限制条件。

4. 保护条款

它指协定规定进口国方面有权通过一定的程序，限制或停止进口某些造成"市场混乱"，或使进口国厂商受损害的商品，这实际上是扩大了进口国限制进口的权限。发达国家在对外签订"自限协定"时，都力求加入这项条款。

5. 出口管理规定

既然"自限协定"规定自限商品由出口方按协定的配额自限控制出口，因此，在协定中规定出口一方应对自限商品执行严格的出口管理，以保证出口不超过限额水平和尽量按季度均匀出口。为了加强对自限商品的出口管理，有些出口国除了规定出口厂商必须凭许可证出口外，还定期公布自限商品的"初步配额"和"最后配额"。初步配额为暂定配额，一般比协定配额的水平低，有关部门先根据这项配额向有关出口商签发出口许可证，到一定期限再公布"最后配额"，即全年度的实际配额，有关部门再据此向出口商签发出口许可证。因此，"自动"出口配额主要是通过出口方实行严格的出口管理控制出口，而进口方只处于协助的地位。

6. 协定的有效期限

协定的有效期限有长有短，而且各有优势。好处是出口数量具有稳定性，出口厂商可以预先计划其生产和出口；坏处是数量长期被固定，难以随着市场的需要进行调整。协定的期限一般为3～5年。

三、进口许可证制

进口许可证制（Import License System）是一种凭证进口的制度。为了限制商品的进口，进口国家规定某些商品的进口必须事先领取进口许可证，否则一律不准进口。许可证制和配额制一样，也是一种进口数量限制，是运用行政管理措施直接干预贸易行为的手段。大多数国家都将配额制和进口许可证结合起来使用。这时受配额限制进口的商品，进口商必须向有关部门申请进口许可证，政府发放进口配额许可证，进口商凭证进口。许可证的有效期，一般为一年、半年或三个月，超过有效期则不准进口。有的国家规定许可证可以展期，可延长一月或数月不等，但是须缴纳一定的展期手续费。

实行进口许可证制，不仅可以在数量和金额以及商品性质上进行限制，而且还可以控制来源国的国别和地区，也可以对国内企业实行区别对待。有些国家在发放许可证时，往往对垄断大公司予以照顾。有的国家将进口许可证的发放与出口联系起来，以达到促进出口的目的。例如法国，经营出口业务的商人或企业家就很容易获得进口绸缎及绸缎服装的许可证。获得进口许可证的商人可以将其转移给服装的专业进口商，而获得5%～15%的佣金。

进口许可证有多种形式，根据不同的标准，可有不同的种类。

（一）根据是否有配额，许可证可分为有配额的进口许可证和无配额的进口许可证

1. 有配额的进口许可证

有配额的进口许可证是指与配额结合使用的进口许可证。管理部门预先规定有关商品的进口配额，然后在配额的限度内，根据进口商的申请，逐笔发放具有一定数量或金额的进口许可证，配额用完为止。进口许可证一般由进口国颁发给本国提出申请的进口商，也有将此权限交给出口国自行分配使用的（通常是国别配额情况），这时，进口许可证就转化为出口国依据配额发放的出口许可证。有的国家则要求进口商用出口国签发的出口许可证来换取进口许可证，即所谓的"双重管理"，如欧盟对中国出口的纺织品就是采用这种方法。

2. 无配额的进口许可证

无配额的进口许可证是指政府管理部门发放有关商品的进口许可证只在个别考虑的基础上进行，而没有公开的配额数量依据。由于此种许可证没有公开的标准，在执行上具有较大的灵活性，起到的限制作用更大。

（二）根据对来源国有无限制，进口许可证可分为公开一般许可证和特殊许可证

1. 公开一般许可证

公开一般许可证（Open General License，OGL）又称公开进口许可证、一般进口许可证或自动进口许可证，是指对国别或地区没有限制的进口许可证。凡属公开一般许可证项下所列商品，进口商只需填写此种许可证，即可获准进口。此类商品实际上是自由进口的商品，填写许可证只是履行报关手续，供海关统计和监督使用。

2. 特殊许可证

特殊许可证（Special License）又称非自动进口许可证，即进口商必须向有关部门提出申请，获准后才能进口。这种许可证适用于特殊商品以及特定目的的申请，如烟、酒、麻醉物品、军火武器或某些禁止进口的物品。进口许可证直接受管理部门控制，并用以贯彻国别和地区政策。进口国定期公布必须领取不同性质进口许可证的商品项目，并根据需要加以调整。

四、外汇管制

外汇管制（Foreign Exchange Control）是指一国政府通过法令对国际结算和外汇买卖实行限制，来平衡国际收支和维持本国货币汇价、防止套汇和逃汇的一种制度。在外汇管制下，出口商必须把他们出口所得到的外汇收入按官定汇率卖给外汇管理机构。进口商也必须在外汇管制机构按官定汇价申请购买外汇，携带本国货币出入国境也受到严格的限制等。这样，国家的有关政府机构就可以通过官定汇价、集中外汇收入和批汇的办法，控制外汇供应数量，达到限制进口商品品种、数量和进口国别的目的。

外汇管制较为复杂，一般可分为以下几种：

（一）数量性外汇管制

所谓数量性外汇管制，是指国家外汇管理机构对外汇买卖的数量直接进行限制和分配，旨在集中外汇收入，控制外汇支出，实行外汇分配，以达到限制进口商品品种、数量和国别的目的。一些国家实行数量性外汇管制时，往往规定进口商必须获得进口许可证后，方可得到所需的外汇。

（二）成本性外汇管制

所谓成本性外汇管制，是指国家外汇管理机构对外汇买卖实行复汇率制度，利用外汇买卖成本的差异，间接影响不同商品的进出口。

所谓复汇率制，是指一国货币的对外汇率有两个以上。其目的是利用汇率的差别来限制和鼓励某些商品的进口或出口。各国实行复汇率制不尽相同，但是主要原则大致相似。在进口方面，对于国内需要而又供应不足或不能生产的重要原料、机器设备和生活必需品采用较为优惠的汇率，对于国内可以大量供应和非重要的原料和机器设备采用一般的汇率，对于奢侈品和非必需品采用最不利的汇率。在出口方面，对于缺乏国际竞争力但又要扩大出口的某些商品采用较为优惠的汇率，对于其他一般商品出口采用一般汇率。

（三）混合性外汇管制

混合性外汇管制是指同时采用数量性和成本性的外汇管制，对外汇实行更为严格的控制，以影响和控制商品的进出口。

五、对外贸易国家垄断

对外贸易垄断是指在对外贸易中，对某些商品或全部商品由国家指定的机构和组织集中管理、集中经营。平时，国家进出口的垄断主要集中在少数商品上，如军火、烟酒和粮食等，在战争时期或经济大萧条时期，垄断的范围就会扩大。这样做的目的在于保证国内的供应和生产，防止国内市场的混乱，贯彻政府的意图，限制部分商品的进口。

六、歧视性的政府采购政策

歧视性的政府采购政策（Government Procurement）是指政府制定政策或通过法令，规定政府机构在采购时要优先购买本国产品的做法，从而限制外国货物的进口。

美国政府实施此项政策最为典型。美国自1938年起就开始实施《购买美国货法案》，并于1954年和1962年两次对它进行了修改。它规定：凡是美国联邦政府所要采购的货物，应该是美国制造的，或是美国原料制造的。开始时，凡商品的成本有50%以上是在外国制造的，就称为外国货。修改后的《购买美国货法案》又规定，只有在美国自己生产数量不够，或者国内价格太高，或者不购买外国货就会伤害美国利益的情况下，才可购买外国货。优先采购美国商品的价格约高于国际市场价格的 6%～12%。但是美国国防部和财政部采购的美国货常常比外国货价格高 50%。其他国家也有类似的现象。

世界贸易组织认为，政府采购中对进口产品的歧视有两种情况：

一是 WTO《政府采购协议》缔约方对进口产品的歧视措施。《政府采购协议》规定，协议缔约方必须保持政府采购的透明度，并给其他成员在参与政府采购方面同等的待遇。而实践中，一些 WTO 成员往往以不太透明的采购程序阻碍外国产品公平地参与采购。例如，某国有大量的法律规定在政府采购中实施国内优先原则；对采购本国产品予以某些特殊优惠；制定复杂的采购程序，使国外产品无法公平地参与采购竞标；以"国家安全"为由武断地剥夺外国产品参与采购的机会。

二是非 WTO《政府采购协议》缔约方对进口产品的歧视措施。这些歧视措施在实践中主要表现为违反最惠国待遇，对不同国家的产品采取差别待遇，从而构成对特定国家产品的歧视。

七、国内税

国内税（Internal Taxes）是指在一国的国境内，对生产、销售、使用或消费的商品所支付的捐税，一些国家往往采取国内税制度直接或间接地限制某些商品的进口，这是一种比关税更加灵活、更易于伪装的贸易政策手段。国内税通常不受贸易条约或多边协定的限制，它的制定和实施属于本国政府机构的权限，有的甚至属于地方政府机构的权限。

一些国家利用征收国内税的办法来抵制国外商品。例如，法国曾对引擎为 5 马力⊖的汽车每年征收养路税 12.15 美元，对于引擎为 16 马力的汽车每年征收高达 30 美元的养路税，当时法国生产的最大型汽车为 12 马力。因此，实行国内税的目的是抵制进口汽车。

一些发达国家的消费税，对本国商品和进口商品也有区别。例如，美国、瑞士和日本对进口酒精饮料征收的消费税都比本国制品要高。

八、进口最低限价和禁止进口

(一) 进口最低限价

最低限价是指一国政府就某种商品的进口规定一个最低价格，凡进口货物低于规定最低价格的则征收进口附加税或禁止进口，以达到限制低价商品进口的目的。例如，如果某种商品的最低限价为 100 美元，进口价格为 80 美元，则征收 20 美元的进口附加税。进口国有时把最低限价定得很高，进口商如果以最低限价进口，则无利可图，进口商品在国内市场也必然缺乏竞争能力。

(二) 禁止进口

当数量限制或最低限价仍然不能达到限制进口目的时，一些国家往往颁布法令禁止某些商品的进口。

⊖ 1 马力 = 735.499 瓦。

九、进口押金制

进口押金制（Advanced Deposit）又称进口存款制，是指一种通过支付制度限制进口的措施。在这种制度下，进口商在进口货物运达以前，必须预先按进口金额的一定比率和规定的时间，在指定的银行无息存放一笔现金，方能获准报关进口，存款须经一定时期后才发还给进口商。其作用是政府可以从进口商那里获得一笔无息贷款，进口商则因周转资金减少并损失利息收入而减少进口，从而起到限制进口的作用。意大利20世纪70年代曾对400多种进口商品实行这种制度，要求进口商必须向中央银行缴纳相当于进口货值半数的现金，无息冻结6个月。据估计，这项措施相当于征收了5%的进口附加税。

芬兰、新西兰、巴西等国也实行这种措施。巴西的进口押金制规定，进口商必须按进口商品船上交货价格交纳与合同金额相等的为期为360天的存款，方能进口。

十、海关估价制度

海关估价（Customs Valuation）是指一国在实施从价征收关税时，由海关根据国家规定，确定进口商品的完税价格，并以海关估定的完税价格作为计征关税基础的一种制度。其目的是通过提高进口货物的价格，阻碍商品的进口。长期以来，美国海关是按照进口商品的外国价格（进口货在出口国国内销售市场的批发价）或出口价格（进口货物在来源国市场供出口用的售价）两者之中较高的一种进行征税，这实际上就是提高了缴纳关税的税额。

为防止外国商品与美国同类商品的竞争，美国海关当局对煤焦油产品、胶底鞋类、蛤肉罐头、毛皮手套等商品，根据"美国售价制"（American Selling Price System）这种特殊估价标准进行征税。这四种商品在美国的售价很高，按照这种标准征税，使这些商品的进口税率有了大幅度的提高，从而有效地限制了外国商品的进口。

"乌拉圭回合"达成的《海关估价协议》（以下简称协议），规定了主要以商品成交价格为海关完税价格的新估价制度，其目的在于为签字国的海关提供一个公正、统一、中性的货物估价制度，不使海关估价成为国际贸易发展的障碍。这个协议规定了下列六种不同的依次采用的新的估价方法。

（一）进口商品的成交价格

根据协议第一条规定，成交价格（Transaction Value）是指"商品销售出口运往进口国的实际已付或应付的价格"，即进口商在正常情况下申报并在发票中所载明的价格。如果海关不能按上述规定的成交价格确定商品海关估价，那就采用第二种办法。

（二）相同商品成交价格

相同商品成交价格（Transaction Value of Identical Goods），又称为同类商品的成交价格，是指与应估商品同时或几乎同时出口到同一进口国销售的相同商品的成交价格。所谓相同商品，根据协议第15条第2款，其定义为："它们在所有方面都相同，包括相同的性质、质量和信誉。如表面上具有微小差别的其他货物，不妨碍被认为符合相同货物的定义。"当发现两个以上相同商品的成交价格时，应采用其中最低者来确定应估商品的完税价格。如果按上述两者办法都不能确定时，可采用以下第三种估价办法。

（三）类似商品的成交价格

类似商品的成交价格（Transaction Value of Similar Goods），是指与应估商品同时或几乎同时出口到同一进口国销售的类似商品的成交价格。所谓类似商品就是尽量与应估商品比较，虽然各方面不完全相同，但是它们有相似的特征，使用同样的材料制造，具备同样的效用，在商业上可以互换的货物。在确定某一货物是否为类似货物时，应考虑的因素包括该货物的品质、信誉和现有的商标等等。

（四）倒扣法

倒扣法是以进口商品，或同类或类似进口商品在国内的销售价格为基础减去有关的税费后所得到的价格。其倒扣的项目包括代销佣金、销售的利润和一般费用、进口国内的运费、保险费、进口关税和国内税等。这一方法主要适用于寄售、代销性质的进口商品。

（五）计算价格

计算价格（Computed Value）又称估算价格，是以制造该种进口商品的原材料、部件、生产费用、运输和保险费用等成本费，以及销售进口商品所发生的利润和一般费用为基础进行估算的完税价格。这种方法必须以进口商能否提供有关资料和单据，并保存所有必要的账册等为条件，否则海关就不能采用这种办法确定其完税价格。这种估价方法一般适用于买卖双方有长期业务关系的进口商品。

（六）合理办法

如果上述各种办法都不能确定商品的海关估价，便使用第六种办法，这种办法未做具体规定。海关在确定应税商品的完税价格时，只要不违背本协议的估价原则和《关税与贸易总协定》第7条的规定，并根据进口商品的现有资料，任何视为合理的估价办法都可行，因此，这种办法被称为合理办法（Reasonable Means）。

十一、技术性贸易壁垒

根据 WTO《技术性贸易壁垒协议》（以下简称 TBT）的有关规定，WTO 成员有权制定和实施旨在保护国家和地区安全利益、保障人类、动物或植物的生命或健康、保护环境、防止欺诈行为、保证出口产品质量等的技术法规、标准以及确定产品是否符合这些技术法规和标准的合格评定程序。上述措施总称为 TBT 措施，具体可分为三类，即技术法规、标准和合格评定程序。

技术法规：是指规定强制执行的产品特性或其相关工艺和生产方法（包括适用的管理规定）的文件，以及规定适用于产品、工艺或生产方法的专门术语、符号、包装、标志或标签要求的文件。这些文件可以是国家法律、法规、规章，也可以是其他规范性文件，以及经政府授权由非政府组织制定的技术规范、指南、准则等。技术法规具有强制性特征，即只有满足技术法规要求的产品方能销售或进出口。例如，某国颁布技术法规，要求低于某一价格的打火机必须安装防止儿童开启的装置。这种将商品价格和技术标准联系起来的做法缺乏科学性和合理性，从而构成了贸易壁垒。

标准：是指经公认机构批准的、非强制执行的、供通用或重复使用的产品或相关工艺和生产方法的规则、指南或特性的文件。该文件还可包括专门适用于产品、工艺或生产方法的专门术语、符号、包装、标志或标签要求。按照 TBT 的规定，标准是自愿性的。但需要注意的是，实践中有些国家将标准分为强制标准和推荐标准两种，其强制标准具有技术法规的性质。目前，一些国家特别是某些发达国家，利用其经济和科技优势，将标准作为构筑贸易壁垒的重要手段，以限制其他贸易伙伴，尤其是发展中国家的产品进口。例如，有的国家制定了进口产品很难达到的苛刻标准，并以此影响消费者偏好，事实上对进口产品构成了障碍。

合格评定程序：是指任何直接或间接用以确定是否满足技术法规或标准中相关要求的程序。TBT 规定的合格评定程序包括：抽样、检测和检验程序；符合性评估、验证和合格保证程序；注册、认可和批准以及它们的组合。实践中，不透明或歧视性的合格评定程序往往对进口产品构成障碍。例如，根据 TBT，成员在颁布没有国际标准或与国际标准不一致且可能对其他成员的贸易产生重大影响的技术法规或合格评定程序前，需向 WTO/TBT 委员会提前通报，给予其他成员一定的评议时间并尽可能考虑它们的合理意见。但有的成员在未征求其他成员意见的情况下即发布和实施有关技术法规、标准或合格评定程序，从而使其他成员在不知情的情况下因其出口产品不符合进口国相关规定而被退回、扣留、降价处理或销毁。这种做法违反了 TBT 的透明度原则，严重影响了其他成员对其出口贸易，构成了贸易壁垒。还有的成员在抽样、检测和检验等具体程序中，无故拖延时间，对进口产品构成不合理的限制。

TBT 要求 WTO 各成员在制定和实施技术法规、标准和合格评定程序等 TBT 措施时必须遵循以下原则：避免对贸易造成不必要障碍的原则（对贸易影响最小原则）、非歧视性原则（最惠国待遇原则和国民待遇原则）、与国际标准协调一致原则、技术法规等效性原则、合格评定程序的相互认可原则和透明度原则等。但在实践中，一些国家（地区）并未严格遵守上述原则，制定复杂、苛刻、多变的 TBT 措施，限制其他国家（地区）的产品进入其市场。例如，某国对进口产品的技术要求高于本国产品，或对从特定国家进口的产品的技术要求高于从其他国家进口的同类产品，违反了 TBT 的非歧视原则。因此，凡是违反 TBT 有关原则所制定和实施的技术法规、标准和合格评定程序的，均构成技术性贸易壁垒。

十二、卫生与植物卫生措施

根据 WTO《实施卫生与植物卫生措施协议》（以下简称 SPS）的有关规定，WTO 成员有权采取如下措施，保护人类、动植物的生命和健康：

保护 WTO 成员领土内的动物或植物的生命或健康免受虫害或病害、带病有机体或致病有机体的传入、定殖或传播所产生的风险；保护 WTO 成员领土内的人类或动物的生命或健康免受食品、饮料或饲料中添加剂、污染物、毒素或致病有机体所产生的风险；保护 WTO 成员领土内人类的生命或健康免受动物、植物或动植物产品携带的病害或虫害的传入、定殖或传播所产生的风险；防止或控制 WTO 成员领土内有害生物的传入、定殖或传播所产生的其他损害。

上述措施总称为 SPS 措施，具体包括：所有相关的法律、法令、法规、要求和程序，特别是最终产品标准；工序和生产方法；检验、检疫、检查、出证和批准程序；各种检疫处理，包括与动物或植物运输有关的或与在运输过程中为维持动植物生存所需物质有关的要求；有关统计方法、抽样程序和风险评估方法的规定；与食品安全直接有关的包装和标签要求等。

根据 SPS，WTO 成员制定和实施 SPS 措施必须遵循科学性原则、等效性原则、与国际标准协调一致原则、透明度原则、SPS 措施的一致性原则、对贸易影响最小原则、动植物疫情区域化原则等。因此，缺乏科学依据，不符合上述原则的 SPS 措施均构成贸易壁垒。

例如，某国仅以从来自另一国的个别批次产品中检测出不符合 SPS 的污染物为由，全面禁止从该国进口该类产品，违反了 SPS 关于 SPS 措施的实施要基于必要且对贸易影响最小的原则，构成了贸易壁垒；某国以另一国的个别农场或地区发生动植物疫情为由，全面禁止从该国进口所有的动植物及其产品，违反了 SPS 的区域化原则，构成了对贸易的变相限制；某国对进口的三文鱼的检疫要求严于对本国产品的检疫要求，或严于进口的可能感染了与三文鱼相同疾病的其他鱼类的检疫要求，从而限制或禁止三文鱼的进口，违反了 SPS 的一致性原则，构成了贸易壁垒。

十三、通关环节壁垒

通关环节壁垒通常表现在：

进口国有关当局在进口商办理通关手续时，要求其提供非常复杂或难以获得的资料，甚至商业秘密资料，从而增加进口产品的成本，影响其顺利进入进口国市场；通关程序耗时冗长，使得应季的进口产品（如应季服装、农产品等）失去贸易机会；对进口产品征收不合理的海关税费。

十四、服务贸易方面的壁垒

实践中，造成阻碍国外服务或服务供应商进入本国市场的壁垒措施可能有：

准入条件过于严格或缺乏透明度；冗长的审批程序；对服务供应商服务经营设置各种形式的限制，或增加其经营负担；外国服务供应商所面临的不公平竞争。

十五、与贸易有关的知识产权措施

实践中，一些 WTO 成员在与贸易有关的知识产权措施方面不符合 TRIPs 并构成贸易壁垒的做法主要表现在以下方面：

立法不完善，对 TRIPs 要求保护的某些知识产权缺乏法律规定，或其规定违反 TRIPs 的基本原则；行政执法程序烦琐、拖沓或费用高昂；司法救济措施不力，或剥夺当事方司法复审的请求权，未能给知识产权提供充分的保护。

【扩展阅读】

美国全面限制华为，会对华为产生什么影响？

2019 年 5 月 15 日，美国总统特朗普签署《保障信息与通信技术及服务供应链安全》行政令，要求美国企业不得使用对国家安全构成风险的企业所生产的电信设备。根据美国媒体的报道，此举是阻止华为及其子公司购买来自美国的相关零部件。

美国全面限制华为，会对华为产生什么样的影响呢？首先，必须承认，虽然近些年中国的科技发展有了长足的进步，但是在高端芯片、处理器等一些核心零部件性能上，依旧与美国存在一定的差距。华为管理层表示，华为海思已经研发出了足以力挽狂澜的关键芯片，华为的技术储备也足以应对美国的限制。目前华为销售的智能手机中，海思自主研发的麒麟芯片已经全面取代了美国高通公司的骁龙芯片。麒麟芯片不仅性能优越，也帮助华为手机占据了中国手机市场的"头把交椅"。而华为海思研发的鲲鹏服务器芯片，不仅在性能上领先于竞品，也实现了服务器完全国产化的突破。一旦美国全面限制，各种自主研发的零部件就将全面走向市场。虽然这部分零部件性能、功耗等方面可能尚不如原有美国芯片，但是保证设备供应、维持企业正常运作并没有太大的问题。

其次，美国的限制会倒逼中国的企业进一步增强研发投入，使其努力摆脱来自美国各种限制。虽然相关零部件的国产化替代可能会让中国进入 5G 的步伐慢一点，5G 的体验稍微差一点，但是使用上并没有太大的问题。实际上除了华为，包括京东方、长江存储在内的众多中国企业的研发实力已经今非昔比，包括芯片、存储、显示屏、功率放大器在内的许多关键技术都已经取得了全面的突破。只要给予一定的时间，相关产品的性能一定可以追上美国的步伐，所谓的"全面限制"也只能是徒劳。

（资料来源：华为，终于活成了别人讨厌的样子！http：//www.sohu.com/a/314636918_100040985。）

第三节　非关税壁垒的发展趋势

一、非关税壁垒发展趋势的主要表现

20 世纪 90 年代以来，在 WTO 组织不懈地努力及各个国家通过双边和多边贸易谈判下，传统的非关税壁垒如配额、进口许可证等已大为减少，但与此同时，非关税壁垒领域呈现了新的发展趋势，这突出表现在：

（一）反倾销措施不断增强

反倾销的最初目的在于抵制国际贸易中的不公平行为，消除价格歧视。然而一些国家却把它作为一种战略竞争的手段，借此打击竞争对手和防止对手强大，从而给其带上了浓重的贸易保护色彩。从其发展趋势看，它将成为 21 世纪国际贸易壁垒的主导。就反倾销的实施情况来看，中国仍然是最大的受害国，据统计，2018 年对中国进行反倾销的主要国家有美国、澳大利亚、印度、巴西、巴基斯坦、哥伦比亚以及土耳其等。

（二）技术性贸易壁垒迅速发展

技术性贸易壁垒是指那些超越公认的不合理和非科学的强制性或非强制性确定商品的某些特性的规定、标准和法规，以及旨在检验商品是否符合这些技术法规和确定商品质量及其性能的认证、审批和实验程序所形成的贸易壁垒。欧美等发达国家依靠其所拥有的科学技术优势，采用其所能达到的标准来限制国外产品的进入，这一措施起到了明显的保护作用。诸如复杂苛刻的技术标准、卫生和检疫规定、包装和标签规定等措施，不断地花样翻新，层出不穷。如 ISO 9000、ISO 14000，美国制定的《联邦危险品法》《家庭冷藏法》《联邦植物虫害法》，欧盟通过《生态纺织品标签指令》《报废电子电器设备指令》和《关于在电子电器设备中禁止使用某些有害物质指令》，欧盟《关于化学品注册、评估、许可和限制制度》（REACH 法规）等。

由于 WTO 有关技术壁垒的协议并不否认 TBT 存在的合理性和必要性，允许各国根据自身的特点制定与别国不同的技术标准，这使得发达国家利用此法律依据制定了多种技术法规、技术标准、质量认证等手段来限制其他国家的进口。随着科学的进步、技术创新的深入，新的技术标准会不断涌现，并被不断地纳入新的技术法规。技术创新使检测设备、手段、方法也更加先进，一些 WTO 发达成员运用 TBT 的水平也逐渐提高，对进口产品的标准规定越来越细，要求也越来越高。例如，日本对中国大米的农药残留量检测指标，从原来的 65 项增加到 104 项；此外，从涉及领域看，TBT 从生产领域开始，逐渐扩张至贸易领域，从有形商品扩张到金融、信息等服务以及投资、知识产权的各个领域。

(三）绿色贸易壁垒名目激增

绿色贸易壁垒是指一些发达国家为了保护本国市场，借口保护环境和国民健康，通过立法，或设置技术法规、标准、合格评定程序等，对进口产品实行限制的新贸易壁垒。欧盟要求进入欧盟国家的产品从生产前到制造、销售、使用以及最后处理阶段都要达到规定的技术标准，达不到标准则不准进口。如德国通过立法规定禁止含偶氮染料的纺织品进口。美国、德国、日本、加拿大、挪威、瑞典、瑞士、法国、澳大利亚等发达国家纷纷制定环保技术标准，并趋向协调一致，相互承认。

（四）社会责任标准贸易壁垒（蓝色贸易壁垒）

SA 8000 是规范社会道德行为的一项新的国际标准。SA 8000 要求企业在赚取利润的同时主动承担社会责任，目标是保护人类基本权益，改善全球工人的工作条件，确保企业所提供的产品符合社会责任标准要求，达到公平的工作条件的标准。

SA 8000 在童工、强制性劳动、健康与安全、结社与谈判、歧视、惩戒性措施、工作时间、工资报酬、管理系统等方面对企业规定了社会责任的最低的要求。SA 8000 终将成为 ISO 9000、ISO 14000 之后的一项新的国际标准。一旦企业取得了 SA 8000 认证，就等于取得了进入进口国的通行证，但通过第三方认证则要增加企业的沉重的负担。

（五）保障措施和针对中国的特定产品保障措施

为维护公平贸易和正常的竞争秩序，世界贸易组织允许成员方在进口产品过激增长给其国内产业造成损害的情况下，使用进口限制保障措施以保护国内产业不受损害，而一些国家利用保障措施条款来达到保护本国产业的目的。欧美等发达国家在经济结构调整中，许多传统的工业已逐渐失去竞争能力，出于保护其传统的夕阳工业、减少失业压力目的，乃至达到政治目的，不断使用保障措施限制外国商品的进口。

"特定产品过渡性保障措施机制"是中国加入 WTO 时针对中国设立的。该条款规定，在中国入世后 12 年内如原产于中国的产品在输入任何 WTO 成员领土时，其增长的数量或所依据的条件对生产同类产品或直接竞争产品的国内产品的国内生产者造成或威胁造成市场扰乱，则受影响的 WTO 成员可请求与中国进行磋商，以期寻求双方满意的解决办法。如磋商一致，则中国应采取行动以防止或补救此种市场扰乱；如磋商未果，则该受影响的 WTO 成员有权在防止或补救此种市场扰乱所需的限度内，对中国产品采取撤销减让或限制进口措施。

（六）动物福利壁垒

在国内保护和传统贸易壁垒作用降低的情况下，发达国家就会寻找新的贸易壁垒，保护本国农民的经济利益。欧美等发达国家在进口活体动物时，利用已有的"动物福利优势"，将"动物福利"作为进口标准的一个重要内容，利用"动物福利"的国家间差距作为新的贸易壁垒。动物福利标准主要由五项内容构成：有清洁饮用水和必需食物；有适当房舍；能预防或治疗疾病；良好的处置（包括宰杀过程）；足够空间和适当设施。如 2002 年乌克兰曾经有一批生猪经过 60 多个小时的长途跋涉运抵法国却被法国有关部门拒收，理由是运输过程没有考虑到猪的福利，中途未按规定时间休息。

（七）灰色区域措施的使用

优惠性原产地规则和政府采购政策等灰色措施仍然游离于 WTO 多边约束规则之外，从而被大多数成员作为贸易保护手段广泛运用。由于原产地规则和政府采购政策背后都隐藏着巨大的经济利益，因此，各个国家政府通过制定各类的法律法规来限制其他国家产品的进口,以达到保护该国生产商利益的目的。

二、中国出口贸易遭遇的非关税壁垒

随着中国出口贸易的日益扩大,所面临的非关税壁垒也不断增加,中国已成为世界上遭遇非关税壁垒最多的国家,对中国出口贸易造成了极大的不利影响。

(一) 新贸易壁垒对中国出口产品日益增多

针对中国出口产品的技术性贸易壁垒所涉及的产品种类多、范围广、影响大,既有传统的农畜产品、纺织品、服装,也有技术含量较高的新产品。

欧洲诸国、韩国、日本、美国对中国出口的农产品检测不仅扩大范围,还大幅度提高药物残留的检测标准,很大程度上限制了蔬菜、茶叶、畜禽类和水产品的出口。如韩国提高对中国蔬菜的检验标准,仅药物残留检验指标就多达 200 多项。日本对中国出口的菠菜检验指标也大幅度增加。欧盟对茶叶进口实施新的检验标准,检验项目由原来的 6 项增加到 63 项。欧盟对中国出口的禽肉和龙虾等,以药物残留和微生物超标为由全面禁止中国动物源食品输入。

(二) 反倾销措施影响严重

到 2017 年,中国已连续 23 年成为全球遭遇反倾销调查最多的国家,连续 12 年成为全球遭遇反补贴调查最多的国家。仅 2017 年中国就遭遇 21 个国家(地区)发起贸易救济调查 75 起,涉案金额 110 亿美元。近年来中美贸易呈现快速发展势头,美国成为中国第二大出口市场。然而,美国反倾销调查涉及的产品种类越来越广泛,涉案率大幅度提高。中国有多种商品被立案调查,涉及农业、机械、冶金、电子、建材、化工、医药、纺织、轻工等行业,主要产品有大蒜、对虾、苹果汁、刹车盘、轴承、彩电、钢材、玛钢及钢管管件、高锰酸钾、糠醇、铅笔、箱包等。许多企业受到反倾销制裁,导致市场份额急剧萎缩,经营效益急剧下滑。

(三) 特保措施影响较大

特保条款是单独针对中国产品制定的一项条款。在中国入世后的 12 年内,也就是一直到 2013 年 12 月 11 日之前,WTO 其他成员可以在比较宽松的条件下对中国进口产品实施特保限制措施。美国通过特保立法之后共对中国产品提出多起特保立案。WTO《纺织品与服装协议》关于取消配额限制规定的生效,欧美对中国的纺织品配额限制应停止使用,然而美国国内要求对中国纺织品、服装使用特保继续设限的呼声却越来越高,中国纺织品在欧盟国家港口滞压和美国不断增加对中国纺织品设限种类就是最好的印证。

美国国际贸易委员会(ITC)2011 年对中国出口美国的刹车盘、刹车毂实施特保立案调查,涉及我国出口产品约 1.8 亿美元。

【扩展阅读】

美国对来自不同国家的冷冻暖水虾进口做出不同反倾销裁决

2017 年 5 月 2 日,美国国际贸易委员会发布公告,对进口自中国、印度、泰国和越南的冷冻暖水虾(frozen warm water shrimp)做出反倾销日落复审产业损害肯定性终裁:裁决若取消对涉案产品的现行反倾销措施,在合理可预见期间内,涉案产品的进口对美国国内产业构成的实质性损害将继续或再度发生。根据本终裁结果,美国将继续维持对进口自中国、印度、泰国和越南的冷冻暖水虾的反倾销措施不变,在该项裁决中,5 名委员投肯定票。同时，美国国际贸易委员会对进口自巴西的冷冻暖水虾做出反倾销日落复审产业损害否定性终裁：裁决在合理的、可预见期间内，涉案产品的进口对美国国内产业造成的实质性损害将不会继续或再度发生，根据美国国际贸易委员会的否定性裁决，美国商务部将取消对进口自巴西的冷冻暖水虾的反倾销措施，在该项裁决中，5名委员投否定票。

高额的反倾销税使得中国冷冻暖水虾出口美国市场严重受阻，很多冷冻暖水虾出口商甚至被迫放弃美国的市场。

（资料来源：https：//www.sohu.com/a/194746196_100019100。）

第四节　非关税壁垒的经济效应

非关税壁垒名目繁多，涉及面广，其经济效应主要是从它对国际贸易和有关进出口国家的影响来分析，虽然这方面比较难估计，但主要可以从对国际贸易发展的影响、对商品结构和地理方向的影响、对进口国的影响以及对出口国的影响来分析。

一、非关税壁垒的影响

（一）对国际贸易发展的影响

非关税壁垒对国际贸易发展起着很大的阻碍作用。在其他条件不变的情况下，世界性的非关税壁垒加强的程度与国际贸易增长的速度呈反相关关系。例如，在第二次世界大战后的50年代到70年代初，关税有了大幅度的下降，同时，各发达国家还大幅度地放宽和取消进口数量限制等非关税措施，因而在一定程度上促进了国际贸易的发展，1950—1973年，世界贸易量平均增长率达到7.2%。相反，在20世纪70年代中期后，许多国家采取了形形色色的非关税壁垒措施，影响了国际贸易的发展，1973—1979年世界贸易量年均增长为4.5%，1980—1985年更降为3%左右。

（二）对商品结构和地理方向的影响

非关税壁垒还在一定程度上影响着国际贸易商品结构和地理方向的变比。二战后，受非关税壁垒影响的产品的总趋势是：农产品受影响的程度超过工业品，劳动密集型产品受影响的程度超过技术密集型产品，而受影响国家则是发展中国家比发达国家要多，程度也更严重。这些现象都严重影响着国际贸易商品结构与地理方向的变化，使发展中国家对外贸易的发展受到重大损害。

（三）对进口国的影响

非关税壁垒对进口国来说，可以限制进口，保护本国的市场和生产，但也会引起进口国国内市场价格上涨。例如，如果进口国采取直接的进口数量限制措施，则不论国外的价格上升或下降，也不论国内的需求多大，都不增加进口，这就会引起国内外之间的价格差异拉大，使进口国内价格上涨，从而保护了进口国同类产品的生产，这在一定条件下可以起到保护和促进本国有关产品的生产和发展的作用。

但是，非关税壁垒的加强会使进口国消费者付出巨大的代价，他们要付更多的金钱去购买所需的商品，国内出口商品的成本与出口价格也会由于价格的上涨而提高，削弱出口商品的竞争能力。为了增加出口，政府只有采取出口补贴等措施，从而增加了国家预算支出和加重人民的税收负担。

(四) 对出口国的影响

进口国加强非关税壁垒措施，特别是实行直接的进口数量限制，固定了进口数量，将使出口国的商品出口数量和价格受到严重影响，造成出口商品增长率或出口数量的减少和出口价格下跌。一般来说，如果出口国的出口商品的供给弹性较大，则这些商品的价格受进口国的非关税壁垒影响而引起的价格下跌将较小；反之，如果出口国的出口商品的供给弹性较小，则这些商品的价格受进口国的非关税壁垒影响而引起的价格下跌将较大。由于大部分发展中国家的出口产品供给弹性较小，所以，世界性非关税壁垒的加强使发展中国家受到严重的损害。

二、积极应对非关税壁垒

(一) 正确认识和发挥政府在应对非关税壁垒中的主导作用

政府可以以多种身份参与并发挥其主导和推进作用：

1. 以管理者的身份参与，通过国家职能发挥其管理功能

政府在海关、商检、进出口许可证管理、税收等领域发挥其主导作用。应对技术壁垒，中国应亟待完善技术标准和技术法规体系。一是要逐步建立起与国际接轨的技术法规和标准认证体系，要根据WTO有关协议，大力推动原产地标记认证制度，积极实施ISO 19000、ISO 14000标志和SA 8000标准的认证，加快与国际环境标准接轨的步伐；二是加大企业的技术与标准化法制意识，适应国际贸易对技术标准方面的特殊要求。通过积极采用国际标准，及时掌握国际生产信息和生产技术水平，吸收先进成果，组织力量进行技术攻关，提高产品质量和档次，增强中国产品的竞争力。

2. 以服务者的身份参与，通过提供政策和信息服务发挥其服务功能

3. 以谈判组织者的身份参与，通过与WTO、国际组织和各国政府谈判、协商发挥其主导作用

政府发挥其主导和推进作用，有助于解决目前存在的诸多问题。政府应从整体规划、政策制定、示范推广、宣传培训、开发研究五个层次入手，推进企业积极应对国外的非关税壁垒。首先，调动企业参与应对非关税壁垒的积极性，加强政府推进与企业参与的紧密结合。其次，通过发挥政府主导作用，可以由原来的被动参与变为积极主动，使政府主导作用和企业参与有机结合，为应对非关税壁垒打下基础。最后，有利于形成全国统一应对非关税壁垒的网络系统，有助于技术标准、法律法规和组织等问题的解决，为应对非关税壁垒提供良好环境，并可迅速在全国推广。

(二) 加强对新型非关税壁垒的研究，结合地区出口产品提出具体对策

1. 研究和分析国际贸易中新型非关税壁垒的新特点、形成机理和发展规律

当今国际贸易非关税壁垒种类繁多、隐蔽性强，如何从大量的非关税壁垒的表面现象中分析其内在的形成机理和发展规律，加强对非关税壁垒的形成和发展的内外原因、新特点、新趋势以及众多国家频繁实施非关税壁垒的经济学分析，探讨非关税壁垒存在的合理性及其对受制国家的二重性分析，是当前基础研究的重点，它为我们正确认识和积极应对非关税壁垒提供坚实的理论研究基础。

2. 加强对国外实施非关税壁垒的实证研究

深入研究非关税壁垒引起的贸易摩擦和争端的案例，特别是对WTO成立以来重大案例的讨论。系统分析实施非关税壁垒国家的行业特征（产业属性等）、行业发展状况、产品的

市场竞争程度以及市场容量变化，并探讨其与实施非关税壁垒的内在联系。

3. 系统分析非关税壁垒对不同地区出口产品的影响并提出相应对策

非关税壁垒不仅种类繁多，而且对不同国家和地区、不同产品的影响程度以及潜在危害也有差异。因此，要系统分析非关税壁垒对出口产品、出口行业影响程度，并给予科学的量化，选择若干类有代表性的产品进行重点研究，提出针对不同产品、不同出口国家和不同非关税壁垒的具体对策。

（三）加强制度建设，研究建立重点产品、敏感产品的预警机制、公告制度和应急体系

应对新型非关税壁垒要变被动为主动，这就要求建立重点产品、敏感产品的预警机制和公告制度，以及全国范围内以政府为主导、企业和行业协会为主体的应急体系；建立重点和敏感出口产品的预警机制和公告制度，为出口企业提供信息服务；建立和强化中介机构——新型非关税壁垒咨询中心，开展咨询服务。

（四）企业应进行技术创新，提高产品质量

企业要以应对非关税壁垒为契机，依靠科技进步调整出口商品结构，促使产业升级，提高中国出口商品的科技含量和加工层次。一是加强技术研发特别是加强关键技术的研发，不断开发新材料、新能源、新工艺、新配方、新方法，推出新产品，从而提高产品科技含量，促使产品结构向高新技术产品和高附加值产品转型；二是通过提高产品的深加工程度，把中间体生产为成品，不仅可以提高企业的利润，同时还可以避开各种形式的贸易壁垒。

（五）充分发挥行业协会的作用

在市场经济的竞争中，单打独干的营销方式并不适合加入世贸组织后参与国际产品市场竞争的需要。可以通过行业协会这条政府和企业之间的纽带，帮助生产者协调出口价格，使中国产品压价竞争、自相残杀的情况减少，还可以在对外宣传、谈判、销售等提供服务，承担大量产前、产后的工作。

（六）制定和实施市场多元化战略

市场多元化战略就是要使产品在市场分布上更加均衡，不要一窝蜂地涌向某一个市场。因此，从政府到企业都要努力调整自己的出口市场战略。具体实施时要本着"巩固老市场、开拓新市场、出口份额过于集中的要适当分流"的原则，使产品能出口到更多的国家和地区。这不但可以避免因为某些产品的出口过于集中、授人以柄从而限制出口的情况，而且如果发生"贸易战"，中国可以通过贸易转移把损失降到最低程度。

总之，从目前来看，国家间完全消除非关税壁垒是不可能的，非关税壁垒还将在相当长的时间内存在。为了国家的经济和技术安全，保护人类健康，保护环境，合理有效地保护中国的主导产业和幼稚产业，中国应认真研究世贸组织的有关条款，学习借鉴别国的实践经验，灵活利用国际惯例、国际规则和 WTO 规则，并参照国际规范建立起自己的非关税壁垒保护体系，从而提高企业在国际经济贸易中的竞争力。

【扩展阅读】

中国应树立茶叶标准自信

最近 10 年，中国每年的茶叶出口量一直在 30 万~35 万 t，占总体产量的 13%~14%，这与我国作为茶产地国、种植大国的身份是不相称的。中国茶企出口也时常遭遇贸易技术壁

垒，主要是因为茶叶进口国设立的质量安全标准，即农残控制标准并不相同，分类很多。欧盟、日本的标准最多。农药最大残留标准都非常苛刻，总体上严于国际食品法典委员会标准，且没有经过科学试验证明，其目的就是为了设置绿色关卡，作为贸易技术壁垒的手段。

面对国际上严格的绿色壁垒，中国应从自身做起，做好两方面工作：一是重视茶叶质量安全，根治茶叶农残问题。这也是当前农业农村部提倡农业绿色发展的应有之义。要强调采用绿色防控方法来替代农药，必要情况下用药，要尽量选用不溶于水的农药，毕竟人们喝的是茶汤，不是茶叶本身。二是树立标准自信，积极争取茶叶农残标准的制定权。一直以来，国际上都是对干茶叶进行检测来计算农残，并没有考虑到饮茶习惯，因此，应实行茶汤检测农药残留的办法。2015 年，这一方法得到了联合国国际食品法典委员会的认定，这是中国标准的一次胜利。

（资料来源：陈宗懋. 中国应树立茶叶标准自信. 农民日报，2018.）

本章小结

关税壁垒作为一种贸易保护手段，早已为世界各国广泛使用，但随着经济的发展，关税壁垒已经不能达到有效保护的目的，越来越多的国家力求找到新的壁垒，保护本国经济稳定发展。从近年来各国所遭受的非关税壁垒的范围和数目上可以看出，非关税壁垒将在国际贸易中持续很长一段时间，而且范围将继续扩大。因此，政府和企业应该总结经验教训，掌握非关税壁垒的发展趋势，认真研究世界贸易组织的有关条款，学习借鉴别国的实践经验，灵活利用国际惯例、国际规则和 WTO 规则，并参照国际规范建立起自己的非关税壁垒保护体系，从而提高企业在国际经济贸易中的竞争力。

关键词

直接性非关税壁垒　间接性非关税壁垒　溢出性非关税壁垒　内生性非关税壁垒　外生性非关税壁垒　进口许可　技术性贸易壁垒　进口配额制　新贸易壁垒

复习思考题

1. 详细阐述非关税壁垒的概念。
2. 非关税壁垒的特征有哪些？
3. 非关税壁垒的种类和形式有哪些？
4. 简述反倾销的类型及其影响。
5. 阐述进口配额对一国福利的影响。
6. 非关税壁垒的经济效应有哪些？
7. 阐述非关税壁垒的发展趋势。
8. 非关税壁垒对我国出口贸易有哪些影响？

第七章
鼓励出口和出口管制措施

对外贸易对一国的经济发展有着重要的促进作用，世界各国都采取了不同的措施努力扩大商品出口，积极参与国际贸易活动。然而，在特殊情况下，出于政治、经济或军事方面的原因，各国往往对某些商品，特别是战略物资、高新技术产品等重要商品的出口实行管制。

通过本章学习，应掌握鼓励出口的各种措施，了解经济特区的作用和发展，知晓出口管制的各种措施及其影响。

第一节 鼓励出口的措施

一、鼓励出口的定义

鼓励出口措施是指出口国政府通过运用财政金融等经济手段和政策工具，促进本国商品的出口，扩大国外市场。

限制进口和鼓励扩大出口是国际贸易政策相辅相成的两个方面。鼓励出口是指：政府干预对外贸易，实行"奖出限入"的保护贸易政策；鼓励原材料进口和制成品出口，提高出口产品的加工程度；积极发展本国工业，提高产品质量，增强产品的国际竞争力；争取贸易顺差，改善本国贸易地位，利用对外贸易积累本国经济发展的外汇资金。

在世界贸易日益趋向自由化的压力下，国家干预进口贸易的政策措施越来越受到制约，迫使贸易国的干预政策逐渐转向对出口贸易的管理，尤其是以积极的鼓励出口代替消极的限制进口更为显著。

二、鼓励出口的主要措施

出口鼓励措施主要有：出口信贷、出口信贷国家担保制、出口补贴、商品倾销、外汇倾销、资本政策、鼓励出口的组织措施等。

（一）出口信贷

1. 出口信贷的含义

出口信贷是一个国家的银行为了鼓励商品出口，加强商品的竞争能力，对本国出口厂商或外国进口厂商提供的贷款，是一国的出口厂商利用本国银行的贷款扩大商品出口，特别是金额较大、期限较长，如成套设备、船舶等出口的一种重要手段。

出口信贷利率一般低于相同条件资金贷放的市场利率，利差由国家补贴，并与国家信贷担保相结合。

由于出口信贷能有力地扩大和促进出口，因此，西方国家一般都设立专门银行来办理此项业务，如美国进出口银行、日本输出入银行、法国外贸银行、加拿大出口开发公司等。这些专门银行除对成套设备、大型交通工具的出口提供出口信贷外，还向本国私人商业银行提供低利率贷款或给予贷款补贴，以资助这些商业银行的出口信贷业务。

2. 出口信贷的分类

出口信贷可根据贷款对象的不同分为出口卖方信贷和出口买方信贷。

（1）出口卖方信贷。

出口卖方信贷是出口方银行向本国出口商提供的商业贷款。出口商（卖方）以此贷款为垫付资金，允许进口商（买方）赊购自己的产品和设备。出口商（卖方）一般将利息等资金成本费用计入出口货价中，将贷款成本转移给进口商（买方）。

出口卖方信贷主要有以下特点和优势：一是相对于打包放款、出口押汇、票据贴现等贸易融资方式，出口卖方信贷主要用于解决本国出口商因延期付款销售大型设备或承包国外工程项目所面临的资金周转困难，是一种中长期贷款，通常贷款金额大、贷款期限长。如中国进出口银行发放的出口卖方信贷，根据项目不同，贷款期限可长达10年。二是出口卖方信贷的利率一般比较优惠。一国利用政府资金进行利息补贴，可以改善本国出口信贷条件、扩大本国产品的出口、增强本国出口商的国际市场竞争力，进而带动本国经济增长。所以，出口信贷的利率水平一般低于相同条件下资金贷放的市场利率，利差由出口国政府补贴。三是出口卖方信贷的发放与出口信贷保险相结合。由于出口信贷贷款期限长、金额大，发放银行面临着较大的风险，所以一国政府为了鼓励本国银行或其他金融机构发放出口信贷贷款，一般都设有国家信贷保险机构，对银行发放的出口信贷给予担保，或对出口商履行合同所面临的商业风险和国家风险予以承保。在中国，主要由中国出口信用保险公司承保此类风险。

（2）出口买方信贷。

出口买方信贷是出口国政府支持出口方银行直接向进口商或进口商银行提供信贷支持，以供进口商购买技术和设备，并支付有关费用。出口买方信贷一般由出口国出口信用保险机构提供出口买方信贷保险。出口买方信贷主要有两种形式：一是出口商银行将贷款发放给进口商银行，再由进口商银行转贷给进口商；二是由出口商银行直接贷款给进口商，由进口商银行出具担保。贷款币种为美元或经银行同意的其他货币。贷款金额不超过贸易合同金额的80%~85%。贷款期限根据实际情况而定，一般不超过10年。贷款利率参照经济合作与发展组织（OECD）确定的利率水平而定。

出口买方信贷流程如下：

1）出口商和进口商双方签订商务合同。

2）贷款银行和借款人签订贷款协议，一般而言，贷款金额不高于商务合同金额的85%，船舶项目不高于80%。

3）视项目情况要求担保人提供担保。

4）是否投保出口信用险主要根据借款人的国别风险而定。

5）借款人预付款金额不能低于商务合同总金额的15%，船舶项目不低于20%。

6）出口商根据合同规定发放货物。

7）贷款银行在出口商发货后发放贷款。

8）借款人根据贷款协议每隔一定期限偿还一次贷款本息及费用。

出口卖方信贷和出口买方信贷的区别如表7-1所示。

表 7-1 出口卖方信贷和出口买方信贷的区别

	出口卖方信贷	出口买方信贷
运用阶段	出口信贷发展初期	出口信贷发展成熟期
合同金额	信贷额度要求低	信贷额度要求高
贷款的币种	本币为主	国际货币为主
贷款比例	85%或以上的额度	85%的额度
信贷期限	发运前与发运后融资	发运后融资
出口信用保险	出口商可获90%赔偿	银行可获100%赔偿
风险	出口商承担收汇、汇率、利率风险	出口商收即期现汇，不用承担上述风险
债务率	出口商负债巨大	出口商无负债
手续	简单	复杂

出口信贷按信贷时间长短划分，可以分为短期信贷、中期信贷和长期信贷。

短期信贷（Short-term Credit，180天以内）：主要用于原料、消费品及小型机器设备的出口。中期信贷（Medium-term Credit，1~5年）：主要用于中型机器设备的出口。长期信贷（Long-term Credit，5~10年）：主要用于大型成套设备与飞机、船舶的出口。

3. 出口信贷的特点

（1）贷款指定用途，即通过出口信贷所得资金只能用于购买贷款国出口的资本货物和技术以及有关劳务等。

（2）利率低，出口信贷的利率低于国际金融市场上的贷款利率。

（3）出口信贷的发放与信贷保险相结合。

（4）贷款期限是中长期的，一般为1~5年，也有的长达10年，通常每半年还本付息一次。

（5）贷款金额起点比较大。

（二）出口信贷国家担保制

1. 含义和特点

出口信贷国家担保制（Export Credit Guarantee System）是一国政府设立专门机构，对本国出口商和商业银行向国外进口商或银行提供的延期付款商业信用或银行信贷进行担保，当国外债务人不能按期付款时，由这个专门机构按承保金额给予补偿。这项措施是国家代替出口商承担风险，是提高商品非价格竞争力、扩大出口和争夺国外市场的一个重要手段。

出口信贷国家担保制的担保对象主要有对出口厂商的担保和对银行的直接担保两种，是国家用承担出口风险的方法，鼓励扩大商品出口和争夺海外市场的一种措施。出口信贷国家担保制有以下特点：担保的项目具有广泛性；担保的金额的不等性；担保期限与出口信贷的对应性；保险费率低；各国或地区担保机构的性质具有多样性。

2. 分类

出口信贷国家担保的业务项目，一般都是商业保险公司不愿承担的出口风险。主要有两类：一是政治风险，二是经济风险。前者是由于进口国发生政变、战争以及因特殊原因政府采取禁运、冻结资金、限制对外支付等政治原因造成的损失，承保金额一般为贸易合同金额的85%~95%。后者是进口商或借款银行破产无力偿还、货币贬值或通货膨胀等原因所造成的损失。承保金额一般为贸易合同金额的 70%~100%。出口信贷国家担保制是一种国家出面担保海外风险的保险制度，收取费用一般不高，随着出口信贷业务的扩大，国家担保制也日益加强。英国出口信贷担保署、法国对外贸易保险公司等都是这种专门机构。

3. 担保期限

出口信贷国家担保的期限分为短、中、长期。短期一般是 6 个月左右，中长期担保时限从 2~15 年不等。短期承保适宜于出口厂商所有的短期信贷交易，为了简化手续，有些国家对短期信贷采用"综合担保"方式，出口厂商一年只需办理一次投保，即可承保这一年中对海外的一切短期信贷交易。中长期信贷担保适用于大型成套设备、船舶等资本性货物出口及工程技术承包服务输出等方面的中长期出口信贷。这种担保由于金额大、时间长，一般采用逐笔审批的特殊担保。

（三）出口补贴

1. 含义和基本形式

出口补贴（Export Subsides）是指一国政府为了鼓励出口，在出口商品时给予本国出口厂商以现金津贴或财政上的优惠，从而降低出口商品的价格，提高出口商品的国际竞争能力。补贴是当今国际贸易中运用最广泛的干预形式之一。实施出口补贴，就使产品具有"双重价格"——国内市场的销售价格（内销价）和销往国外市场的价格（外销价），外销价低于内销价。

出口补贴的主要形式有直接补贴和间接补贴。

直接补贴是指政府在商品出口时，直接付给出口商的现金补贴，其目的是弥补出口商品的国际市场价格低于国内市场价格所带来的损失。有时候，补贴金额还可能大大超过实际的差价，这已包含出口奖励的意味。这种补贴方式以欧盟对农产品的出口补贴最为典型。

间接补贴是指政府对某些商品的出口给予财政上的优惠。如退还或减免出口商品所缴纳的销售税、消费税、增值税、所得税等国内税，对进口原料或半制成品加工再出口给予暂时免税或退还已缴纳的进口税，免征出口税，对出口商品实行延期付税、减低运费、提供低息贷款、实行优惠汇率以及对企业开拓出口市场提供补贴等。其目的仍然在于降低商品成本，提高国际竞争力。

2. 出口补贴的分类

世界贸易组织的《补贴与反补贴协议》将出口补贴分为禁止性补贴、可申诉补贴和不可申诉补贴三种。禁止性补贴是不允许成员政府实施的补贴，如果实施，有关利益方可以采取反补贴措施。可申诉补贴是指一成员所使用的各种补贴如果对其他成员内的工业造成损害，或者使其他成员利益受损时，该补贴行为可被诉诸争端解决；不可申诉补贴对国际贸易的影响不大，不可被诉诸争端解决，但需要及时通知成员。实施不可申诉补贴的主要目的是对某些地区的发展给予支持，或对研究与开发、环境保护及就业调整提供的援助等。

补贴在很大程度上可以被用作实行贸易保护主义的工具，成为国际贸易中的非关税壁垒。在国内行政法律制度上，授予利益的行政行为不会构成违法，但在国际贸易中授予国内相关人的利益行为可能构成对国外贸易商的不利，补贴可以影响国际市场的货物流向，补贴经常被作为刺激出口或限制进口的一种手段。

3. 出口补贴的相关国家和产品

欧盟是全球最大的出口补贴使用者。瑞士是第二大出口补贴使用者。美国是第三大出口补贴国。欧盟、瑞士、美国和挪威的出口补贴占到了全球的97%。

从数量上看,出口补贴最多的产品是粮食;从价值上看,出口补贴最多的产品是牛肉和奶产品。从实际补贴数量上看,单项最大补贴产品是小麦和面粉以及粗粮,年均实际补贴量都在1000万t以上。从承诺完成情况看,较多依赖补贴(承诺完成率超过50%)出口的产品主要是奶产品和肉蛋产品,包括其他奶产品、乳酪、脱脂奶粉、蛋、牛肉、禽肉。

(四) 商品倾销

1. 商品倾销的含义

商品倾销(Dumping)是指一国政府通过企业或设立专门机构以低于正常价格(通常为国内市场价格或生产成本价格)在国外市场抛售本国商品,以达到打击竞争对手、占领海外市场的目的。

商品倾销通常由私营垄断企业进行,但随着"贸易战"的加剧,一些国家也设立专门机构直接对外倾销商品。

无论何种倾销,都会对国外生产者造成损害。对本国消费者来说,则意味着需要支付比国外消费者更高的价格。因此,倾销无一例外地受到国外生产者与国内消费者的反对。

2. 商品倾销的形式和目的

按照倾销的具体目的,商品倾销可以分为偶然性倾销、间歇性或掠夺性倾销和长期性倾销三种形式。

偶然性倾销通常是指因为本国市场销售旺季已过,或公司改营其他业务,对于在国内市场上很难出售的积压库存,以较低的价格在国外市场上抛售。由于此类倾销持续时间短、数量小,对进口国的同类产业没有特别大的不利影响,进口国消费者反而受益,获得廉价商品,因此,进口国对这种偶发性倾销一般不会采取反倾销措施。

间歇性或掠夺性倾销是指以低于国内价格或低于成本价格在国外市场销售,达到打击竞争对手、形成垄断的目的。待击败所有或大部分竞争对手之后,再利用垄断力量抬高价格,以获取高额垄断利润。这种倾销违背公平竞争原则,破坏国际经贸秩序,故为各国反倾销法所限制。

长期性倾销是指无期限地、持续地以低于国内市场的价格在国外市场销售商品。20世纪70年代以来,持续性倾销日益增多。这种现象之所以能够存在和维持,一般来说必须具备三个条件:

(1) 出口商品生产企业在本国市场上有一定的垄断力量,在很大程度上可以决定价格的形成。

(2) 本国与外国的市场隔离,不存在倾销商品倒流进入出口国的可能性。

(3) 两国的需求价格弹性不同,出口国需求价格弹性低于进口国需求价格弹性。

当这些条件成立时,企业就可能通过在国内市场索要高价,而向外国购买者收取较低的价格,使利益最大化。

商品倾销的目的主要有5个:①为打击或摧毁竞争对手,扩大或垄断某种产品的销路;②为了在国外建立新的销售市场;③为了阻碍出口国同种产品或类似产品的发展,以维持垄断地位;④为了推销过剩产品,转嫁经济危机;⑤对发达国家来说,商品倾销是为了打击发展中国家的民族经济,以达到经济上、政治上控制发展中国家的目的。

3. 倾销损失的补偿途径

（1）采用关税壁垒和非关税壁垒措施控制外国商品进口，防止对外倾销商品倒流，以维持国内市场上的垄断高价。

（2）出口国政府对倾销商品的出口商给予出口补贴，以补偿其在对外倾销商品中的经济损失，保证外汇收入。

（3）出口国政府设立专门机构，对内高价收购，对外低价倾销，由政府负担亏损。

（4）出口商在以倾销手段挤垮竞争对手、垄断国外市场后，再抬高价格，以获得的垄断利润来弥补以前商品倾销的损失。

（五）外汇倾销

1. 外汇倾销的含义

外汇倾销（Exchange Dumping）是指出口企业利用本国货币对外贬值的机会，降低用外国货币表示的本国商品的价格，以达到扩大本国商品出口的目的。

2. 外汇倾销的目的

一些国家之所以实施外汇倾销，这是因为本国货币贬值后，可以提高出口商品竞争能力和降低进口商品竞争能力。货币贬值意味着本国货币兑换外国货币比率的降低，在价格不变的情况下，出口商品用外国货币表示的价格降低，故提高了商品竞争能力；反之，进口商品用本国货币表示的价格则提高，故降低了进口商品的竞争能力。因此，可以起到扩大出口和限制进口的作用。

外汇倾销不能无限制和无条件地进行，只有在具备以下条件时，外汇倾销才可起到扩大出口的作用：

一是货币贬值的程度要大于国内物价上涨的程度。一国货币的对外贬值必然会引起货币对内也贬值，从而导致国内物价的上涨。当国内物价上涨的程度赶上或超过货币贬值的程度时，出口商品的外销价格就会回升到甚至超过原先的价格，即货币贬值前的价格，因而使外汇倾销不能实行。

二是其他国家不同时实行同等程度的货币贬值，当一国货币对外实行贬值时，如果其他国家也实行同等程度的货币贬值，这就会使两国货币之间的汇率保持不变，从而使出口商品的外销价格也保持不变，以致外汇倾销不能实现。

三是其他国家不同时采取另外的报复性措施。如果外国采取提高关税等报复性措施，那也会提高出口商品在国外市场的价格，从而抵消外汇倾销的作用。

（六）资本政策

资本政策是指出口国政府通过资本输出来带动本国出口贸易的发展。资本输出包括生产资本输出即对外直接投资，和借贷资本输出即对外间接投资。

资本输出国在输出资本时往往要求资本输入国接受一些附加条件，这些条件通常都是承诺从资本输出国购买一定数额的商品，而这些商品一般是资本输出国的过剩产品。

生产资本的输出是在国外进行直接投资，往往要求配套输出本国生产的设备、材料和零配件等。

当地生产当地销售，绕开了贸易壁垒。对外直接投资在他国生产的产品总有一部分会在投资所在国获取销售市场，也就是说，这部分产品已经跨过了该国对进口产品设置的各种关税和非关税壁垒。

借贷资本输出也能促进出口。借贷资本输出有很多是对外国进口商或进口国银行的约束性贷款，即前面所提到的鼓励出口的买方信贷。

（七）鼓励出口的组织措施

第二次世界大战后，西方国家为了促进出口贸易的扩大，在制定一系列的鼓励出口政策的同时，还不断加强出口组织措施。这些措施主要有：

1. 成立专门组织，研究与制定出口战略

美国1960年成立了扩大出口全国委员会，其任务是向美国总统和商务部部长提供有关改进和鼓励出口的各项措施的建议和资料；1978年成立了出口委员会和跨部门的出口扩张委员会，附属于总统国际政策委员会；1979年成立了总统贸易委员会，集中统一领导美国对外贸易工作；1992年成立了贸易促进协调委员会；1994年1月又成立了第一批美国出口援助中心等。日本、欧盟国家也有类似的组织。

2. 建立商业情报网，加强国外市场情报工作，及时向出口商提供商业信息和资料

英国海外贸易委员会在1970年就设立了出口信息服务部，向有关出口厂商提供信息，以促进商品出口。日本政府出资设立的日本贸易振兴会（其前身是1951年设立的海外市场调查部），就是一个从事海外市场调查并向企业提供信息服务的机构。

3. 设立贸易中心，组织贸易博览会，以推销本国商品

贸易中心是永久性设施，可提供商品陈列展览场所、办公地点和咨询服务等。而贸易博览会是流动性的展出，这些工作可以使外国进口商更好地了解本国商品，从而起到促销的作用。例如，意大利对外贸易委员会对由其发起的展出支付80%的费用，对参加其他国际贸易展览会的公司也给予其费用30%~35%的补贴。

4. 组织贸易代表团出访和接待来访，以加强国际经贸联系

许多国家为了推动和发展对外贸易，组织贸易代表团出访，其费用大部分由政府支付，如加拿大。许多国家还设立专门机构接待来访团体，如英国海外贸易委员会设立接待处专门接待官方代表团，并协助本国公司、社会团体接待来访的外国工商界人士，以促进贸易。

5. 组织出口厂商的评奖活动，以形成出口光荣的社会风气

英国从1919年起开始实行《女王陛下表彰出口有功企业的制度》，并规定受表彰的企业在5年之内可使用带有女王名字的奖状来对自己的产品进行宣传。有的国家对有突出贡献的出口商颁发总统奖章或授予荣誉称号，或者由总理亲笔写感谢信。这样都能较有力地推动本国对外贸易的发展。

（八）其他方面的措施

第一，利用金融方面的措施促进出口。包括外汇留成制（即政府允许出口商从其所得的外汇收入中提取一定百分比自由支配，鼓励出口商的出口积极性）和复汇率制。

第二，利用法律等手段维持出口秩序。

第三，加强出口检查，提高出口商品竞争力。

第四，通过对外援助促进出口。

第五，在引进外国直接投资时注意鼓励扩大出口。

第六，利用补偿贸易促进出口。

第七，采取进出口连锁制，将进口与出口挂钩，要获得一定的进口权利就必须履行一定的出口义务，以出带进，或以进带出，达到扩大出口的目的。

第八，价格支持。价格支持是政府通过稳定价格来支持生产者的一种手段。为了稳定生产和保证生产者的收入，政府设立一个不由市场供求决定的"支持价格"或"保证价格"。如果市场价格高于保证价格，生产者可以根据市场需求卖出高价，自然不用政府操心；如果市场均衡价格下跌到低于保证价格时，由政府补差，产品产量和生产者的收入都不会因价格的下跌而受到多大影响。价格支持本身并不是一种贸易政策，但如果政府将此政策用于出口行业时，就起到了刺激出口贸易的作用。

【扩展阅读】

巴西政府鼓励农产品出口的措施

自1990年市场开放以来，巴西农业有了长足的发展，农业产值占国内生产总值的30%，农产品在国际市场上具有很大的竞争优势。

2002年，巴西的农业发展目标是谷物产量要达到亿吨，农产品出口达450亿美元。有专家认为，巴西将是"21世纪的世界粮仓"。巴西农产品可自由出口，政府无限制。政府的作用是制定鼓励本国产品出口的政策和措施，同时积极开展经济外交，努力消除别国对巴西产品出口设置的贸易壁垒，为巴西产品进入国际市场创造良好的公平竞争环境。

巴西政府制定了"鼓励出口计划"，为出口农产品提供信贷、贴息和出口担保。近年制订的农业基础设施投资发展计划，优先发展农村交通，实现交通运输现代化，降低运输费用。另外，巴西政府还将大力发展热带水果的种植和出口，努力实现农产品出口的多样化。同时，巴西政府发展无农药污染水果的生产，鼓励出口水果。为增强牛肉出口的竞争力，巴西政府计划到2005年全部消灭口蹄疫，积极为出口创造条件。

（资料来源：http：//news.sohu.com/29/52/news147635229.shtml。）

第二节 促进经济发展的经济特区

一、经济特区的概念与目的

（一）经济特区的概念

经济特区是一个国家或地区在其关境以外所划出的一定范围内，建筑或扩建码头、仓库、厂房等基础设施和实行免除关税等优惠待遇，吸引外国企业从事贸易与出口加工工业等业务活动的区域。

经济特区又称自由经济区，如1973年《京都公约》关于自由经济区方面的附约，已获得许多国家的认可。其中的自由经济区定义为："指一国的部分领土，在这部分领土内运入的任何货物，就进口税及其他各税而言，被认为在关境之外，并免予实施惯常的海关监管制度。"

1975年联合国贸发大会也对自由经济区下了这样的定义："指本国海关关境中一般设在口岸或国际机场附近的一片地域，进入该地域的外国生产资料、原材料可以不办理任何海关手续，进口产品可以在该地区内进行加工后复出口，海关对此不加以任何干预。"

（二）经济特区的目的

经济特区的目的是促进对外贸易发展，鼓励转口贸易和出口加工贸易，繁荣本地区和邻近地区的经济，增加财政收入和外汇收入。建立经济特区是一国实行对外开放政策和鼓励扩大出口的一项重要政策。

二、经济特区的形式

（一）自由港或自由贸易区

1. 自由港概念

自由港（Free Port）又称自由口岸，是世界经济特区的最早形式，是指全部或绝大多数外国商品可以豁免关税自由进出口的港口。自由港一般具有优越的地理位置和港口条件。目前，德国的汉堡和不来梅、丹麦的哥本哈根、意大利的热那亚和里雅斯特、法国的敦刻尔克、葡萄牙的波尔图、新加坡、香港等，都是世界著名的自由港。

自由贸易区是由自由港发展而来，是以自由港为依托，将范围扩大到自由港的邻近地区，自由贸易区与自由港的功能基本相似。自由贸易区（Free Trade Zone）有的称为对外贸易区、自由区、工商业自由贸易区等。

自由港或自由贸易区都是划在关境以外，对进出口商品全部或大部分免征关税，并且准许在港内或区内开展商品自由储存、展览、拆散、改装、重新包装、整理、加工和制造等业务活动，以利于本地区经济和对外贸易的发展，增加财政收入和外汇收入。

2. 自由港的类型

一般说来，自由港或自由贸易区可以分为两种类型：一种是把港口或设区所在的城市都划为自由港或自由贸易区，如香港整个是自由港；另一种是把港口或设区的所在城市的一部分划为自由港或自由贸易区，如德国汉堡自由贸易区就是汉堡市的一部分。自由港一般具有优越的地理位置和港口条件，自由港以欧洲为最多，自由贸易区以美洲为最多。

（二）保税区

有些国家如日本、荷兰等，没有设立自由港或自由贸易区，但实行保税区（Bonded Area）制度。保税区是海关所设置的或经海关批准注册的，受海关监督的特定地区和仓库，外国商品存入保税区内，可以暂时不缴纳进口税；如再出口，不缴纳出口税；如要运进所在国的国内市场，则需办理报关手续，缴纳进口税。

运入区内的外国商品可进行储存、改装、分类、混合、展览、加工和制造等。此外，有的保税区还允许在区内经营金融、保险、房地产、展销和旅游业务。

因此，许多国家对保税区的规定与自由港、自由贸易区的规定基本相同，起到了类似自由港或自由贸易区的作用。

（三）出口加工区

1. 出口加工区概念

出口加工区（Export Processing Zone）是发展中国家或地区在其港口或邻近港口、国际机场的地方，划出一定的范围，新建和扩建码头、车站、道路、仓库和厂房等基础设施以及提供免税等优惠待遇，鼓励外国企业在区内进行投资设厂，生产以出口为主的制成品的加工区域。

出口加工区脱胎于自由港或自由贸易区，采用了自由港或自由贸易区的一些做法，但它又与自由港或自由贸易区有所不同。

一般说来，自由港或自由贸易区，以发展转口贸易，取得商业方面的收益为主，是面向商业的。而出口加工区，以发展出口加工工业，取得工业方面的收益为主，是面向工业的。

2. 类型

出口加工区分为以下两种类型：

（1）综合性出口加工区。在区内可以经营多种出口加工工业。如菲律宾的巴丹出口加工区所经营的项目包括服装、鞋类、电子或电器产品、食品生产、光学仪器和塑料产品等。

（2）专业性出口加工区。在区内只准经营某种特定的出口加工产品。例如印度在孟买的圣克鲁斯飞机场附近建立的电子工业出口加工区，以发展电子工业的生产和增加这类产品的出口。在区内经营电子工业生产的企业可享有免征关税和国内税等优惠待遇，但全部产品必须出口。目前世界各地的出口加工区大部分是综合性出口加工区。

（四）科学工业园区

1. 科学工业园区概念

科学工业园区（Science-based Industrial Park）又称工业科学园、科研工业区、高技术园区等，是一种科技型经济特区。它以加速新技术研制及其成果应用，服务于本国或本地区工业现代化，并便于开拓国际市场为目的。通过多种优惠措施和方便条件，将智力、资金高度集中用于高新技术研究、试验和生产。

2. 发展过程和类型

科学工业园区最早形成于20世纪50年代末60年代初的美国，70年代逐渐在世界范围内兴起，80年代以后进入发展期，90年代进入高峰期。

科学工业园区主要分布在发达国家和新兴工业化国家或地区，以美洲为最多。世界知名的科学工业园区如美国的硅谷、英国的剑桥科学园区、新加坡的肯特岗科学工业园区、日本的筑波科学城等。

中国比较有名的工业园区有北京中关村科技工业园区、苏州工业园区、武汉光谷等。

科学工业园区有两种类型：一种是自主型科学工业园区，发达国家新设园区多属此类；另一种是引进型科学工业园区，发展中国家或地区所设园区多属此类。

（五）自由边境区

自由边境区（Free Perimeter）过去也称为自由贸易区，这种设置仅见于南美洲少数国家，一般设在本国的一个省或几个省的边境地区。对于在区内使用的生产设备、原材料和消费品可以免税或减税进口。如从区内转运到本国其他地区出售，则须照章纳税。外国货物可在区内进行储存、展览、混合、包装、加工和制造等业务活动，其目的在于利用外国投资开发边区的经济。

（六）过境区

沿海国家为了便利内陆邻国的进出口货运，开辟某些海港、河港或国境城市作为货物过境区（Transit Zone）。过境区规定，对于过境货物简化海关手续，免征关税或只征小额的过境费用。过境货物一般可在过境区内做短期储存，重新包装，但不得加工。

（七）综合型经济特区

1. 综合型经济特区含义

综合型经济特区是指一国在其港口或港口附近等地划出一定的范围，新建或扩建基础设施和提供减免税收等优惠待遇,吸引外国或区外企业在区内从事外贸、加工工业、农牧业、金融保险和旅游业等多种经营活动的区域。

2. 实例

综合型经济特区兼有贸易型经济特区和工业型经济特区两种特点和职能,它既像自由贸易区那样为转口、出口贸易提供许多优惠待遇,又提供了发展工业生产所必需的各种基础设施,是两者的有机结合体。在该类型的经济特区中,还可以发展商业、金融、旅游、服务等行业。如新加坡的裕廊工业区既是一个工业区,区内有932家工厂企业;又是一个重要的转口贸易自由港,港口有10个大型泊位,可以容纳10艘巨轮停泊;同时还是一个旅游区,拥有著名的飞禽公园、仿日本风格的星和园、仿中国园林建筑的裕华园及面积达80公顷的裕廊湖。

三、中国的经济性特区

中国的经济性特区是指在国内划出一定的范围,在对外经济活动中采取较国内其他地区更加开放和灵活的政策,以减免关税等优惠措施为手段,通过创造良好的投资环境,鼓励外商投资,引进先进技术和科学管理方法,以促进经济发展的特定区域。

中国的经济性特区主要有自由贸易试验区、经济特区、经济技术开发区、高新技术产业开发区、保税区、出口加工区、边境经济合作区及旅游度假区等,但自由贸易试验区和经济特区影响最大。

(一) 自由贸易试验区

1. 自由贸易试验区定义

自由贸易试验区(Free Trade Zone,简称FTZ)是指在贸易和投资等方面提供比世贸组织有关规定更加优惠的贸易安排,在主权国家或地区的关境以外,划出特定的区域,准许外国商品豁免关税自由进出。实质上是采取自由港政策的关税隔离区。狭义FTZ仅指提供区内加工出口所需原料等货物的进口豁免关税的地区,类似出口加工区。广义FTZ还包括自由港和转口贸易区。

2013年9月至2018年4月,中国国务院先后批复成立了12个中国自由贸易试验区,它们分别是:中国(上海)自由贸易试验区、中国(广东)自由贸易试验区、中国(天津)自由贸易试验区、中国(福建)自由贸易试验区、中国(辽宁)自由贸易试验区、中国(浙江)自由贸易试验区、中国(河南)自由贸易试验区、中国(湖北)自由贸易试验区、中国(重庆)自由贸易试验区、中国(四川)自由贸易试验区、中国(陕西)自由贸易试验区、中国(海南)自由贸易试验区。2019年8月,国务院批复山东、江苏、广西、河北、云南、黑龙江6个自由贸易区,共计18个。

2. 自由贸易试验区的职能

(1) 突出扩大开放。中国自由贸易试验区立足各自区位优势,深化与周边国家和地区的经贸合作,更好服务对外开放总体战略布局。比如,广西自由贸易试验区围绕构建国际陆海贸易新通道,深化沿边对外开放,推动跨境贸易、跨境物流、跨境劳务合作等发展;黑龙江自由贸易试验区进一步扩大对俄罗斯合作,积极推动人员出入境便利、企业"走出去";河北自由贸易试验区支持生物医药和生命健康产业开放发展。

(2) 突出引领高质量发展。充分发挥战略叠加优势,通过制度创新,破解发展难题,推动发展质量变革、效率变革、动力变革，聚集新产业、新业态、新模式。比如，山东自由贸易试验区围绕发展海洋经济，加快推动海洋科技创新，培育东北亚水产品加工和贸易中心，推进国家海洋药物中试基地建设，提升海洋国际合作水平；江苏自由贸易试验区推动科技与产业融合，促进集成电路、人工智能、生物医药、纳米技术应用等产业创新发展。

（3）突出服务和融入国家重大战略。进一步对标高标准国际经贸规则，充分利用各地资源禀赋优势与区位优势，形成各有侧重、各具特色的试点格局，积极服务"一带一路"建设、京津冀协同发展、长江经济带发展、东北振兴、长三角区域一体化发展、海洋强国等国家战略。

3. 自由贸易试验区的成就

中国自由贸易试验区形成了由南到北、由东至西的开放发展格局，累计新设立企业61万家，其中外资企业3.4万家，以不到全国万分之二的面积，吸收了12%的外资、创造了12%的进出口额。自由贸易试验区有效推动改革向纵深发展，引领了开放新模式和新阶段的实践探索，有力地推动了高质量发展。

在改革方面，自由贸易试验区成为政府管理理念转变的践行者，通过深化简政放权，加快推进政府改革，助力政府管理理念由注重事先审批向注重事中事后监管转变、由分散化管理向整体集成化管理转变、由政府被动审批向主动服务企业转变、由行政指令思维向法治治理思维转变；自由贸易试验区成为政府管理制度创新的重要载体，在政府管理方式、投资管理制度、贸易监管制度、金融制度和事中事后监管制度等方面开展了大量创新探索；自由贸易试验区成为调整经济领域关系的探索者，推动政府与市场关系、政府与社会关系、政府部门之间关系更趋优化。

在开放方面，自由贸易试验区引领了开放新模式的探索，比如探索了园区开放的新模式，推动了服务业进一步扩大开放；引领了开放型经济的发展，推动贸易投资规模进一步扩大，外商投资准入门槛不断放宽，贸易投资便利化水平不断提升，新业态新模式不断发展，"走出去"合作快速发展；引领了国际规则的对接，开启了从被动接受国际经贸规则向主动对接国际经贸规则的新阶段。

在发展方面，自由贸易试验区通过深化改革扩大开放，持续释放制度创新红利，推动产业向高端化、集群化、国际化、融合化、创新化发展；有效服务了"一带一路"倡议及长江经济带、京津冀协同发展等战略，促进与港澳台合作不断深化，助力中、东、西部地区协调发展，推动自由贸易试验区内外、自由贸易试验区之间合作发展；转变优化营商环境理念，国际化、法治化、便利化营商环境不断完善。

（二）经济特区

经济特区是中国最早实行对外开放政策的地区，也是实行特殊优惠政策、集中吸收外资的重点地区。截至2017年4月，中国一共有七个经济特区：深圳经济特区、珠海经济特区、厦门经济特区、汕头经济特区、海南经济特区、喀什经济特区、霍尔果斯经济特区。

经济特区致力于发展以工业为主的外向型经济，在中国的现代化建设中发挥着技术窗口、管理窗口、知识窗口和对外政策窗口的作用。

1. 深圳经济特区

深圳经济特区全境位于深圳市内，于1980年设立，是中国最早的经济特区，是我国改革开放的窗口。全区核心面积327.5km^2，区位优势明显，与香港毗邻。改革开放40多年来，深圳市由一个小渔村一跃成为世界一线城市，这都脱离不了深圳经济特区的设立。

2. 珠海经济特区

珠海经济特区于1980年设立，是我国第二个经济特区。经济特区设立以来，珠海由一个默默无闻、经济落后的边陲小县，掀起了建设的热潮。2010年，珠海经济特区由227.46 km^2 扩展到全市，面积达 1700 km^2。珠海经济特区的设立，使得珠海成为珠三角的中心城市之一。

3. 厦门经济特区

厦门经济特区地处我国东南沿海，隶属于福建省，是海西城市群的中心城市。厦门是海峡两岸重点城市，是东南国际航运中心。厦门经济特区全区面积约 1700 km^2，总人口 401 万。

4. 汕头经济特区

汕头经济特区位于广东省东部沿海的潮汕平原上，是全国著名侨乡，华南地区的重要港口。汕头经济特区设立于 1984 年 11 月，由当年的 310 km^2 扩展到全市，面积达 2064 km^2，总人口 539 万。汕头是粤东中心城市，是广东省域副中心城市，是进出口岸和商品粮集散地。

5. 海南经济特区

海南经济特区是我国最大的经济特区，也是我国唯一的省级经济特区，于1988年4月设立。海南经济特区范围是整个海南岛，总面积 3.4 万 km^2，总人口 900 多万。海南经济特区的设立，彻底改变了海南省的经济状况，使得这座岛屿省份成为著名的国际旅游岛和度假胜地。2018 年 10 月 16 日，《海南自由贸易试验区总体方案》正式对外发布，海南经济特区再次担任改革开放新使命。

6. 喀什经济特区

喀什经济特区设立于 2010 年 5 月，是我国的第六个经济特区。喀什是新疆的重要城市，是我国的西大门，与五个国家接壤，有六个对外开放一类口岸，区位优势十分明显。喀什经济特区始终坚持着"东有深圳，西有喀什"的目标，促进内地开放型产业向西转移，形成与中南亚地区的密切合作，这对新疆经济的跨越式发展具有战略上的意义。

7. 霍尔果斯经济特区

霍尔果斯经济特区设立于 2010 年 5 月，是我国的一座西北边陲小城，如今正在广泛集聚优势，加快超常规发展，力争早日形成面向东亚、南亚、西亚、中亚乃至欧洲的核心发展区。该经济特区的设立，大大促进了我国边境地区的发展。

【扩展阅读】

自由贸易区

自由贸易区有两个本质上存在差异很大的概念：一个是 FTA，另一个是 FTZ。由于中文名称一样，会造成理解和概念上的混乱。

FTA：来源于世界贸易组织（WTO）有关自由贸易区的规定，最早出现在 1947 年的《关税与贸易总协定》里面。该协定第 24 条第 8 款（b）对关税同盟和自由贸易区的概念做了专门的解释："自由贸易区应理解为在两个或两个以上独立关税主体之间，就贸易自由化取消关税和其他限制性贸易法规。"其特点是由两个或多个经济体组成集团，集团成员相互之间实质上取消关税和其他贸易限制，但又各自独立保留自己的对外贸易政策。目前，世界上已有欧盟、北美自由贸易区等FTA。还有中国东盟自由贸易区也是典型的FTA。

FTZ（Free Trade Zone）：源于世界海关组织（WCO）有关自由区的规定，海关合作理事会制定的《京都公约》中指出："FTZ是缔约方境内的一部分，进入这部分的任何货物，就进口关税而言，通常视为关境之外。"其特点是一个关境内的一小块区域，是单个主权国家（地区）的行为，一般需要进行围网隔离，且对境外入区货物的关税实施免税或保税，而不是降低关税。目前在许多国家境内单独建立的自由港、自由贸易区都属于这种类型。如德国汉堡自由港，巴拿马科隆自由贸易区等。中国的自由贸易试验区也属于典型的FTZ。

（资料来源：https：//baike.so.com/doc/7033715-7256620.html。）

第三节　出口管制措施

世界各国在努力扩大商品出口的同时，出于政治、经济或军事方面的原因，往往对某些商品，特别是战略物资、高新技术产品等重要商品的出口实行管制，限制或禁止出口。出口管制有时是针对商品，有时是针对国家或地区，它是发达国家实施贸易歧视的重要手段。

一、出口管制的定义

出口管制（Export Control）是国家出于政治、经济、军事和对外政策的需要，通过建立一系列审查、限制和控制机制，以直接或间接的方式防止本国限定的商品或技术通过各种途径流通或扩散至目标国家，从而实现本国的安全、外交和经济利益的行为。出口管制的目的主要有：

保护国内制造业的原料供应，防止因出口过多而影响本国经济发展；

保护国内市场价格平稳，避免国外的过度需求而引发国内通货膨胀；

保护技术和高技术产业，避免国外竞争对手利用本国技术壮大经济实力，这一点很大程度上是针对技术水平比较低的国家；

保护和推动国内市场的制成品出口。限制出口，相应增加管制商品的国内供给，并能使其价格下降，降低生产成本并推动制成品出口；

保护国内资源，防止一些自然资源的枯竭；

保护具有经济价值和文化价值双重性的珍贵工艺品、古董以及文化遗产不外流，用"出口管制"的办法达到弘扬民族文化的目的；

对某些国家实行歧视，控制某些商品或全部商品不对敌对国或不友好国家出口，遏制这些国家的生存和发展。发达国家用"出口管制"这种经济手段迫使他国改变对内对外的政策，干涉他国内政；

在战争时期，以封锁和禁止商品出口作为在政治上、经济上打击对手的一种手段。

二、管制商品

需要实行出口管制的商品一般有以下几类：

（一）战略物资和先进技术资料

战略物资和先进技术资料主要包括军事设备、武器、军舰、飞机、先进的电子计算机和通信设备、先进的机器设备及其技术资料等。对这类商品实行出口管制，主要是从"国家安全"和"军事防务"的需要出发，以及从保持科技领先地位和经济优势的需要考虑。

（二）国内生产和生活紧缺的物资

对国内生产和生活紧缺的物资进行出口管制的目的是保证国内生产和生活需要，抑制国内该商品价格上涨，稳定国内市场。如西方各国往往对石油、煤炭等能源商品实行出口管制。

（三）需要"自动"限制出口的商品

对需要"自动"限制出口的商品进行出口管制是为了缓和与进口国的贸易摩擦，在进口国的要求下或迫于对方的压力，不得不对某些具有很强国际竞争力的商品实行出口管制。

（四）历史文物和艺术珍品

对历史文物和艺术珍品进行出口管制是出于保护本国文化艺术遗产和弘扬民族精神的需要而采取的出口管制措施。

（五）本国在国际市场上占主导地位的重要商品

对本国在国际市场上占主导地位的重要商品和出口额大的商品进行出口管制，主要是发展中国家一些出口商品单一、出口市场集中，且出口商品的市场价格容易出现波动，对这类商品的出口管制，目的是为了稳定国际市场价格，保证正常的经济收入。例如，欧佩克（OPEC）对成员国的石油产量和出口量进行控制，以稳定石油价格。

三、出口管制的形式

出口管制主要有以下两种形式：

（一）单边出口管制

它是指一国根据本国的出口管制法律，设立专门的执行机构，对本国某些商品的出口进行审批和发放许可证。单边出口管制完全由一国自主决定，不对他国承担义务与责任。

（二）多边出口管制

它是指几个国家的政府，通过一定的方式建立国际性的多边出口管制机构，商讨和编制多边出口管制的清单，规定出口管制的办法，以协调彼此的出口管制政策与措施，达到共同的政治与经济目的。

1949 年 11 月成立的输出管制统筹委员会即巴黎统筹委员会，也叫"巴统"，是一个典型的国际性的多边出口管制机构。

巴黎统筹委员会（COCOM）早先的名称是"输出管制统筹委员会"。1948 年由美国发起，1949 年 11 月正式成立，因其总部设在巴黎（美国驻法大使馆）而得名。"巴统"有 17 个成员国：美国、英国、法国、德国、意大利、丹麦、挪威、荷兰、比利时、卢森堡、葡萄牙、西班牙、加拿大、希腊、土耳其、日本和澳大利亚。

"巴统"成立的目的是共同防止战略物资和先进技术输往社会主义国家（主要是苏联和中国），以遏制社会主义国家的发展。列入禁运清单的有军事武器装备、尖端技术产品和稀有物资等三大类上万种产品。

四、出口管制的手段

一国控制出口的方式有很多种，例如可以采用出口商品的国家专营、征收高额的出口税、实行出口配额、出口禁运以及出口许可证制度等。

（一）国家专营

国家专营是指某些商品的生产和交易由国家指定的机构和组织直接掌握。通过国家专营，控制一些重要或敏感性产品的进出口，寻求最佳的出口地理分布和商品生产结构。

（二）出口税

出口税是出口国海关在本国产品输往国外时对出口国征收的关税。目前，仍有些国家采用出口税，其目的是为了限制该国有大量需求而供应不足的商品出口，或为了防止该国某些有限的自然资源耗竭，或利用出口税控制和调节某种商品的出口流量，防止盲目出口，以稳定国内外市场价格，争取在国外市场保持有利价格。

（三）出口配额

出口配额是指一国政府为了维护本国的利益或根据政府间贸易协定，在一定时期内对某些商品的出口实行数量限制。限额内商品可以出口，限额外商品不准出口或者予以处罚。该措施往往与出口许可证结合使用。

出口配额有主动配额和被动配额。主动配额是指出口国根据国内市场容量和某种情况而对某些商品的出口规定限额。

被动配额是指出口国家或地区在进口国的要求或压力下，在一定时期内自动限制本国的某些商品的出口数额，超过规定的数额则禁止对该进口国出口，又称"自动出口配额"或"自动限制出口"。

（四）出口禁运

出口禁运指出于自身安全或利益考虑，某些国家或国际组织对另外某个国家或地区针对某些特定商品或者一系列货物清单的出口实行禁运。

出口禁运被看作出口配额的一种极端形式，出口管制即出口配额为零。大多数情况下，出口禁运仅限于原材料和初级产品。

（五）出口许可证

出口管制最常见和最有效的手段是运用出口许可证制度。政府通过出口许可证制度控制一些商品的出口数量和价格，一般适用于本国需要进行深加工的原材料和初级产品，以及一些生活必需品或高科技产品。出口许可证分为一般许可证和特殊许可证。

1. 一般许可证

一般许可证又称普通许可证，这种许可证相对较易取得，出口商无须向有关机构专门申请，只要在出口报关单上填写这类商品的普通许可证编号，在经过海关核实后就办妥了出口许可证手续。

2. 特殊许可证

出口属于特种许可范围的商品，必须向有关机构申请特殊许可证。出口商要在许可证上填写清楚商品的名称、数量、管制编号以及输出用途，再附上有关交易的证明书和说明书报批，获得批准后方能出口，如不予批准就禁止出口。

一般而言，一国实施贸易政策的目的是扩大出口和减少进口，但是一些国家出于政治和经济的考虑而实施出口管制政策。出口管制是一国对外实行通商和贸易的歧视性手段之一，实施出口管制，对被管制国家和实施该政策的国家经济会造成负面影响。

总之，出口管制仅是国家管理对外贸易的一种经济手段，也是对外实行差别待遇和歧视政策的政治工具。20世纪70年代以来,各国的出口管制有所放松,特别是出口管制政治倾向有所减弱,但它仍作为一种重要的经济手段和政治工具而存在。

【扩展阅读】

美国对中国半导体产业的出口管制

2003年,中国半导体产业迅速发展,但由于没有核心技术,只是停留在制造阶段。2003年全球半导体销售额1633亿美元,中国市场规模首次突破2000亿元,达2074.1亿元。而全球最大的半导体公司Intel 2003年的营业额达到301亿美元,合人民币2498.3亿元。一个Intel公司全年的销售额比整个中国半导体市场的销售额还要高。不仅如此,2003年Intel公司的纯利润56亿美元,利润率达到18%,而中国的半导体市场的利润率只有3.7%。因为中国没有核心技术,只是停留在制造业阶段,核心技术都得用Intel的,利润都被Intel这些掌握了核心技术的公司赚走。

为何中国不能掌握核心技术?这与以美国为首的发达国家对中国半导体技术的封锁是分不开的。由于"巴统"和"瓦森纳安排"的存在,极大地限制了中国半导体公司在全球市场的设备采购和技术引进。

20世纪90年代中后期华晶、华虹等到国际市场采购设备都先后遭遇到了"瓦森纳安排"的限制。如2001年年初,布什政府冻结了克林顿政府对两个电子束系统发放的出口许可,导致中芯国际与美国应用材料公司的订货合同撤销。虽然在应用材料和中芯国际的努力下,半年后,一个由美国国防部、商务部和国务院代表组成的委员会复审该出口牌照,但是也没有获得通过,这项技术出口最终搁浅。

正是以美国为首的西方国家对中国的出口管制,极大妨碍了中国在半导体价值链生产中的水平升级。

半导体产业的问题,只是中国在参与经济全球化时受到以美国为首的西方国家出口管制而出现困境的一个缩影。在计算机、航天等诸多产业同样面临这样的问题。

(资料来源:https://baike.so.com/doc/6493147-6706858.html。)

本章小结

许多国家在利用关税和非关税壁垒措施限制外国商品进口的同时,还采取各种鼓励商品出口的措施,扩大商品的出口。

促进经济发展的经济特区措施主要有自由港或自由贸易区、保税区、出口加工区、科学工业园区、自由边境区、过境区以及综合型经济特区。

许多国家为了达到一定的政治、军事和经济目的,往往对某些商品,特别是战略物资实行出口管制,限制或禁止这些商品的出口。出口管制是一国对外贸易政策的组成部分,尤其是发达国家往往运用出口管制作为其实行贸易歧视的重要手段。

关键词

出口信贷　出口信贷国家担保制　出口补贴　商品倾销　外汇倾销　资本政策　鼓励出口的组织措施　自由港或自由贸易区　保税区　出口加工区　科学工业园区　自由边境区　出口管制　出口许可证

复习思考题

1. 简述鼓励出口措施以及意义。
2. 简述"奖出限入"的意义。
3. 阐述出口卖方信贷的特点和优势。
4. 简述出口买方信贷的流程。
5. 阐述出口补贴的形式和分类。
6. 商品倾销的形式和目的是什么?
7. 阐述经济特区的形式。
8. 简述出口管制的形式和手段。

第八章
国际服务贸易

在经济全球化的大背景下,服务贸易在全球国际贸易中的比重日益提高,世界经济正在向服务型经济转型,服务贸易是世界经济发展的制高点,也是各国经济竞争的焦点。全球服务贸易结构正在向知识、技术密集型领域快速转变。但是由于经济独立和意识形态等原因,各国对服务业的保护程度较高,加快发展服务贸易和逐步开放国内服务领域,是其进行产业结构升级和迈向经济强国的战略抉择。

通过本章学习,应了解当前世界国际服务贸易的发展趋势,熟悉中国的国际服务贸易的发展情况与特点,重点掌握国际服务贸易的四种形式,灵活运用国际服务贸易规则化解服务贸易壁垒。

第一节 国际服务贸易概述

一、国际服务贸易的定义

(一) 服务及服务业

1. 服务的含义

服务是指服务提供者通过直接接触或间接接触的形式,满足服务接受者的某种需要并取得相应报酬的经济行为。

2. 服务业的含义

服务业是生产或提供各种服务的经济部门或企业的集合。服务业的发展一方面围绕着实物产品的生产、流通和消费提供服务;另一方面则为提高人民的素质提供服务。

3. 服务业与第三产业

依照国际通行的产业分类的观点,服务业泛指那些以提供非实物产品为主的行业。服务业和第三产业这两个概念的划分在思想方法和理论逻辑上是存在差别的,见表8-1。

表8-1 服务业和第三产业的差别

	界定不同	出发点不同	面向对象不同
服务业	是否提供或生产各种类型的服务	服务业与其他经济产业之间是相互依赖的关系	面向国内和国际两个市场
第三产业	一、二产业以外的所有经济活动	高阶层次产业的发展单向地依赖于低阶层次产业的产品	相对于国内经济

4. 现代服务业的分类

现代服务业是相对于传统服务业而言,适应现代人和现代城市发展的需求,而产生和发展起来的具有高技术含量和高文化含量的服务业。关于现代服务业,使用较多的一种定义是:"现代服务业是伴随着信息技术和知识经济的发展产生,用现代化的新技术、新业态和新服务方式改造传统服务业,创造需求,引导消费,向社会提供高附加值、高层次、知识型的生产服务和生活服务的服务业。"现代服务业主要包括四个领域:

1)基础服务业,包括通信服务和信息服务。

2)生产性服务业,包括金融、物流、批发、电子商务、农业支撑服务以及中介和咨询等专业服务。

3)个人消费服务业,包括教育、医疗保健、住宿、餐饮、文化娱乐、旅游、房地产、商品零售等。

4)公共服务业,包括政府的公共管理服务、基础教育、公共卫生、医疗以及公益性信息服务等。

(二)国际服务贸易

国际服务贸易(International Trade in Services)指的是不同国家之间发生的服务买卖与交易活动。这种服务是指以提供活劳动的形式而满足他人需要并获取外汇报酬的活动。从传统的进出口角度来看,当一国或地区的服务提供者向另一国或地区的服务需求者提供服务时,按照有偿自愿的原则取得外汇收入的过程,即为服务的出口;一国和地区服务需求者购买另一国和地区服务提供者的有效服务,即为服务的进口。

由关贸总协定在"乌拉圭回合"谈判中产生的《服务贸易总协定》则对国际服务贸易进行了更加明确的界定:"从一缔约方境内向任何其他缔约方境内提供服务;在一缔约方境内向任何其他缔约方消费者提供服务;一缔约方在其他任何缔约方境内通过服务的商业存在而提供服务;一缔约方的自然人在其他任何缔约方境内提供服务。"

《服务贸易总协定》对服务贸易下了较为准确的定义,服务贸易包括四种提供方式:跨境交付、境外消费、商业存在和自然人流动。

二、国际服务贸易的特点

(一)贸易标的一般具有无形性

国际服务贸易的交易对象即服务产品具有无形性,这就决定了国际服务贸易的无形性特征。与国际货物贸易的有形性相比,国际服务贸易所提供的服务,如金融、保险、运输、广告、律师、会计师等服务,均为无形交易。例如一个人出国讲学、出国演出、提供咨询服务等。如果不做广泛调查,边境人员是无法知道服务的出口或进口情况。当然,服务贸易有时是以有形商品为依托提供服务的,例如某位学者的演讲视频被制成音像制品进行销售,在物化服务的条件下,服务贸易也可表现为直观的、实实在在的商品交易。

(二)生产和消费的同步性、国际性和不可储存性

一般来说,服务贸易的交易过程与服务的生产、消费过程不可分割,而且常常是同步进行的,例如开演唱会,随着演唱会结束,服务也提供完毕,而作为服务消费者的听众消费也就完毕。在国际市场上服务产品的提供和消费同样不可分离。服务提供的过程就是服务消费的过程。这一同步进行、无法分离的特性,使参与贸易的服务产品的生产、交换与消费过程具有更加明显的国际性。国际货物贸易中的商品一般可以储存、运输,并通过进出口商批发、零售,最后到消费,因而具有非常明确的生产领域、流通领域和消费领域;而国际服务贸易所提供的服务是一种特殊商品,往往生产、销售与消费同时进行。

(三)国际服务贸易服务质量的差别性

国际货物贸易中货物的品质和消费效果通常是相同的,同一品牌的家电或汽车其品质和消费效果基本上没有差异。而同一种服务的质量和消费效果往往存在显著差别。这种差别来自供求两方面:第一,服务提供者的技术水平和服务态度,往往因人、因时、因地而异,他们的服务随之产生差异;第二,服务消费者对服务也时常提出特殊要求,他们对同种服务的体验也有所不同。所以,同一种服务的差异是经常存在的。

(四)国际服务贸易市场具有高度的垄断性

由于国际服务贸易在发达国家和发展中国家的发展严重不平衡,加上服务市场的开放涉及跨国银行、通信工程、航空运输、教育、自然人跨越国界流动等,它们直接关系到服务进口国家的主权、安全、伦理道德等极其敏感的领域和问题,因此,国际服务贸易市场具有很强的垄断性,受到国家有关部门的严格控制。

(五)保护方式的隐蔽性和灵活性

关税具有较高的透明度,可以通过贸易双方或多方的谈判达到减少限制的目的;而服务贸易较为特殊,由于国际服务贸易标的的特点,各国无法通过统一的国际标准或关税进行限制,更多的是通过国内的政策、法令等非关税壁垒来进行限制。国际服务贸易的保护通常采用市场准入和国内立法的形式,具有更高的刚性和隐蔽性。非关税壁垒措施也多种多样,可以针对某种具体产品特别制定实施,如技术标准、资格认证等,同时其涉及许多部门和行业,任何一种局部调整都可能影响国际服务贸易的发展。

三、国际服务贸易的分类

"乌拉圭回合"服务贸易谈判小组通过征求各谈判方的提案和意见,提出了以部门为中心的服务贸易分类方法,将服务贸易分为 12 大类,如表 8-2 所示。目前,WTO 关于服务贸易的 12 部门分类已为各成员方普遍接受,采用《服务贸易总协定》的这种标准分类成为一种惯例,加入 WTO 的新成员均按该分类做出具体的入世承诺。

表 8-2 《服务贸易总协定》的服务部门分类

序号	部门	分部门
1	商业服务	专业服务、计算机及相关服务、研究与开发服务、不动产服务、设备租赁服务、其他服务
2	通信服务	邮电服务、信使服务、电信服务、视听服务、其他通信服务
3	建筑服务	工程建筑设计、工程建筑施工、安装与装配、修饰与装潢、其他建筑服务
4	销售服务	代理机构服务、批发业务、零售服务、特许经营服务、其他销售服务
5	教育服务	初等、中等、高等及其他教育服务
6	环境服务	污染物处理、废物处理、卫生及相关服务
7	金融服务	与保险有关的服务、银行及其他金融服务
8	健康及社会服务	医疗服务、与人类健康有关的服务、社会服务及相关服务
9	旅游与相关服务	住宿餐饮服务、导游服务、旅行社及其他服务
10	文化、娱乐及体育服务	不包括广播、电影电视在内的剧场、图书馆、博物馆及其他文化服务和体育服务
11	交通运输服务	海运服务、内河航运服务、空运服务、空间服务、铁路运输服务、公路运输服务、管道运输、运输的辅助服务
12	其他服务	

四、国际服务贸易统计

国际服务贸易统计是对国际服务贸易的总体和各部门规模、国别规模及进出口流向、发展现状和趋势进行的定量描述。由于服务贸易自身所具有的不同于货物贸易的特点以及各国服务贸易发展水平和统计状况的不同,时至今日,世界上仍没有一套被各国公认并遵守的服务贸易统计体系。

(一) 国际服务贸易统计现状

目前,世界上广泛采用的统计方法主要有:国际收支统计(Balance of Payment,BOP)和外国附属机构服务贸易统计(Foreign Affiliates Trade in Services,FATS)。BOP 统计主要是反映跨境服务贸易情况,FATS 统计则反映的是非跨境服务交易的情况。

1. 国际收支统计(BOP 统计)

国际收支统计刻画了一国对外贸易和资本流动状况,具有一致性和国际可比较的特点。由于国际收支统计由来已久,方法比较成熟,同时和大多数国家的统计体系相匹配,所以成为世界公认的标准化的国际贸易统计体系。国际收支统计的对象包括服务贸易和货物贸易,并且侧重于货物贸易。是否跨越国境或边界是交易是否纳入国际收支统计的基本原则。国际服务贸易 BOP 统计就是将与服务贸易有关的实际交易数据进行重新汇总、整理和记录,从而形成一套针对国际服务贸易的专项统计。

国际收支统计存在着明显的不足:第一,服务贸易国际收支统计仅考虑服务的跨境交易,包括跨境交付、境外消费及自然人移动,没有反映当前世界服务贸易中占据主导地位的"商业存在"。这是因为,"商业存在"形式的服务交易双方均是法律意义上的同一国居民(当外国附属机构在一国设立的期限长于一年时);第二,传统的 BOP 统计无法满足《服务贸易总协定》有关国际服务贸易的新的部门分类法的统计需要。与《服务贸易总协定》划分的服务贸易 12 大类、155 个部门相比,BOP 统计无论是项目个数还是统计范围都有差距。

2. 外国附属机构服务贸易统计(FATS 统计)

FATS 统计反映了外国附属机构在东道国发生的全部商品和服务交易情况,包括与投资母国之间的交易、与所有东道国其他居民之间的交易以及与其他第三国之间的交易,其核心是非跨境商品和服务交易。FATS 统计又分为内向 FATS 统计和外向 FATS 统计两部分。外国在东道国投资的机构与东道国居民之间的服务交易为内向 FATS,东道国在境外投资机构与境外居民之间的服务交易为外向 FATS。

按照 WTO 的规定,外国附属机构的当地服务销售属于国际服务贸易,FATS 统计通过对外国附属机构的非跨境服务交易情况的统计,能够较好地衡量以"商业存在"方式提供的服务贸易状况,较好弥补了 BOP 统计在这一方面的不足。

不过,目前 FATS 统计也有其自身缺陷,如统计过程中调查反馈率低、调查覆盖面不均、统计方法创新性不足等。

(二) 中国的国际服务贸易统计

为建立符合国际规范的国际服务贸易统计体系,科学、有效地开展国际服务贸易统计工作,促进国际服务贸易健康发展,中国商务部、国家统计局于 2007 年联合发布了《国际服务贸易统计制度》,并于 2010 年、2012 年、2014 年对其进行了三次修订。在该制度的指导下,中国从 2010 年起开始开展服务贸易企业直报工作,对检测重点领域服务贸易企业进出口情况发挥了重要作用。2016年12月，中国商务部和国家统计局对2014年9月印发的《国际服务贸易统计制度》进行了修订，形成《国际服务贸易统计监测制度》，以完善国际服务统计监测、运行和分析体系。

【扩展阅读】

利用迪士尼乐园提升上海旅游服务质量

2011年4月8日，上海迪士尼乐园项目在浦东新区正式破土动工，项目直接投资额24亿元人民币，总投资将超过500亿元，成为中国现代服务业领域投资规模最大的中外合资项目。上海迪士尼将成为全球第六家迪士尼乐园，是上海继世博会之后的又一重大建设项目。作为世界级大型娱乐休闲主题公园，迪士尼乐园项目的落户，将为上海的经济建设、社会建设、文化建设和城市发展注入了一股新的活力。引进迪士尼是中国加入世界贸易组织（WTO）以来，在对外开放领域的又一次重大突破，迪士尼乐园将推动上海乃至中国在更大范围、更广领域、更高层次上参与全球竞争与合作，推动上海加快建设"四个中心"和"国际化大都市"，优先建成"世界著名旅游城市"。

如何充分利用迪士尼乐园落地的重大契机，全面提升上海旅游服务贸易发展质量，是上海今后一段时期内亟待着力思考、精心谋划、持续推进和全面落实的一项重要课题。

（资料来源：刘少湃等．利用迪士尼契机提升上海旅游服务贸易发展质量研究．上海经济，2012，5。）

第二节 当代国际服务贸易的状况与发展趋势

一、国际服务贸易

（一）国际服务贸易现状

作为国际贸易的重要组成部分，服务贸易在一国的经济活动中占据着越来越重要的位置，已日益成为一国产业结构调整和支柱产业战略替代的工具。

1. 新一代信息技术和专业化程度提高，促使服务贸易加速发展

自20世纪60年代以来，国际服务贸易开始加速发展。1979年，全球服务贸易以24%的增长速度首次超过了增幅为21.7%的货物贸易。20世纪80年代以来，为了应对全球市场竞争，跨国公司不断调整资源配置和公司经营战略，按照成本和收益原则剥离非核心的后勤与生产服务业务，再加上技术的快速发展，大大增强了服务的可贸易性，服务贸易增长异军突起，服务产品的生产也成为国际投资的重要领域。1980—2010年，全球服务贸易出口总额已经从3600亿美元扩大到36950亿美元，期间增长了10倍。随着2010年欧洲债务危机的爆发，国际货物贸易发展放缓，而国际服务贸易呈现出了抗风险能力，保持稳定增长。2011年世界服务进出口总额为80150亿美元，比2010年增长了10.6%。近年来，国际服务贸易增长波动比国际货物贸易增长波动较小，体现出国际服务贸易的抗风险性（见表8-3）。推动这一发展的两个基本因素是服务外包和可贸易性提高。前者主要是专业化、社会分工深化，推动制度安排的调整，进而产生了巨大的需求；后者主要是科学技术的应用，尤其是信息技术的导入，进而产生了巨大的供给。

表 8-3　世界贸易货物出口和服务出口对比表

项　目	金额（亿美元）	增长率（％）		
	2017 年	2015 年	2016 年	2017 年
货物出口	17165	-14	-3	11
服务出口	34815	-6	0	8

（资料来源：根据 WTO 的国际贸易统计数据库相关数据整理得出。）

2. 服务贸易结构进一步优化，资本、技术、知识密集化趋势日益明显

近年来，许多新兴服务行业从制造业中分离出来，形成独立的服务经营行业，其中技术、信息、知识密集型服务行业发展最快，其他如金融、运输、管理咨询等服务行业，在运用了先进的技术手段后，也在全世界范围内迅速发展，见表8-4。相应地，服务贸易在交易范围日趋扩大、服务品种不断增加的同时，其结构和竞争格局也发生了很大的变化，主要表现为：资本密集型、知识密集型服务迅速发展，居服务贸易的主导地位，而传统服务贸易整体份额趋于下降。世界服务贸易正逐渐由传统的以自然资源或劳动密集型为基础的服务贸易，转向以知识密集型或资本密集型为基础的现代服务贸易。

表 8-4　世界服务贸易出口部门构成

项　目	金额（亿美元）	增长率（％）			
	2017 年	2011 年	2012 年	2013 年	2017 年
运输服务	9315	9	1	2	9
旅游服务	13095	12	4	7	8
其他服务	28546	14	2	6	8

（资料来源：根据 WTO 的国际贸易统计数据库相关数据整理得出。）

3. 发达国家在国际贸易中占有主导地位，发展中国家地位不断上升

从服务贸易地区构成看，国际服贸易呈现出明显的不平衡性，主要集中在欧洲、北美和东亚三大地区，仅欧盟就占全球服务贸易总额近一半，如表8-5 所示。

表 8-5　2017 年世界主要服务贸易国家排名

排　名	国家（地区）	进　出　口		
		金额（亿美元）	占比（％）	增长率（％）
1	美国	13190	12.5	8.6
2	中国	6957	6.6	5.9
3	德国	6277	6.0	8.5
4	英国	5656	5.4	9.2
5	法国	4899	4.7	4.0

（资料来源：根据 WTO 的国际贸易统计数据库相关数据整理得出。）

4. 全球对外直接投资重点转向服务业，其他商业服务的贸易规模扩大

从全球对外直接投资流入的行业来看，2017 年以农业为主的第一产业仅仅占外资总额的1％，较2016 年的8％大幅下降；流向制造业的投资占43％；服务业依旧是吸引外国直接

投资最多的行业，流向服务业的投资占56%，相较于2016年的51%提高了5%，其中商业服务业和煤气及水的生产和供应业贡献最大，达1870亿美元和1490亿美元。2017年，全球其他商业服务出口比2016年增长8%，其中知识产权使用费的增长速度最快，2017年比2016年增长了10%。

5. 服务贸易全球化、自由化与贸易壁垒并存

各国产业结构的升级，必将不断推动服务贸易的发展，服务贸易的全球化、自由化是长期趋势。由于服务贸易的发展空间和盈利空间都很大，所以，在服务业具有较强垄断竞争力或相对竞争力的国家和地区会通过世界贸易组织和区域性贸易组织，积极推动服务贸易的自由化和全球化。与此同时，开放服务市场意味着大量要素的跨国移动，一些敏感性领域，如金融、保险、通信以及航空运输等，往往关系到输入国的主权和安全，各国必然对相应的服务进口进行限制。由于各国经济发展水平与阶段的不同，在国际分工中处于不同的地位，它们从服务贸易的自由化和全球化中获取的利益是不对等的。为保护国内弱势服务产业，国际竞争力较弱的国家往往对本国服务市场开放施加诸多限制，例如服务产品移动壁垒、资本移动壁垒、人员移动壁垒和商业存在壁垒。

（二）国际服务贸易发展趋势

1. 国际服务贸易发展迅速，未来发展速度将会超过货物贸易

国际服务贸易增长势头迅猛，国际服务贸易总额在全球贸易总额中的比重已超过1/5。随着国际服务贸易自由化的发展，各国将进一步开放服务市场，国际服务贸易也会进一步发展。国际服务贸易出口额从1980年的3670亿美元增加到1990年的7886亿美元，2013年的46443亿美元，2017年则高达53577亿美元。国际服务贸易在世界总贸易的比重从1980年的15%提高到1990—2000年的19.3%；2012年国际服务贸易在世界总贸易的比重为19.4%，2018年上升到22.9%，服务贸易出口规模已经达到货物贸易出口规模的1/4，服务业和服务贸易在一国经济活动中的地位日益重要。

2000—2010年，服务贸易年均增长速度为10%，货物贸易年均增长速度为11%，服务贸易增长速度略低于货物贸易增长速度；2011—2018年，服务贸易年均增长速度为4%，货物贸易年均增长速度为1%，服务贸易增长超过货物贸易增长速度，预计未来服务贸易发展速度将会继续超过货物贸易。

2. 国际服务贸易结构进一步优化，领域进一步扩大

其他商业服务仍然是国际服务贸易中的最大项目，旅游、运输等传统服务贸易部门保持稳定增长，但比重下降。1990年在国际服务贸易的出口中占第一位的是其他商业服务，比重为39%；占第二位的是旅游服务，比重为33%；占第三位的是运输服务，比重为28%。2003年国际服务贸易额中其他商业服务、旅游服务和运输服务的比重分别为49%、29%和22%。2017年国际服务贸易额中第一位的仍然是其他商业服务，比重为56%；其次是旅游服务，比重为26%；第三是运输服务，比重为18%。

传统的国际服务贸易主要集中在运输、旅游和劳务输出与输入领域。随着科技的发展，技术、知识密集型的服务行业发展迅速，增长最快的是知识产权使用费、其他专业服务等，其发展速度超过了运输、旅游等传统行业。2017年，国际运输出口额为9315亿美元，比2016年增长9%；国际旅游出口额为13095亿美元，比2016年增长8%；其他商业服务出口额为28546亿美元，比2016年增长8%，其中知识产权使用费的增长速度最快，比2016年增长10%。信息技术不仅大大提高了服务的可贸易性，同时也促进了服务生产的产业化，越来越多的会计、广告、营销、咨询、策划等各种专业服务公司应运而生，从而使服务贸易从运输、工程建筑等传统领域拓展到知识技术和数据处理等新兴领域。

3. 国际服务贸易发展不平衡，发达国家仍居主导地位

服务贸易基于服务经济发展，而服务经济的高度发展又离不开技术进步。因此，服务贸易的相对优势也如同货物贸易的相对优势一样，是由经济的发展和技术的进步决定的。由于发展中国家经济基础和技术水平比发达国家低，因此，发展中国家在国际服务贸易中的地位处于相对劣势。在全球服务贸易中，发达国家具有巨额的服务贸易顺差。

从服务贸易出口总量看，美国、英国等发达国家在世界服务贸易中占据主导地位。1980年以来，美国、英国、德国、法国和日本一直居服务贸易出口前 5 名。2017 年这 5 个国家服务贸易出口额合计占全球服务贸易出口总额的 38.7%，其中，美国占 12.5%，英国占 5.4%，而在服务贸易出口前 10 位国家中仅有中国和印度两个发展中国家。

4. 国际服务贸易自由化步伐将进一步加快，同时国际服务贸易壁垒将更加多样化

目前国际服务业产品多达 150 种以上，国际服务业的发展壮大，必然要求其产品在全球范围内实现自由贸易，要求各国开放服务贸易市场。在国际服务贸易自由化发展的同时，由于各国经济发展水平与阶段的不同，加之开放服务市场意味着大量要素的跨国流动，一些敏感性领域，如金融、保险、通信以及航空运输等，往往关系到服务贸易输入国的主权和安全，各国必然对相应的服务业进口进行限制。由于服务贸易的特殊性，关税保护方式并不适用于对服务贸易的保护，但为了保护本国的服务业，各国纷纷采取非关税壁垒措施，如政府对服务贸易的管理加强、采用政府采购和补贴的方式等。

《服务贸易总协定》及 1995 年 7 月 26 日世界贸易组织达成的《全球多边金融服务贸易协议》为国际服务贸易进一步实现自由化奠定了坚实的基础。在服务贸易具体承诺减让方面，发达国家在 149 个具体服务部门中做出了 64% 的承诺，而经济转型国家的承诺比例为 52%，发展中国家只有 16%，近年来各国承诺比例在逐渐扩大，但是发展中国家在服务贸易承诺方面远不如发达国家和经济转型国家，说明发展中国家的服务行业发展仍然落后，服务贸易壁垒仍旧很高。

WTO《贸易便利化协议》于 2017 年 2 月生效，已获 136 个成员批准。2012—2015 年，WTO 成员平均每月实施的贸易便利化措施从 16 项提高到 21 项，2017 年有所降低，为 11 项，措施包括消除或减少进出口关税、简化海关法规和流程、放宽市场进入的条件等；在此期间，WTO 成员平均每月实施的贸易限制措施从 13 项降低到 9 项，措施包括设置新的进出口关税、提高现有的进出口关税、实行进口禁令或数量限制、建立更复杂或更严格的海关规章或流程以及当地市场进入要求。

随着世界经济一体化的进一步发展，各国服务贸易的发展将面临更大的竞争和挑战，各国将会采取自由与保护相结合的服务贸易政策发展本国的服务贸易。

(三) 国际服务贸易迅速发展的动因

当代国际服务贸易迅速发展的根本原因在于世界经济结构发生了历史性的变化。20 世纪 60 年代起步的新科技革命加速了这种历史演变的进程，从而导致世界贸易结构和人们社会生活方式的改变。国际服务贸易快速发展主要有以下几个方面的原因。

1. 世界经济发展的不平衡是国际服务贸易迅速发展的基础

随着生产力水平的不断提高，一国的产业结构重心会逐步由农业经济过渡到工业经济，再由工业经济发展到服务经济。20 世纪 60 年代以来，主要西方工业化国家的国内经济重心向服务业偏移，服务业在国民生产总值或国内生产总值中的比重上升，新科技革命的介入为这种经济结构的转型提供了杠杆，从而加速了这一进程。世界经济发展极不平衡，发达国家输出的是技术密集型、资本密集型服务，而发展中国家输出的是劳动密集型服务。两者各具有优势，因而相互需求量也大。各国对服务需求量不等，导致了对国际服务的更大规模需求。因此，全球服务性产业的贸易总额才有了高速增长的潜力。

2. 国际货物贸易和国际直接投资迅速发展的带动

传统服务贸易同国际货物贸易紧密关联，会随着世界商品贸易的增长和自由化而在规模上扩大并在数量上增加，而国际投资的迅速扩大和形式多样化，同样会使得广义服务贸易项目的投资收益（股息、利息、利润）流量扩大。

第二次世界大战后的半个多世纪以来，国际商品贸易流量就开始不断扩大。在商品贸易高速增长的带动下，同货物进出口直接关联的传统服务贸易项目，如国际运输服务（海运、陆运和空运）、国际货物保险、国际结算服务等，都相应地在规模上、数量上成倍增长。跨国公司的全球经营战略和国际性的专业化生产，使得与跨国经营相配套的金融服务、运输服务、咨询服务、商业活动、信息服务和专业化服务随之跨越国境，带动了跨国服务企业跨国境服务贸易活动的发展，使世界服务贸易额快速增长。

3. 全球经济一体化

全球经济一体化，使一体化成员间的贸易壁垒逐渐减少，极大地促进了一体化成员之间服务贸易的发展和国际服务贸易的增长。《服务贸易总协定》的生效，为全球范围的国际服务贸易的发展制定了法律框架，有利于进一步规范国际服务贸易活动。

4. 科学技术促进了服务贸易的繁荣

科学技术自身也是服务贸易的主要内容之一。科学技术在经济发展中的作用日益明显，各国为了增强自身的国际竞争力纷纷加强了研究和开发投入，并积极从国外购买先进技术，国际技术贸易已成为服务贸易的重要内容之一，如专利、咨询、金融工程等服务。科学技术的发展还改变了原有的服务性质，使得越来越多的以前"不可贸易"的服务变成"可贸易"的服务，物化了服务产品。科学技术的发展产生了众多的新型服务部门，国际互联网络和电子数据交换技术的发展创造了电子商务这一崭新的服务部门；科学技术的发展促进了劳动力要素在国际上的流动，特别是第三次科技革命，加速了科技人员和其他服务人员的国际流动。

5. 需求方面的原因

服务产业的发展，一般是从满足生产的需要开始，即围绕实物产品的生产和流通提供服务，然后扩展到为人们的生活服务。服务产业的产生源自商业，接踵而来的是运输业、旅游业、餐饮业、人员流动服务。服务业基本上属于绿色行业，污染小，能源消耗少，随着人们对环境和可持续发展的关注，各国政府开始大力发展服务业。另外，服务业还可以解决就业和平衡国际收支。服务业无论是过去、现在或将来，在各国都是作为吸纳劳动力人数最多的一个产业，也是各国创造中高收入阶层的一个产业。

6. 各国政府鼓励和支持服务业和服务贸易的发展

服务业在维护一国经济和政治利益方面处于重要的战略地位，服务贸易成为国际化大生产的必要条件和国际经济生活的一个重要方面。许多国家采取各种政策，鼓励和支持本国服务业和服务贸易的发展，从而推动了整个国际服务贸易的发展，如建立服务业自由贸易区、鼓励外资在某些服务业投资、提供财政支持、建立和改善服务基础设施等。

二、中国服务贸易

（一）中国服务贸易发展概况

改革开放以来，中国国内服务业和对外服务贸易获得了前所未有的快速发展，日益成为国民经济的重要组成部分。当然，由于中国服务业发展起步晚，国内服务业水平相对滞后于其他产业，尤其与发达国家相比还有很大差距，因此中国对外服务贸易也尚处于初级阶段，提升服务贸易发展水平仍然有相当广阔的空间。具体而言，中国服务贸易发展具有以下特点：

1. 服务贸易规模迅速扩大，但规模相对较小

改革开放前，中国仅有少量的对外援建和入境旅游等服务贸易。改革开放以来，服务贸易发展进入"快车道"。2018 年，中国服务贸易规模再创历史新高，连续 5 年保持全球第二位。1982—2018 年，服务进出口总额从 46.9 亿美元提高到 7919 亿美元，年均增长 15.3%。其中服务贸易出口金额为 2668.4 亿美元，年均增长 14.6%；进口金额为 5250.3 亿美元，年均增长 10%。近年来，中国不断加快服务业开放步伐，积极推动服务贸易自由化和便利化。在中国服务贸易规模迅速增长的大背景下，中国服务贸易发展规模相对不足，占中国整体外贸比重偏小。2018 年，中国服务进出口占进出口总额的比重为 14.6%，较 2012 年提高 3.5%，服务贸易成为对外贸易发展的"重要引擎"。虽然世界平均比重为 20.9%，中国远低于世界平均水平，但是仍有很多潜力挖掘。

2. 服务贸易行业结构日趋优化，但仍不平衡

中国的服务贸易以传统的服务贸易行业为主体，高附加值服务贸易行业增速迅猛。运输、旅游是中国服务贸易传统进出口行业，在服务贸易进出口总额中的比重合计超过 50%，在国际竞争中具有比较优势，是促进服务贸易总量增长的主要动力。

2017 年，三大传统服务业（运输、旅游、建筑）进出口总额为 30810.2 亿元，占服务贸易总额的 65.6%，比 2016 年下降 1.1 的百分点。其中，得益于货物贸易恢复增长，运输服务进出口额增长 15.5%，规模达 8784.4 亿元。旅行服务贸易规模较上年下降 2.4%，规模达 19831 亿元，在服务贸易总额中所占比重为 42.2%。建筑服务进出口规模创历史新高，达 2194.8 亿元，增速为 55.7%，其中出口增速高达 91.4%。新兴服务贸易进出口普遍快速增长。其中，电信、计算机和信息服务进出口增长 22%，个人、文化和娱乐服务增长 23.8%，维护和维修服务增长 16.2%。知识产权使用费服务进出口额增长 34.7%，知识产权使用费进口额接近出口额的 6 倍，逆差规模扩大至 1608.5 亿元，比上年增长 6%。2017 年服务进口额中比重最大的三类是旅行、运输和其他商业服务。其他商业服务取代建筑业成为服务贸易进口额第三大服务类别。

3. 中国服务贸易长期处于逆差地位

中国服务贸易在 20 世纪 80 年代一直存在着顺差，而进入 20 世纪 90 年代后，除 1994

年有 5 亿美元的顺差外，每年都是逆差，并且逆差呈不断扩大的趋势，这与中国货物贸易连年顺差正好相反。2010 年中国服务贸易逆差达 221 亿美元，是世界服务贸易出口前 10 位国家中 3 个出现逆差的国家之一，维持最大逆差的来源是运输服务、保险服务与专有权利使用费和特许费。到 2013 年，中国服务贸易逆差进一步扩大至 1184.6 亿美元。2018 年，服务贸易逆差 1761 亿元人民币。中国服务业发展的基础相对薄弱，出口竞争力一直不强，但是，分行业看，各部门贸易差额情况又有所不同，出国旅游、留学等居民普通需求是中国国际服务贸易的重要输出项，具有较强的季节性因素。

4. 中国服务贸易地区性差异较大

中国不同地区服务业发展水平存在着明显的差异，东部沿海地区的服务业发展水平明显高于中西部地区，而且在东部沿海地区，不同省市之间又存在较大的差异。最为发达的北京、上海、广东等省市的工业化任务基本完成，服务业发展结构正由传统服务业为主开始向现代服务业为主转变，金融、物流等生产性服务业在经济发展中的带动作用显著增强，这些地区的信息咨询、商务服务、计算机服务和软件业等新兴服务业增长迅速，这些行业已逐步成为这些地区服务业和服务贸易发展的主力军。近年来，尽管中西部地区服务业发展速度较快，其增速与东部地区相比，差距已大为缩小，但其服务业发展的社会化、市场化程度不高，仍然以批发零售业、交通运输仓储和邮政业等传统服务业为主体，发展层次较低，这些地区服务贸易占全国服务贸易进出口总额的比重仍然较低。

5. 中国服务贸易出口额占世界服务贸易出口额比重偏低

从全球贸易发展态势看，全球服务贸易出口的比例稳中有升，从 1982 年的不足 20% 提升到 2017 年的 51%。2017 年，世界服务贸易出口总额为 53512 亿美元，中国服务贸易出口额为 2281 亿美元，同比增长 9.5%，中国服务贸易出口额占世界服务贸易出口总额的比重为 4.3%，占比偏低。

6. 服务贸易的管理较为落后

现阶段，中国服务贸易管理体制还存在许多缺陷，服务贸易政策缺乏透明度，政府对于服务贸易发展的认识不足，主要表现在：管理体制不顺；缺乏相关准则和法律；没有系统分析和研究；统计不规范；服务业有关职能部门在对外贸易管理上责任不明确。

（二）中国服务贸易发展动因

1. 人民币国际化助推中国服务贸易发展

自从加入 WTO 以来，中国的国际贸易飞速发展，规模不断扩大，"中国制造"走遍全球。近年来，中国的经济实力显著增强，对外贸易长期保持顺差。2017 年，中国经常账户顺差 1720 亿美元，资本和金融账户逆差 91 亿美元。中国国际收支顺差一直呈现较快的增长趋势，积累了大量的外汇储备。截至 2018 年 5 月，中国外汇储备仍然高达 31106 亿美元。随着中国国际贸易的不断扩大，人民币的使用也越来越频繁，使用范围也越来越广。同时，为了避免国际金融动荡对中国金融市场的冲击，摆脱对世界货币如美元的依赖，提高人民币的独立性，人民币国际化就成为中国经济发展的必然趋势。

2. 中国对高端服务产业需求增强

从企业的角度看，中国制造业面临服务化、创新化、集群化的转型。这是企业升级、转型和可持续发展不可或缺的重要方式，企业有强烈的对知识或技术密集型产业和品牌的追求。

从居民的角度看，中国的国际运输服务、旅游、建筑服务发展较快，2018年，出口总额分别为423亿美元、394.5亿美元和265.8亿美元，比2016年增长19.2%。这主要因为中国居民可支配收入增加和出境消费能力增强。

3. 跨境电子商务快速发展

跨境电子商务是指分属不同关境的交易主体，通过电子商务平台达成交易、进行支付结算，并通过跨境物流运送商品、完成交易的一种国际商业活动。2017年中国跨境电商交易规模为7.6万亿元人民币，同比增长13.4%。随着中国自由贸易区的扩容和建设，跨境电商中的服务业，如金融服务、咨询、物流产业等将呈现快速发展的态势。

4. 服务贸易支持政策体系得到加强

近年来，中国政府不断创新支持服务贸易的政策措施，积极扩大服务业开放，对服务贸易发展起到了较好促进作用。中国政府在财政、税收方面出台支持服务外包发展的政策措施，大力保护知识产权，鼓励服务贸易企业开展技术创新，推动金融机构为服务贸易企业提供更好服务。2014年8月，国务院发布了《关于加快发展生产性服务业，促进产业结构调整升级的指导意见》，提出进一步放开生产性服务业领域市场准入，营造公平竞争环境，引导外资企业来华设立生产性服务业企业、各类功能性总部和分支机构、研发中心、营运基地等。

【扩展阅读】

中医药服务贸易发展面临的机遇和挑战

2015年10月，中国药学家屠呦呦凭借青蒿素治疗疟疾新疗法的研究成果，获诺贝尔生理学医学奖。中医药在国际上的认可和接受程度达到了新的高度，中国中医药服务贸易的发展面临天时地利人和的大好时机。因此，国家应抓住机遇，找出症结，出台政策，带动中国中医药服务贸易发展更上一层楼。

目前，中国中医药已传播到世界上171个国家和地区，针灸在103个国家明确使用。境外消费者来华进行中医诊疗、养生保健以及中医药教育培训蓬勃发展，海外明确了中医药特别是针灸的法律地位的国家日渐增多，中医药服务发展势头良好。

尽管面临发展的重大机遇，但中国中医药服务贸易的发展依旧面临不少突出的问题和挑战，阻碍了中医药服务贸易的做大做强。中国中医药服务贸易必须创新发展路径，实行"引进来"和"走出去"并举的方针。加快中医药服务贸易与互联网等新技术的融合，创新中医药发展和服务模式，积极为境外消费者提供中高端的中医药诊疗、中医药养生保健服务。推进中医药和旅游紧密合作，吸引境外消费者来华进行中医药旅游。打造多层次的中医药国际教育合作，吸引海外留学生来华接受包括学历教育、非学历教育、短期培训和临床实习等各类教育。同时，扶持市场开拓能力强的中医药服务贸易企业到境外开办医院、诊所、学校等机构，依托国家的"一带一路"倡议，积极促进国内企业到沿线国家和地区设立中医药服务贸易机构。当前，由于海外普遍对中医药服务存在较高的准入壁垒，因此，当前中医药服务贸易发展路径应以"引进来"模式为主，通过引进来不断提升中国中医药在国际上的声誉和知名度，为中国中医药服务贸易企业"走出去"创造更好的条件。

（资料来源：聂平香. 我国中医药服务贸易发展路径选择及对策. 国际贸易，2016，5。）

第三节　国际服务贸易壁垒与《服务贸易总协定》

随着国际服务贸易的发展，服务贸易在各国经济中的地位日益重要，在对外经贸中发挥越来越重要的作用，因而各国都十分重视本国对外服务贸易政策措施的制定，使得服务贸易政策成了各国对外经济政策的重要组成部分。同国际商品贸易一样，国际服务贸易领域也存在着自由主义和保护主义两种不同的观点，即表现为自由贸易政策与保护贸易政策。不过，与国际商品贸易政策相比，各国政府有关服务贸易的政策措施更为错综复杂。

一、国际服务贸易自由化

服务贸易自由化是指在国际服务贸易中尽量减少进口的障碍，为服务贸易的交易提供一个良好的国际环境。由于服务具有不可储存性和无形性，政府不能通过海关进行监管，也不能用关税措施加以控制。因此，服务贸易自由化的目标是更加广泛和全面的市场开放，即服务产品市场、服务投资市场和服务劳动力市场同时开放，这样才能更大程度地消除贸易障碍，其实现手段不是削减关税，而是通过谈判，谋求各缔约方政府修改国内法律法规，减少对服务贸易的限制。

(一) 服务贸易自由化的理论基础

虽然商品的国际贸易与服务的国际贸易有很大的差异，但赞成商品国际贸易的理由同样也适用于国际服务贸易。

即使单纯考虑国际商品贸易，服务贸易的自由化也是十分重要的。大量追加型服务贸易，如国际运输、广告、维修服务等都是与商品的国际贸易密切相关的，特别是在非价格竞争的今天，这些追加型服务对国际商品贸易的意义更为重要。另有些服务如金融服务、保险服务、技术服务、电力服务等则属于商品生产不可缺少的投入，直接影响着商品生产和成本高低，这种国际服务贸易的发展会加速资源流动，提高生产部门效率，降低成本，从而促进国际商品贸易的发展。服务贸易自由化本应包括所有服务贸易形式，但由于不同国家在服务贸易的相对优势不同，所以在经济活动中各自的政策重心也不同。以美国为首的发达国家最为关心的是国际服务贸易中增长最快的领域——生产者服务贸易的自由化，如银行、保险、咨询、会计、计算机软件和数据处理，以及其他专业性服务的贸易自由化；而发展中国家则侧重劳动力的流动问题。因此在国际服务贸易领域就形成了这样一种局面，即：各国都对其强势服务部门实行自由化政策，对弱势服务部门则实施保护政策。

(二) 自由贸易与经济效率

自由贸易能促进国际分工，提高劳动生产率，增加社会财富。这在古典贸易理论早已被证实。经济有效率实质上是描绘这样的一种状态：一个行业以最小社会成本生产一定质量的产品；该行业产品的价格与其社会成本之间近似无差异，即生产者与消费者共同使他们的福利实现帕累托最优，以至于不可能改善其中一个经济成员的福利而不损害其他经济成员的利益。经济有效率并不要求所有国家都采用最先进的生产技术。考虑到不同国家不同的要素价格，经济效率要求各国对生产技术的选择应该反映其要素禀赋的稀缺程度。经济无效率可以指未达到最优的投入产出组合，比如不发达国家盲目投资资本技术密集型设备有可能导致低效率，因为缺乏训练有素的操作人员和充裕的资本。贸易自由化之所以能够提高劳动生产率，主要是因为它能够排除合格生产者进入市场的障碍，刺激那些有能力提供优质服务的厂商扩大生产规模，同时迫使那些能力有限的厂商退出市场，所以贸易自由化是实现规模经济、提高经济效率的途径之一。

另外贸易自由化还能够改变厂商经营的市场条件，包括运用技术和投资的动机等，促进创新和技术变革。因为自由贸易比保护贸易提供更多的学习和创新的机会，这对企业家学习和创造新技术、新方法，提高企业出口或与进口竞争等都提供了更大的激励。新增长理论强调提高生产率的四个内生变量：提高专业化程度带来的收益、人力资本存量增大带来的收益、"干中学"带来的收益以及投资增长带来的收益。在这四个内生变量中，正的外部性导致更高的生产增长率。当然贸易自由化只是为厂商运用技术和投资提供了外部条件，从而加速厂商的创新活动，刺激经济效率的提高。

二、国际服务贸易壁垒

（一）服务贸易壁垒产生的原因

首先，一国采取服务贸易保护政策是维护国家经济利益，保护国家经济安全的需要。这一点和商品贸易保护的动机是相同的。因为许多服务部门在经济中具有十分重要的地位，因而各国政府对服务业有着更强烈的保护愿望，交通运输业、通信业、电力业、金融业等服务行业都属于一国经济的关键部门，控制了这些部门，实际上就等于控制了这个国家的国民经济，该国经济的独立性就会丧失。国际服务贸易涉及的另外一个经济问题，即国际贸易引致的专业化利益和经济独立性问题。专业化分工固然可以给各国带来一定的利益，但在国民经济结构中，有些部门是必不可少的，这些部门缺乏自立能力，一国经济的独立性就会受到极大的威胁。而一国经济的基础产业和主导产业如果为外国所控制，则其经济结构将在很大程度上取决于外国经济的需要，这就会导致所谓"依附经济"的产生。在这种经济中，一国的经济及对外贸易的发展对其本国居民来说实际利益是十分有限的，从而出现所谓的"贫困化增长"或"没有经济发展的增长"。

其次，导致服务贸易保护主义的另一个主要原因是基于政治、文化上的考虑，这是服务贸易保护主义不同于商品贸易保护主义的一个很重要的方面。有一些服务部门，如教育、新闻、娱乐、影视、音像制品等，虽然并非国民经济命脉，但却属于意识形态领域。任何国家的政府都希望保持本国在政治、文化上的独立性，限制外国文化的大量进入，因此对这些部门也进行保护或设置市场进入障碍，不希望为外国资本所控制。

（二）服务贸易壁垒的含义

服务贸易壁垒是指一国政府对国外生产的服务销售所设置的有障碍作用的政策措施。由于服务贸易的无形性，它的流动既不能为一国关境所监管，也不能为海关统计所反映。因此对服务贸易的流动，不能像对货物贸易流动那样借助关税壁垒来加以限制，而只能借助非关税壁垒来限制。

（三）服务贸易壁垒的种类

按"乌拉圭回合"谈判采纳的方案进行划分，一般可以将限制服务贸易自由化的壁垒划分为两大类别：影响市场准入的措施和影响国民待遇的措施。

1. 影响市场准入的措施

影响市场准入的措施是指那些禁止或限制外国商人进入本国市场从而抑制国内市场竞争

的措施。这些措施主要包括以下几类：

（1）对交通运输、广播电视、大众传媒、电信等对国家安全、领土主权、宣传舆论和文化等具有重大影响的服务部门或企业，禁止或完全禁止外国直接投资的进入。

（2）有偏向性地限制某类投资方式。如禁止或限制采用企业吞并、兼并手段的条款，防止外国服务企业兼并国内相关企业。再如在中国建筑及相关工程服务业，仅限于合资企业形式；近海石油服务、地下勘测服务，仅限于与中国企业合资或合作的方式开采石油。

（3）对服务业外来投资规定其在企业中的最高所有权比例。如中国的海运代理服务，仅限设立合资企业形式，外资股权比例不得超过49%；电影院服务外资不得超过49%。

（4）对服务业投资地域和企业数量的限制。如中国在2001年入世时承诺在五年内分批增加允许外资银行经营人民币业务的城市，直至2006年全部开放。

2. 影响国民待遇的措施

影响国民待遇的措施是指有利于本国企业、但歧视外国企业的措施，包括为国内生产者提供成本优势，或增加外国生产者进入本国市场的成本。一般来讲，国民待遇原则是国际贸易通行的原则，但是，《服务贸易总协定》却没有将它作为一项普遍义务而是作为一项特殊义务规定下来，因此各国可以根据本国具体情况做出不同的规定。一国的国民待遇措施中很多是影响跨国服务企业进行海外投资的关键因素。目前各国在国际服务贸易中的国民待遇原则方面存在的主要限制措施有：

（1）对经营范围和介入当地金融市场的限制。例如法国限制投资业务只能占自有资金的10%，日本和加拿大不允许外国银行进行工商业投资。

（2）对企业经营业绩的要求。主要有：当地成分、出口、技术转让、国内采购、贸易平衡、就业人事和培训要求，且该要求主要集中在就业和技术转让两个方面。

（3）对外汇管理的规定。这主要涉及对外汇款和利润汇回，如巴西对非生产性服务业的利润汇出规定不得超过注册资本的8%。

（4）对服务提供者人事资格的限制。如中国规定，外国律师事务所在华代表处不得雇佣中国国家注册律师。

三、《服务贸易总协定》

《服务贸易总协定》（General Agreement on Trade in Services，GATS）作为世界上第一个多边服务贸易协定，其对全球服务贸易自由化的发展具有里程碑意义。

（一）《服务贸易总协定》的产生背景

第二次世界大战以来，特别是新科技革命至今，服务业在各国的国民经济中的地位逐步上升，发达国家更是如此。许多发达国家的服务部门占其GDP的比重在1970年就已经达到了60%。与此同时，随着经济全球化不断深入，国际分工细化和贸易与投资自由化的趋势日渐明显。国际商品、服务以及资本、技术、信息等各种要素部分实现自由流动和配置，使得各国经济相互影响，国际服务贸易获得了突飞猛进的发展，有些年份已超过货物贸易的发展速度。

20世纪70年代初，国际服务贸易作为独立的领域开始得到关贸总协定及其成员的关注，作为世界上服务业发展水平最高、服务贸易出口最多的国家，美国在服务贸易始终保持顺差，其急切期望通过双边或多边的谈判磋商推动和早日实现区域或全球服务贸易自由化。

欧洲众多发达经济体起初对美国的倡议表示担忧，但伴随其对外服务贸易竞争力的日渐提高，明确表现出对美国的坚定支持。日本虽然总体上服务贸易呈现逆差状态，但为了改善同美国持续紧张的货物贸易关系，仍然加入了以美国为首的服务贸易自由化阵营。这样，发达国家基本统一了通过多边谈判机制加快推进国际服务贸易自由化的认识和决心。

大多数发展中国家最初并未积极响应美国积极推动的服务贸易自由化谈判，由于自身服务业发展尚处于幼稚阶段，尤其是金融、保险、咨询等资本、知识密集型行业一时较难参与国际竞争，加之部分服务业涉及国家经济安全、国民意识形态等敏感问题，发展中国家普遍反对快速的服务贸易自由化。但随着发达国家在服务贸易自由化问题上达成共识，发展中国家对此的态度也由坚决抵制出现了松动。发展中国家意识到参与制定一个全面多边的服务贸易规则，有利于它们在其中体现自身利益，还有助于其利用这样的规则，预防发达国家在这一新的贸易领域对它们采取单方面的行动，或是防止在区域贸易安排中出现对自身不利的歧视性做法。在双方的共同努力下，服务贸易作为崭新议题被纳入"乌拉圭回合"多边谈判议程，从此开启了多边协定约束下世界服务贸易发展的新阶段。

（二）《服务贸易总协定》的产生过程

《服务贸易总协定》的产生过程可以具体分为如下三个阶段：

1. 第一阶段

第一阶段从1986年10月27日"乌拉圭回合"服务贸易谈判正式开始到1988年12月中期审议前为止。这一阶段谈判的主要内容包括：服务贸易的定义；适用服务贸易的一般原则与规则；服务贸易协定的范围；现行国际规则、协定的规定；服务贸易的发展及壁垒等。在这一阶段，各国的分歧很大。其分歧主要集中在对国际服务贸易如何界定的问题上。发展中国家要求对国际服务贸易采用比较狭窄的定义，将跨国公司内部交易和诸如金融、保险、咨询、法律规范服务等非跨越国境的交易排除在外面，而美国等发达国家主张使用较为宽泛的定义，将所有涉及不同国民或国土的服务交易都归为国际服务贸易范畴。多边谈判最终采取了欧共体的折中意见，即不预先确定谈判的范围，根据谈判的需要对国际服务贸易采取不同的定义。

2. 第二阶段

第二阶段从1988年12月中期审议开始到1990年6月为止。在加拿大蒙特利尔举行的中期审议会上，谈判的重点集中在透明度、逐步自由化、国民待遇、最惠国待遇、市场准入、发展中国家更多参与、保障条款和例外等服务贸易的基本原则，而此后的工作主要集中于通信、建筑、交通运输、旅游、金融和专业服务各具体部门的谈判。绝大多数的发达国家认为，服务贸易的有关协定谈判能否成功的关键就在于"乌拉圭回合"谈判结束以后，各参加方能否承担相同的义务。美国等发达国家成员明确表明"搭便车"是不能被接受的，而且一些发达国家还认为谈判的进展过于缓慢，他们希望能够在1990年取得突破。

发达国家和发展中国家的一些代表团向服务贸易谈判组分别提出了自己的多边框架方案，阐述了各自的立场和观点。其中，1990年5月4日，中国、印度、喀麦隆、埃及、肯尼亚、尼日利亚和坦桑尼亚七个亚非国家向服务贸易谈判组联合提交了"服务贸易多边框架原则与规则"的提案，对最惠国待遇、透明度、发展中国家更多参与等一般义务及市场准入、国民待遇等待定义务做了区分。

"亚非七国提案"主张在确立多边原则和一般义务的前提下，就各具体部门进行谈判，以部门协定的形式推进本部门的服务贸易自由化进程，那些没有达成一致的部门暂时不实行贸易自由化，这种类型被称为"肯定清单"模式。后来，《服务贸易总协定》的文本结构采纳了"亚非七国提案"的主张，并承认成员方发展水平的差异，对发展中国家做出了很多保留和例外，这在相当程度上体现了发展中国家的利益和要求。

3. 第三阶段

这一阶段从1990年7月《服务贸易总协定》框架内容的基本确定到1993年12月最终达成《服务贸易总协定》为止。1990年12月的布鲁塞尔部长级会议上，服务贸易谈判组修订了"服务贸易总协定多边框架协定草案"文本，其中，包含海运、内防水运、公路运输、空运、基础电信、通信、劳动力流动、视听、广播、录音、出版等部门的草案附件，但是，由于美国与欧共体在农产品补贴问题上的重大分歧而没有能够最终结束谈判。

经过进一步的谈判，在1991年年底形成了《服务贸易总协定》草案。该草案包括6个部分、35个条款和5个附件，规定了最惠国待遇、透明度、发展中国家更多参与、市场准入、争端解决机制等重要条款，基本上确定了服务贸易协定的结构框架。经过各国的继续磋商谈判，协定草案根据各国的要求进一步修改。1993年12月5日，最终通过了《服务贸易总协定》。

1994年4月15日，各成员方在马拉喀什正式签署了《服务贸易总协定》，该文本在总体结构和重要内容上，对框架协议草案并没有进行重大的改变，只是在部分具体规范上有所调整。《服务贸易总协定》的最后文本包括6个部分、29个条款和8个附录，它于1995年1月1日正式生效。至此，长达8年的"乌拉圭回合"谈判终于正式结束，《服务贸易总协定》作为多边贸易体制下规范国际服务贸易的框架性法律文件，它是服务贸易自由化进程中的一个重要里程碑。

（三）《服务贸易总协定》的内容

1. 结构

作为第一部具有法律效力的国际服务贸易多边规则，《服务贸易总协定》最终文本由四个主要部分组成：第一部分是序言和正文，序言说明了缔结该协定的宗旨、目标和总原则，正文又包括6个部分29个条款，规定了有关服务贸易的原则、规则与一般定义和范围；第二部分是8个附件，具体明确了航空、金融、海运、电信等较复杂的服务业部门的定义、范围、原则与规则，包括正文第二条的最惠国待遇豁免清单；第三部分是在"肯定列表"的基础上，各国做出的关于市场准入和国民待遇的部门"承诺细目表"；第四部分是部长级会议决定与谅解等。

2. 目标和宗旨

《服务贸易总协定》的序言阐述了该协定的目标和宗旨，具体表现在：

第一，鉴于国际贸易对世界经济发展日益增长的重要性，谈判各方希望在透明度和逐步自由化的条件下，建立一个有关服务贸易的原则和规则的多边框架，以促进贸易各方的经济增长和发展中国家的经济与社会发展。

第二，在尊重各国政策目标的前提下，本着在互利的基础上增加各参与方利益的目的和确保各方权利和义务的宗旨，希望通过多轮多边谈判以促进服务贸易自由化的早日实现。

第三，希望能通过增强其国内服务业能力、效率和竞争性来促进发展中国家更多参与国际服务贸易，促进其服务出口的增长。

第四，对最不发达国家在经济、发展、贸易和财政需求方面的特殊困难予以充分的考虑。

3. 范围与定义

《服务贸易总协定》第一条对服务贸易下了较为准确的定义，服务贸易包括以下四种提供方式：

（1）跨境提供。跨境服务是指从一缔约方境内向境外任何缔约方提供服务。如在远洋运输、国际航空运输中服务提供者和消费者分处不同国家。这是典型的跨国界可贸易型服务，是国际服务贸易的基本形式。

（2）境外消费。境外消费是指在一缔约方境内向任何其他缔约方的服务消费者提供服务，诸如涉外旅游服务、为外国病人提供医疗服务等。

（3）商业存在。商业存在是指一缔约方在其他缔约方境内通过分支机构提供服务，即服务提供者在外国建立商业机构为消费者服务。例如，一缔约方在其他缔约方开设百货公司、银行、保险公司等。这种服务贸易往往与对外直接投资联系在一起。

（4）自然人流动。自然人流动是指一缔约方的自然人在其他任何缔约方境内提供服务。如歌唱家等文艺工作者到其他国家或地区去演出等。

4. 普遍义务与原则

这是《服务贸易总协定》的核心部分之一，包括第2条到第15条共14条的内容，规定了各成员的普遍义务与原则，本部分条款是签约各方必须遵守的。

（1）最惠国待遇。最惠国待遇义务普遍适用于所有的服务部门，要求成员方之间相互给予最惠国待遇。但《服务贸易总协定》规定一个成员可以在10年的过渡期内维持与最惠国待遇不符的措施，但要将这些措施列入一个例外清单。

（2）透明度。《服务贸易总协定》要求任何成员除非在紧急情况下应立即，最迟在其生效前，公布所有有关或影响本协定执行的相关措施。成员也应公布其签署参加的有关或影响服务贸易的国际协定。每一个成员应至少一年一度地对本国新法规或现存法规的修改做出说明介绍，并对其他成员的询问做出迅速的答复；任何成员都可以向他方通知另一成员所采取的影响《服务贸易总协定》执行的任何措施，但其绝密信息可以不加以透露。

（3）发展中国家的更多参与。此原则包括三层含义：第一，有关成员应做出具体承诺，以促进发展中国家国内服务能力、效率和竞争性的增强；促进其对有关技术信息的获取；增加产品在市场准入方面的自由度。第二，发达国家应在《服务贸易总协定》生效后的2年内建立"联系点"，使发展中国家的服务提供者更易获取有关服务供给的商业和技术方面的信息，有关登记、认可和获取专业认证方面的信息，服务技术的供给方面的信息。第三，对最不发达国家予以特殊优惠，准许这些国家不必做出具体的开放服务市场方面的承诺，直到其国内服务业具有竞争力。

（4）经济一体化。本条款的主要内容是：不阻止各成员参加有关区域性的服务协议，但有关区域性协议不阻碍服务贸易自由化的推进；对发展中国家之间的有关协议采取较为灵活的政策，允许其按发展水平达成某些协议；参加有关协议的各方对该协议外的国家不应采取提高壁垒的措施；任何成员决定加入某一协议或对某一协议进行重大修改时，都应迅速通知各成员，而各成员应组成工作组对其进行检查；如果某一成员认为某个协议损害了自己的利益，则通过贸易争端机制解决。

(5) 尊重国内法，同时要考虑其他成员方利益。第一，表示对国内规定的尊重，赋予各国以一定的权利，其中，包括引进新规定来管理服务的权利。准许发展中国家设立新的规定，如某些部门为了实现国家政策目标而采取垄断性的措施；又如对服务和服务的提供者提出要求，使其符合某些规定，但这类要求必须建立在合理、客观和非歧视的基础之上，不能给国际服务贸易带来负担和阻碍。第二，对各成员提出了一些义务要求。例如，要求各方建立起司法、仲裁、管理机构和程序，以便对服务消费者和提供者的要求迅速做出反应，并要求各成员对服务提供授权的申请迅速做出决定；各成员不应利用移民限制措施来阻碍《服务贸易总协定》的实施。

(6) 相互认可。任一成员可以与其他成员就某些有关服务提供的准则达成协议，以促进国际服务贸易的发展。而这些协议应该可以允许别的成员加入，其执行也应建立在合理、客观和公正的基础上。另外，协议的参加方应在协议生效之后的 12 个月之内就其协议内容通知各成员，而有关协议的任何重大修改也应及时通知各成员。

5. 具体承诺

(1) 市场准入。在市场准入方面，各成员应给予其他成员的服务和服务提供者以不低于其在具体义务承诺表上已同意提供的待遇，包括期限和其他限制条件。若某一成员的具体义务承诺表上给出了不止一种的有关服务提供的准入途径，那么，别的成员的服务提供者可以自由选择其愿意接受的那一种。该条款要求在承担市场准入义务的部门中，原则上不能采取数量限制的措施阻碍服务贸易发展。

(2) 国民待遇。《服务贸易总协定》第 17 条规定：在不违反本协定的有关规定，而且在其具体承诺义务表上的条件和要求相一致的条件下，每一成员应该在所有影响服务供给的措施方面，给予别国的服务和服务提供者以不低于其所给予的国内服务或服务提供者的待遇。《服务贸易总协定》中的国民待遇不是适用于所有部门的，而是只针对每一成员方在具体义务承诺表中所列的部门。在《服务贸易总协定》中，每个行业规定的国民待遇条款不尽相同，而且一般要通过谈判才能享受，所以各国在谈判中给予其他成员国民待遇时，都有附加条件。

《服务贸易总协定》结构上的一个重要特征是，市场准入和国民待遇不是作为普遍义务，而是作为具体承诺与各个部门或分部门开放联系在一起的，这样可以使分歧较小的部门早日达成协议。

【扩展阅读】

影视服务贸易纳入《服务贸易总协定》的争论

国际上有关影视服务贸易规则的制定是一个漫长而充满争议的过程，影视服务贸易究竟是应该被视作普通类型的服务贸易被纳入《服务贸易总协定》中，接受其与 WTO 基本原则的规制，还是应该遵循"文化例外"原则，视作特殊商品给予其特殊保护，在这个问题上，美国和欧盟成为两边对立观点的主要代表。

自 1947 年制定的《关税与贸易总协定》，影视服务贸易被允许给予进口限额管理的特殊待遇之后，各国对于电影电视等试听服务的进口限制便逐渐增多，这其中，欧盟占了主要部分。在倡导"文化多样性"观点的支持下，欧盟坚决认为应将电影电视等视听产品与其他普通商品进行区别对待，即"影视产品不能也不应该像其他鞋帽等普通商品一样进入自由市场"，从而将影视服务贸易划归在在贸易自由化原则所涉及的范畴之外。而美国则基于影视服务贸易在其经济发展中所占的重要地位以及针对欧洲各国建立的以保护其影视产业免受好莱坞冲击的影视同盟等原因，在以"贸易保护主义"批判欧洲影视节目配额制和一系列区域互惠制度的同时，坚持影视产品应等同其他普通商品的观点，希望能够用过贸易自由化原则打破欧洲的影视服务贸易壁垒，以进入欧洲电影市场。法国戛纳电影节主席圣伊莱斯·雅各布曾提出这样一个观点："美国输出的不仅仅是它的电影，它输出的实际上是美国的整个生活方式。"基于此，面对当前电影市场中好莱坞文化的强势入侵，各国纷纷希望能够通过设置文化贸易壁垒以为本国国产电影提供一个缓冲和喘息的空间。

（资料来源：李梦然.文化贸易壁垒对影视服务贸易的效应分析.现代商业.2017，2。）

本章小结

目前服务贸易额约占整个国际贸易额的1/5。各国服务业和服务贸易的发展已经成为各国和企业提高竞争力的重要部分。

国际服务贸易在一国的经济活动中占据着越来越重要的位置，但是发展中国家和发达国家之间仍然存在着巨大差距。服务贸易正朝着知识、技术密集型领域发展。中国服务贸易的发展尚处于初级阶段，提升服务贸易发展水平仍然有相当广阔的空间。

在经济全球化的推动下，在跨国公司的要求以及科技革命的作用下，《服务贸易总协定》作为世界上第一个多边服务贸易协定，其对全球服务贸易自由化的发展具有里程碑意义。

关键词

国际服务贸易　服务贸易自由化　服务贸易壁垒　《服务贸易总协定》　跨境交付　境外消费　商业存在

复习思考题

1. 阐述人们对国际服务贸易概念的理解。
2. 服务有哪些基本特征？试举例说明。
3. GATS对国际服务贸易是如何界定的？
4. 试述国际服务贸易的主要特征。
5. 国际服务贸易的发展具有哪些特点？
6. 论述中国发展服务贸易的应对策略。
7. 怎样理解服务贸易自由化与服务贸易保护之间的关系？
8. 国际服务贸易壁垒主要有哪些？
9. GATS对最惠国待遇原则有什么规定？

第九章
国际技术贸易

20世纪60年代以来，许多国家都把引进技术作为提高科学技术水平，加快经济发展，增强国力和提高本国商品在国际市场竞争力和占有率的一个重要途径。因此，国际技术贸易逐渐成为国际经济合作活动的重要组成部分，并受到世界各国的普遍关注。

通过本章的学习，应掌握国际技术贸易的概念、内容及其特点，重点掌握国际技术贸易的方式，理解国际技术贸易对一国经济发展的重要性，了解国际技术贸易实践中涉及的双重征税和限制性商业惯例问题。

第一节　国际技术贸易概述

继蒸汽技术革命和电力技术革命之后，以原子能、电子计算机、空间技术和生物工程发明与应用为主要标志的第三次科技革命的兴起，不仅改变了人类的思维和生活方式，还掀起了人类社会经济、政治、文化领域的深刻变革。作为推动社会生产的主要动力，技术成为各国竞争的主要领域，也是商业成功发展的关键因素。在这种背景下，国际市场上慢慢出现了将技术作为标的物的交易行为，各种形式的技术贸易在国际贸易中所占的比重日益增大，成为国际经济活动的一个十分重要的组成部分。

一、国际技术贸易的概念

国际技术贸易，顾名思义是指技术在国际上以贸易的形式进行交换和交流。在这层含义上，国际技术贸易的概念与国际技术转移和国际技术转让相关，在实际应用中需要对这三个概念进行区分。

国际技术转移（International Shift of Technology）是指技术在不同的国家（或地区）之间的移动，其强调的是技术在国际地理位置的变化。国际技术转移有些是源于有意识的转移，如企业间进行技术的买卖或政府间达成技术援助；有些则是源于无意识的转移，如技术人员前往生活和工作条件更好的国家（或地区）以谋求职业发展，无意识地成了技术的载体，将技术带入其他国家（或地区）。

国际技术转让（International Technology Transfer）是指拥有技术的一方在国际上通过某种方式将技术出让给另一方的行为。国际技术转让的方式主要有两种类型：商业性的技术转让和非商业性的技术转让。前者是有偿的技术转让，主要是指技术所有者或权利人以盈利为目的，通过技术合作或贸易的途径进行技术的转让。后者是无偿的技术转让，主要是指技术所有者或权利人不谋求技术对价而将技术转让给受让方的行为，如国家间的技术援助、技术合作交流、技术赠予。国际技术转让是国际技术转移的一种特殊形式。

国际技术贸易（International Technology Trade）是指不同国家的企业、经济组织或个人之间，按照一般商业条件，出售或购买技术所有权或使用权的一种贸易方式。向国外买主提供技术的行为是技术出口或技术输出；从国外技术提供者那里购买技术的行为是技术进口或技术输入。所以，国际技术贸易是一种国际商业性技术转让行为。

国际技术贸易需要以下三个条件：

（1）国际性标准。按照联合国贸易与发展委员会制定的《联合国国际技术转让行动守则》中的规定，"技术跨越国境的转移属于国际技术转移"，因此，在国际技术贸易中，技术作为标的的贸易也必须"跨越国境"。

（2）交易的当事人应分处于不同的国家（或地区）。如果交易的当事人都处于同一国家（或地区），参与技术贸易的当事人的行为都受到同一国家法律规定的管束，那它们的交易行为就不具有"国际性"。因此，国内企业与外国投资企业在本国境内的技术交易不被视为国际技术贸易。当交易的当事人处于不同的国家（或地区），它们间的技术贸易受不同的国家（或地区）的法律管辖，就属于国际技术贸易，与当事人的国籍无关，与交易主体受哪国资本控制无关。

（3）交易的当事人必须按照一般商业条件进行交易。如果交易的价格是企业的垄断价格或跨国公司的内部价格，都不属于一般商业条件，违反了国际技术贸易的当事人平等原则。

二、国际技术贸易的内容

从概念出发，国际技术贸易的内容就是贸易双方的标的——技术。但什么是技术，学界没有统一的概念，且随着人类科技水平的提高，技术的含义也在不断扩大，涉及生产工具、生产方法、工艺过程等方方面面。世界知识产权组织（WIPO）曾在1977年出版的《供发展中国家使用的许可证贸易手册》中，对"技术"进行了较为具体的定义："技术是制造一种产品的系统知识，所采用的一种工艺，或提供的一种服务，不论这种知识是否反映在一项发明、一项外形设计、一项实用新型或者一种植物新品种，或者反映在技术情报或技能中，或者反映在专家为设计、安装、开办或维修一个工厂，或为管理一个工商企业或其活动而提供的服务和协助等方面。"这一定义，虽然内容文字较多，但因较为全面而被广泛认可。

从现实交易的具体客体出发，国际技术贸易的标的主要包括以下几个类别：

（一）专利

专利（Patent）是指受到国家专利法保护的各种发明创造。根据发明创造的创新性由高到低，一般分为：

（1）发明专利。发明专利是指对产品、方法或对其的改进所提出的新的技术方案。发明的结果可以是一种新型的产品，也可以是一种产品新的制造方法、工艺操作方法等。

（2）实用新型专利。实用新型专利是指对产品的形状或结构所提出的适用于实用的新技术方案，是一种仅适用于产品的、可直接应用的发明。

（3）外观设计专利。外观设计专利是指对产品的形状、图案、色彩等所做出的富于美感并适用于工业应用的新设计，目的是吸引产品的消费者。

专利持有人（或专利权人）对其专利发明拥有支配权，他人未经专利人的授权或许可，不能使用该专利，否则将构成侵权。大多数的国家对专利的授予实行"申请在先"的原则，且对专利权的保护只能在一定的时间期限内，在专利权批准机关所管辖的地域范围内进行。

(二) 商标

商标（Trade Mark）是指商品的生产者或经营者为了使自己的商品区别于其他同类商品而在其商品上所添加的具有显著性特征的标记。商标可以是文字、图形或者是文字与图形的组合，其主要作用是区别同类商品、间接表明商品品质和对商品进行宣传。根据商标使用者的不同，一般分为：

（1）制造商标。制造商标即生产者使用的，用于区别其他生产者以彰显其生产质量和信誉的商标。

（2）商业商标。商业商标即商品销售者使用的，用于宣传自己，彰显经营信誉以扩大销售的商标。

（3）服务商标。服务商标即服务性企业使用的，用于区别其他同类服务者所提供服务项目的标志。

商标的使用者向商标管理部门申请注册，通过审核后即可得到商标的专用权，其他人未经授权或许可不得使用其商标，否则将构成侵权。目前，大多数国家的商标权的取得以"注册在先"为原则，少数国家以"使用在先"为原则。此外，商标权的保护也同专利权一样具有地域性和时间性的特点。

(三) 专有技术

专有技术的英文名称为"know-how"，是指实践中已经使用的，没有专门法律保护的且具有秘密性质的技术知识、经验与技巧。它可以是关于产品的构思，也可以是生产方法的构思。

专有技术与专利一样都属于技术知识，但专有技术与专利相比，具有显著的特点：

（1）秘密性。专有技术必须是保密的，具有秘密性。而专利是按照法律规定已经公开的技术。

（2）变化性。专有技术的范围广泛，属于富有变化的动态技术。它既包括可用书面表达的各种生产、制造、设计、管理等方面的技术知识，如设计图样、技术方案、操作程序指南等；也包括无法书面反映的实际经验和技巧，如对工程人员的口头传授的技术经验或操作示范等。而专利是被专利文件固定了的静态技术。

（3）没有专门的法律保护。专有技术是未取得专利权的技术成果，因此没有专门的法律保护，一般是通过援引民法、合同法、反不正当竞争法或侵权行为法实施保护。而专利的授予须经过法定的程序，属于知识产权法保护的对象。

（4）保密的长期性。专有技术只要做好保密工作，其被所有权人垄断的期限没有限制。而专利受保护或垄断的期限，在各国的法律中有限制，超过期限，即成为任何人都可以使用的技术。

三、国际技术贸易的特点

国际技术贸易和国际货物贸易都是国际贸易的重要组成部分。在实际交易中，相较于国际货物贸易，国际技术贸易具有一些显著的特征。

(一) 贸易的标的不同

贸易标的的不同体现在三个方面：第一，国际技术贸易的标的是无形的知识，其计量、质量和定价标准都相对复杂。而国际货物贸易的标的是有形的物质商品，其计量、质量和定价标准都相对明确。第二，作为贸易标的的技术在贸易中，其所有权不一定从卖方转移到买方。因为标的的所有者出让的往往是使用技术的权利或者是制造和销售该技术项下产品的权利。技术的所有者仍可以继续使用该技术，甚至可以将技术继续出让给第三方或是更多的人。但在国际货物贸易中，当卖方将货物出售给买方，卖方即失去商品的所有权和使用权，商品将完全由买方拥有和支配。第三，国际技术贸易的标的具有增值性，技术不会因为使用而被消费掉，反而会给使用者带来提高生产效率或提升工艺水平等良好效果。国际货物贸易的标的一经使用就会被消费掉，或改变其原有的性质和用途。

（二）贸易当事人间的关系不同

首先，国际技术贸易的当事人是同行，只有双方是同行关系，技术的受让方才会对用出让的技术制造和销售相关产品产生兴趣，并且也具有能力使用出让的技术制造和销售产品。其次，国际技术贸易中技术的出让方在贸易的过程中需对技术的受让方进行技术应用方面的"传授"，所以，两者在传授和使用技术的过程中，往往会形成长期的复杂的合作关系。一项技术最终能否实现既定的转让目标，很大程度上取决于双方能否达成长期顺利的合作关系。最后，国际技术贸易的当事人在存在合作关系的同时，也存在着较强的竞争关系。技术的受让方总是设法从技术出让方处获得最先进的技术，提高自己的技术水平，生产出更多更好的适销对路的产品，抢占市场份额，获取更多利润。而技术的出让方只希望出让技术以获得相关利润，并不希望对方凭借对技术的使用成为自己在市场上的一个有力竞争者。

反观国际货物贸易的当事人，两者属于一次性的"买断"和"卖断"关系，不存在上述既合作又竞争的双重复杂关系。而且，国际货物贸易的当事人也不一定是同行，商品买家也不必对商品的生产产生兴趣。

（三）贸易的复杂度不同

在交易条件上，国际技术贸易比国际货物交易复杂。第一，在交货程序方面，国际技术贸易的"交货"不仅是实物技术资料的移交，还涉及技术出让后的培训、咨询和指导等服务。国际货物贸易的交货只是进行商品实物的移交，过程简单。第二，在标的作价原则方面，国际技术贸易的标的通常采用利润分成原则进行作价，即技术的受让方采用技术后所获得的经济效益越高，利润越大，技术的使用费（价格）也高；反之，则技术的使用费（价格）越低。而国际货物贸易的作价通常以"商品的生产成本+利润"为原则，较为简单。第三，在履约时间方面，国际技术贸易当事人之间的技术出让合同的履约期一般较长，通常为5~7年，甚至可达到10年。国际货物贸易合同的履约期较短，一般为3个月到1年，或者是2~3年（涉及出口信贷）。

在交易所涉及的法律问题上，国际技术贸易也较国际货物贸易更为复杂。一般而言，国际货物贸易主要适用各国的民商法、合同法、货物买卖法，以及国家所缔结的各种双边和多边的国际条约和国际货物贸易领域的大量商事惯例。而国际技术贸易所涉及的法律除了民商法、合同法的各种规定外，还会涉及工业产权保护、技术风险、技术定价、保密、限制与反限制等问题。

（四）政府的干预程度不同

由于国际技术贸易的复杂性较高，且技术对于一国的竞争力至关重要，所以各国政府一般都采取一定的措施控制本国先进技术的出口以保障本国在某些技术领域的先进地位，同时，又采取措施最大限度地引进国外的先进技术以提升本国现有的技术水平。因此，各国对国际技术贸易的干预程度远高于国际货物贸易。比如，在技术出口方面进行严格的技术出口审查，保护国家的安全和利益；在技术引进方面，进行可行性研究和审查，强调引进技术的先进性和适用性。

（五）统计上的归类不同

从贸易收支平衡表看，技术贸易收入和支出一般反映在国际收支平衡表中经常项目的无形贸易项目上，而不列入一国的对外贸易收入项目中。货物贸易进出口则是一国对外贸易收支项目中的主要内容。

四、国际技术贸易的效应

国际技术贸易作为桥梁和纽带，在世界范围内将技术成果不断地输送到各国的生产领域，促进各国经济增长，推动其社会经济的发展。

（一）通过国际技术贸易，提高技术引进国的劳动生产率，促进经济增长

劳动生产率的提高是技术进步的必然结果，同时也是经济增长的主要动力。通过国际技术贸易，技术引进国一方面将新技术、新工艺或新的技术设备输送到国内各个生产领域之中，直接提升相关部门的产品生产技术水平，降低了生产成本和消耗，提高了产品质量和劳动生产率；另一方面，由于技术的引进常常伴随技术引进方的人员对新知识和新技术的学习和掌握过程，因此人力资本的质量在技术学习的过程中也会得到提升，能提升其从业部门的劳动生产率。引进技术在生产领域的直接应用和提升劳动力潜在技术能力两方面都共同促进了劳动生产率的提高，从而促进了技术引进国的经济增长。

技术引进与经济增长的密切关系已被现实所印证，且技术贸易中技术引进部门的经济增长率大多数都远远高于未进行技术引进部门的经济增长率。如第二次世界大战后的日本通过国际技术贸易，特别是技术引进使日本的劳动生产率得到迅速提高，促进了国民经济的高速增长，加速了其重新崛起的进程。

（二）通过国际技术贸易，促进技术引进国创新机制的形成与发展

国际技术贸易具有极强的"外部效应"。从技术创新的角度而言，国际技术贸易的外部效应主要体现在它可以改变创新主体的内在意识，改善创新主体内部和外部的制度环境，进而使技术引进国的创新意识和创新制度逐步改善，最终提升该国的创新能力和创新机制。

1. 国际技术贸易有助于改变技术引进国的创新意识

国际技术贸易为技术引进国带来新技术和新知识，使该国原有的技术体系发生新的变化。而政府、企业和个人在国际技术贸易中通过对新知识和新技术从认识、接受到模仿的过程，其普遍性的思维方式也会发生转变，甚至可以在此基础上结合本地情况进行二次创新。这些都令技术引进国的创新意识得到很大的激发。

2. 国际技术贸易能够改善技术引进企业的内外部的制度环境

对进行技术引进的企业而言，如果想要充分利用引进的技术，常常需要对企业的组织管理进行较大的转变和创新。例如，建立新的技术部门，负责引进技术在原有生产上的适用问题；建立新的研发部门，在引进技术的基础上进行进一步研究和开发；建立新的培训制度，加强企业员工对新技术的学习。这些内部制度的转变和创新都有利于企业的技术进步和技术创新。对技术引进国的政府而言，如果想保障技术引进得以顺利实施，一方面需要建立专门的技术金融制度和融资渠道，以确保技术贸易交易可以获得配套资金；另一方面需要建立一

整套知识产权保护制度，以确保技术转让过程中不会发生侵权行为，否则在国际通行的知识产权保护观念下，技术引进国很难从国际上引进技术。所以，国际技术贸易对技术引进国的企业内部和外部的制度环境都提出了改善的要求，激发相关方对有关制度进行建设。

（三）通过国际技术贸易，促进技术引进国产业合理化和优化发展

一国的产业结构是其技术经济长期发展的结果，通过国际技术贸易，技术引进国原有的产业结构会受到新技术的冲击而产生调整，主要体现在：

第一，一些传统产业部门引进的新技术、新工艺和新装备，在使其技术水平和劳动生产率获得提高的同时，生产成本也大幅降低。这从根本上改变了一些传统产业的生产状态，巩固了其在产业结构中的地位。原有的产业结构因此得到改变，获得了优化升级的效果。

第二，一些产业部门凭借引进的新技术能够生产出以往由于技术限制而不能生产或者不能量化生产的产品。新的产品进入市场后，市场需求得到刺激，引发生产的又一轮扩大，最终可促使新的生产部门产生。此外，在新技术的基础上可能产生二次创新，渐进的技术创新会使得越来越多的新材料、新技术得到应用，原有产业也会不断地分解、细化和发展，形成一大批新的产业部门。产业结构在这个过程中会产生质的改变，逐渐走向高级化和合理化。

第三，由于技术因素在企业生产中起到关键性的推动作用，掌握新的生产技术也就成了企业在竞争中的制胜法宝。在产业内部，掌握先进生产技术的企业往往能在市场竞争中占据主导地位，获得较高的利润和较大的市场份额，而跟随企业由于不能快速地适应市场需求，最终会在激烈的市场竞争中逐步被淘汰出局。国际技术贸易成为引进国企业输送先进技术的重要通道，新技术的采用加速了产业内优胜劣汰的竞争机制，使得产业能不断地淘汰落后产能，向高端化发展，从而带动产业链中的其他产业优化升级，最终提高产业结构的水平。

【扩展阅读】

美国国际技术转移经验

技术转移是制造某种产品、应用某种工艺或提供某种服务的系统知识，通过各种途径从技术供给方向技术需求方转移的过程。但由于科技成果商品的特殊性、复杂性和专业性，使得科技成果转化难成为国际上的共性问题。为克服这一问题，美国经历了复杂的、漫长的发展历程，自1980年美国国会出台《拜—杜法案》开始，其后30多年间出台和修订相关法律法规达17件之多，才建立了相对完善的技术转移体系。

20世纪70年代：1970年，斯坦福大学成立技术许可办公室，充分挖掘"硅谷"等地的企业创新需求，并将斯坦福大学科技成果的商业价值与之有机对接，开创了美国技术转移发展的"里程碑"。斯坦福大学的模式，初步解决了"值得转"的难题。

20世纪80年代：在1980年前美国的技术转移仍然主要局限于斯坦福大学等少数高校和研究机构，专利商业化的比重极低。为改变这一状况，1980年美国国会出台《拜—杜法案》和《史蒂文森—威德勒技术创新法》。这两个法案的颁布，标志着美国的技术转移由个别的偶尔所为进入到了国家层面的行为。此后，美国又出台和修订《拜—杜法修正案》《国家合作研究法案》《联邦技术转移法》《12591号总统令》《国家竞争技术转移法》等一系列相关法律法规，初步解决了"有权转"的难题。

20世纪90年代：大学技术管理人协会（AUTM）在美国的高校和研究机构的技术转移

机构建设、技术转移人才培养中发挥了重要作用，技术转移办公室的模式由斯坦福大学扩展至美国的众多大学和研究机构。同时，在风险投资快速发展等背景下，技术、经济、法律等方面的一系列服务机构投入到技术转移活动中，初步解决了"如何转"的难题。

21世纪以来：以谷歌为代表的高新技术企业在不断加大技术创新投入的同时，美国的风险投资和创新创业进一步发展，技术需求旺盛，"愿意转"的难题进一步得到解决。

（资料来源：https：//mp.weixin.qq.com/s/ypSNkfB4i4AAZg4v3wJ3rg。）

第二节 国际技术贸易的方式

国际技术贸易的方式是指交易的双方通过何种途径完成技术的转移。目前，国际上所盛行的国际技术贸易的方式主要为两类：一是基本的国际技术贸易方式，包括许可贸易、特许专营以及技术咨询和服务；二是综合型国际技术贸易方式，包括合作生产、国际工程承包、国际BOT和补偿贸易。

一、基本的国际技术贸易方式

（一）许可贸易

1. 许可贸易的概念

许可贸易（Licensing Trade），也被称为许可证贸易，是指知识产权或专有技术的所有人作为许可方（Licensor），通过与被许可方（Licensee）签订许可合同，将其所拥有的技术授予被许可方，允许其按照合同约定的条件使用所授予的技术，制造或销售合同项下的产品，并由被许可方支付一定数额的技术使用费的交易行为。在许可贸易方式下，许可方允许被许可方使用其技术，但并未转让技术的所有权，这是许可贸易最大的特点。许可贸易也是国际技术贸易中最基本的，使用最广泛的贸易方式。

2. 许可贸易的类型

除了按照贸易标的对许可贸易进行分类外，还可以按照授权程度的不同，将许可贸易分为独占许可、排他许可、普通许可、分许可和交叉许可五种类型。

（1）独占许可（Exclusive License）。独占许可是指在许可合同规定的时间和地域范围内，被许可方对许可的知识产权或专有技术享用独占使用、生产、制造和/或进口合同项下产品的权利；许可方不得在该时间和地域范围内享有这些权利，也不得将这些权利授予该地域范围内的任何第三方。独占许可所涉及的技术使用费最高，通常要比普通许可的使用费高出60%~100%。此类许可在日本、美国和欧盟诸国等发达国家使用较为普遍，因为这些国家内市场竞争较为激烈，引进方为垄断产品的销售市场，往往愿意出高价以独占许可的方式获得技术使用的专用权，以获取高额利润。

（2）排他许可（Sole License）。排他许可也称全权许可，是指在许可合同规定的时间和地域范围内，许可方授予被许可方知识产权或专有技术使用权、生产、制造和/或进口合同项下产品的权利，同时自己也继续享有这些权利，但许可方不得将这些权利授予该地域范围内的任何第三方，即排他许可条件下排除的是第三方对相关权利的使用。比如，一些大学和研究所可以将所研发的技术通过排他许可进行转让获得相应的报酬，同时还可以继续使用该技术进行后续研发的工作。

(3) 普通许可（Simple License）。普通许可是指在许可合同规定的时间和地域范围内，许可方授予被许可方知识产权或专有技术使用权、生产、制造和/或进口合同项下产品的权利，同时自己可以继续享有这些权利，也可以将这些权利授予该地域范围内的任何第三方。在许可贸易的类型中，普通许可给予技术引进方的权限最小，因而所涉及的技术使用费相对较低。发展中国家使用此类许可的情况较多。

(4) 分许可（Sub-license）。分许可也称再许可、从属许可、可转让许可，是指在许可合同规定的时间和地域范围内，许可方允许被许可方将其从许可方处获取的权利再部分或全部转让给第三方。通常只有独占许可或排他许可的被许可方才能获得这种分许可的授权。比如，一些跨国公司或垄断集团由于某些原因不能直接出让许可给第三方，就会将技术通过分许可先出让给其子公司或海外机构，再由其将技术以许可形式出让给第三方。

(5) 交叉许可（Cross License）。交叉许可也称互许可或交换许可，是指技术贸易交易双方将各自拥有的知识产权或专有技术的使用权相互许可使用，互为技术的许可方和被许可方。交叉许可的方式下，各方许可的权利可以是独占的，也可以是非独占的。在双方权利对等的情况下，一般不需要某方支付技术使用费，多用于双方合作生产、合作设计或共同研发的项目。

(二) 特许专营

特许专营（Franchising）是20世纪80年代后迅速发展起来的一种技术转让方式，它是指由一家已经取得成功经验的企业作为特许人（Franchisor），将其商标、商号名称、服务标志、专利、专有技术以及经营管理的方法或经验转让给另一家企业，即被特许人（Franchisee）使用，被特许人需要就此向特许人支付一定金额特许费的技术贸易行为。特许经营最早出现在美国，后来流行于欧洲和亚洲，最典型的例子是美国的麦当劳和肯德基。如今，美国特许专营所涉及的领域已非常广泛，包括金融服务、家政服务、互联网服务和中介服务等。

特许专营与许可贸易一样，均属于权利的许可，但也存在一些突出的特征：第一，特许专营主要适用于商业和服务业，而许可贸易主要适用于工业；第二，特许专营的许可方和被许可方所经营的行业相同，生产和销售的产品或提供的服务相同，使用的商号名称和商标（服务标志）相同，甚至商店门面的装潢、用具、员工的工作服、产品的制作方法和提供服务的方式也相同，其目的是为了使被特许人所提供的产品和服务达到和特许人相同的质量标准，以免被特许人在使用特许人商号、商标（服务标志）时损害特许方的声誉；第三，特许专营企业不属于特许人的分支机构或子公司，它们都是独立经营、自负盈亏的企业。特许方不保证被特许方的经营一定会获利，对被特许方的亏损也不承担任何责任。

(三) 技术咨询和技术服务

技术咨询（Technical Consulting）和技术服务（Technical Service）是指受托方应委托方的要求，就某一具体的技术课题所提供的高知识性服务，以获取一定的报酬。技术咨询和技术服务两者内容比较接近，且在技术贸易中有时常会结合起来使用，但两者间也存在一些不同：

(1) 技术咨询和技术服务的成果形式不同。技术咨询的受托方是为解决委托方的技术问题提供参考性意见，其成果往往是咨询报告。而技术服务的受托方为解决委托方的技术问题不仅需要提供解决方案，并且要以行动实现方案。

（2）技术咨询和技术服务受托方承担的责任不同。技术咨询的受托方仅就技术问题提供参考的建议，并不负责建议的实施。因此，对委托方按照建议执行相关方案所造成的损失，受托方不会承担任何责任。而技术服务受托方的目标是要解决委托方具体的技术问题，不仅是解决方案的提出者，也是解决方案的执行者。如果方案施行后，技术问题没有得到解决，受托方需要找到方案失败的原因，继续调整方案细节直到问题被解决或者承担相应的赔偿责任。

（3）技术咨询和技术服务的适用范围不同。技术咨询适用于工程项目的新建、扩建、技术改造、技术调查、技术项目分析评价以及项目的可行性论证等方面。而技术服务适用于改进产品结构、改良工艺流程、产品质量控制、降低产品生产成本和原料损耗、工程计算、污染治理等方面。

在国际技术贸易的实践中，技术咨询和技术服务与许可贸易有时会存在交叉。因为许可贸易中，常常涉及专有技术，这一类的技术很难以书面的形式表现出来，被许可方需要许可方以现场操作或技术培训等方式将技术进行传授。此时，许可贸易中便包含了技术咨询和技术服务。有时，一项许可贸易的合同中也会包含相关的技术咨询和技术服务的内容，或者单独形成相关的协议，由交易方签署。

二、综合型国际技术贸易方式

许可贸易、特许专营、技术咨询和技术服务都属于国际技术贸易的基本方式。当国际技术贸易的基本方式与其他类型贸易与经济合作形式相结合，就形成了多种多样的综合型国际技术贸易方式。

（一）合作生产

合作生产（Co-production）是国际技术贸易基本方式同生产相结合时产生的，它是指不同国家的企业之间根据所签订的合同，由一方提供相关的生产技术或各方提供不同的相关生产技术，共同研究、共同开发、共同生产某种合同产品，并在生产过程中实现国际技术转让的一种经济合作方式。合作生产的特点如下：

1. 合作生产的过程即是技术转让的过程

从技术合作的角度出发，合作生产中技术较强的一方会将产品的生产知识和技术传授给合作方的另一方，因此，合作的过程也就是技术转让的过程。比如，技术较强的一方提供设计和生产图样，并在其指导下，由技术能力较弱的一方按图样生产合同规定的相应产品。

合作生产中的技术转让可以是单向的，即技术仅由一方提供，另一方按统一的标准和技术生产；也可以是双向的交叉许可，即生产所用技术由双方共同研究、共同设计，在技术上取长补短，互相合作。

2. 合作关系的维持时间通常较长

合作生产的各方在合作的过程中往往涉及共同拟订开发计划、共同研发、按照专业化分工各自生产不同的零部件、相互提供配件并装配成整机出售等一系列环节。有时合作生产的领域不仅局限在研发领域和生产领域，也延伸到流通领域。所以，合作各方想要共同完成研发、生产乃至流通中的各种任务，必须保持较长时间的合作关系，仅在极个别情况下才会形成短期或是一次性合作关系。

3. 合作生产不仅仅是单纯的技术引进

国际合作生产不仅涉及技术转让，同时还涉及合作生产中的分工（生产零部件和装配）、议价、保证等其他相关问题。单纯的技术引进不涉及后续分工等问题。

4. 合作双方各自生产、分别核算

合作生产所涉及的环节很多，技术、机器设备、零部件、装配件的提供可以是相互的，也可以是单方的。但无论是互相提供还是单方提供，所提供的技术和其他硬件都要分别计价，按双方议定的价格分别支付价款，双方属于买卖关系。其中，技术转移的计价和支付可以按照许可贸易的形式进行结算，硬件的部分可以一次性买断。

（二）国际工程承包

国际工程承包（International Project Contract）是国际技术贸易基本方式与工程承包结合时产生的，它是指发包人通过国际招标或其他协商渠道与承包人订立的一种经济合作关系：国际承包人以自己的资金、技术、设备、材料、劳务和管理为工程发包人建设相关项目或办理其他经济事务，并按事先商定的合同条件收取相关费用。国际工程承包的项目主要是基础设施建设、制造业工程和以资源为基础的工程建设项目。

国际工程承包项目所涉及的内容非常广泛，其中包含了先进技术的系统转让，因此可被看作国际技术贸易的一种形式。一般来说，一项国际工程项目包含的内容有：①工程设计；②转让技术（专利、专有技术、管理经验、商标等）；③提供机器设备；④供应原材料或零部件；⑤土建施工和安装；⑥人员培训；⑦投产试车；⑧质量管理；⑨工程融资。由于每个承包项目有其具体的要求、范围、性质、规模、技术等，所以承包商往往根据自己的专业经营范围和实力，承包项目内容的一部分或者是全部承包。此外，国际工程的建设时间一般较长，少则一两年，多则五六年，甚至十多年，工程建设期间可能会遭遇经济、政治和自然条件变化所带来的不利影响，发包方和承包方都承担了很大的风险。

国际工程承包按承包人对发包人承担的责任不同，可以分为以下几种类型：

（1）总承包（Main Contract）与分包（Sub-contract）。它是指从投标报价、谈判、签订合同到组织合同实施，无论是否存在对内、对外转包或分包，都由第一承包人对业主负全部责任的工程承包方式。最典型的国际工程总承包的方式是交钥匙工程（Turn-key）。分包指的是承包商总承包一项工程后，经业主或其委托人的同意，将工程中的一部分项目分包给其他的承包人，即二包。这种情况下，除非是业主指定的分包商，否则分包商只对自己和总承包商达成的分包合同负责，而不与业主发生直接联系。

（2）分项工程承包。它是指没有总承包商的情形下，承包人只承包整个项目工程中的单项或其子项，且只对合约方负责的承包方式。比如，一个工程被分为若干个子项目，由若干个承包商分别直接承包。所有承包商为平等关系，各自对业主负责。

（3）合作承包（United Contract）。它是指合作双方事先达成合作承包协议，然后以各自的名义对外参加投标，无论哪方中标，都按合作协议的约定共同完成项目的承包方式。

（4）转包（Assignment of Contract）。它是指经业主或其委托人的同意，在不改变已签订合同内容的条件下，把工程项目的承包权转让给另一承包人并收取转包费的承包方式。

（三）国际 BOT

国际 BOT（Build Operate Transfer）即建设—经营—转让，是国际技术贸易基本方式与投资相结合时产生的，它是指建设方承担一个既定的工业项目或基础设施的全部建设工程，

包括建设、经营、维修和转让,并在一个固定的期限内运营设施并且允许在该期限内收回对该项目的投资、运营、维修费用以及一些合理的服务费、租金等其他费用,当规定期限届满时将该项目转让给项目方政府。国际 BOT 自 20 世纪 80 年代开始兴起,逐步被各国高度重视和广泛接受,是一国利用外资引进大型工业技术和进行基础设施建设的有效的国际经济技术合作方式。国际 BOT 通常适用于一国的公共部门和基础设施方面的大型项目建设,如机场、高速公路、电站、通信设施等,项目期限较长,一般为 15~20 年。

国际 BOT 方式一般具有以下几点明显特征:

(1) 参与国际 BOT 项目的主体为一国政府部门和外国的私营部门。国际 BOT 所涉及的项目是政府许可范围内的基础设施建设项目,国外私营部门通常基于这种许可获得项目建设的专营权,然后按照自己的模式进行经营管理。

(2) 国际 BOT 是一种特殊的投融资方式。国际 BOT 的筹资方式是传统股本投资和项目融资的组合:一方面,项目发起人和外国的投资人以投入股份的形式建立项目公司;另一方面,项目公司又可以以公司的名义向国际机构贷款融资,体现国际 BOT 项目的投资和融资的结合。

(四) 补偿贸易

补偿贸易(Compensation Trade)是指国内的一方从国外的一方引进技术和设备,并在约定的期限内,以其产品形式偿还技术和设备价款本息的贸易做法。其主要特点是:

(1) 贸易与信贷结合。买方购入技术、设备需要在对方提供信贷或由银行介入提供信贷的基础上进行。

(2) 贸易与生产相联系。技术、设备的进口与产品的出口彼此联系,出口方在出口技术、设备的同时承诺回购对方的商品。

(3) 贸易双方本质是买卖关系。技术、设备的进口方不仅承担支付的义务,而且承担付息的责任,但对引进的技术具有完全的使用权,对引进的设备拥有完全的所有权和使用权。

补偿贸易的形式主要有直接补偿和间接补偿两种。直接补偿是补偿贸易中最基本的形式,它是指引进方将用引进的技术、设备所生产的产品返还对方,作为对引进技术、设备价款的抵偿。间接补偿是指技术、设备的引进方以约定的其他产品,而非用引进技术、设备生产出来的直接产品来抵偿引进技术、设备的价款。

【扩展阅读】

电建海投如何转型把握国际工程 BOT 机遇?

2015 年 4 月,中国电建集团海外投资有限公司(以下简称"电建海投")斩获了在"中巴经济走廊"投资项目清单中排在首位的卡西姆港燃煤应急电站项目。作为海外工程投资的专业企业,电建海投在参与的国际工程中率先对 BOT 模式进行了探索,不断创新融资管理,并在风险管理方面积累了丰富经验。

不同于工程总承包的 EPC 模式(Engineering Procurement Construction),电建海投主要以 BOT 模式(build-operate-transfer,也称特许经营权)参与国际工程。在 EPC 模式下,项目包含两个节点:一是项目建设之初,国外业主通过买方信贷获得融资,承包商同时参保信用保险；二是水电站项目建设完成后，承包商通过应收账款买断等方式收回全部资金，国外业主开始偿还贷款。BOT模式则分为三个阶段：一是在项目之初，投资企业筹集项目资金并组织施工；二是水电站建成之后，根据特许经营权，投资企业有40年的用电收费权；三是特许经营权到期后，投资企业将电站此后的运营权（40~60年）移交给东道国。EPC模式具有'短平快'的特点，从当期收益的角度考量更受企业欢迎。BOT模式的周期更长、风险更大，需要企业具备更强的项目运营能力；但是有一定量的项目进入运营期之后，企业的投资收益就是相当可观的。

中国企业"走出去"集中的周边国家，基本都属于"重债穷国"。对于这些国家而言，此前大量的基础设施建设已经透支了未来几十年的财政收入，获得的信贷支持已经非常有限，即使中国政策性银行提供的两优贷款可以提供2%的年利率、20年期限的优惠条件，还本付息仍使其难以承受。BOT模式下，东道国以未来的部分运营收益取代了还款压力，也拓展了东道国改善基础设施建设的空间，因而更受东道国的欢迎。这也是电建海投能够在"中巴经济走廊"中脱颖而出的重要原因。

（资料来源：https：//mp.weixin.qq.com/s/sreX_2cLG4Q_UJNNoUJuLQ。）

第三节　国际技术贸易的发展及特点

一、国际技术贸易发展历程

技术作为生产要素，产生伊始就不可避免地发生传播和转移，先进的技术总是通过不同的渠道不断传播、扩散至世界各地，对各国的社会和经济发展产生重要的影响。尽管国际和地域的技术转移和交流很早就出现了，但真正意义上的国际技术贸易是在世界市场形成之后，伴随着科学技术迅速发展而产生的。

17世纪以前，国际技术传播主要是通过技术人员往来和少量商品交换的技术转移实现。当时商品的技术发明相当有限，且大部分发明被封建主无偿占有，在狭小的领域内使用。加之社会生产力低下和交通工具落后，导致技术国际传播非常缓慢，数量极少，且大多无偿，如中国的造纸、火药和印刷技术在12~15世纪先后传播至欧洲各国；13世纪意大利眼镜制造技术到16世纪才传播到日本；16世纪德国发明的机械表技术在17世纪才传播到中国和日本。所以，这一时期的国际技术转移还不能被称为国际技术贸易。

17世纪至19世纪末，欧洲各国从封建经济向资本主义经济发展，英国、法国相继发生的工业革命为资本主义经济的形成奠定了基础，不仅使科学技术在工农业生产中得以广泛运用，而且使商品经济迅速发展并在世界的一些国家和地区的社会生产中占有统治地位。此时，国际技术转移开始进一步发展，国际上出现了商业性的有偿技术贸易。为了保护发明创造所有者的权益，各国开始逐步建立并完善专利制度和其他知识产权保护制度，这为技术贸易广泛而有序地开展创造了良好的社会环境。加之，交通工具和通信工具的发展，国际技术转移速度也得以迅速提高，转移数量也得到提升。

20世纪前半叶，资本主义国家在科技和经济方面发展的不平衡性以及资本主义国家对海外市场的抢夺导致了两次世界大战。在这一时期，各资本主义国家的科技研究事业不同程度的与军事产生联系。在战争中，科技研究成为敌对国的破坏目标，导致大量科技研究资源遭到破坏，社会资源的闲置和国际贸易的锐减也使国际技术贸易发展陷入停滞甚至萎缩。

第二次世界大战后，世界的政治和经济形势都发生了巨大的变化，在国际社会秩序获得基本稳定后，国际技术贸易开始迎来新的增长阶段。一方面，战时使用的大量军事技术开始向工农业生产方面转化；另一方面，很多专门从事科学研究和技术开发的机构从生产部门分离出来，形成了大量的科技实体。这不仅丰富了技术贸易的内容，也削弱了技术垄断程度，使技术市场的竞争公平性增加。自20世纪70年代开始，国际生产分工出现了两种趋势，一种是发达国家之间在制成品和高科技方面进行的"水平分工"，另一种是发达国家和发展中国家之间在初级产品和深加工产品方面进行的"垂直分工"。发达国家为了使用更少的投入进一步提升技术水平，也乐意购买其他国家的技术，发展中国家为了争取提升自己在国际分工中的地位，提升产品附加值，也开始施行各种对外经济开发政策，扩大技术和先进生产设备的引进。这为技术国际流通奠定了基础，也为技术贸易的高增长提供了有利条件。

二、国际技术贸易发展特点

（一）国际技术贸易发展迅速

科学技术作为生产要素是经济增长的强大动力，其作用比资本和人力要素更大，西方国家的经济增长70%是通过技术进步取得的，30%通过资本和人力的投入取得。从这个角度出发，经济的发展和竞争实质上是科学技术的发展和进步。如今，各发达国家和新兴工业化国家或地区都将发展科学技术列入国家的重要战略计划中，通过研究和发展更先进的技术，来提升本国的国际地位，获得更大的国际竞争优势。由于国际技术贸易是直接获得国外先进技术的重要渠道，加之信息通信技术和交通工具的发展使技术传播的速度较以往更加快捷，因此国际技术贸易在近年来获得了飞速的发展，其规模日益增大。据统计，1985年全球技术贸易额约为500亿美元，而进入21世纪后，全球技术贸易额已达到万亿美元的规模，其扩张速度远高于货物贸易和服务贸易。国际技术贸易的迅速发展不仅体现在贸易总量上的增长，还体现在各国商品出口结构的变化。发达国家和发展中国家的高技术产品进出口额占其贸易总量的比重也在逐年增加。

（二）发达国家在国际技术市场上占有主要地位

虽然国际技术贸易的总量在不断增加，但长期以来，国际技术贸易主要在发达国家之间进行，这些国家间的技术贸易总额占世界技术贸易总额的80%以上。因为发达国家具有更强的经济实力，技术研发能力也更强，导致技术长期被发达国家所垄断，使之技术出口和进口需求都很旺盛。而发展中国家历经数年的经济技术发展，虽然在技术进出口的数量和种类上都取得了长足的进步，但其技术贸易量却仅占到全球技术贸易总额的10%左右。这既是发展中国家的经济技术水平远落后于发达国家的现实导致的，也源于发展中国家对技术的进口需求更高而出口水平较低的现状。

（三）软件技术在国际技术贸易中的比重日益提高

20世纪80年代以前，国际技术贸易主要是通过物质商品交换完成的，比如技术设备的进出口，通过购买硬件设备而附带购买技术。但20世纪80年代以后，国际技术贸易更多的情形是以引进某项专利或专有技术为目的，进而去购买技术设备或其关键零部件，即软件技术成为贸易的主要标的。而纯粹的知识或信息形式的技术转让也开始日益增多，如专利、技术服务、专有技术和技术信息的交易等。发达国家之间的技术贸易中，软件技术的交易占到了其中的 80% 以上，其中美国的软件技术销售额每年的增长率达 30% 以上。技术转让的"软件化"使科学成果的应用和传播速度加快，也使人才更替的速度加快，企业经营管理方式更加先进。现在，很多发展中国家也更加重视软件技术的引进，将软件技术视为技术引进的主要目标，硬件技术的引进有所减少。

（四）跨国公司是国际技术贸易的主要控制者

长期以来，跨国公司依照其全球战略规划进行海外投资，从事跨国生产活动，并在规模经济的基础上在世界市场中建立其产品的销售网络，成为国际经济活动的重要参与者。跨国公司资金雄厚、技术研发能力强，且拥有大量的专利技术，所以发达国家之间技术贸易的主要参与者是跨国公司。此外，发达国家对发展中国家除了传统的资本输出外，也存在大量的技术输出——将非核心的技术或组装技术转让给其在发展中国家的子公司或发展中国家其他企业。比如，很多跨国公司在中国建立了高技术产品的加工基地，导致中国技术贸易进出口中外企所占份额达到了 60% 以上，但关键技术、核心技术基本被外方所控制，对中国的技术贸易发展和产业转型升级产生了制约作用。

（五）国际技术贸易市场日趋完善

随着科技的不断发展和全球一体化进程的加快，国际技术贸易市场正日臻完善。主要体现在以下几个方面：

1. 国际技术贸易市场效率提高

大量新技术的问世和运用，特别是基于信息技术发展所进行的信息网络设施的搭建，令国际技术贸易市场所受空间和时间的制约大大减少，技术的传播和技术信息的获得速度提升。此外，信息技术的进步提高了技术保密的难度，技术的所有人更乐于出售技术进行变现或将技术应用于生产，和资金所有者合作经营分享利润。这些使得国际技术贸易市场的效率得到显著提高。

2. 技术转让意愿增强

世界产业向高级化和服务化的发展，淘汰了一些传统的高能耗的工业，降低了资源型产业在产业体系中的比重，提升了国家间对技术转让的热情。

3. 国际技术贸易市场的竞争日趋激烈

虽然国际技术贸易主要由发达国家掌控，但发达国家之间在技术市场的竞争也是日趋激烈，并形成了各自技术竞争的优势市场。比如日本的主要市场是亚洲，德国的主要市场是东欧，法国的主要市场是非洲。这些发达国家在保持其原有竞争优势的同时，也在加紧研发，以便抢占更多市场份额，甚至有时采取联合研发来改变市场现有格局。如英国、法国、德国合作研制的空客飞机在 20 世纪 70 年代对美国的航空技术垄断发起了挑战。

4. 国际技术贸易的规则和程序得到了不断改进和完善

自《保护工业产权巴黎公约》签订至今，国际上已出现近 30 个关于知识产权保护的具有影响力的国际公约，并成立了世界知识产权组织对相关公约进行管理。《与贸易有关的知识产权协议》（TRIPs）的施行标志着国际保护知识产权规则的基本框架得以建立，为国际技术贸易的开展确立了一些基本原则，促进了国际技术贸易市场秩序的良好发展。

三、国际技术贸易发展的新趋势

纵观当今国际技术贸易的发展状况，呈现以下新趋势：

(一) 商品内容趋向于"知识型"和"信息型"技术产品

由于信息技术对生产经营和市场竞争的重要性日益凸显，国际技术贸易中信息产业的交易额急剧增加。据统计，1982年全世界信息产业销售额为2370亿美元，1988年增加至4700亿美元，到2016年增加至17217亿美元。而以电子技术、生物工程和新材料为代表的高新技术产品也成为国际技术贸易中的重要交易标的。因为高新技术的引进对各国重要产业的发展至关重要，是各国争取国际竞争优势的战略需要。

(二) 贸易方式趋于系统化、专业化和多样化

国际技术贸易的传统贸易方式主要是许可贸易、特许专营、技术咨询和服务、国际工程承包等。在20世纪80年代，国际技术贸易主要依靠这些单一的传统方式进行，其中技术咨询和服务以及国际工程承包占据国际技术贸易方式的主导地位。世界技术市场也得以形成和不断完善，技术中介机构、技术交易市场、技术管理部门各司其职，使国际技术贸易的方式趋于系统化和专业化。

而随着现代商业的发展，国际技术贸易方式也开始趋向多样化。一方面，国际技术贸易的传统方式逐渐因一些新的交易方式的产生而发生变革，如电子商务成为技术贸易开展的一种重要方式。而有些国际技术贸易开始通过另一途径——"企业兼并"进行。区别于传统的"以强吞弱"的兼并模式，国际技术贸易特征明显的企业兼并主要发生在技术实力较强的企业之间，通过"强强联合"，以实现进一步扩大实力的目的，利用彼此的资金、技术和产品使通过兼并而联合的企业短时间内在经营上迈上新的台阶。另一方面，技术转让和资本转移及其他形式的国际经济合作存在一定的交叉渗透，使国际技术贸易方式多样化。比如，部分技术所有人放弃纯粹的技术买卖，开始从事与技术相结合的相关产业的生产经营；或将技术作为合资办厂的股份，以技术产生效益的分享作为技术补偿；或将技术同提供资金贷款相结合，限定技术引进方使用贷款购买自己的技术。

(三) 政府促进技术贸易的作用增强

多数情况下，技术转让是跨国公司通过直接投资的方式进行的，而东道国想要最大限度地利用外商直接投资带来的技术，就必须予以政策上的支持。首先，政府必须出台相应的政策以吸引跨国公司投资，如税收减免、优惠的土地使用条件等。其次，吸引了外资之后，东道国政府还需要制定政策引导跨国公司转让能够促进当地发展的技术。否则，依靠跨国公司转让的简单技术，东道国无法获得先进技术所带来的扩散效应，于本国的经济和技术发展无益。最后，东道国政府还需要努力改善本地员工的素质和技能水平，以适应跨国公司在当地未来技术升级的人才需要。此外，一些高新技术（如新材料、航空航天、核能技术等）和国家经济发展战略密切相关，也需要政府积极参与以保证技术研究发展所需的大量资金和系统的保障。

【扩展阅读】

民企"技术贸易"升温

香港一家科技园孵化的科技项目中，有2/3走向了国际化，而剩下的1/3大多留在了香港，几乎很少有项目来内地落地。为什么新创科技项目不愿来？

园方表示，内地创新创业的发展环境、政策理念不太适合这些企业。国际化的企业到内

地来，不可能只谋求在中国发展，他们也要求国际眼光和国际化目标。

"国际化"向来被视为中国企业的一大短板，其中企业的技术实力、专利实力等仍是阻碍其国际化的主要因素。而近年来，有越来越多的中国企业通过收购、技术合作等方式"走出去"。

2019年4月下旬举行的第三届中国（上海）国际技术进出口交易会（"上交会"）期间，"技术转移"成为亮点之一。以国家技术转移东部中心为代表的各类科创中心的设立，凸显"技术转移"在上海这个国际化城市越来越受到政府的重视。围绕"技术转移"，中国各地政府近年积极搭建交易服务平台。据了解，目前仅国家级的技术转移中心就有10家，而各类技术贸易机构、科技咨询服务机构达6万多家。

相较于过去大型企业借助政府的技术贸易扶持政策成为"引进来""走出去"的"主力军"，近年来国内技术贸易领域呈现出的一个新趋势是：越来越多的中小型民营企业选择与国外企业、机构展开技术合作、技术贸易，助力自身创新转型的同时，也拓展国内外市场。

（资料来源：https：//mp.weixin.qq.com/s/YgGlI7WRtTlPseg1fISyJg。）

第四节　国际技术贸易的法律问题

一、国际技术贸易双重征税问题

（一）国际技术贸易中的常见税种

国际技术贸易中所涉及的税种一类是针对贸易中所涉及的具体商品征收的，如技术引进方所进口的技术设备、生产的原材料和零部件等在进口通关时需缴纳的关税，对利用引进的技术、设备所生产出的成品进入流通领域时需缴纳的消费税、营业税和增值税等；国际技术贸易中所涉及的另一类税种是针对参与贸易的自然人或法人的收入所征收的，如对技术使用费、技术转让费、技术咨询与服务的报酬这些技术供方的收入所征收的所得税和财产税等。由于国际技术贸易所涉及的主要是技术的转让、许可和传授，所以法人或自然人所得税是与技术转让交易联系最为密切的税种，因而也是对技术贸易影响最大的税种。

（二）对国际技术贸易所得的征税原则

在国际技术贸易中交易的主体就交易的对象需缴纳相关收入的所得税，主要是技术转让费、使用费和技术服务报酬所形成收入的所得税。国际上征收这种所得税的办法主要是以下两种：

1. 在收入来源地设有营业机构的纳税人

如果纳税人在收入来源地设有营业机构，其技术交易所得一般并入营业利润中，在此基础上计征企业所得税。

2. 在收入来源地没有营业机构的纳税人

如果纳税人在收入来源地没有营业机构，则采取"从源"控制，即由技术引进的企业在向许可方支付使用费时代税收部门扣缴，被扣缴的部分称为"预提所得税"。

由于"预提所得税"征收是按技术使用费金额计征而没有扣除相关费用，会使得技术提供方的应税收入高于正常公司的应税收入，若按照一般企业所得税率计算税费，必然造成企业税负过重。因此，预提所得税的税率较一般企业的所得税税率要低10%~20%，以使技术供方企业实际应纳税额与一般企业扣减费用后的应纳税额大致相同。

(三) 国际技术贸易中的双重征税及解决途径

1. 国际技术贸易双重征税的概念及产生的原因

国际双重征税是指两个或两个以上的国家政府,依据各自的税收管辖权,在同一征税期限内按同一税种对同一纳税人的同一笔跨国所得征税。从概念上来看国际双重征税是不同国家基于其税收管辖权对同一纳税人的同一笔所得进行了叠加征税。目前世界各国的税收管辖权主要分为两类:一是从源管辖权,其征税原则是对来源于该国的收入征收所得税;二是公民或居民管辖权,其征税的原则是对该国的公民或居民的收入征收所得税。世界上大多数的国家同时实行这两种管辖权,只有少数国家只实行从源管辖权。

在国际技术贸易中,技术的供方和受方所在国采用不同的税收管辖权并不一定会引发国际双重征税,只有技术受方所在国采用从源管辖权而技术供方所在国采用公民或居民管辖权时,才会引发国际双重征税。因为在这种情况下,技术的供方根据公民或居民管辖权原则,应向供方所在国缴纳所得税;且根据从源管辖权原则,还需向受方所在国缴纳"预提所得税"。

2. 国际技术贸易双重征税的解决途径

由于国际双重征税会使技术供方的成本上升(或是技术受方遭受供方的成本转嫁),打击技术贸易参与方的积极性,给国际技术贸易带来不良影响。因此,避免国际技术贸易中的双重征税就成为发展国际技术贸易必须解决的问题。由于双重征税主要是税收管辖权叠加造成的,因此,避免双重征税的最有效方式是协调各国政府的税收管辖权。

国际避免双重征税协定中限制一国税收管辖权的做法,主要包括以下三种类型:

(1) 技术受方所在国放弃从源管辖权,技术供方所在国行使公民或居民管辖权。这种方式承认,相较于技术受方所在国行使的从源管辖权,技术供方所在国所行使的税收公民或居民管辖权具有优先地位。这种解决双重征税的方式主要在西欧国家流行,如瑞士、瑞典、比利时、丹麦、卢森堡、荷兰、德国等。

(2) 技术供方所在国放弃公民或居民管辖权,技术受方所在国行使从源管辖权。这种方式承认所得税的征收权利属于技术受方所在国,而技术供方所在国放弃了对所得征税的权利。目前,只有极少数的国家(如法国)采取这种方式。但这种方式显然使技术供方所在国在国际税收分配上处于不利地位,所以采用这种方式的国家往往需要某种补偿。比如,法国规定如果放弃行使税收的公民或居民管辖权,则其国内的国际技术贸易的供方必须将其纳税后的全部所得汇回母国。

(3) 技术供方所在国和技术受方所在国分享征税权。这种方式下,技术供受双方所在国都行使征税权,但需要调整双方征税方法和适用税率,用减税、免税或抵扣等方法减轻纳税人的负担。这种方法也是联合国《关于发达国家与发展中国家避免双重征税的协定范本》中所提倡的方法,也是现在世界上大多数国家所采用的避免双重征税的方法。

二、国际技术贸易中的限制性商业惯例

(一) 限制性商业惯例的概念及表现形式

限制性商业惯例(Restrictive Business Practice),也称限制性商业行为或限制性商业做法,在联合国通过的《关于控制限制性商业行为的多边协议的公平原则和规则》中对限制

性商业惯例的定义为："凡是通过滥用或谋取滥用市场力量的支配地位，限制进入市场或以其他方式不适当地限制竞争，对国际贸易，特别是对发展中国家的国际贸易及其经济发展造成或可能造成不利影响，或者是通过企业之间的正式或非正式的、书面或非书面的协议以及其他安排造成了同样影响的一切行动或行为。"由于在国际技术贸易中，技术的供方和受方的关系具有"既竞争又合作"的特点，技术供方从保护自身利益的角度出发，会在技术贸易的合同中制定一些限制性规定，其中有一些规定存在一定合理性，但有一些却超出了法律所允许的范围。当这些限制性规定是法律所禁止的不合理的或不正当的限制竞争或实行歧视的做法时，就属于限制性商业行为。

限制性商业惯例在国际技术贸易中表现形式多样。在《联合国国际技术转让行动守则》中列举了如下 20 种限制性商业惯例做法，其中 14 项属于大多数国家所确认的限制性商业行为：

1. 单方面回授条款

该条款要求技术受方将其基于转让技术所做出的改进，无偿地、排他地、非互惠地提供给技术供方或其指定的任何其他企业使用。

2. 禁止对有效性持异议条款

该条款不允许技术受方对技术供方所转让的专利或其他工业产权的有效性提出异议。

3. 排他性使用条款

该条款不允许技术受方与他人就相似或具有竞争性技术或产品签订销售、代理或制造协议，或取得竞争性技术。但出于合法利益获得、技术保密或保证受方履行义务的原因，而不得不订立的这种条款除外。

4. 限制研究条款

该条款限制受方对转让的技术进行研究发展，包括按当地情况吸收和更改转让技术和利用转让技术进行科学研究，发展新产品、新工艺和新设备。

5. 限制使用人员条款

该条款要求受方使用供方提供的人员，或限制使用来自技术使用方国家的人员。在为了保证技术转让的效率以及技术投入使用所必需的期限外，即使已寻找到经充分训练的当地人员或当地人员已接受培训时，技术供方仍要求受方雇佣其指派人员。

6. 限定价格条款

该条款允许供方对受方利用转让技术所制造的产品制定价格，或规定受方在制定和更改相关产品价格时，必须获得供方的同意。

7. 限制技术修改条款

该条款禁止受方按当地实际需要修改或革新引入技术或强迫受方采用其不愿使用或不必要的设计和规格变动，即使这种更改是受方自己负责的，而且也没有使用供方的名称、商标和服务标志等。

8. 排他的销售协议或代理协议条款

该条款规定受方授予供方或供方的指定人销售其产品的专卖权，或规定由供方或其指定人代表受方进行销售活动。

9. 搭售条款

该条款要求受方购买其不愿购买的额外技术、货物或服务，或者限制这些技术、货物或货物的来源（如供方所指定的供应商），作为取得所需技术的条件。但若订立这种条款是为了保证产品质量所必需的，则可视为例外。

10. 出口限制条款

该条款规定禁止受方出口使用引进技术制造的产品，或供方限定出口的地区、数量、价格和销售渠道等。但出于保护供方和其他受方的合法权益的相关条款除外。

11. 共享专利或交叉许可协议条款

该条款是指由于技术供方之间订立的共享专利或交叉许可协议，或其他国际技术转让交流协议中对数量、价格、客户、市场等的限制，不当地减少了受方接近技术进步的机会，或者造成供方支配某一行业或某个市场的后果，而对技术转让产生不利的影响。

12. 限制广告宣传条款

该条款是指供方对受方的产品广告宣传进行不合理的限制。但下列情况可以进行这种限制：广告宣传使用了技术供方的商标、商号或服务标记等，或供方可能因广告而对产品负赔偿责任，或为了保证转让技术的机密性，以及为了保障安全和保护消费者的利益。

13. 限制使用限制工业产权条款

该条款是指供方要求受方在继续使用业已失效、被撤销或者有效期届满的专利和商标时，仍须支付使用费或强加其承担其他义务。

14. 合同有效期届满后的限制条款

该条款是指在技术转让合同期满或终止后，受方必须停止使用已转让的技术，若受方需要继续使用，必须支付额外的使用费。

（二）有关限制性商业行为的法律调整

20世纪后，管制限制性商业惯例的法律分支逐渐形成，其主要包括反对垄断的国内立法和相关国际立法。

1. 发达国家限制性商业惯例的法律调整

第二次世界大战前，美国颁布了《谢尔曼法》，这是世界上出现的第一部以反托拉斯法为形式的管制限制性商业惯例的法律。当时的其他国家，比如德国、加拿大等也已颁布过一些禁止不公平竞争的法律，但都不关注垄断市场的问题。因为，当时大多数国家都支持将卡特尔作为控制国家生产的有效组织形式。第二次世界大战后，美国凭借其军事管制当局的权利在日本和德国颁布法令解散卡特尔和垄断财阀。从美国的实践中，正在复苏的西欧国家看到了对限制性商业惯例进行管制有利于维持经济生活的稳定，进而开始陆续颁布本国的管制限制性商业惯例的法律。

发达国家从自身利益出发，采用竞争法或反垄断法的法律形式调整限制性商业惯例。由于这些国家的反垄断立法大多早于国际技术贸易管理方面的立法，所以对技术贸易中限制性商业惯例的调整和对其他贸易形式中的限制性商业惯例的调整，都被各国纳入反垄断法调整的范畴。

发达国家在法律上判断某个行为是否属于限制性商业惯例时几乎都使用"合理原则"，即某种贸易做法虽然涉及限制自由竞争，但若没有超出商业上所认为的合理限度，就不会被认为是限制性商业惯例。"合理原则"的特点是不确定性强，因此在给司法机构裁决带来一定困难的同时，也给予了相关机构灵活解释、运用法律的主动权。

2. 发展中国家限制性商业惯例的法律调整

由于国际技术贸易尚处于供方市场，发展中国家出于对技术的迫切需求，在国际技术贸易中有时不得不对发达国家的技术供方的限制性商业惯例做出一定程度的让步。但在与发达国家技术贸易交往的长期实践中，为了加强自己的反限制的能力和对外谈判中的地位，除了指定有关政府机构或设立专门机构来加强技术转让合同的管理和监督外，也发展出关于处理限制性商业惯例的一系列法律法规。

发展中国家在评定某个行为是否属于限制性商业惯例时，大多采取"发展"标准，即看受方是否有可能形成对供方的依附性关系或存在供方控制受方的生产、技术及销售活动的行为，从而影响受方所在国家的经济独立和发展。所以，尽管有时一些做法不一定直接影响市场和竞争，但只要影响了发展中国家的经济进步，便会被法律所禁止。且发展中国家在执行这些法规时，给予了政府主管部门一定的取舍权，并非对所列限制性条款一律禁止，体现出法律解释和执法的灵活性。这样既有利于增加技术引进的机会，又可以增强技术引进方的谈判地位。

3. 国际上对限制性商业惯例的法律调整

随着各国生产国际化程度的加深、跨国公司的发展以及新兴市场国家的崛起，管制限制性商业行为呈现出新的发展趋势。其表现在：①世界各国对限制性商业惯例的管制日趋严格；②管制限制性商业惯例的法律越来越多地在国际经济贸易领域发挥作用，各国在这一部门法的域外效力问题上表现出日趋尖锐的对抗性；③广大发展中国家开始使用管制限制性商业惯例的法律武器去打破跨国公司的垄断地位，消除其行为对本国经济发展所造成的不利影响。基于这一新阶段的新变化，为降低各国管制限制性商业惯例立法的对抗性和消除跨国公司行为的消极影响，许多国际组织开始尝试以国际立法途径对限制性商业惯例进行管制。

1978年10月，来自发展中国家77国集团、发达国家以及苏联等的专家汇编了《国际技术转让行动守则（草案）》，并正式提交联合国贸易和发展会议第五届会议讨论。但由于各方分歧较大，该草案至今未能通过。虽然世界各国未能对该草案中的内容达成一致意见，但该草案对排除国际技术转让合同中的政治歧视和限制性商业行为的规则做出了明确的阐述，对此后各国管制限制性商业惯例法律的制定产生了重大的影响。

此外，世界知识产权组织（WIPO）《技术转让合同管理示范法》规定了17种限制性条款不允许写入合同中，否则政府主管机构可以对此类合同不予登记。这17种限制性条款列举如下：

（1）要求技术受方进口在本国能够以相同或更低价格取得的技术。
（2）要求技术受方支付与引进技术应有使用费相比过高的费用。
（3）搭售条款。
（4）限制技术受方选择技术或选择原材料的自由，除非是为了保证许可产品质量而对原材料来源采取的限制。
（5）除保证许可产品质量所必需的情形外，限制技术受方使用产品或原材料的自由。
（6）要求技术受方将许可产品大部或全部出售给供方或供方的指定人。
（7）条件不对等的回授条款。
（8）限制技术受方的产品产量。

(9) 除供方享有工业产权的地区外,限制技术受方向该地区的出口自由。
(10) 限制技术受方雇佣供方指定的、与许可技术实施无关的人员。
(11) 限制技术受方对引进技术的研究和发展。
(12) 限制技术受方使用其他人所提供技术的自由。
(13) 要求技术受方为与许可目标无关的技术支付额外费用。
(14) 为技术受方的产品指定销售价格。
(15) 在技术受方或第三方因供方技术而遭到损害时,免除或减少供方的责任。
(16) 合同到期后,限制技术受方对有关技术使用的自由。
(17) 合同有效期超过所提供的专利有效期。

【扩展阅读】

中国对国际技术转让中限制性商业行为的规制

由于目前中国的技术转让贸易主要是引进技术,因此中国立法主要侧重于对引进技术的管理。对限制性商业行为的规制主要有《反垄断法》《合同法》《专利法》《进出口管理条例》等。

中国对限制性商业行为采取了列举的方式,中国在立法机构、判断限制性商业行为的标准等方面都与发达国家的相关制度存在不同。在立法机构方面,发达国家没有制定专门的立法,而是用一般性的法律来补充和完善其垄断法。中国制定了专门的技术法规来对限制性商业行为进行规制。从判断标准看,发达国家采用竞争标准,中国考虑的标准是"发展标准",判断技术转让协议是否会控制中国企业的生产、技术和销售活动,从而影响经济发展和创新。所以有些行为尽管不一定直接影响市场竞争,但只要阻碍中国的技术发展,也会被列入禁止的限制性商业行为中。

(资料来源:黄莉蓉. 国际技术转让贸易中的限制性商业行为比较研究. 科技与创新,2019,(17):133-134。)

本章小结

国际技术贸易的标的主要包括专利、商标和专有技术,其贸易方式也多种多样。近年来,基于商业的发展,国际技术贸易的标的逐渐丰富,贸易方式也在原来单一的技术转让基础上开始与资本转移及其他形式的国际经济合作进行交叉渗透,而呈现出系统化和多样化的特点。

在国际技术贸易的实践中,有两类问题值得关注。第一类是国际技术贸易主体的双重税收问题。这是不同国家的税收管辖权差异所导致的对同一纳税人的同一笔所得进行叠加征税造成的。针对这种情况,各国可通过协调政府间税收管辖权来解决减轻技术贸易主体的双重税负问题。第二类是商业性惯例问题。这是技术供方出于保护自身利益目的而滥用其技术垄断地位所致。针对超出法律允许范围的限制性商业惯例,各国积极地调整其法律内容,保护本国技术交易者的合法权益,以促进国际技术贸易公平、良好地发展。

关键词

国际技术贸易　专有技术　许可贸易　特许专营　技术咨询和技术服务　国际工程承包　国际 BOT　补偿贸易　双重征税　限制性商业惯例

复习思考题

1. 什么是国际技术贸易？
2. 国际技术贸易与国际货物贸易有哪些区别？
3. 国际技术贸易的主要交易内容是什么？
4. 国际技术贸易有哪些方式？这些方式有哪些特点？你认为发展中国家应主要采用的方式是什么？
5. 开展国际技术贸易有哪些经济影响？
6. 简述国际技术贸易的发展历程和特点。
7. 国际技术贸易的双重征税问题是什么？为什么会出现双重征税问题？
8. 什么是限制性商业惯例？试举出一些限制性商业惯例的条款。

第十章
与贸易有关的知识产权保护

知识经济时代的背景下，国家间关于文化、技术、科学方面的交流日趋频繁，国际贸易的标的开始呈现多样化的趋势，除了传统商品贸易，还出现了商标、技术、文化等知识产品的贸易。与贸易有关的知识产权保护成为各国普遍关注的问题，建立并完善国内和国际知识产权保护制度成为保障知识产权权利人利益的重要途径。本章主要介绍了知识产权相关的基本概念、知识产权保护的产生、知识产权国内保护的典型做法以及知识产权国际保护制度的建立和完善。

通过本章的学习，应掌握知识产权的含义和特征，了解知识产权国内保护制度，重点掌握《与贸易有关的知识产权协议》（TRIPs）的产生背景及其所包含的基本原则。

第一节　知识产权概述

一、知识产权的概念

17世纪中叶，法国学者卡普佐夫最早提出了"知识产权"一词，后经比利时著名法学家皮卡第的进一步研究，将其概括为"一切来自知识活动领域的权利"。伴随着《建立世界知识产权组织公约》的签订和生效，"知识产权"一词开始为国际社会普遍使用。但目前，多数与知识产权有关的国际公约仅是列举了知识产权所涉及的权利类型，而未对知识产权做概括性的定义。因此，知识产权概念大都采用学界对知识产权含义的一般性总结，即知识产权（Intellectual Property）是自然人或法人对其通过智力劳动所创造的智力成果所依法确认并享有的权利。

二、知识产权的类型

知识产权的类型有广义和狭义之分。

（一）狭义的知识产权类型

狭义的知识产权包括工业产权和版权。

1. 工业产权

工业产权（Industrial Property）主要是指对具有产业应用价值的发明创造和科技成果所依法享有的使用、占有、转让等其他权利。这里的工业泛指涉及商品生产的所有产业。工业产权主要涉及专利权、商标权、商号权、地理标志权、原产地名称权、制止不正当竞争权等。

2. 版权

版权（Copyright）主要分为著作权以及与著作权相关的邻接权。著作权是指作者（或其他权利人）对其著作物所享有的经济权利和精神权利。邻接权又称为"作品传播者权"，是指作品传播者对其传播作品过程中所做出的创造性劳动和投资所享有的权利。

(二) 广义的知识产权类型

广义的知识产权不仅包括狭义的知识产权中的内容，还包括科学发现权、商业秘密权以及由于科学技术发展而出现的各种新型的人类智力成果（介于版权和工业产权之间，如计算机软件、集成电路布图等）。

目前，与知识产权相关的重要国际条约多以广义的知识产权角度来定义知识产权的具体类型。

根据1967年7月14日在斯德哥尔摩签订的《建立世界知识产权组织公约》第2条第8项的规定，知识产权包括有关下列项目的权利：

1）文学、艺术及科学作品；
2）表演艺术家的表演、唱片和广播节目；
3）人类一切领域内的发明；
4）科学发现；
5）工业品外观设计；
6）商标、服务标记以及商业名称和标志；
7）制止不正当竞争；
8）在工业、科学、文学或艺术领域内由于智力活动而产生的一切其他权利。

根据1994年4月15日签署的世界贸易组织《与贸易有关的知识产权协议》（TRIPs）第1部分第1条的规定，知识产权包括如下权利：

1）著作权与邻接权；
2）商标权；
3）地理标志权；
4）工业品外观设计权；
5）专利权；
6）集成电路布图设计（拓扑图）权；
7）未披露过的信息专有权。

三、知识产权的特征

知识产权作为国际上广泛承认的一种财产权，与传统意义上的有形财产权存在不同，具体有以下特征：

(一) 客体的无形性

知识产权的无形性是其最本质的特征，知识产权的客体是智力劳动所创造的智力成果，是一种无形的精神财富。人们享有知识产权不体现为一种实在而具体的占有，而是表现为对知识或经验的认知和感受。知识产权的这种特性使得对知识产权侵权的可能性高于有形财产权，法律对知识产权的保护以及知识产权贸易的开展相较于有形货物贸易也更为复杂。

知识产权虽是无形的，但也必须通过发明创造、标记或作品等某些物质载体表现出来。知识产权的法律保护的对象不是这些载体的所有权，而是知识产权的所有人因知识产权创造而产生的知识权益。

(二) 专有性

知识产权的专有性是指国家赋予权利人对其智力成果在一定时期内享有垄断性的专有权。除依法通过"强制许可""合理适用"等程序变更权利人的独占权外，其他人未经法律或权利人允许不得享有或使用该权利。专有性是知识产权最基本的法律特征，是知识产权制度存在和发展的基础，是鼓励人们创新以促进社会发展的动力。

(三) 地域性

知识产权的地域性是指除签有国际公约或双边互惠协定外，经一国法律确认并保护的知识产权仅在该国国内具有法律效力，其他国家对该国确认的知识产权没有保护的义务。在不加入国际公约或双边互惠条约的情形下，知识产权所有人若希望在他国享有独占权，只能通过他国法律进行申请获得知识产权保护。

(四) 时间性

知识产权的时间性是指知识产权在法定的一定期限内受到保护，一旦法定期限届满，权利即告终止。知识产权在时间上的有限性，使得知识产权的内容在超过法定保护期限后即成为社会的共同财富，可为任何人所使用。这是世界各国为鼓励智力成果公开，促进社会科学文化发展所普遍采纳的原则。

目前，各国对不同类型的知识产权设有不同的保护期限。如专利权一般为 15~20 年；著作权一般为延续至作者去世后的 20~50 年；商标权一般为 10 年，但允许在商标到期后续展。

(五) 复合性

知识产权是人身权和财产权的复合权利。人身权是指智力成果的创造人凭借其特定身份而依法享有的权利，如某项专利权的所有人具有专利的署名权和荣誉权。财产权是指知识产权人可以享有其智力成果带来的经济报酬和奖励，如在专利转让或使用时获得一定经济利益。

(六) 法定性

知识产权需要由国家主管机关依法确认和授予方能产生，否则便无法受到法律的保护。通过政府机构对知识产权申请的审查，也可以将没有创新性、不符合法定认可标准的智力成果排除在知识产权保护的范围之外。知识产权注册时所记录的知识产权人、知识产权有效期、知识产权内容，也可以用于解决日后可能发生的知识产权侵权纠纷。

四、获取知识产权的途径

知识产权的获得途径可以分为原始取得和继受取得。

原始取得是指知识产权权利人非根据他人权利及意思表示，而直接依据法律的规定获得权利。具体来说有两种途径：①依法自动获得，即在一定的事实出现后，权利人无须通过法律程序就可以取得和享有知识产权。这类知识产权主要包括著作权、邻接权、发明权、商业秘密权等。例如，作家完成一部著作后，即获得该作品的著作权，无论作品是否发表，也无须进行法律的登记和注册程序。②依法申请取得，即知识产权的申请人必须向相应的国家机关进行申请并由国家机关依一定程序审查、批准、登记和注册后，方能获得知识产权。这类的知识产权主要包括专利权、商标权、商号权等。

继受取得是指基于一定的法律事实，依赖他人的权利及意思表示获得知识产权。主要有以下几种途径：①受让；②许可；③赠予；④继承。例如，在获得专利所有人的许可后，可以使用专利涉及的技术进行相关产品的生产。

【扩展阅读】

"茶颜悦色"商标在韩国被抢注？

"茶颜悦色"在长沙几乎无人不知，无人不晓。从2014年在黄兴广场的第一家门店开始，到当下在长沙的购物中心每走100米就有3家分店，短短几年时间，"茶颜悦色"可以说做成了全长沙最受年轻人追捧的本土网红消费品牌。

不过，"人红是非多"，近日，"留学生抢注茶颜悦色商标"迅速登上了热搜，引发广泛热议。原来，首尔留学生在韩国抢注了"茶颜悦色"商标，并称是为了当他们的"铺路石"。

此事一出，网友们都议论纷纷，有对抢注商标的行为表示谴责的，也有提醒"茶颜悦色"重视商标等知识产权保护的。事实上，中国品牌在国外遭遇商标抢注的情况并非个例。2003年，五粮液集团发现一名韩国人将五粮液的汉语拼音"WULIANGYE"在韩国注册成商标。按照韩国《商标法》，一旦正式受理商标申请和发布公告，异议时间只有一个月。五粮液集团随即向韩国商标总局递交了异议申请，并出具了"五粮液"作为国际知名商标和品牌使用在先的证据。然而，韩国的注册方在答辩中认为，该商标在韩国不是驰名商标，因此不是恶意注册，不存在误导消费者的问题。

由于五粮液集团在调查此事的过程中发现，这个韩国注册方同时还抢注了红星二锅头、酒鬼等中国商标，从而推断该韩国人存在恶意抢注的嫌疑。在经历14个月的"拉锯战"之后，2004年4月2日，五粮液集团终于打赢了官司，维护了自身的利益。

当然，中国企业在海外被抢注的商标远不止这些，并且，并非所有的公司都像五粮液集团那么幸运，能够夺回商标。目前，仍有许多知名品牌商标流落海外。因此，对企业来说，避免商标在海外被抢注，防止类似的事情重演，应当加强品牌保护的意识，尽早进行国际商标保护。

（资料来源：https://finance.sina.com.cn/stock/relnews/cn/2019-08-20/doc-ihytcern2211530.shtml。）

第二节　知识产权的国内保护制度

一、知识产权保护的产生

知识产权的保护是伴随着商品经济的不断发展而产生的。自文艺复兴开始至技术革命为核心的产业革命席卷欧洲，商品经济被资本主义推进到高度发展的阶段：冶金、纺织和印刷等新兴工业部门不断涌现，使科学技术商品化的程度逐步提高，获得最先进科学技术的生产者便可以降低成本并获得高额的利润；商品的极大丰富、竞争的日趋激烈使商标的商业作用日益增强，成为商品竞争的重要工具；印刷技术的提升使得"盗版"情况猖獗，影响到作者们的商业利益。在这种情势下，资本主义市场中产生了保障知识产品私有的诉求，即要求法律确认权利人对知识产品的私人占有权。因此，很多国家先后颁布知识产权保护的法律条令以达到知识产权保护的目的。

为保护技术和发明的专有性，1623年英国颁布了世界上第一部专利法《垄断法规》，其中的基本内容和原则，如专利必须授予具有新颖性的发明、专利的有效期等，成为以后各国制定其专利法的重要参考。继英国之后，美国于1790年、法国于1791年、荷兰于1817年、德国于1877年、日本于1885年先后颁布了本国的专利法。19世纪中叶，随着商品和技术的国际输出，专利的保护制度开始走向国际化，如允许外国人在本国申请专利，签订专利保护的国际公约以确立发明人在国外享有相应的专利权利。

为保护商标权利，法国于1803年颁布了世界上第一部包含商标保护内容的法律《关于工厂、制造厂和作坊的法律》，此后一直对其内容进行修缮，至1857年又颁布了更为系统的商标权法《关于以使用原则和不审查原则为内容的制造标记和商标的法律》。继法国之后，英国于1862年、美国于1870年、德国于1874年、日本于1884年先后颁布了本国的商标注册法。随着资本主义步入垄断阶段，国际财团、跨国公司的发展使得商标日趋国际化。为达到在国际上保护商标的目的，19世纪80年代以后，有关商标保护的国际协定、条约和公约等陆续出现，如《商标国际注册马德里协定》。

为保护版权，英国在1709年安娜女王统治期间颁布了世界上第一部版权法《为鼓励知识创作而授予作者及购买者就其已印刷成册的图书在一定时期内之权利法》，又称《安娜法》。继英国之后，许多国家也陆续颁布法律给予文学作品创作者版权保护。美国于1790年、法国于1793年、德国于1837年、日本于1887年先后颁布了本国有关版权的法律条令。但此时的法律保障的仅是作品在本国领土范围内的权利。19世纪下半叶，随着国际文化交流的日益频繁，很多有价值的作品被译成别国文字在国外流行，本国作品的国外保护和国外作品的本国保护要求日益迫切。最终使得一些国家签订多边协议以达到诉求，如《保护文学艺术作品伯尔尼公约》。

通过建立并完善相关的知识产权保护法律体系是各国知识产权保护制度的主要内容。完善的知识产权保护制度授予智力成果的创造者及所有者以专有权，使知识产品与一般客体一样进入交换和流通领域，以促进社会科学、技术和文化的进一步发展。

二、知识产权的国内立法保护

一般而言，一国知识产权保护制度建设中最为基础的便是对知识产权进行立法保护，即通过法律确认知识产权权利人所享有的权益范围、对知识产权侵权进行认定以及提供民事、行政和刑事等多种救济手段。下面简要介绍中美两国的知识产权国内立法保护制度的概况。

（一）美国知识产权国内立法保护

在众多发达国家中，美国是较早建立并实行知识产权保护制度的国家之一，也是在知识产权保护领域表现最为突出的国家。迄今为止，美国建立了一套较为完整的知识产权法律体系，其中包含《专利法》《商标法》《版权法》《反不正当竞争法》及各州《商业秘密保护法》。特别的是，美国对知识产权保护的法律还体现在对外贸易法中，主要包括"337条款"和"特别301条款"。

1. "337条款"

"337条款"来源于美国《1930年关税法》第337节，也被称为"不公平贸易做法"条款，其目的是为一切形式的不公平贸易做法提供法律救济。该条款规定，如果进口行为存在不公平的情况（主要针对专利、商标、版权和半导体芯片模板的侵权行为），知识产权所有人可以向美国国际贸易委员会提出申请对侵权行为进行管制。一旦美国国际贸易委员会确定进口的产品涉及侵权并对美国相关产业的发展造成抑制或垄断，就可以根据实际情况采取以下措施：①发布有限排除令，即禁止申请书中被列名的外国侵权企业的侵权产品进入美国市场；②发布普遍排除令，即不分来源地禁止所有同类侵权产品进入美国市场；③发布停止令，即要求侵权企业停止侵权行为，包括停止侵权产品在美国市场上的销售、库存、宣传、广告等行为，违反停止令，相关企业会被处以高额罚款；④发布没收令，适用于发布过排除令的产品，当有关企业试图再次将其出口到美国市场时，美国海关可以没收相关侵权产品。此外，该条款还规定，与侵权相关产业需被证明是现有或在建的，但不需要被证明是"具有经济效益""已形成一定规模"或"已因侵权而造成损害"。这一规定加大了知识产权保护在美国本土的产业覆盖面，也令侵权的认定可以不用限制在已遭受到损害的基础之上。一般情况下，美国国际贸易委员会接到申诉后会在30天内决定是否立案，一旦决定立案，会发布公告并将申诉书和公告副本送达起诉方所指的被告并在尽可能短的时间内完成终裁（通常为1年），即使被告不认可裁定而采取不应诉的态度，美国国际贸易委员会的行政法官也可做出有利于申请人的缺席裁决。

"337条款"所关注的是美国国内知识产权所有人的权益，通过对国外厂商出口至美国产品的侵权行为进行管制，达到保护本国相关产业的目的。在2017年，美国国际贸易委员会共收到调查申请59起，所涉产品包括电学产品（21起）和物理产品（11起）、机械工程类产品（2起）、固定建筑物（2起）、化学冶金（4起），作业运输（8起）、生活必需品（11起），其中立案调查54起。

2. "特殊301条款"

"特殊301条款"来源于美国《1988年综合贸易与竞争法》第1303节，因为该条款是在原"301条款"基础上新增加的内容，也被称为"特殊301条款"。条款规定美国贸易代表署于每年3月底前需向国会提交一份《国家贸易评估报告》和"特殊301条款"年度报告，在报告中指出哪些国家使依赖知识产权保护的美国公民失去了平等进入其市场的机会，并视其存在问题的程度，分别列入"重点国家""重点观察国家""一般观察国家"，以及"301条款监督国家"。按照"特殊301条款"被列入"重点国家"名单的，美国贸易代表应在30日内发起对这些国家的调查程序，并在6个月（可再延长3个月）内与这些国家进行磋商谈判。若在此期间双方磋商谈判无果，美国可决定是否采取报复性措施，包括终止贸易优惠条件、增加关税、施加进口限制措施等。被列入"301条款监督国家"，美国可不经过调查自行采取贸易报复措施。而被列入"重点观察国家""一般观察国家"则不会立即面临报复措施或要求磋商。判断一国是否为"重点国家"的依据主要有以下几项：①该国采取复杂且恶劣的法律、政策或做法，拒绝给予美国的知识产权充分和有效的保护，拒绝给予受知识产权保护的美国商号或个人公平的市场准入机会；②该国的上述法律、政策或做法对美国的相关产品造成了最不利的潜在或现实影响；③该国尚未就上述的问题与美国进行诚信的谈判，也没有在双边或多边谈判中取得重大进展。

"特殊301条款"实际上是美国凭借国内法处理别国境内的对美国知识产权的侵权问题，通过单边行动给别国政府施压进而对美国的知识产权提供有效保护，使美国产品进入别国市场并防止侵权的发生。但国际社会对美国使用该条款的真正目的是在于保护美国知识产权还是借此制约贸易国相关产业发展一直存在争议。

（二）中国知识产权的国内立法保护

中国现代知识产权制度建设始于改革开放时期，虽然起步较晚，但发展较快。改革开放前，对于知识产权的处理，中国仿照的是苏联的做法，即公民和单位的智力成果归属国家所有，任何企业均可以无偿使用。改革开放后，按照国内发展和对外贸易发展情况，中国适时颁布了若干重要的知识产权法律法规，填补了此前国内知识产权相关的法律空白，包括《中华人民共和国商标法》（1982年）、《中华人民共和国专利法》（1984年）、《中华人民共和国著作权法》（1990年）。

至20世纪90年代，由于美国多次将中国列入依据"特殊301条款"所制定的"重点国家"名单中，中美开始就知识产权问题进行磋商谈判，前后达成3个关于知识产权保护的谅解备忘录，中国对美国承诺加强知识产权保护方面的立法和实施工作。且中国当时正处于申请复关和入世的谈判之中，为在履行谈判协议和遵守国际规范方面展现最大的诚意，一方面，中国积极修订和完善已出台的相关知识产权保护法律法规，并颁布新的有关知识产权保护的法规和条例，如《反不正当竞争法》（1993年）、《关于禁止侵犯商业秘密行为的若干规定》（1995年）、《植物新品种保护条例》（1997年）等。另一方面，中国也积极申请加入世界知识产权组织和知识产权保护公约，如《保护文学艺术作品伯尔尼公约》《世界版权公约》《专利合作条约》等。

中国加入WTO后，为更好履行《与贸易有关的知识产权协议》，对《专利法》《商标法》和《著作权法》等已颁布实施的法律法规又进行了进一步修订。为加强对外贸易中知识产权保护的新需要，中国又颁布了《集成电路布图设计保护条例》（2001年）、《计算机软件保护条例》（2001年）、《中华人民共和国知识产权海关保护条例》（2003年）、《信息网络传播权保护条例》（2007年）、《奥林匹克标志保护条例》（2007年）等。至此，中国基本完成了与国际接轨的知识产权司法和行政多管道协调运作的保护体系，为知识产权的保护提供了良好的法律环境。

【扩展阅读】

美国337调查：碳钢与合金钢案（337-TA-1002）

2016年5月26日，应申请人美国钢铁公司（U. S. Steel Corporation，"美钢"）的申请，ITC正式对中国输美碳钢及合金钢产品发起"337调查"，被申请人包括中国宝钢、武钢、鞍钢、首钢、马钢、沙钢等11家中国大型钢铁企业集团（被诉的各钢铁集团的内地下属子公司、香港子公司以及美国子公司在此合并计算到钢铁集团中）及九家钢铁经销商，共计40余家实体，涉案产品碳钢与合金钢基本涵盖了中国钢铁产业所有输美产品。

申请人美钢分别就①中国钢铁企业借助中国钢铁工业协会"合谋操纵"产品价格和出口量（"反垄断诉点"）、②标记"虚假"来源以规避美国反倾销反补贴税（"反规避诉点"），以及③中国钢铁企业通过所谓中国政府黑客攻击而"窃取"美钢先进高强钢的技术秘密（"商业秘密诉点"）三个诉点提出起诉，指控中国碳钢及合金钢铁产品的生产和销售企业存在不公平贸易行为，要求美国国际贸易委员会对被诉产品实施普遍排除令或对被诉钢铁企业的产品发布有限排除令（即相关产品未来不得对美出口），且对被诉钢铁企业及其子公司、关联企业和代理商发布禁止令（即已经在美国境内的相关产品不得销售）。

由中国德恒律师事务所代理宝钢应诉该案全部诉点（三个诉点），并作为中国钢铁行业牵头律师事务所负责反垄断诉点及协调反规避诉点的应诉。至 2018 年 3 月 19 日，ITC 终裁中国应诉钢铁企业反垄断诉点胜诉并终止本案 "337 调查"，至此，中国钢铁企业最终赢得了所有三个诉点的全面胜诉。

（资料来源：http：//www.dehenglaw.com/CN/tansuocontent/0008/008241/7.aspx？MID=0902。）

第三节　知识产权的国际保护

随着国际贸易的不断发展，贸易标的开始多样化，除了传统商品贸易，还出现了商标、技术、文化等知识产品的贸易。由于知识产权的地域性特点，权利人仅获得国内法律的保护是远远不够的，因此如何在国际贸易中保护知识产权成了贸易国普遍关注的问题。对知识产权国际保护制度的建立从 19 世纪 80 年代开始，经过 100 多年的发展，已经形成了较为完善的体制，主要体现在：第一，形成了众多关于知识产权保护的国际公约；第二，建立了知识产权保护的国际组织——世界知识产权组织；第三，知识产权保护被纳入世界贸易组织的总体框架，成员间达成了重要的《与贸易有关的知识产权协议》。

一、与知识产权保护有关的国际公约

针对知识产权的国际保护，有的国家曾在国内立法中加入承认和保护外国知识产权的内容，且不要求其他国家给予 "互惠"⊖。这虽然对知识产权的国际保护起到积极的示范作用，但多数国家出于本国利益考虑，都不会采取此类措施。在知识产权国际保护的现实需要和国家利益的平衡间，多国签订 "互惠" 的国际公约成为国家间对彼此知识产权进行保护的主要途径。

目前，在世界范围内影响较大的知识产权保护相关的国际公约有：《保护工业产权巴黎公约》（1883 年）、《保护文学艺术作品伯尔尼公约》（1886 年）、《制止商品来源虚假或欺骗性标记马德里协定》（1891 年）、《保护表演者、录音制品制作者和广播组织罗马公约》（1961 年）、《保护奥林匹克会徽内罗毕条约》（1981 年）、《关于集成电路知识产权的华盛顿条约》（1989 年）、《世界知识产权组织版权条约》（1996 年）、《专利法条约》（2000 年）等。此外，还存在着一些区域性的知识产权保护条约，也发挥了积极的作用，如《欧洲专利公约》（1973 年）、《北美自由贸易区协定》中的知识产权保护协调制度（1992 年）、《建立非洲、马尔加什工业产权专利局的协定》（1977 年）等。

二、世界知识产权组织概况

（一）世界知识产权组织的产生

随着 1883 年签订的《保护工业产权巴黎公约》与 1886 年签订的《保护文学艺术作品伯尔尼公约》的生效，分别成立了 "巴黎联盟" 和 "伯尔尼联盟"。两个联盟后于 1893 年进行合并，成立了保护知识产权联合国际局。1967 年 7 月 14 日，在保护知识产权联合国际

⊖　法国在 1852 年颁布的法令中规定，无论作品的出版地和作者的国籍归属哪里，作品在法国均享有版权法的保护。

局的提议下，51个国家在斯德哥尔摩签订了《建立世界知识产权组织公约》。1970年4月26日，该协议正式生效，世界知识产权组织正式成立，取代了原保护知识产权联合国际局的职能。1974年，世界知识产权组织加入联合国组织系统，成为联合国的第14个专门机构。

世界知识产权组织（World Intellectual Property Organization），简称"WIPO"，是关于知识产权服务、政策、合作与信息的全球论坛。其主要职能是负责通过国家间的合作促进对全世界知识产权的保护，管理建立在多边条约基础上的关于专利、商标和版权等方面的23个联盟的行政工作，并办理知识产权法律与行政事宜。世界知识产权组织将大部分财力用于与发展中国家进行开发合作，促进发达国家向发展中国家转让技术，推动发展中国家的发明创造和文艺创作活动，以利于其科技、文化和经济的发展。其总部设立在瑞士日内瓦，在巴西里约热内卢、中国北京、日本东京、俄罗斯莫斯科和新加坡均设有办事处。中国于1980年6月正式加入该组织。目前，该组织共有192个成员。

（二）世界知识产权组织所管理的国际公约

世界知识产权组织一直积极鼓励缔结新的知识产权条约，通过促进各国知识产权立法的国际化和现代化以促进国际范围内知识产权的保护。目前，WIPO管理下的国际公约有26个，除《建立世界知识产权组织公约》外，其他公约情况如表10-1所示。

表10-1　WIPO管理的国际公约和条约情况

分组	条约名称	内容要点	签订年份
第一组：规定了国际上议定的各国知识产权保护的基本标准	保护工业产权巴黎公约	适用于广义的工业产权，包括专利、商标、工业品外观设计、实用新型、服务商标、厂商名称、地理标志的保护以及制止不正当竞争	1883
	保护文学艺术作品伯尔尼公约	适用于作品及其作者权利的保护。为作者、音乐家、诗人以及画家等创作者提供了控制其作品依什么条件由谁使用的手段	1886
	制止商品来源虚假或欺骗性标记马德里协定	凡带有虚假或欺骗性产地标记、直接或间接把缔约国之一或该缔约国的一个地方标为原产国或原产地的商品，必须在进口时予以扣押或禁止其进口，或对其进口采取其他行动和制裁手段	1891
	保护表演者、录音制品制作者和广播组织罗马公约	确保对表演者的表演、录音制品制作者的录音制品和广播组织的广播节目予以保护	1961
	录音制品公约	规定每一缔约国均有义务为属于另一缔约国国民的录音制品制作者提供保护，以禁止未经制作者同意而进行复制，禁止进口此类复制品（如果这种复制或进口以向公众发行为目的），并禁止此类复制品向公众发行	1971
	布鲁塞尔公约（卫星公约）	每一缔约国均有义务采取适当措施，防止未经许可向其领土或从其领土发送卫星传输的节目信号	1974
	保护奥林匹克会徽内罗毕条约	每一缔约国均有义务保护奥林匹克会徽，制止未经国际奥林匹克委员会的许可，将其用于商业目的（如广告中、商品上、作为商标等）的行为	1981

（续）

分　　组	条约名称	内容要点	签订年份
第一组：规定了国际上议定的各国知识产权保护的基本标准	关于集成电路知识产权的华盛顿条约⊖	对集成电路布图设计（拓扑图）提供保护	1989
	商标法条约	统一和简化国家和地区商标注册的程序，以减少在多个法律管辖区申请商标和管理商标注册的复杂性	1994
	世界知识产权组织版权条约	对数字环境中的作品和作者权利进行保护。涉及受版权保护的两个客体：①计算机程序，无论其表达方式或表达形式如何；②数据或其他资料的汇编（"数据库"）	1996
	世界知识产权组织表演和录音制品条约	对两类受益者在数字环境中的知识产权进行保护：①表演者（演员、歌唱家、音乐家等）；②录音制品制作者（主动将声音录制下来并负有责任的自然人或法人）	1996
	专利法条约	用于协调和简化国家和地区专利申请和专利的形式程序，使这些程序更加方便用户使用	2000
	商标法新加坡条约	为协调商标注册和许可的行政程序创建一个现代化的动态国际框架。使商标注册人和各国商标主管机关通过利用现代通信技术更加有效地处理和管理不断发生变化的商标权	2006
	视听表演北京条约	对表演者的视听表演的知识产权进行保护	2012
	关于为盲人、视力障碍者或其他印刷品阅读障碍者获得已出版作品提供便利的马拉喀什条约	目标是创设一组有益于盲人、视力障碍者和其他印刷品阅读障碍者（视障者）的强制性限制与例外	2013
第二组：确保一次国际注册或申请在任何一个有关签署国有效。世界知识产权组织依这些条约所提供的服务，简化了在被要求对某一具体知识产权进行保护的所有国家中逐个提出或提交申请的手续，并降低了其费用	商标国际注册马德里协定	通过此体系，只要取得在每一被指定缔约方均有效力的国际注册，即可在数量众多的国家中保护商标	1891
	工业品外观设计国际注册海牙协定	对工业品外观设计的国际注册做出规定，有效地建立起一个使工业品外观设计以最少的手续在多个国家或地区取得保护的国际体系——海牙体系	1925
	专利合作条约	可以只提交一份"国际"专利申请，即可在许多国家中的每一国家同时为一项发明申请专利保护。缔约国的任何国民或居民均可提出这种申请。一般可以向缔约国的国家专利局提出申请；也可以按申请人的选择，向设在日内瓦的WIPO国际局提出申请	1970
	国际承认用于专利程序的微生物保存布达佩斯条约	涉及国际专利程序中"微生物"这一特定主题。所有缔约国必须承认，无论保藏单位的地点在哪，保藏的微生物均为专利程序的一部分。程序上不再要求向申请予以专利保护的每一国家单位交存微生物	1977
	保护原产地名称及其国际注册里斯本协定⊜	WIPO国际局根据有关缔约国主管机关提出的请求进行原产地名称注册。国际局备有原产地名称国际注册簿，并将注册通知其他缔约国，对原产地名称进行保护	1979
	商标国际注册马德里协定有关议定书	目的是让"马德里体系"更加灵活，并与尚无法加入本协定的某些国家或政府间组织的国内法更加协调	1989

⊖ 截至2020年，该条约尚未生效，但中国于1989年加入了该条约。
⊜ 此处的"原产地名称"指的是一个国家、地区或地方的地理名称，用于指示一项产品来源于该地，其质量或特征完全或主要取决于地理环境，包括自然因素和人为因素。

(续)

分　　组	条约名称	内容要点	签订年份
第三组：为分类条约，建立了分类制度，这些制度将关于发明、商标和工业品外观设计的信息按可操作的结构编成索引，以便于查询	商标注册用商品和服务国际分类尼斯协定	建立了用于商标和服务商标注册的商品和服务分类（"尼斯分类"）。缔约国的商标局必须在与每项注册相关的官方文件和出版物中，按分类标明注册商标所用于的商品或服务所属的类号	1957
	建立工业品外观设计国际分类洛迦诺协定	建立了工业品外观设计的分类（"洛迦诺分类"）。缔约国的主管局必须在记载工业品外观设计保存或注册的官方文件中，按分类标明采用外观设计的商品所属的大类和小类号。在各该局发行的有关工业品外观设计保存或注册的任何出版物中，亦须标明这种分类号	1968
	国际专利分类斯特拉斯堡协定	建立的国际专利分类（IPC）把技术分为八个部类，约70000个复分类。在检索"现有技术"时，分类对检索专利文件不可或缺。颁发专利文件的机关、潜在的发明人、研究与开发单位以及其他有关的技术应用或开发单位都需要进行这种检索	1971
	建立商标图形要素国际分类维也纳协定	建立了一种用于由图形要素构成的或带有图形要素的商标的分类法（"维也纳分类"）。缔约国的主管局必须在其有关商标注册和续展的官方文件或出版物中，标明商标的图形要素所归入的该分类的类号、组号和项号	1973

（三）世界知识产权组织的机构设置

世界知识产权组织下设四个管理机构，作为其最高决策机构，其分别是：

1. WIPO 成员国大会

WIPO 成员国大会是世界知识产权组织的最高权力机构，由参加巴黎联盟、伯尔尼联盟的成员以及所有加入《建立世界知识产权组织公约》的成员国组成。大会分为例会和特别会议，特别会议应大会 1/4 成员国请求或应协调委员会要求召开，传统上两类会议均在每年秋季举行。大会成员国的 1/2 构成法定人数，每一成员国拥有一名代表就大会议题行使一票表决权。

2. 成员国会议

成员国会议由全体成员国组成。其任务是讨论知识产权领域内普遍关心的事项，并且得在尊重各联盟权限和自主的条件下就这些事项通过建议。该会议每年与大会同时间同地点举行一次会议，成员国的 1/3 构成法定人数，成员国会议中每一成员国拥有一名代表就会议议题行使一票表决权。

3. 协调委员会

协调委员会是成员国大会和成员国会议的执行机构，由巴黎联盟和伯尔尼联盟执行委员会的成员国组成。其职能是：就两个或两个以上联盟共同有关的，或者一个或一个以上联盟与 WIPO 共同有关的一切有关行政、财务和其他事项提出意见；提名总干事候选人；拟定大会议程草案；搜集并提供知识产权情报；办理国际注册等。该委员会每年在内部举行一次例会，由总干事召集，委员会的 1/2 构成法定人数，一名代表在会议中代表一个国家行使一票表决权。

4. 国际局

国际局是 WIPO 的常设办事机构，即秘书处，主要负责组织相关会议，准备报告和文件，执行知识产权领域内的成员国国际合作计划。国际局内设 1 名总干事和若干名副总干事。国际局的相关工作由总干事负责组织和执行，并将内外事务向成员国大会汇报，遵从大会的指示，不受任何其他国家政府或组织的牵制。

在部门构成上，WIPO 设有七个部门，包括品牌与外观设计部门、版权与创意产业部门、发展部门、创新与技术部门、行政与管理部门、全球基础设施部门和全球问题部门。每个部门由一名副总干事级或助理总干事级的高级管理者分管，接受总干事的全面领导，负责执行所有必要的活动，以完成成员国两年期计划和预算中批准的各项计划和成果目标。

此外，在创新与技术部门中还开设有 WIPO 仲裁与调解中心，它成立于 1994 年，总部设在瑞士日内瓦，并在新加坡设有分处，是唯一专业提供知识产权法院外争议解决服务的国际机构。WIPO 可解决的争端当事人可以位于不同司法管辖区，争端的类型既可以是合同纠纷（例如专利和软件许可证、商标共存协议、药品分销协议和研发协议），也可以是非合同纠纷（例如专利侵权），但争端解决的程序必须采用 WIPO 仲裁与调节中心制定的仲裁和调解规则。中心拥有 1500 多名具有争议解决经验和知识产权纠纷专业知识的人员，可以帮助当事人从中挑选合适的调解员、仲裁员和专家来解决争议案件。

三、WTO 对知识产权的保护及《与贸易有关的知识产权协议》

（一）《与贸易有关的知识产权协议》产生的背景

随着世界新技术革命的发展，全球的技术贸易兴起，与知识产权相关的贸易额开始大幅度提升，知识产权贸易转让和有形商品贸易的知识产权问题（如商标、专利侵权等）开始成为国际贸易领域不能回避的问题。很多国家，尤其是发达国家开始呼吁国际社会重视在国际贸易中知识产权的保护。因为发达国家拥有更高技术水平和更多的知识成果，且大多都建立了较为完善的知识产权保护制度，但发展中国家的知识产权的认定及保护制度的发展仍较为滞后，加之当时的国际公约普遍缺乏有效的知识产权国际争端解决机制，这些都令发达国家开始担忧在与发展中国家的贸易中会因知识产权侵权问题而损失利益。于是在关贸总协定第七轮"东京回合"谈判中，假冒商品贸易问题成为谈判的议题之一，美国与欧共体起草了《阻止冒牌进口措施的建议》，并希望推动其成为生效协议，但遭到其他国家的反对行而未成。关贸总协定第八轮"乌拉圭回合"谈判中，"知识产权"作为新议题纳入谈判范围。虽然一些发展中国家担心知识产权高标准的保护措施会增加本国的财政和行政负担而对此持反对态度，但在美国等发达国家的主导下，这一谈判议题得到保留。1994 年 4 月 15 日，关贸总协定的成员在马拉喀什签署了《与贸易有关的知识产权协议》（TRIPs）。1995 年 1 月 1 日，世界贸易组织成立，该协议也随之生效，标志着知识产权保护被正式纳入到世界贸易组织体系中。

（二）《与贸易有关的知识产权协议》的主要内容

《与贸易有关的知识产权协议》，英文简称 TRIPs，是 Agreement on Trade-Related Aspects of Intellectual Property Rights 的缩写，是世界贸易组织体系下的多边贸易协议。TRIPs 阐明了知识产权保护的范围、知识产权保护的执行程序、补救措施和争端解决程序，并表明知识产权保护的目的是以有利于增加技术知识创造者和使用者的利益、社会经济福利，兼顾权利和义务平等的方式来促进技术的革新、转让和传播。TRIPs 不仅将知识产权法首次纳入多边贸易体制，而且是迄今为止国际上所有有关知识产权的国际公约和条约中，参加方最多、内容最全面、保护水平最高、保护程度最严密的一项国际协定。

在具体内容的安排上，TRIPs 包括七个部分，合计 73 条，分别是：总条款和基本原则；有关知识产权的效力、范围及利用的标准；知识产权执法；知识产权的获得与维持及有关当事人之间的程序；争端的防止与解决；过渡协议；机构安排与最后条款。

1. TRIPs 的基本原则

TRIPs 在内容上明确了知识产权保护的基本原则以及与其他知识产权国际公约的基本关系。

（1）国民待遇原则。TRIPs 第 3 条第 1 款规定："在知识产权保护方面，各成员给予其他成员国民的待遇应不低于其给予本国国民的待遇。"给予国民待遇的范围包括知识产权可获得的资格以及对知识产权的获取、范围、维护和行使产生影响的各项事宜。在第 3 条第 2 款规定中，还列举了国民待遇原则的几项例外，包括：①1967 年《保护工业产权巴黎公约》、1971 年《伯尔尼公约》《保护表演者、录音制品制作者和广播组织罗马公约》和《关于集成电路知识产权的华盛顿条约》中已规定的例外；②1971 年《伯尔尼公约》第 6 条和《保护表演者、录音制品制作者和广播组织罗马公约》第 16 条第 1 款（b）中规定的情况下，允许成员使用"互惠"原则；③如果成员依据不与 TRIPs 抵触的法律和细则，在司法或行政程序上很难给予另一国完全的国民待遇时，可以例外。

（2）最惠国待遇原则。在知识产权保护领域适用最惠国待遇原则是 TRIPs 的首创之举。TRIPs 第 4 条规定："在知识产权保护方面，各成员给予其他成员国民的任何权利、优惠、特权或豁免，都将立即无条件给予全体成员的国民。"但也存在一些例外情形，包括：①基于一般性的司法协助或法律实施方面的国际协定产生的优惠，且不是特别限于知识产权保护方面的，可以不对其他成员适用；②根据 1971 年《伯尔尼公约》或《保护表演者、录音制品制作者和广播组织罗马公约》规定不按照国民待遇而给予互惠待遇的情形；③协议中未规定的有关表演者权、录音作品制作者权和广播组织权；④在《建立世界贸易组织协定》生效前已经生效的知识产权保护国际协议中的优惠或特权，且已将该协议通知与贸易有关的知识产权理事会并对其他成员不构成随意的或不公正的歧视。

对于国民待遇原则和最惠国待遇原则享有的例外，TRIPs 第 5 条还规定了另一种情形："凡参加世界知识产权组织主持的、含有获得及维护知识产权程序的公约成员，没有义务向未参加这类公约的成员提供这些公约产生的、程序上的优惠待遇。"这意味着 TRIPs 要求成员只履行知识产权组织管理的《保护工业产权巴黎公约》《伯尔尼公约》《保护表演者、录音制品制作者和广播组织罗马公约》和《关于集成电路知识产权的华盛顿条约》中的义务，而不论成员是否加入了这些公约。除这四个公约以外的其他公约，尤其是程序性公约，TRIPs 不要求成员履行任何义务，包括提供国民待遇和最惠国待遇。

（3）透明度原则。TRIPs 的第 63 条对知识产权保护的透明度做了明确，有关知识产权的分类、范围、获取、保护、实施和防止滥用的政府法律法规及普遍使用的司法终局裁决和行政裁决信息应及时公布，以最大限度地保证信息公开，防止信息不完全下的不公平竞争。但若公布的信息可能妨碍法律的执行，违反公共利益或是有损于公有或私有的特定企业合法商业利益的秘密资料，可不适用该原则。

（4）权利穷竭原则。权利穷竭原则（Exhaustion Doctrine）又称权利耗尽、权利用尽原则，该原则是指知识产权所有人或许可使用人一旦将知识产品合法置于流通以后，原知识产权权利人所有的一些或全部排他权因此而用尽。例如，德国的法律规定，如果版权人本人，或经版权人的同意，将作品的复制本投放市场后，不论作品随后怎样发行、分销等，权利人将无权再过问。也就是说权利人所享有的发行权在使用了一次之后，便"穷竭"了。但各个国家对知识产权的权利穷竭问题有着不同的法律解释和司法实践，彼此间分歧很大。因此在 TRIPs 中规定："在符合国民待遇和最惠国待遇的规定下，在依照协议而进行的争端解决中，不得借助协议中的任何条款，去涉及知识产权权利穷竭问题。"这表明，知识产权协议不允许成员间在解决知识产权相关争端时，使用协议中的条款去支持或否定权利穷竭，以免成员在争端中产生更多的矛盾。

（5）防止滥用原则。TRIPs 在第 8 条规定："成员可在其国内法律或条例的制定中，采取与协议规定一致的必要措施以保护公众健康和发展，以及增加对其社会经济与技术发展至关重要的领域中的公益；成员可采取与协议规定一致的适当措施防止权利持有人滥用知识产权，防止借助国际技术转让中的不合理限制贸易行为或有消极影响的行为。"此原则表明成员为了公共利益和社会发展，可以在本国立法中对知识产权进行限制性的规定，限制以不损害协议的保护规定为限。主要防止的是两类知识产权的权利滥用，一是过分强调知识产权权利人的权利而损害了公共利益；二是权利人在行使权利时，采用了不正当的竞争行为。

关于 TRIPs 的权利穷竭和防止滥用原则，2005 年一次补充修订体现了 TRIPs 在保护知识产权以促进全球社会福利增加的最终目的上，基本原则仍具有灵活调整的空间。2001 年，由于药品专利垄断，一些针对重要传染性疾病的药物（如艾滋病、疟疾、肺结核等）国际价格偏高，阻碍了发展中国家和欠发达国家对相关药物的应用，导致其在维持公共健康方面付出了高昂的成本。因此，一些发展中国家发起了一轮谈判并最终达成了《TRIPs 与公共健康多哈宣言》。该《宣言》承认了 WTO 成员具有对专利药品使用强制实施许可的权利，并在最惠国待遇和国民待遇原则规定的前提下，能够自由地、不受干扰地建立其知识产权权利用尽体系。在该《宣言》支持下，发展中国家可以为促进公共健康最大限度地利用 TRIPs 协议的灵活性，从政治上和法律上使其获得药物的能力增强。例如，如果知识产权规则对某个 WTO 成员维持其社会公共健康造成阻碍，该国可采取与 TRIPs 协议规定相一致的措施中止知识产权持有人对其独占权利的行使。

2. TRIPs 保护知识产权的类别与时间

（1）版权与有关权。①在《伯尔尼公约》中所规定的"文学和艺术作品"。其包含文学、科学和艺术领域内的一切成果，不论其表现形式或方式如何。例如，书籍、演讲、戏剧或音乐剧、舞蹈和哑剧、配词或未配词作曲、电影、图画、摄影作品、雕刻、地图等。②计算机程序与数据的汇编。包括源代码或以目标代码表达的计算机程序和属于智力创作的数据和其他材料汇编。③表演者、录音制品作者以及广播组织权利。版权的保护期，自其创作或出版期不得少于 50 年；表演者和录音制作者的权利应至少保护 50 年；广播组织的权利应至少保护 20 年。

（2）商标权。TRIPs 将"商标"定义为"任何能够将一企业的商品或服务与其他企业的商品或服务区分开的标记或标记组合"。如果某种标志难以起到区别的作用，则允许成员可以根据使用情况，决定是否给予商标注册。TRIPs 还确认了对驰名商标的保护。驰名商标可由商标注册国或使用国主管机构认定，但在认定某商标是否驰名时，应考虑有关公众对其的知晓程度，包括在该成员地域内宣传商标而使公众知晓的程度。注册商标首次注册的保护期不低于 7 年。注册商标到期后可以无限次地进行续展，每次保护期不得低于 7 年。

（3）地理标志权。TRIPs 所规定的"地理标志"是指可标志出某商品来源于某成员地域内，或来源于该地域中的某个地区或某各地方的标识。且该商品的特定质量、信誉或其他特征，主要与该地理来源相关联。TRIPs 要求各成员应采取一定的法律手段，保护原产地标志所有人的利益，对于包含虚假地理标志的商标和虽然地理标志真实但误导公众相信商品来源于另一地域的商标，主管机关应驳回商标的注册申请或撤销商标。TRIPs 还补充了对于葡萄酒或烈性酒产品地理标志的保护，防止将葡萄酒或烈酒的专用地理标志用于来源于其他地方的葡萄酒或烈酒产品上。对于地理标志的保护期限不受限制，但对于在其来源国不受保护或中止保护的地理标志，或在来源国已废止使用的地理标志，TRIPs 没有义务保护。

（4）工业品外观设计权。TRIPs 规定，各成员应对具有新颖性或原创性的工业品外观设计提供保护。受保护的工业品外观设计所有人应有权制止第三方未经许可而为商业目的制造、销售或进口带有或体现有受保护设计的复制品。TRIPs 对于纺织品的外观工业设计保护做了特别规定，要求各成员对此类产品外观设计可通过工业外观设计法或版权法进行保护，且对其成本、检验或公布的要求不能不合理地损害权利人求得保护的机会。外观设计保护期至少为 10 年。

（5）专利权。TRIPs 对专利保护范围、保护期限、授予的权利和专利权的强制使用问题做出了相关规定。第一，关于专利的保护范围，TRIPs 所涉及的专利应是所有技术领域内的任何发明，无论属于产品发明还是方法发明，只要其新颖、含创造性并可付诸工业应用。但如果为保护公共秩序或公德，包括保护人类、动物或植物的生命与健康，或为避免对环境的严重破坏，各成员可被允许将某些发明排除在可获专利的范围之外。另外，诊治人类或动物的诊断方法、治疗方法及外科手术方法，除微生物以外的动、植物，以及生产动植物的方法也可以被排除在授予专利的范围之外。第二，关于授予专利的权利，其包括：在产品专利方面，禁止第三人未经权利人许可制造、利用、提供销售、销售或为这些目的而进口该产品；在方法专利方面，禁止第三人未经专利权许可使用、提供销售、销售或为这些目的而进口由该专利方法直接获得的产品；专利所有人有权转让其专利或许可他人使用。第三，对于专利权的强制使用，TRIPs 允许成员的法律自行规定政府或政府授权第三方可在未经权利持有人许可的情形下就专利的内容进行其他使用。但同时也规定了一系列限制使用强制许可的条件，包括个案处理、合理要求许可使用未成、非独占使用与非转让等。第四，TRIPs 规定的专利权的保护期应不少于 20 年。

（6）集成电路布图设计（拓扑图）。TRIPs 依照《关于集成电路知识产权的华盛顿条约》为相关产品提供保护。受保护的产品为：①"集成电路"是指一种产品，在它的最终形态或中间形态，是将多个元件，其中至少有一个是有源元件，和部分或全部互连集成在一块材料之中和/或之上，以执行某种电子功能；②"布图设计（拓扑图）"是指集成电路中多个元件，其中至少有一个是有源元件，和其部分或全部集成电路互连的三维配置，或者是指为集成电路的制造而准备的这样的三维配置。TRIPs 要求成员禁止未经权利持有人许可从事下列活动：为商业目的的进口、销售或以其他方式发行受保护的布图设计；为商目的的进口、销售或以其他方式发行含有受保护布图设计的集成电路；为商业目的进口、销售或以其他方式发行含有上述集成电路的物品。集成电路布图设计（拓扑图）受保护的期限不少于10年。

（7）未披露信息保护。TRIPs 规定未披露信息应具有三个特征：①属于秘密，该信息或其中的内容组合，并非通常从事有关该信息工作领域的人们所普遍了解或容易获得的；②具有商业价值；③合法控制信息的人为保密已经根据有关情况采取了合理措施。对合法拥有未披露信息的人，有权防止其他人未经许可而以违背诚实商业行为的方式披露、获得或使用该信息。为获批含有新化学成分的医药用或农用化工产品上市许可而向政府提交的机密数据也在受保护之列，以防止不公平的商业应用。

3. TRIPs 的执行保障

为保障知识产权保护在 TRIPs 框架下可以得到真正落实，TRIPs 还设置了详细的程序性规范要求使各成员在其国内法中为权利人提供公正和平等的执行程序，以确保权利人在知识产权受到侵犯时，可以得到充分的救济。主要包括：

（1）民事和行政程序。在民事程序上，成员可被允许使用的救济方式包括禁令（责令停止侵权）、损害赔偿（侵权人向权利人进行金钱赔偿）和其他救济（将侵权商品排除商业渠道、销毁商品等）。在行政程序上则要求在涉及案件是非曲直，且结果是责令采取民事法律救济措施时，行政程序应符合有关民事程序的一般规定。

（2）临时措施。司法部门有权为防止发生知识产权侵权行为或保存有关被指控行为的证据而采取及时有效的临时措施。临时措施可在单方面请求下采取，但请求人必须提交证据证明知识产权已经或即将受到侵犯。采取临时措施后的合理期限内，请求人没有提出诉讼，司法部门应取消临时措施。若请求人的行为使得临时措施有误，或随后未发现知识产权侵权，司法部门有权应被告请求责令请求人对造成的损失进行相关赔偿。

（3）边境措施。协议要求各成员通过各种程序保证权利人在拥有正当理由怀疑进口商品侵犯其知识产权时，可向主管部门提交书面请求、证据（或应主管部门要求的保证金/担保防止侵权误判时用于被告的赔偿），要求海关中止进口货物的放行，防止商品在国内自由流通。边境措施也可以是主管部门主动依职权而采取的。

（4）刑事程序。TRIPs 要求至少在商业上蓄意使用假冒商标或侵犯版权案件适用刑事诉讼程序或刑事处罚。适用的法律补救措施包括监禁、罚款、扣押和没收或销毁侵权商品以及主要用于从事上述犯罪活动的材料和工具。

考虑到协议对不同发展水平国家的适用性不同，TRIPs 规定了其实施协议内容的不同时间表。自 TRIPs 生效之日起，WTO 所有成员均有 1 年的期限执行协议内容。除国民待遇和最惠国待遇外，发展中国家有权对其他条款可再延长 4 年实施。但发展中国家必须将产品专利的保护延伸至目前在其境内不能提供保护的技术领域，对这些领域适用的产品专利的协议规定可以再延长 5 年执行。若正在向市场经济过渡的国家在准备和执行知识产权保护时存在特殊的困难，也可以要求享受 4 年过渡期的安排。而最不发达国家可有 10 年的时间实施该协议并可在此基础上根据自身制度情况继续延长实施期限。

此外，TRIPs 第 64 条第 1 款规定："除非另有规定，1994 年《关税与贸易总协定》第 22 条与第 23 条以及根据这两条所设立的关于纠纷解决规则和程序的谅解备忘录适用于知识产权问题的协商与争端解决。"这意味 TRIPs 适用的是 WTO 的争端解决机制，在知识产权保护上的各种争端的处理同商品贸易中出现争端的处理方式是一样的：①将争端提交"争端解决委员会"；②对争端方进行调解；③成立专家小组，出具调查报告；④依据报告，争端委员会做出裁决；⑤要求当事方执行裁决，否则将受到多边制裁。一般而言，大多数国家本着维持在WTO的成员地位和避免贸易制裁损失的考虑，均会认真执行裁决结果，这为争端的解决提供了有力的保障。

（三）《与贸易有关的知识产权协议》实施的意义

TRIPs的签订不仅改变了知识产权国际保护体系的结构，也在根本上改变了知识产权保护的方式。在TRIPs生效之前，世界知识产权的保护主要依靠世界知识产权组织管理的国际公约约束，但由于大多数国际公约的实体规定标准不高，且在知识产权保护上仅涉及权利申请的程序，而没有切实有效的执行措施去解决知识产权的侵权问题，导致各缔约方事实上还是依靠各自法律规定进行知识产权保护。在这种情形下，各缔约方并没有形成统一的知识产权保护水平，知识产权在他国的保护问题也没有得到根本的解决。但TRIPs通过提供一个统一的、较高水平的知识产权保护标准并凭借将知识产权保护与贸易优惠问题挂钩，使各国在知识产权保护标准的趋同上能够主动采取切实的行动。对于发展中国家和欠发达国家的适用问题，TRIPs也合理规定了各种情形下的过渡期安排，以让这些国家有完善相关程序和立法的时间。

事实证明，在TRIPs签订并生效后，各成员也的确为履行协议相关义务对知识产权的国内立法进行积极修订，使其与协议相符。因此，TRIPs中相关规定的实施，改变了在处理涉外知识产权保护问题时国内法优先的局面，使得凭借国际法实施知识产权保护成为可能。从这种意义上说，TRIPs在知识产权保护的理论与实践两个方面都迈出了具有决定性意义的一步，促进了知识产权国际保护的现代化，使世界知识产权保护水平迈上了一个新的台阶。

【扩展阅读】

TRIPs在"平行进口"问题上的立场

平行进口是指未经相关知识产权权利人授权的进口商，将由权利人自己或经其同意在其他国家或地区投放市场的产品，向知识产权人或独占被许可人所在国或地区的进口。从该定义可以看出：①平行进口的商品属于"真品"，而非假冒或盗版的商品；②平行进口的商品所涉及的知识产权在进口国已受到相关法律的保护；③进口商的进口行为没有得到知识产权权利人的授权或许可。因此，平行进口所涉及的问题并非进口的商品是否合法，而在于进口的行为是否合法。

TRIPs中涉及对平行进口问题的条款是第28条。TRIPs第28条（a）款规定："专利应赋予其所有人下列专有权：如果该专利保护的是产品，则有权制止第三方未经许可的下列行为：制造、使用、提供销售、销售，或为上述目的而进口该产品。"但该条款有1条脚注为："这项权利，如同依照本协议享有的有关商品使用、销售、进口或其他发行权利一样，均适用上文第6条。"这里所提到的第6条规定即TRIPs对"权利穷竭"问题的基本原则：即TRIPs对权利穷竭采取的是折中的规定，在符合国民待遇和最惠国待遇的条件下，对权利穷竭是否支持将按各国的国内法自行规定处理。综合这两项规定来看，TRIPs明确规定了专利权人享有对专利产品的进口权，即承认了专利权的地域性，平行进口是被禁止的。但由于第

28 条规定的专利权人的进口权受到第 6 条规定的制约，也就意味着专利保护产品在平行进口的适用问题上也被交由各国按其国内法进行处理。所以 TRIPs 对专利产品的平行进口持有折中态度。此外，TRIPs 除了在专利领域里的规定涉及平行进口，在版权和商标权领域并没有涉及对平行进口的规定。

（资料来源：黄雅文，叶雅静. 国际贸易中平行进口问题探析. 国际商务研究，2004，(5)：37-42. 张佳妮. 论 TRIPS 协议与平行进口的关系. 法制博览，2012，(9)：46-47。）

本章小结

知识产权是自然人或法人对其通过智力劳动所创造的智力成果所依法确认并享有的权利，具有客体的无形性、专有性、地域性、时间性、复合性、法定性的特征。

出于保护知识产权权利人利益的目的，各国纷纷以国内立法的形式推出知识产权的保护措施，但保护程度远远不够。世界知识产权组织（WIPO）是知识产权保护国际公约的管理者和缔约国间知识产权保护工作的协调者。知识产权保护还被纳入世界贸易组织的总体框架，并在成员间达成了重要的《与贸易有关的知识产权协议》（TRIPs）。TRIPs 阐明了知识产权保护的范围、知识产权保护的执行程序、补救措施和争端解决程序。

关键词

知识产权 "337 条款" "特殊 301 条款" 世界知识产权组织 TRIPs

复习思考题

1. 什么是知识产权？
2. 知识产权有哪些特征？
3. 美国的知识产权保护制度是怎样的？
4. 《与贸易有关的知识产权协议》产生的原因是什么？
5. 《与贸易有关的知识产权协议》包含哪些基本原则？
6. 什么是权利穷竭？《与贸易有关的知识产权协议》对权利穷竭的规定如何？
7. 《与贸易有关的知识产权协议》中列入的知识产权类型有哪些？
8. 《与贸易有关的知识产权协议》实施的意义是什么？

第十一章
国际资本流动与跨国公司

国际资本流动,尤其是对外直接投资,对当今国际贸易的发展起着巨大的推动作用。第二次世界大战之后,国际贸易的迅速发展与跨国公司的发展有着直接联系。除推动国际贸易总量增长之外,其经营战略特征也促进了国际贸易体系的建立和完善。

通过本章学习,学生应了解国际资本流动的基本类别,全面、系统地了解跨国公司的特征、形成与发展过程,掌握跨国公司的经营战略和竞争作用,掌握内部贸易及转移价格机制,对跨国公司的基本理论观点有全面的认识和把握。

第一节 国际资本流动概述

随着经济全球化深入发展,生产经济要素的国际流动日趋频繁,对世界经济的发展发挥决定性作用,各国的发展都离不开各种生产经济要素在国际范围的流动。其中,资本的国际流动发挥十分重要的作用,一方面,它作为劳动力、资源、技术等生产经济要素的价值表现形式,与这些生产经济要素一起流动;另一方面,它又作为独立的资本要素脱离这些实体性要素而单独流动,以虚拟经济形式进行"体外循环"。

一、国际资本流动的概念

国际资本流动(International Capital Flows)是指资本在国际上转移,即资本在不同国家或地区之间做单向、双向或多向流动。准确地说,国际资本流动是指货币资金或生产要素使用权的国际有偿让渡或转移,具体包括贷款、援助、输出、输入、投资、债务的增加、债权的取得、利息收支、买方信贷、卖方信贷、外汇买卖、证券发行与流通等。国际资本的实质即凭借它拥有的资本所有权形成对外债权,并以债权获得利息、股息和利润收益。

二、国际资本流动的类型

按照国际货币基金组织的划分标准,国际资本流动主要采取国际直接投资和国际间接投资两种方式。

(一)国际直接投资

国际直接投资(对外直接投资)是指投资者在另一国新建生产经营实体或把资本投入另一国的工商企业,并以控制国外企业管理权为核心,以获取利润为目的的对外投资活动。对外直接投资主要有以下几种方式:

1. 绿地投资

绿地投资是指通过投资建立新企业。这种方式的好处在于企业可按照投资者的意愿控制资本投入量、确定企业规模和选择厂址;另外可以按照投资者的计划,实施一套全新的适合技术水准和投资企业管理风格的管理制度。但是,这种方式进入目标市场缓慢,创建工作比较烦琐。

创建新的企业对于发展中国家来说具有更重要的意义。它可以直接为东道国提升生产和技术能力，有利于东道国实现产业结构的调整，填补某些产业的空白，打破传统的行业垄断，增强市场的竞争力。

2. 兼并与收购

兼并与收购的方式是指一个企业通过购买另一个现有企业的股权而接管该企业的方式。这种方式的优点是：

第一，快速进入市场。投资者能以最快的速度完成对目标市场的进入，对于制造业来说，这一优势更为明显，它可以省掉建厂时间，迅速获得现有的管理人员和生产设备，迅速建立国外产销基地，抓住市场机会。

第二，有利于投资者得到公开市场上不易获取的经营资源。首先，收购发达国家的企业，可获得该企业的先进技术和专利权，提高公司的技术水平。其次，收购方式可直接利用现有的管理组织、管理制度和管理人员。最后，收购企业可以利用被收购企业在当地市场的分销渠道及被收购企业与当地客户多年往来所建立的信用，迅速占领市场。

第三，可以廉价购买资产。企业可以低价收购外国现有企业已折旧的不动产；压低价格低价购买不盈利或亏损的企业；利用股票价格暴跌乘机收购企业。

但是，这种方式会因各国会计准则不同和信息难于搜集，在价值评估和对被收购企业实行经营控制方面存在困难。

3. 合作经营

合作经营是指国外投资者根据投资所在地的法律与所在国企业通过协商签订合作经营合同而设立的契约式合资企业，也称为合作企业或契约式合营企业。签约各方可不按出资比例，而按合同条款的规定，确定出资方式、组织形式、利润分配、风险分担和债务清偿等权利和义务。

（二）国际间接投资

国际间接投资（对外间接投资）包括证券投资和借贷资本输出，其特点是投资者不直接参与所投资企业的经营和管理。

1. 证券投资

证券投资是指投资者在国际证券市场上购买外国企业和政府的中长期债券，或在股票市场上购买上市的外国企业股票的一种投资活动。由于属于间接投资，证券投资者一般只能取得债券、股票的股息和红利，对投资企业并无经营和管理的直接控制权。

2. 借贷资本输出

借贷资本输出是以贷款或出口信贷的形式把资本借给外国企业和政府。一般有以下方式：

（1）政府援助贷款。政府援助贷款是各国政府或政府机构之间的借贷活动，这种贷款通常带有援助性质，一般是发达国家对发展中国家或地区提供的贷款。这种形式的贷款一般利息较低，还款期较长，可达 20~30 年，有时甚至是无息贷款。这种贷款一般又有一定的指定用途，如用于支付从贷款国进口各种货物或用于某些开发援助项目上。

（2）国际金融机构贷款。国际金融机构主要是指国际货币基金组织、世界银行、国际开发协会、国际金融公司、联合国的授权机构等。

国际金融机构的贷款条件一般比较优惠，但并不是无限制的。例如，世界银行只贷款给其成员国政府或由政府担保的项目，其贷款重点是发展公用事业、教育和农业。国际货币基金组织贷款的用途主要用于弥补成员国经常项目收支而发生的国际收支的暂时不平衡。国际开发协会属于世界银行的下设机构，又称为第二世界银行，专门从事对最不发达国家提供无息贷款业务。世界银行的成员国均为国际开发协会的成员国。国际金融公司是世界银行的另一附属机构，专门从事对成员国私营部门的贷款业务。向发展中国家的私营部门提供中长期贷款是该公司的主要业务，该公司的投资活动分为两种形式：一种是贷款；另一种是参股。

（3）国际金融市场贷款。国际金融市场分为货币市场和资本市场，前者是经营短期资金借贷的市场，后者则是经营长期资金借贷的市场。货币市场是经营期限在一年以内的借贷资本市场；资本市场是经营期限在1年以上的中长期借贷资本市场。中期贷款一般为1~5年的贷款，长期贷款为5年以上的贷款，最长期可达10年。一般国际金融市场贷款利率较高，但对贷款用途无限制，可用于借款国的任何需要。

（4）出口信贷。出口信贷是指一个国家为了鼓励商品出口、增强商品的竞争能力，通过银行对本国出口厂商或外国进口厂商或进口方的银行所提供的贷款。

第二节　跨国公司概述

跨国公司是当代经济全球化的主要承担者和体现者。跨国公司的活动涉及世界经济和生产的所有领域，推动各国经济要素的移动，从而把经济各个领域的国际化提高到前所未有的新水平。长期以来，经济学家只从国家层次上研究国际贸易，对于跨国公司的研究经常是在市场学和管理学的层次上进行的。但是，当今时代的很多企业经常跨国境经营，在世界范围内经营和发展，不仅所有的国际直接投资是以跨国公司为载体进行的，而且跨国公司的贸易量也在国际贸易中占据很大份额。如果不充分考虑跨国公司在全球范围内的生产、投资和创新活动，便无法解释当今的国际贸易，也无法理解当今的世界经济。完整的国际贸易理论研究必须包括对跨国公司问题的分析，因此国际贸易研究及国际贸易政策的制定必须考虑跨国公司的相关问题。

一、跨国公司的含义与发展

（一）跨国公司的基本内涵

跨国公司（Transnational Corporation & Multinational Corporation），主要是指资本输出国企业通过对外直接投资，在东道国设立从事国际化的生产经营活动的分支机构或子公司。根据《联合国跨国公司行为守则草案》的规定，跨国公司必须具备以下三个基本要素：

1）跨国公司必须是一个经营实体，组成这个企业的实体在两个或两个以上的国家经营业务，而不论其采取何种法律形式经营，也不论其在哪一经济部门经营。

2）跨国公司必须具有一个统一的决策体系，有共同的政策和统一的战略目标。

3）企业中各个实体分享信息、资源和分担责任。

现实中的跨国公司绝大多数是由一国垄断资本建立的；极少数公司是由两国或更多国家的垄断资本联合建立的，如英荷壳牌石油公司。跨国公司由母公司（总公司）和分布在各国的一定数量的分公司、子公司组成。跨国公司的来源国称为母国，子公司所在国称为东道国，母公司是在本国政府注册登记的法人实体，子公司是在东道国政府依法注册登记的法人实体。子公司受母公司领导，子公司的资产所有权由母公司控制，并服从母公司的全球战略。子公司的高级管理人员由母公司任命，一般的管理人员子公司可自行聘用，子公司的管理机构要定期向母公司报告其计划完成和经营活动情况。跨国公司的活动有相当大部分是在母公司与子公司之间进行的。

（二）跨国公司的基本特征

1. 推行全球化战略

全球化战略是跨国公司最为突出的特征。跨国公司通过对外直接投资，将其产品的研究与开发、产品的生产与加工以及产品的营销活动等各个环节分布于世界各地，企图通过全球范围内的资源整合与调配实现整体利益的最大化。因此，跨国公司分布于世界各地的分支机构和子公司都应服从总公司的统一决策，为了整体利益的实现，甚至可能牺牲局部利益。

2. 大量从事内部贸易

跨国公司的内部贸易是指跨国公司的母公司与子公司之间、子公司与子公司之间设备、技术、原材料以及零配件等的交易活动。内部贸易可以大大减少由于外部市场的不完全性所带来的经营风险，降低经营成本，提高运作效率。通过转移价格的运用，还可以增强子公司在东道国的竞争力和减轻公司总的纳税负担。因此，跨国公司在其经营活动中大量进行内部贸易。

3. 实施综合的贸易方式

跨国经营活动主要通过直接投资、技术转让以及商品贸易等形式的有机结合来实现。由于实施跨国经营的目的是谋求实现全球范围内的整体利益最大化，因此客观上要求综合考虑各子公司所在东道国的区位优势，将直接投资、技术转让和设备、成品和零配件的输出与输入有机结合起来，最大限度地减少纳税负担。

4. 通常具有行业内的技术创新和技术领先优势

据统计，世界80%的新技术和新工艺的专利权为跨国公司所拥有。由于拥有技术创新和技术领先优势，跨国公司的子公司在与东道国同类企业的竞争中，往往处于优势竞争地位。

5. 谋取超额利润

跨国公司往往凭借其强大的经济实力和在技术上的领先地位操纵价格，谋取高额利润。

6. 获取规模经济效益

由于跨国公司的经营环节遍布全球，因此其企业规模和架构通常也非常庞大，能获得规模经济效益。

（三）跨国公司的形成与发展

1. 跨国公司的起源

跨国公司形成和企业跨国经营的萌芽最早可以追溯到16世纪末17世纪初英国的特权贸易公司，或称特许公司（Chartered Company）。当时最有影响的特权贸易公司是英国东印度公司。这些特权贸易公司从事掠夺性经营，不利于各国民族经济的发展，故遭到各国强烈的反对。随着英国近代资本主义的发展，东印度公司等特权贸易公司相继于19世纪下半叶被撤销。

2. 跨国公司的形成初期

现代意义上的跨国公司起源于19世纪60年代，这些跨国公司的形成与这些国家在19世纪以前的海外殖民扩张、资本和商品输出有着直接的关系。当时具有代表性的三家制造业企业是德国的弗里德里克·拜耳化学公司（Bayer）、瑞典的阿佛列·诺贝尔公司（Nobel）以及美国胜家缝纫机公司（Singer）。上述三家公司在海外设立生产性分支机构，从事跨国经营活动，已初具跨国公司的雏形，因此它们通常被看作早期跨国公司的代表。后来，欧美不少大企业通过对外直接投资，在海外设厂从事跨国经营，如美国的国际收割机公司、国际收银机公司、西方联合电机公司，以及英国的尤尼来弗公司和瑞士的雀巢公司等都先后到海外投资设厂，它们成为现代意义的跨国公司的先驱。

3. 两次世界大战期间跨国公司的发展

两次世界大战期间，跨国公司的发展是比较缓慢的。但在此期间，仍有一些大公司进行海外直接投资。尤其是美国的海外直接投资地位在上升，跨国公司的发展比较迅速。1913年，美国187家制造业大公司在海外的分支机构有116家，1919年增加至180家，1929年为467家，1939年超过700家。

4. 第二次世界大战后跨国公司的迅速发展

第二次世界大战以后，对外直接投资的迅速发展直接促进了跨国公司的迅速发展。跨国公司的对外直接投资占主要发达国家对外直接投资的70%以上。1968年主要发达市场经济国家拥有的跨国公司母公司超过7200家，其分、子公司在27300家以上。1978年分、子公司为82266家，1980年分、子公司为98000家。到20世纪80年代末母公司超过2万家，其分、子公司有10万家以上。而20世纪90年代初母公司超过37000家，分、子公司更是超过210000家，其中有约90%的母公司以发达国家为基地。

（四）第二次世界大战后跨国公司迅速发展的原因

1. 过剩资本的集中与迅速增加奠定了跨国公司向外扩张的物质基础

资本的本性就是逐利。19世纪末20世纪初一些资本主义国家由于生产能力迅速提升和垄断程度不断加剧，出现了大量的过剩资本，而国内市场相对狭小和国内资源相对匮乏，国内投资的边际收益率日趋降低。在此情形下，大量过剩资本跨出国界，寻求更为有利的投资场所，直接导致了以跨国公司为载体的对外直接投资的迅速增加。

2. 第三次科技革命和社会生产力的发展

第二次世界大战后，发生了第三次科技革命，社会生产力大大提高，导致一系列新型工业部门的出现。发达国家的经济发展日益受到资源与市场的约束，企业为解决资源供应和产品销售问题，大举向外投资。日本在这两方面表现尤为突出。一方面，日本资源贫乏，为获取海外资源供应必须大量对外投资；另一方面，日本的汽车、电视机、商船制造和半导体等产品的30%以上都要靠国外市场来销售，为绕过进口国的贸易壁垒，也必须在海外投资设厂就地生产、就地销售。同时，社会生产力的发展改进了运输工具和信息沟通方式，为跨国公司国际化生产和经营提供了物质条件。这些都直接促进了第二次世界大战后跨国公司的迅速发展。

3. 绕开贸易壁垒扩大市场份额

各国为了扩大市场份额，一方面竭力扩大海外销售，另一方面又设置各种关税和非关税壁垒限制其他国家商品的进入。在这种条件下，发达国家的跨国公司借助于国际直接投资的方式进入出口受阻的国家或地区，在当地生产并就地销售，绕开贸易壁垒，扩大市场份额。

4. 区域经济一体化组织的不断发展刺激了跨国公司的相互扩张

区域经济一体化组织有不同的层次和组织形式，其中一个显著特点是"内外有别"，也就是尽可能地争取实现区域组织成员国之间商品和生产要素自由流动的同时，对区域组织之外的国家依然保持贸易壁垒。这就迫使区域外的跨国公司不得不通过对外直接投资、在东道国直接设厂生产的方式来取代传统的商品出口。

5. 发达国家的积极推进

跨国公司的迅速发展也是第二次世界大战后政府加强对经济生活的干预，支持本国企业向外扩张的结果。第二次世界大战后各发达国家政府制定了各种各样的政策措施，为跨国公司的海外投资活动提供条件。

6. 发展中国家对跨国公司资本和技术输入的鼓励与支持

发展中国家在实现工业化的进程中，普遍存在资金和技术的匮乏问题，而发达国家资本和技术的输出恰恰迎合了发展中国家对资本和技术的需求。发展中国家为吸引发达国家的资金和技术而出台的优惠政策对跨国公司的发展也起到推动作用。

7. 跨国银行的发展

第二次世界大战后跨国银行的迅速发展对跨国公司的迅速发展起着推动作用。一种情况是跨国银行通过投资或参股，本身成为跨国公司；另一种情况是跨国银行运用自己庞大的金融资产和遍及全世界的信贷网络为跨国公司融资，使跨国公司的发展突破资金限制。

8. 交通运输的快速发展为跨国公司的发展提供了方便

现代交通网络和交通运输设施的日臻完善，通信技术的飞速发展，特别是因特网的普及，使跨国公司在世界范围内的生产组织与协调成为可能。

二、跨国公司的经营战略

跨国公司为应对环境的变化，在经营战略和竞争方式上发生变化，主要表现在以下几方面。

（一）利用对外直接投资垄断与争夺世界市场

跨国公司海外投资活动最根本的目的是最大限度地获取利润，而利润的最终实现还是要依靠市场。跨国公司根据全球战略部署，通过海外直接投资，就地生产，就地销售，绕过了东道国的贸易壁垒，实现对市场的占领。此外，跨国公司海外直接投资活动可以充分利用各东道国的资源条件，最大限度地降低产品成本，提高企业的竞争力，实现全球更大范围的市场占有。

（二）实行限制性商业惯例，加强在国外市场的垄断和竞争

跨国公司凭借其经济实力和垄断地位，在国际贸易中广泛采用限制性商业惯例，打击局外企业，加强在国外市场的垄断和竞争，谋取垄断利润。

限制性商业惯例在国际技术贸易中采用得比较多。在大多数情况下，跨国公司无论在实现技术转让的内循环（即向子公司转让技术）中，还是向局外企业转让技术时，其技术转让合同中一般都包含这样或那样的限制性规定或条款，如限购条款、搭售条款、市场限定条款、技术反馈条款等，这些条款都在很大程度上限制了公平竞争，加强了跨国公司的垄断地位。

（三）价格竞争与非价格竞争相结合

价格竞争是指企业通过降低生产成本，以低于国际市场或其他企业同类商品的价格，在国外市场销售产品，打击和排挤竞争对手，扩大商品销路。

随着市场竞争的加剧，跨国公司主要从以下几个方面提高商品非价格竞争能力：提高产品质量；加强技术服务，提高产品性能，延长使用期限；提供商业信用，做好售后服务工作；加速产品升级换代，不断推出新产品，更新花色品种，不断设计新颖和多样的包装装潢，注意包装装潢的"个性化"；加强广告宣传，大力研究和改进广告销售术。

对于服务贸易而言，由于缺乏统一的标准，非价格竞争显得更为重要。

（四）更为灵活的市场进入方式——股权与非股权安排相结合

非股权安排是指投资企业不是通过持有公司的股权，而是通过其他方式介入东道国企业，具体方式包括分包、管理合同、交钥匙安排、特许经营、技术许可、产品分成等。对于跨国公司通过这些方式进行国际经营活动的数字在国际收支平衡表中没有单独列出，而是包含在特许权使用费收支项下，一般被定义为居民从非居民获得收入或向非居民支出。特许权的定义包括两方面的内容：第一，授权使用无形的、非生产性、非金融资产和所有权，如商标、版权、专利权、流程、技术、设计、制造权、特许经营权等；第二，通过许可协议授权使用原创或复制（Produced Original 或 Prototypes），如手抄本、原稿（Manuscript）或胶片等。

鉴于股权进入方式的高资产暴露和低灵活性，跨国公司在市场进入方式选择上，非股权安排的重要性日益提高。特别是在东道国产品市场比较小且不具备其他资源优势的条件下，生产产品还需要转口到第三国，直接投资方式的成本过高。另外，在东道国政治风险较高的条件下，非股权安排也成为跨国公司在不想放弃获得收益机会时的一种选择。

（五）跨国并购成为跨国公司对外直接投资的重要方式

2018年，全球战略并购交易金额为3.4万亿美元，较2017年的2.9万亿美元企稳反弹，接近历史最高点。2018年中国内地企业海外并购金额为941亿美元。

（六）建立跨国公司战略联盟

近年来，跨国公司的发展出现了跨国公司联盟的新趋势，实行国内公司集团化、国际市场竞争联合化。国际市场竞争联合化可以分担研究与开发费用，分散投资风险，共同开拓市场。

跨国公司之间缔结国际战略联盟最早于1979年在汽车行业中出现。当时，美国福特汽车公司与日本马自达汽车公司结成世界上第一家国际战略联盟。继此之后，尤其是20世纪80年代以来，跨国公司在全球性行业的竞争越来越激烈，组建战略联盟已经成为跨国公司生存与发展的手段。

研究显示，过去的二十几年中，公司战略联盟具有迅速增长的趋势。据统计，在世界150多家大型国际企业中，以不同形式结成战略联盟的高达90%，特别是在国际竞争极为激烈的半导体、信息技术、电子、生物工程、汽车制造、食品饮料、航运和银行等资本、技术密集型行业，成为跨国公司缔结国际战略联盟集中的领域，而且其战略合作覆盖了从科研和开发到生产、销售和服务的全过程。

（七）构建全球性的生产和销售网络

跨国公司在世界范围内优化资源结合和资源组合。充分利用东道国的优势，把一个产品的资金、原料、技术、劳动力,产品的各种零部件分散到不同的国家企业进行供应和生产。根据全球经济贸易发展战略和目标分工原则,在许多国家分工生产制造零部件,集中装配,定向销售。

为使跨国公司集中时间与精力,集中公司的资源,加强研究与发展等业务,21世纪初以来,跨国公司纷纷将非核心业务外包到发展中国家,形成全球瞩目的"离岸外包"(Offshore Outsourcing)浪潮。

外包是指企业在内部资源有限的条件下,为取得更大的竞争优势,仅保留其最具竞争优势的核心资源,而将其他资源借助于外部最优秀的专业化资源予以整合,达到降低成本、提高绩效、提高企业竞争力、增强企业对环境变化的应变能力的一种管理模式。

目前,发达国家几乎所有行业的企业都在广泛地进行与公司前台服务(Front-office,即与客户或消费者有关的服务)、后台服务(Back-office,如数据加工、企业财务、会计、人力资源、知识性服务等)有关的业务外包。

三、跨国公司对国际贸易的作用

(一)跨国公司对国际贸易的正面影响

1. 促进国际贸易总量的增长

跨国公司通过对外直接投资,将其产品的研究与开发、产品的生产与加工以及产品的营销与售后服务等经营活动的各个环节分布于世界各地,必然带动设备、技术、原材料、零部件以及产成品等在世界范围内的大量输出与输入,促进了国际贸易的飞速增长。

2. 促进了世界范围内的生产分工与协作

跨国公司遍布全球的生产环节打破了各国原先自成体系而又相对封闭的生产分工和协作,逐步形成了以跨国公司的内部分工格局为导向的国际分工格局。例如,美国著名的奥的斯电梯公司业务覆盖世界上200多个国家和地区,其总机系统在美国本土生产,平滑机在日本生产,电子设备在德国生产,电梯门在法国生产,辅助工程设备在西班牙生产,最后由美国总部组装后销往世界各地。美国波音公司生产波音747型客机所需的450多万个零部件,也是由包括美国在内的26个国家和地区的约25000家企业协作生产出来的。

3. 加速了资本的国际流动

跨国公司大多拥有巨额的流动资金,如此巨额的流动资金频繁地在母公司及其子公司之间调拨,无疑极大地加速了资本在国际上的流动速度。此外,与跨国公司相伴随的跨国银行的发展,也对资本的国际流动起到推动作用。

4. 加快了全球技术创新和技术转移的进程

跨国公司通常是行业内的技术创新和技术领先者,为了强化这种技术上的优势,维持在行业中的垄断地位,跨国公司通常不惜重金加大对科研的投入,并因此掌握了世界上80%的新技术和新工艺的专利权,领先的技术优势也为跨国公司向分布于世界各地的子公司转移先进技术奠定了基础。

(二)跨国公司对国际贸易的负面影响

1. 跨国公司与跨国银行频繁的资金调拨直接导致了国际金融市场的不稳定

为数众多的跨国公司手中掌握了相当庞大数量的资金,当它们为了自身的利益在全球范围内频繁调拨时,由于其资金数额极其庞大,再加上调拨手法极其隐蔽,往往使得各国政府防不胜防，饱受金融市场动荡之苦，有时甚至遭受金融和债务危机。

2. 引起东道国国际收支失衡

跨国公司在对东道国进行直接投资时，往往是从母公司输出大量的设备、零部件和先进技术，而生产成品又大多倾向于在东道国就地销售，这样容易造成东道国长期的贸易逆差，引发母国与东道国之间的贸易摩擦，在一定程度上影响了国际贸易的正常运行。

3. 跨国公司对外直接投资的增加必然导致在母国投资的减少

跨国公司追求的是资本利润率最大化，只要对外投资的利润率高于在本国的投资利润率，跨国公司就会不断地向投资利润率较高的东道国进行投资，在投资总量一定的情况下，自然导致在母国投资的减少。

4. 加剧了垄断和国际贸易利益分配中的两极分化

绝大多数跨国公司都是在取得国内的垄断地位后才开始向外扩张的，国内垄断利润的获得，使这些跨国公司在对外扩张时具有很强的竞争能力，容易凭借其本身所具有的雄厚的资金和技术实力，再度取得在东道国市场上的垄断地位。同时，跨国公司为了谋求整体利益的最大化，往往会利用转移价格将其在东道国所获得的利润转移出去，人为降低了东道国的应得利益，从而加剧了国际贸易利益分配中的两极分化，甚至造成一些发展中国家的"贫困化增长"。

【扩展阅读】

2019 年世界 500 强排名前 25 的企业

2019 年上榜 500 家公司的总营业收入近 32.7 万亿美元，同比增加 8.9%；总利润再创纪录达到 2.15 万亿美元，同比增加 14.5%。相关情况见表 11-1。

表 11-1 2019 年世界 500 强排名前 25 的企业

排名	上年排名	公司名称	营业收入（百万美元）	利润（百万美元）	国家
1	1	沃尔玛（WALMART）	514405	6670	美国
2	3	中国石油化工集团公司（SINOPEC GROUP）	414649.9	5845	中国
3	5	荷兰皇家壳牌石油公司（ROYAL DUTCH SHELL）	396556	23352	荷兰
4	4	中国石油天然气集团公司（CHINA NATIONAL PETROLEUM）	392976.6	2270	中国
5	2	国家电网公司（STATE GRID）	387056	8174	中国
6	—	沙特阿美公司（SAUDI ARAMCO）	355905	110974	沙特
7	8	英国石油公司（BP）	303738	9383	英国
8	9	埃克森美孚（EXXON MOBIL）	290212	20840	美国
9	7	大众公司（VOLKSWAGEN）	278341.5	14322	德国
10	6	丰田汽车公司（TOYOTA MOTOR）	272612	16982	日本

（续）

排名	上年排名	公司名称	营业收入（百万美元）	利润（百万美元）	国家
11	11	苹果公司（APPLE）	265595	59531	美国
12	10	伯克希尔—哈撒韦公司（BERKSHIRE HATHAWAY）	247837	4021	美国
13	18	亚马逊（AMAZON.COM）	232887	10073	美国
14	15	联合健康集团（UNITEDHEALTH GROUP）	226247	11986	美国
15	12	三星电子（SAMSUNG ELECTRONICS）	221579.4	39895	韩国
16	14	嘉能可（GLENCORE）	219754	3408	瑞士
17	13	麦克森公司（MCKESSON）	214319	34	美国
18	16	戴姆勒股份公司（DAIMLER）	197515.3	8555	德国
19	17	CVS Health 公司（CVS HEALTH）	194579	-594	美国
20	28	道达尔公司（TOTAL）	184106	11446	法国
21	23	中国建筑集团有限公司（CHINA STATE CONSTRUCTION ENGINEERING）	181524.5	3159	中国
22	32	托克集团（TRAFIGURA GROUP）	180744.1	849.2	新加坡
23	24	鸿海精密工业股份有限公司（HON HAI PRECISION INDUSTRY）	175617	4281	中国
24	19	EXOR集团（EXOR GROUP）	175009.5	1589	荷兰
25	20	美国电话电报公司（AT&T）	170756	19370	美国

（资料来源：http://www.fortunechina.com/fortune500/c/2019-07/22/content_339535.htm。）

第三节 跨国公司内部贸易与转移价格

一、公司内贸易的含义及其原因

（一）公司内贸易的含义

跨国公司内部贸易是指一家跨国公司内部的产品、原材料、技术与服务在国际流动，主要表现为跨国公司的母公司与国外子公司之间以及国外子公司之间在产品、技术、服务方面的交易活动。据统计，目前世界贸易总量的近80%为跨国公司内部贸易。

（二）公司内贸易形成的原因

跨国公司内部贸易在交易方式和交易动机上与正常的国际贸易大相径庭。公司内部交易的利益原则，即获利动机并不一定是以一次性交易为基础，而往往以综合交易为基础。交易价格不是由国际市场供需关系决定的，而是由公司内部自定。

1. 内部贸易是跨国公司对外直接投资的必然结果

跨国公司是19世纪六七十年代产生的一种以全球市场为经营目标的企业形态，近几十年来跨国经营活动在数量和规模上取得了前所未有的飞速发展，它们在国际贸易中的作用也在日益加强。统计数字表明，1986年日本来自亚洲的进口物品有75%左右由日本海外公司提供，1988年美国进口货物的53%是通过其跨国公司的附属公司进行的。进入20世纪90年代，跨国经营企业在世界贸易中所占的份额已经超过70%。第二次世界大战后，跨国公司的兴起从根本上说是出于经济利益的考虑，即为了追求高额利润。

2. 内部贸易是技术进步和国际分工进一步发展的结果

技术进步和国际分工的发展，使很大一部分传统的公司间分工转化为公司内部分工，在公司的内部分工中，传统的水平分工也逐步让位于垂直分工，其结果必然使公司内部的贸易量大大增长。在跨国经营企业的国际生产过程中，通过前向一体化的分支企业的生产或通过水平一体化的分支企业的调剂，企业跨国经营的稳定性有了可靠的内部保障。贸易内部化可以防止技术优势的扩散，有助于公司提高其在国际市场上的垄断地位和竞争能力，实现全球利益最大化。

3. 内部贸易是跨国公司追求利润最大化的结果

公司内部贸易可以大幅度减少通过外部市场交易所需支出的费用，节约交易成本，增加利润。使用外部市场必须付出成本代价，构成外部市场交易成本的重要内容之一就是买卖双方为寻求和达成有利的价格所花费的时间和费用，还包括由国际政治风险、经济风险以及交易行为本身的履约风险所构成的风险成本。

在内部贸易过程中，由于交易双方同为一个统一的经济利益主体，即跨国经营企业整体中的一个内部成员，因而外部市场交易所特有的成本支出得到避免，而成本的节省便是实现经济利益最大化的重要方面。内部贸易还可以降低外部市场造成的经营不确定风险。由于经营活动完全受市场自发力量的支配，企业面临诸多风险，如投入供应数量不确定、投入供应质量不确定、投入供应价格不确定，不同生产工序和零部件分别由独立企业承担，这在协调上又可能产生问题，而公司内部贸易可以大大降低上述各种经营的不确定性，实行合理计划，科学地安排经营活动。此外，内部贸易可以充分利用转移价格获取高额利润。

4. 内部贸易是解决跨国公司内部各利益中心之间矛盾的产物

跨国公司母公司与子公司之间的关系一般由股权份额决定：①完全控股的关系；②大份额控股的关系；③小份额控股的关系。由于母公司对子公司控股程度有所不同，它们的经济利益统一程度往往不一致。因此在跨国公司的内部交换过程中，不能以利益的完全一致性为基础进行无偿调拨，而必须采取贸易的形式，通过内部市场机制满足各方的经济利益，以解决内部经济利益的矛盾。

二、内部贸易价格形成机制

1. 内部贸易价格的含义

内部贸易价格又称转移价格（Transfer Price），或调拨价格，是跨国公司与子公司、子公司与子公司之间进行商品、技术和服务交换采用的价格。该价格在一定程度上不受市场供求关系的影响，因为它不是依照"独立竞争"原则确定的，而是根据跨国公司全球战略目标的需要，由公司高层管理人员制定的。它分为转移高价和低价两种形式。

2. 跨国公司内部贸易采用转移价格的目的

（1）减轻税负。减轻税负通常是跨国公司制定转移价格时所考虑的主要目标。减少税负主要包括减少所得税和关税两种。各东道国的所得税率高低不一，跨国公司利用转移价格可以降低账面利润以减少税款，同时也可以把盈利从高税率国家的子公司转移到低税率国家的子公司，以减少公司的纳税总额。另外，对向高关税国家的子公司销售商品时，以较低的转移价格供货，可以减少子公司的进口税负担。

（2）增强子公司在国际市场上的竞争能力。跨国公司也将转移价格作为促进国外子公司建立与发展的手段。如果子公司在当地遭遇到强有力的竞争，或要占领新市场，跨国公司就采用转移低价，降低子公司的成本，以提高子公司的竞争能力。同时低成本带来的高利润也可以提高公司在当地的信誉，便于子公司在当地发行证券或取得信贷。

（3）减少或避免风险。首先，可以减少或避免汇率风险。如果预测某一子公司所在国货币可能贬值，跨国公司就可以采取子公司高进低出的办法，将利润和现金余额抽回，以减少因货币贬值造成的损失。其次，可避免东道国的外汇管制。有些东道国政府为了外汇收支平衡，对外国公司利润和投资本金的汇回在时间上和数额上有限制，在这种情况下，子公司便可以利用高进低出的办法将利润或资金调出东道国。

（4）转移资金。跨国公司在其全球经营中，不仅要充分利用众多的资金市场进行筹资和投资，还需要在整个公司体系内统筹调度资金，使多余的资金集中投往获利较高的地方。但不少东道国，尤其是发展中国家，对外资的调度都做了许多限制性规定，如对利润汇出的限制等。跨国公司可以运用转移价格，以较高的转移价格向设在某东道国的子公司发货或以高利贷款方式将资金以利息的形式调出，绕过东道国对资金移动的限制。

（5）调节利润水平。根据经营需要，通过制定转移高价或转移低价来调整跨国公司的账面利润水平。利润水平过高会招致东道国政府要求分享盈利，诱使竞争者进入市场，工会要求提高工资，还会引起当地居民反感。利润水平过低则不易在当地取得信贷、筹集资金和销售证券。

（6）其他目的，主要包括：向子公司摊提管理费、研究和开发费用，避免因子公司利润过高引起工人过高的福利要求，在拥有部分股权的子公司中获得更多的利润等。

三、内部贸易在跨国公司中的作用

（一）在结构调整方面，内部贸易促进了国际分工和技术进步

跨国公司内部贸易的发展加快了全球范围内一体化的进程，促进和健全了公司内部网络的形成，即把生产加工的不同阶段分设在不同国家，或者由各子公司专门生产整个生产线的某种特定部件，提高了公司的生产效率，并获得规模经济效益。同时，内部技术贸易还促进了跨国公司根据不同东道国在人才、科技实力以及科研基础设施上的比较优势，在全球范围内有组织地安排科研机构，推动技术创新，保持跨国公司的竞争力。

（二）在要素配制方面，内部贸易可以充分利用转移定价攫取高额利润和规避风险

内部贸易的产品和服务的定价，由跨国公司的上层人士根据全球战略目标制定，通过转移高价和转移低价，使整个公司的经营活动在全球战略目标指导下实现内部交换，在协调的基础上使各自的利益得到满足，并可减轻税负，实现内部资金配置，避开东道国的价格控制，避免外汇汇率风险和东道国的外汇管制。

（三）在无形资本运作方面，内部贸易可保持公司的技术优势

对技术的垄断是跨国公司的特有优势，也是其存在和发展的关键。如果公司的技术产品

在公司外部交易，有可能被竞争对手模仿而蒙受损失。内部贸易则可避免此类损失的发生，有助于公司增强在国际市场上的垄断地位和竞争能力，实现全球利益最大化。

（四）在人力资本管理方面，内部贸易可解决跨国公司内部相对利益中心之间交换的矛盾，有利于公司高层人才的稳定

跨国公司的各个子公司虽然隶属于同一母公司，但各子公司又是独立的利益主体，即使是从母公司全球战略的大局出发，也应考虑各个主体的利益要求，以保证工作人员的稳定，维持整个公司的凝聚力。因此，在跨国公司的内部交换过程中就不能以利益的完全一致性为基础进行无偿调拨，而必须采取贸易形式，通过内部市场机制满足各方的经济利益，以解决内部经济利益的矛盾。

（五）在追求风险最小化方面，内部贸易降低了外部市场造成的经营不确定风险，有利于跨国公司实行计划管理

完全受市场自发力量支配的企业经营活动面临诸多风险，如投入供应数量、质量、价格等不确定，以及不同生产工序和零部件由独立企业承担带来的协调问题等。公司内部贸易可以大大降低上述的各种经营不确定性，使公司的商品数量、商品结构以及地理流向都服从公司长远发展战略计划、生产投资计划、市场营销计划和利润分配计划，优化公司内部的资源配置，不断适应公司外部环境的需要。

【扩展阅读】

中国钢铁行业如何合理使用转移价格

中国资本市场比较薄弱，市场经济水平不高，市场发展不完善，外汇管制也没有完全放开。因此，不能完全照抄照搬国外的情况和经验，必须与中国特有的经济水平相关联。根据企业所处的市场环境、企业自身的特点和管理部门的目标来选择适当的内部转移方法。具体可以从以下几个方面着手：

一是完善内部管理制度。内部转移价格制度将成为公司的基本管理规范。公司应充分挖掘内部管理潜力，加大管理控制力度，制定和完善经济责任制考核，强化监督，深化企业的科学管理。同时还应根据自身在本行业中所处的位置和外部经营环境的变化，结合公司经营发展目标，制定和调整公司的政策。

二是加强以市场为基础的内部转移价格。公司应对影响生产经营的主要产品，如钢铁行业中的生铁、能源及其他原材料的价格，根据市场价格编制企业内部转移价格，并定期进行修订，每次调整少数与市场价格差距较大的品种；对于品种规格繁多、市场变化较快的小材料、备品备件则采取放开政策，让内部各部门适应市场的变化。这实质上是以市场价格为基础，确定、调整内部转移价格，并非实际意义上的以市场价格确定内部转移价格，也不是完全按市场价格核算。

三是进行准确的业绩评价。通过把产品成本、质量、资金占用、品种结构等因素纳入完整的考核体系之中，给各部门更大的责任和压力，使各部门在有限的决策下有了一定的自主权，并进行准确的业绩考核。

（资料来源：https://doc.mbalib.com/view/3e3b42e4850e48adc43cacaae60b2715.html。）

第四节　跨国公司理论

一、垄断优势理论

垄断优势理论也称"所有权优势理论"，是由美国经济学家海默首先提出的。他认为对外直接投资的产生是以市场的不完全竞争为前提的，正是由于不完全竞争市场的客观存在，才使对外直接投资者可以利用企业的特定优势对其海外业务进行控制，并凭借建立在东道国市场上的竞争优势获取丰厚的利润回报。由此推断对外直接投资的两个基本条件：一是企业必须具有某种特定的竞争优势，以抵消在与当地企业竞争中的不利因素，并可借此建立跨国公司在东道国市场上的竞争优势；二是不完全竞争市场的存在使企业拥有和保持这些优势。垄断优势理论的主要观点包括以下几点：

（一）应从不完全竞争的角度去分析对外直接投资

海默在研究中发现，美国从事海外直接投资的企业主要分布在资本相对密集、技术相对先进的行业。随后，金德尔伯格直接将市场不完全或不完全竞争市场作为企业对外直接投资的决定因素，并列出市场不完全的几种形式：第一种，产品市场不完全。产品市场不完全是指存在产品差异、商标专有、销售技术独特等，使跨国企业拥有对产品的垄断力量，实施价格垄断。第二种，资本和技术等要素市场不完全。要素市场不完全是指企业垄断了资本、技术等要素，使企业在进入要素市场的能力方面存在差异。第三种，规模经济。规模经济是指企业可以利用专业化大规模生产取得规模经济的优势，获取低成本，以达到限制竞争者介入的目的。第四种，政府的关税等贸易限制措施造成市场分割和扭曲。这种市场扭曲会给企业带来优势，从而促使企业更加便利地对外直接投资。

（二）跨国公司垄断优势的主要来源

1. 源于技术上的垄断优势

技术上的垄断优势主要包括专利、商标、专有技术、品牌以及卓越的营销管理模式等，拥有这种技术优势的跨国公司通常会选择对外直接投资的方式，也就是在东道国生产和营销与母公司同类的产品，而且这种产品大多具有技术密集型的特征。

2. 源于规模经济的优势

传统的规模经济理论只强调由于生产规模的扩大而导致的成本递减和收益递增，而垄断优势论所指的规模经济则蕴含更为宽泛的内容，并且更侧重强调非生产性的规模经济性，如由研发的集中开发管理、大规模的市场采购与市场销售以及资金的统一调度等带来的规模经济性。

海默认为，美国企业从事直接投资的原因：一是东道国关税壁垒阻碍企业通过出口扩大市场，因此企业必须以直接投资方式通过关税壁垒，维持并扩大市场；二是技术等资产不能像其他商品那样通过销售获得全部收益，而直接投资可以保证企业对国外经营及技术运用的控制，因此可以获得技术资产的全部收益。

垄断优势论只是解释了企业为什么进行海外直接投资，主要原因是市场不完全使企业在专有技术、管理经验、融资能力、销售渠道等方面拥有优势，企业可以利用这些优势抵消与当地企业竞争中的劣势，从事有利的海外直接投资活动。至于企业为什么不采取商品直接出口或转让特许权的方式扩展海外势力，垄断优势论没做解释。

二、内部化理论

内部化理论是由英国学者巴克利和卡森提出，由加拿大学者拉格曼进一步加以发展。内部化理论的主要观点有：

（一）企业外部市场的失效是企业建立内部市场的主要动因

内部化理论认为，中间产品（知识、信息、技术、商誉、零部件、原材料等）市场是不完全的，这种不完全是由某些市场失效及中间产品的特殊性质所致。例如，信息具有公共物品性质，在外部市场上转让容易扩散，这是典型的市场失效。中间产品的这种特性导致交易不确定及价格不确定，因此企业正常经营活动所需要的中间产品市场是不完全的。这种缺乏企业之间交换产品的市场，或某些市场经营效率低下的最终结果，导致企业的市场交易成本增加。为追求最大利润，企业必须建立内部市场，使外部市场内部化，利用企业管理手段协调企业内部资源的流动与配置，避免市场不完全对企业经营效率的影响。企业内部化超越国界的过程就是企业对外直接投资的过程，因此，决定企业内部化的因素就变为决定企业对外直接投资的因素，也就是说，企业对外直接投资是为了避免外部市场不完全性对企业经营效率的不利影响。

（二）知识产品在外部市场交易中遇到的困难和风险也促使企业转而利用内部市场

知识产品内部化是第二次世界大战后跨国公司发展的最基本动因。知识产品主要包括知识、信息、专有技术、专利技术、商标、品牌及营销管理模式等，是企业竞争优势的重要源泉。但知识产品在外部市场交易中往往存在诸多困难和风险。由于知识产品的研发过程往往历时较长，耗资巨大，因此一旦研发成功，所有者就会期望通过垄断高价尽早收回投资和获取超额利润。但对于外部市场的购买者而言，由于缺乏对这些知识产品价值的充分认知，往往并不愿意支付高价，这样必然产生交易中的定价困难。此外，知识产品在外部市场进行交易很容易因泄密而扩散，使知识所有者丧失垄断优势。而利用内部市场进行交易则可以有效维护知识产品的独有性和垄断性，防止技术的泄密和扩散，使知识所有者得以继续保持在相关领域的独有竞争优势。

（三）内部市场的效应及特有成本

内部化市场除了可以克服外部市场不完全的缺陷、提高知识产品交易的效率和利益外，还可以有效地降低经营成本，并通过转移价格的运用，最大限度地减轻企业的总体纳税负担，规避由于汇率波动所带来的风险，帮助子公司控制东道国市场，获取垄断利益。

内部化过程也会带来追加的特有成本，如谈判与签约的成本、知识产品许可和转让的成本、应付政府干预的成本、内部化分割外部市场后引起企业经营规模收益下降、公司内部通信的成本等。因而，企业是否实现内部化，内部化是否跨越国界需由外部市场交易成本和企业内部交易成本的均衡性决定。只有当使用外部市场所需要的成本大于使用内部市场所需要的成本时，企业才会以内部市场替代外部市场。

（四）内部化理论的评价

内部化市场理论和垄断优势理论一样，是建立在不完全市场的假设前提之上的。但与海默的垄断优势理论相比，内部化理论更侧重研究分布在世界不同国家和地区企业之间的生产分工、产品交换以及资金调拨等。经营管理活动在外部市场和内部市场中的不同效应，对于解释对外直接投资的动因具有较为普遍的意义。

三、国际生产折中理论

国际生产折中理论又称国际生产综合理论。1977年英国里丁大学的经济学家邓宁在《贸易、经济活动的区位和跨国企业：折中理论方法探索》一文中首次提出该理论。他认为以往的理论只能对国际直接投资做出部分解释，并且它们无法将投资理论与贸易理论结合起来，客观上需要一种折中理论来分析跨国公司的产生。邓宁建立的所谓国际生产折中理论是对西方经济理论中的厂商理论、区位理论、产业组织理论等进行兼容并包，并吸收了国际经济学中的各派思潮，包括海默诸人的思想，创立了一个关于国际贸易、对外直接投资和非股权转让三者一体的理论。

邓宁认为，企业要对外直接投资需要三种优势：

第一，所有权优势。所有权优势又称厂商优势，是指一国企业拥有或能够获得的、别的国家企业没有的或无法获得的资产及其所有权。所有权优势包括：技术优势、企业规模优势、组织管理优势、资金和货币优势。

第二，内部化优势。企业通过扩大自己的经营活动，将优势的使用内部化要比将优势的使用外部化更有利。这种外部化是指与其他独立企业进行市场交易。企业使其优势内部化的动机是避免外部市场的不完全性对企业经营的不利影响，保持和利用企业技术创新的垄断地位。市场不完全可分为结构性的与知识性的两种类型。前者是指竞争壁垒等障碍；后者是指获得生产与销售信息很困难或成本很高，因而在技术等无形产品以及某些产品的生产与销售领域，企业对其优势实行内部化，避开外部市场机制不完全，获得最大收益。因而企业将其优势内部化的能力成为企业进行竞争的关键影响因素。

第三，区位优势。如果企业所有权优势与内部化优势皆有，那么对该企业而言，把这些优势与当地要素即区位因素结合，必然有利可图。而这些因素是指东道国不可移动的要素禀赋优势及东道国政府对外国企业的鼓励或限制政策等。要素禀赋一般是指东道国的自然资源、人力资源、市场容量等。区位优势具体表现为：东道国市场的地理分布状况、生产要素的成本及质量、运输成本、通信成本、基础设施、政府干预范围与程度、各国的金融制度、国内外市场的差异程度，以及由于历史、文化、风俗喜好、商业惯例而形成的心理距离等。企业从事国际生产必然要受这些因素的影响，它决定着企业从事国际化生产的区位选择。

由此可见，企业必须同时兼备所有权优势、内部化优势和区位优势才能从事有利的海外直接投资活动。邓宁认为，所有权优势和内部化优势是对外直接投资的必要条件，而区位优势是对外直接投资的充分条件。如果企业仅有所有权优势和内部化优势，而不具备区位优势，这就意味着缺乏有利的海外投资场所，企业只能将有关优势在国内加以利用，而后依靠产品出口来供应当地市场。如果企业只有所有权优势无内部化优势和区位优势，则说明企业拥有的所有权优势难以在内部加以利用，只能将其转让给外国企业。

国际生产折中理论认为，决定对外直接投资的三种因素之间是相互关联、紧密联系的。与外国企业相比，本国企业拥有的所有权优势越大，则将资产内部化使用的可能性也越大，从而在国外利用其资产比在国内可能更为有利，更有可能发展对外直接投资。表11-2为国际经济活动方式选择。

表 11-2 国际经济活动方式选择

	所有权优势	内部化优势	区位优势
对外直接投资	√	√	√
出口销售	√	√	×
许可合同	√	×	×

【扩展阅读】

国际生产折中理论分析：宝洁公司的成功之道

宝洁公司（P&G）是一家美国消费日用品生产商，也是目前全球最大的日用品公司之一。宝洁公司成立于1837年，总部位于美国俄亥俄州辛辛那提。2010《财富》杂志世界500强企业最新排名，宝洁公司排名第66位。

（一）所有权特定优势

1. 资本优势

2008年宝洁公司是全球市值第6大公司，全球利润第14大公司。宝洁公司富可敌国，其2012财年实现营业收入836.80亿美元，营业利润132.92亿美元，净利润107.56亿美元。

2. 技术优势

宝洁公司在世界各地都有属于自己的科研所，并吸纳各地的科研人才，各中心之间进行科研成果的信息分享与相互竞争，达到提高整体水平的目的。并聘请专业担任技术顾问专家进行指导。科研人员负责研究适合当地气候、人群肤质、消费能力、爱好气味的不同配方，而不是全球只使用一种配方。

3. 规模经济优势

2008年，宝洁公司分公司分布超过80个国家和地区，产品销售超过160个国家和地区，产品种类织物及家居护理、美发美容、婴儿及家庭护理、健康护理、食品及饮料等品牌约300个。

4. 交易性所有权优势

家乐福、沃尔玛等大卖场一向是宝洁良好的合作伙伴，宝洁和沃尔玛开创的销售模式甚至被命名"宝玛模式"。

（二）内部化优势

市场存在风险，宝洁公司作为一家巨型跨国公司，当然知道市场风险的利害，为了避免外部市场不完全对企业利益的影响，也为了规避风险，宝洁公司在全球80多个国家和地区设有工厂及分公司，它将企业生产销售和资源配置都调度得合理完备，堪称完美。

（三）区位优势

宝洁公司充分利用了许多国家和地区的地理区位优势。拿中国来说，目前，宝洁公司已陆续在广州、北京、上海、成都、天津等地设有十几家合资、独资企业。这些城市都是中国国内较大的省会城市，是人口聚集的稠密地区，显然是看中了当地得天独厚的地理区位优势——市场优势。中国又是世界上劳动力大国,宝洁中国99%的员工都是中国人,80%的原料都来自中国本土。

(资料来源:http://ishare.iask.sina.com.cn/f/2DU3YhIOCH.html。)

本章小结

国际资本流动是指资本国际转移,即资本在不同国家或地区之间作单向、双向或多向流动。准确地说,它是指货币资金或生产要素使用权在国际上的有偿让渡或转移。其基本类型包括国际直接投资和国际间接投资两种方式。国际资本流动日益呈现规模不断扩大、直接投资增长迅猛、证券化等趋势。

国际流动的主体是跨国公司,通过对外直接投资,在东道国设立从事国际化的生产经营活动。在全球范围内推行全球化战略、从事内部贸易、谋取超额利润,获得规模效益。跨国公司为应对环境的变化,在经营战略和竞争方式上发生变化,主要表现在利用对外直接投资垄断与争夺世界市场、实行限制性商业惯例、扩大公司内部贸易、采取股权与非股权安排相结合方式进入市场、跨国并购、建立跨国公司战略联盟、采取离岸外包等。为了分析跨国公司产生和发展的原因,出现了许多跨国公司的理论,诸如垄断优势理论、内部化理论、国际生产折中理论。

关键词

国际资本流动　跨国公司　离岸外包　内部贸易　转移价格　垄断优势　国际生产折中理论

复习思考题

1. 国际资本流动如何分类?
2. 对外直接投资有几种方式?
3. 当代跨国公司主要的经营战略和竞争方式是什么?
4. 跨国公司内部贸易具有什么特点?
5. 为什么说国际生产折中理论是解释跨国公司经营活动的通论?

第十二章
区域经济一体化

20世纪80年代以后,区域经济一体化出现了前所未有的蓬勃发展阶段,发达国家之间、发达国家与发展中国家之间出现了不同形式的一体化组织,在产生贸易转移的同时,更是产生了巨大的贸易创造效应,极大地推动了当今世界国际贸易的发展,推动了世界贸易的自由化。

通过本章的学习,应了解区域经济一体化的发展历程、当代的经济一体化组织,掌握区域经济一体化主要形式,重点掌握关税同盟理论。

第一节 区域经济一体化概述

一、区域经济一体化的内涵

区域经济一体化(Regional Economic Integration)是指区域内两个或两个以上的国家或地区,组成的具有超国家性质的共同机构,通过制定统一的对内、对外经济贸易政策、财政与金融政策等,以实现彼此之间的货物、服务和生产要素的自由流动,实现各种资源的优化配置,促进区域内经济体的互利互惠、协调发展,最终形成一个政治经济高度协调统一的有机体。

二、区域经济一体化的主要形式

(一)按区域经济一体化的发展程度划分

按照一体化的程度由低到高的顺序,可将区域经济一体化分为优惠贸易安排、自由贸易区、关税同盟、共同市场、经济联盟、完全经济一体化六种形式。

1. 优惠贸易安排

优惠贸易安排(Preferential Trade Arrangement)是指成员国之间通过贸易条约或协议,对相互贸易的全部或部分商品规定特别的关税优惠。

优惠贸易安排是区域经济一体化程度最低的、最为松散的组织形式。较为典型的例子有:1932年英国与加拿大、澳大利亚等其他英联邦国家建立的英联邦特惠制;1967年建立的东南亚国家联盟(ASEAN);1975年欧共体与非洲、加勒比海及太平洋地区的发展中国家缔结的《洛美协定》。

2. 自由贸易区

自由贸易区(Free Trade Area)是指签订自由贸易协定的国家所组成的经济贸易集团,在成员国的商品贸易之间彼此取消关税和非关税限制,但对非成员仍维持各自的贸易政策。由于成员国没有设置统一的对外关税,为防止非成员国利用成员国关税税率的差别进入成员国市场,在自由贸易区内通常采取"原产地原则",即只有产自成员国内的商品才享有自由贸易区内免征进口关税的待遇。

在世界上众多的自由贸易区中，享受免除关税和数量限制待遇的商品范围是有所不同的。有的自由贸易区只对部分商品实行自由贸易，如 1960 年由英国、奥地利、丹麦、挪威、葡萄牙、瑞典、瑞士七国成立的欧洲自由贸易联盟（EFTA），自由贸易的商品仅限于工业品，不包括农产品，这种自由贸易区也被称为工业自由贸易区。有的自由贸易区对全部商品实行自由贸易，如 1992 年由美国、加拿大和墨西哥成立的北美自由贸易区（NAFTA），对区内所有的工农业产品的贸易往来都免除关税和数量限制。

3. 关税同盟

关税同盟（Customs Union）是指成员国之间完全取消了关税和数量壁垒，并对来自非成员国的商品实行统一的关税税率。与自由贸易区相比，关税同盟开始具有超国家性质，成员国让渡出一部分国家主权，对非成员国制定统一的关税税率，成员国之间的商品流动无须再附加原产地证明，成员国在商品贸易方面彻底形成了一体化，是实现全面经济一体化的基础。

1993 年以前的欧洲经济共同体、东非共同体（EAC）都属于关税同盟。

4. 共同市场

共同市场（Common Market）是指成员国之间在商品贸易方面取消关税和数量限制，建立了共同的对外关税的基础上，还实现了资本、劳动力等生产要素的自由流动。

例如，欧洲经济共同体是在 1992 年年底建成的统一大市场，其中主要内容就是实现商品、劳动力、资本在成员国之间的自由流动。

5. 经济联盟

经济联盟（Economic Union）是指成员国之间不仅实现了商品和生产要素的自由流动，建立了共同的对外关税，还制定和执行了某些共同的经济政策和社会政策，包括财政政策、货币政策、产业政策、区域发展政策等，使一体化的程度从商品交换扩展到生产、分配乃至整个国民经济，形成一个有机的经济实体。

货币政策的统一是经济联盟的一个重要标志，即成员国之间有统一的中央银行、单一的货币和共同的外汇储备。例如，目前的欧盟就是具有经济联盟性质的区域经济一体化组织。

6. 完全经济一体化

完全经济一体化（Complete Economic Integration）是指区域内的各成员国在经济联盟的基础上，全面实行统一的经济和社会政策，使各成员国在经济上形成单一的经济实体。完全经济一体化的主要特点在于，它拥有超国家的权威机构，并具有全部经济政策制定和管理权，即实际上支配着各成员国的对外经济主权。

这是经济一体化组织最高级的组织形态。目前，世界上还没有这一类型的经济一体化组织，但欧盟在为实现这一目标而努力。

需要指出的是，随着一体化程度的提高，成员国主权让渡得也越多。因此，区域性组织在向一体化深度发展时，并不一定是由低级到高级逐级发展，最终达到完全经济一体化的最高形式。最终的形式取决于他们一体化目标的高低和对国家权力让渡的接受程度。

从区域经济一体化的实践来看，一体化的起点并非一定是优惠贸易安排；某个区域经济一体化组织也可能兼容两种组织形式的某些特点，区域经济一体化组织在实践中也许会产生更多的形式。

（二）按区域经济一体化成员的经济发展水平划分

1. 水平一体化

水平一体化（Horizontal Integration）又称横向一体化，是由经济发展水平相同或相近的国家（地区）组成的经济一体化组织。从区域经济一体化的发展实践来看，现存的经济一体化组织大多属于这种形式。

发达国家之间组成的，被称为"北北型"区域经济一体化组织，出现得最早，发展得最为成功，以欧盟为典型代表。发展中国家之间组成的，被称为"南南型"区域经济一体化组织，虽然数量较多，但合作效果并不理想，以东盟、安第斯共同体、南方共同市场为典型代表。

2. 垂直一体化

垂直一体化（Vertical Economic Integration）又称纵向一体化，是由经济发展水平差距较大的国家（地区）组成的，也被称为"南北型"经济一体化组织。

这种形式的区域经济一体化组织虽然出现的比较晚，但成员之间在经济上互补性更强，因此合作成果较为可观，以1994年由美国、加拿大、墨西哥组成的北美自由贸易区为典型代表。

（三）按区域经济一体化的范围划分

1. 部门一体化

部门一体化（Sectoral Integration）是指区域内各成员的一个或几个部门（或商品、产业）的一体化。如1952年建立的欧洲煤钢共同体和1958年建立的欧洲原子能共同体。

2. 全盘一体化

全盘一体化（Overall Integration）是指区域内成员的所有部门一体化，如欧盟。

三、区域经济一体化的发展历程

（一）形成阶段（20世纪40年代末到60年代初）

第二次世界大战以后，世界经济政治领域发生了一系列重大变化。发展中国家独立，社会主义国家崛起；西欧国家也希望通过合作，扩大生产，对抗来自美国和苏联的潜在威胁。在此背景下，区域经济一体化组织应运而生。

1949年1月，苏联和东欧国家成立了经济互助委员会；1951年4月，欧洲煤钢共同体成立；1958年1月1日，欧洲经济共同体、欧洲原子能共同体成立。1960年5月，欧洲自由贸易联盟正式成立；1961年，拉丁美洲自由贸易联盟、中美洲共同市场成立。

（二）发展阶段（20世纪60年代中期到70年代中期）

从20世纪60年代中期开始，各国经济进入快速发展阶段。新兴工业化国家相继出现，很多发展中国家，通过组建区域经济和贸易组织，加快经济发展。这一时期发展中国家组建了20多个区域经济一体化组织，包括东南亚国家联盟、安第斯条约组织、西非共同体等。

（三）停滞阶段（20世纪70年代中期到80年代中期）

20世纪70年代中期到80年代中期，由于发达国家产生经济危机，生产增长停滞、市场萎缩，贸易保护主义抬头，导致区域经济一体化发展缓慢，进入低潮时期。发展中国家的经济一体化也大多遭到挫折，一些一体化组织名存实亡，甚至解体。

（四）高涨阶段（20 世纪 80 年代中期以后）

20 世纪 80 年代中期以来，世界政治经济发生了重大的变化。苏联解体，东欧剧变；美国经济地位下降，迫使它一方面采取贸易保护措施，另一方面积极寻求区域经济一体化的帮助；日本经济地位上升，日益要求在国际舞台上占据重要席位，因而也积极参与地区经济合作；关贸总协定谈判一度很不顺利，促使各国寻找次优的自由贸易方式，即参与组建各种区域经济一体化组织。总之，进入 20 世纪 80 年代中期以后，区域一体化出现了高涨而动荡的局面，不断扩大与加深，呈现出如下三个特点：

1. 一体化组织的范围进一步扩大

以欧盟为例，1993 年《马斯特里赫特条约》正式生效，欧盟逐步走向经济和货币联盟乃至政治联盟。1995 年 1 月 1 日，欧盟吸收奥地利、瑞典和芬兰加入，成员国扩大到了 15 个。1999 年 1 月 1 日，欧元正式启动，标志着欧盟进入区域经济一体化的新阶段。可见，一体化组织吸收了更多的成员国，且一体化的范围更加广泛。

2. 发达国家和发展中国家的区域经济一体化成为现实

1989 年 1 月 1 日，《美加自由贸易协定》开始生效，1992 年 8 月 12 日，美国、加拿大、墨西哥达成了《北美自由贸易协定》，并于 1994 年 1 月 1 日生效。

3. 发展中国家的地区性经济贸易合作进一步加强

1993 年 1 月，东盟国家通过《新加坡宣言》《东盟加强经济合作框架协定》《有效特惠关税协定》，决定成立东盟自由贸易区，并在 1995 年 7 月吸收越南加入，1996 年中国成为东盟的全面对话伙伴国。2010 年 1 月 1 日，中国—东盟自由贸易区正式全面启动。

四、区域经济一体化对国际贸易的影响

（一）影响了国际分工格局

区域经济一体化组织的建立，有助于加强成员之间在生产、科技等领域的合作，使得区域内国际分工更为精细。例如，一些重大的科研项目，如原子能利用、航空航天、大型电子计算机等高精尖技术等，在一体化组织内部的推动下得以实施和完成。

（二）促进了经济一体化组织内部贸易与投资的增长

区域经济一体化组织成立后，通过消除关税和非关税壁垒，内部形成了统一的市场，实现了区域内商品、资本、劳动力的自由流动，推动一体化内部贸易的增长。同时，随着国际分工向纵深发展，成员国内部的贸易环境优于第三国，吸引了更多的直接投资和间接投资。

（三）提高了贸易集团在世界贸易中的地位

区域经济一体化组织的建立，使得各成员联合起来，以集团的形式出现在国际市场上，提高了其在国际贸易谈判中的地位，有利于维护组织和各成员的贸易利益。

（四）具有不同程度的保护性与排他性

由于区域经济一体化组织对内取消关税和非关税壁垒，对外实行统一的关税壁垒，客观上形成了保护性和排他性，牺牲了组织外国家的贸易利益。随着一体化的扩大和发展，区域内贸易的内向性加强，统一的技术和环境标准对区域外的商品形成了无形的贸易壁垒。

【扩展阅读】

非洲自贸区将加速区域经济一体化

"同一个非洲,同一个市场,同一个未来!"2019年5月30日,《非洲大陆自由贸易区协议》正式生效启动。这一天必将被历史铭记,因为它意味着渴望成为自己命运主宰的非洲人,在构建一个和平稳定、繁荣发展、团结融合的新非洲征程上又迈出了坚实的一步。

当人们讨论非洲时,总是认为非洲是一个整体,但并不是每个人都知道,在非洲大陆,许多相邻的两个国家之间往往没有直航航线,非洲国家内部贸易额占各自对外贸易总额比重相对较低,非洲国家相互间的投资规模微乎其微……

自贸区有望刺激区域内贸易大幅增长。自贸区正式生效后,成员国将需要对从其他非洲国家进口商品降低90%的关税。联合国调查报告显示,这可能会使非洲内部的贸易增加52.3%。

自贸区也有助于改善非洲大陆的投资前景。非洲联盟贸易与工业事务委员阿尔贝特·穆昌加认为,目前的非洲经济体呈现出四分五裂状态,投资者很难对这些小市场实行大规模投资。相比之下,一个覆盖12亿人口、成员国国内生产总值规模达到2.5万亿美元的单一大市场,对于任何理性的投资者而言都意味着巨大的商机。

自贸区也将倒逼非洲大陆改写基础设施版图。为进一步促进非洲内部贸易、一体化和社会经济发展,自贸区的建成将加快非洲各地区和大陆公路、铁路网络建设的进程。

自贸区建成更是对多边主义与全球化的坚定支持。在国际层面,当前逆全球化、保护主义、单边主义抬头,经贸摩擦增多,部分国家纷纷从现有自由贸易体制中退缩。此时非洲国家以实际行动表明了对贸易自由化与便利化的追求,无疑树立了国际榜样。

(资料来源:蔡淳. 非洲自贸区将加速区域经济一体化 [N]. 经济日报,2019,6。)

第二节 主要区域经济一体化组织

一、欧洲联盟

(一)欧洲联盟的概况

欧洲联盟(European Union,EU)简称欧盟,是当今世界经济一体化程度最高的区域经济一体化组织,总部设在比利时首都布鲁塞尔。其宗旨是:通过建立无内部边界的空间,加强经济、社会的协调发展和建立最终实行统一货币的经济货币联盟,促进各成员方经济和社会的均衡和持久进步,实行最终包括共同防务的共同外交和安全政策,在国际舞台上弘扬联盟的个性。

(二)欧洲联盟的发展历程

1951年4月,西欧6国(法国、联邦德国、意大利、荷兰、比利时、卢森堡)在法国巴黎签订《欧洲煤钢共同体条约》(也称为《巴黎条约》),1952年7月,欧洲煤钢共同体正式成立。由于煤炭和钢铁实现了自由贸易,成员国的工业恢复了活力,因此西欧6国认为可以把《巴黎条约》的原则扩大到其他领域。

1991年12月11日,欧共体通过了《欧洲联盟条约》,也称为《马斯特里赫特条约》

(以下简称《马约》)。《马约》使欧共体走向经济、政治和社会的全面联合。1993年1月1日,《马约》正式生效,欧共体更名为欧洲联盟。

2013年7月1日,克罗地亚加入欧盟,成员国总数增至28个。

2016年6月24日,英国就是否留在欧盟举行全民公投,多数公民支持英国"脱欧",这一历史性的投票将重塑英国的世界地位。2017年6月,英国和欧盟启动脱欧谈判。

(三) 欧洲联盟的经济一体化措施

1. 有关农业的一体化措施

欧盟实施共同的农业政策。首先,实行统一的农产品价格管理制度,农产品价格通过收购或投放的方法,保证其在"目标价格"和"干预价格"之间波动;其次,对部分农产品进口征收差价税,实行农产品出口补贴制度;最后,设立农业指导和保证基金,促进农业的机械化和现代化。

2. 有关货币的一体化措施

(1) 建立欧洲货币体系。1979年,欧共体经过多年酝酿,建立了欧洲货币体系。它是为促进同盟内贸易、保证各成员国货币的相对稳定而建立的国家间货币联合。其主要内容有:建立欧洲货币单位;成员国之间实行固定汇率制,对外实行联合浮动制,从而形成一个相对稳定的汇率制度;建立欧洲货币基金,向成员国提供中短期贷款,借以干预市场、稳定汇率、调节国际收支。

(2) 推行欧元。1998年5月,欧盟在布鲁塞尔举行了首脑会议,比利时、德国、西班牙、法国、爱尔兰、意大利、卢森堡、荷兰、奥地利、葡萄牙和芬兰11个国家成为首批实施单一货币的国家。同时,欧洲中央银行于1998年6月1日建立,总部设在法兰克福,这些国家的货币政策从此统一交由欧洲中央银行负责。1999年1月1日,欧洲统一货币——欧元(Euro)以非现金的形式流通;2002年1月1日开始发行欧元的硬币和纸币,并把各成员国原来流通的纸币和硬币兑换成欧元的纸币和硬币。

3. 贸易及财政政策的一体化

(1) 1957年建立关税同盟,先取消了成员国之间的关税,然后实行对外的统一关税。

(2) 1975年2月28日欧共体与非洲、加勒比海沿岸及太平洋地区的发展中国家签订了对这些地区实行特别贸易优惠政策的《洛美协定》,1991年10月22日与欧洲自由贸易联盟达成建立《欧洲经济区协议》。

(3) 实行统一的贸易政策、法规。

(4) 成员国采取统一的增值税制。

二、北美自由贸易区

(一) 北美自由贸易区的概况

北美自由贸易区(North American Free Trade Area,NAFTA)由美国、加拿大、墨西哥三国组成,在1994年1月成立。它是美国联合周边国家抗衡欧共体的产物,是世界上第一个由发达国家和发展中国家组成的贸易联盟,成员方在经济上有着较大的互补性。

(二) 北美自由贸易区的发展历程

1.《美加自由贸易协定》

美国和加拿大都是经济发达国家,文化、生活习俗相近,语言通顺,交通运输便利,有很好的自由贸易基础。1935年和1938年两国就降低关税和相互间给予最惠国待遇达成协议，1956年两国签订了在汽车及其零部件方面实行自由贸易的协议，1988年1月，两国签署了《美加自由贸易协定》，该协定于1989年1月生效。美加自由贸易区是类似于共同市场的区域经济一体化组织，是北美自由贸易区的萌芽。

2. 《北美自由贸易协定》

在《美加自由贸易协定》生效一年以后，美国决定将自由贸易区扩大到墨西哥。这主要是因为墨西哥是美国的近邻，并具备一定的经济基础、劳动力丰富、生产成本低，是美国理想的投资场所和产品市场。美国于1990年11月开始和墨西哥进行磋商，1991年2月加拿大也加入进来，三国就建立北美自由贸易区问题进行磋商。经过1年多的谈判，三国终于在关税、汽车、农业、能源和服务业等一系列问题上达成一致，并于1992年8月签署了《北美自由贸易协定》（NAFTA），该协定于1994年1月1日正式生效，北美自由贸易区宣布成立。

NAFTA的正文分为8个部分22章，共2000多页。NAFTA主要的宗旨是：通过区域内国家间的合作，消除关税与非关税壁垒以促进贸易流动；促进投资增长；增加就业机会；有效保护知识产权；有序解决贸易争端。

3. 《美国—墨西哥—加拿大协定》

自北美自由贸易区成立以来，美国、墨西哥、加拿大三国之间的贸易规模及投资额迅速发展。然而，美国总统特朗普认为区域内多数非核心制造及组装业务均转向了人力成本较低的墨西哥，造成了美国制造业就业机会的流失和巨大的贸易逆差，重新谈判《北美自由贸易协定》也是特朗普在竞选期间重要的承诺。

2018年11月30日，美国、墨西哥、加拿大三国领导人在阿根廷首都布宜诺斯艾利斯签署《美国—墨西哥—加拿大协定》（USMCA，以下简称《美墨加三国协议》），这意味着执行了20余年的《北美自由贸易协定》将被《美墨加三国协议》所替代。

《美墨加三国协议》共计35章，涵盖关税、农业、原产地原则、纺织品、海关与贸易便利化、投资、电信、金融服务、数字贸易、知识产权、竞争政策、国有企业、劳工、环境、中小企业、反腐等诸多内容。

（三）《美墨加三国协议》相对于《北美自由贸易协定》的主要变化

在《美墨加三国协议》中，《北美自由贸易协定》的大部分内容得到了延续，并且在乳制品贸易、劳工及环境保护等方面还有进一步拓展。但由于谈判过程为美国主导，体现了"美国优先"的理念，确定的制度框架固然反映了国际贸易和投资规则发展的趋势，但也在很大程度上体现了美国试图在北美自由贸易区内强化自身利益的意图。与《北美自由贸易协定》相比，《美墨加三国协议》在很多方面发生了变化。

1. 原产地规则更加严格

在原产地规则方面，《美墨加三国协议》规定75%的汽车零部件必须在北美地区生产，与《北美自由贸易协定》规定的标准62.5%相比有实质性提升。《美墨加三国协议》还规定，乘用车、轻型卡车和重型卡车的生产必须使用70%以上原产于北美的钢和铝，这些汽车才能算是原产于北美地区。

此外，《美墨加三国协议》还明确要求到2023年，40%的乘用车和45%的轻型卡车的零部件必须由时薪不低于16美元的工人生产，这远远高于墨西哥工人的平均工资水平。显然，这些规定将为美国汽车产业及其工人带来利好，有助于保持美国现有汽车零部件的生产规模，同时有望使得一些已迁至国外的生产线迁回美国本土。

2. 部分改变了投资争端解决机制

制定公正透明的投资争端解决机制有助于降低投资风险。《北美自由贸易协定》确定了国家之间的争端解决机制以及投资者—东道国争端解决机制（Investor-State Dispute Settlement, ISDS）。按照《北美自由贸易协定》的有关机制，如果东道国政府的政策导致投资者利益受损，经双方协商未果，投资者可以诉诸第三方仲裁机构。《美墨加三国协议》基本保留了《北美自由贸易协定》中的国与国之间的争端解决机制，但在投资者—东道国争端解决机制方面做出了较大改变。由于认为《北美自由贸易协定》中规定的投资者—东道国争端解决机制会妨碍政府维护健康和环保等领域的公共利益，《美墨加三国协议》最终取消了美国和加拿大之间的投资者—东道国争端解决机制，但美国和墨西哥之间在部分领域仍然保留了这一机制。

3. 延长了知识产权的保护期

虽然美国当前失去了劳动密集型产业的优势，但依然保持着技术创新与服务业部门（特别是娱乐业）的优势，其中一个最重要的原因就是美国在鼓励、提倡创新的同时，大力保护知识产权。加拿大与墨西哥却认为，过度的知识产权保护实际上束缚了生产的发展，但鉴于美国强大的经济体量与制定规则的能力，加拿大和墨西哥只能遵从。

《美墨加三国协议》将生物制剂的专利保护期从 8 年延长到 10 年，版权保护期也从 50 年延长至 70 年。美国是新药研发大国，强化对生物制药领域的知识产权保护，虽然会提升制药企业的垄断利润，但也有助于提高企业开发新药的积极性。

4. 引入了"日落条款"

在《北美自由贸易协定》更新谈判初期，美国试图将协议的有效期定为 5 年，这意味着需要每五年对协议进行一次重新评估，如果届时不再续约，则协定将自行终止。这遭到了加拿大和墨西哥的反对，企业界也表达了强烈的不满。对于产业部门来说，从开展初始投资到获取稳定利润需要一个过程，过短的评估周期必然会给产业投资带来极大的不确定性。迫于各方压力，《美墨加三国协议》最终确定的协定有效期为 16 年，经评估后可以续签。

5. 增加了"非市场经济国家"的相关规定

美国以所谓的"公平贸易"为由，在《美墨加三国协议》中增加了"非市场经济国家"的相关规定，即美国、墨西哥、加拿大不得单独与所谓"非市场经济国家"签署自由贸易协定，如果某一缔约方违反规定，则必须允许其他缔约方在发出通知 6 个月后终止原有协定，并代之以新的双边协定。这种排他性的条款事实上赋予美国禁止墨西哥、加拿大与被美国政府认定的所谓"非市场经济国家"签署自由贸易协定的特殊权力。如果该条款最终正式生效，那么墨西哥、加拿大与"非市场经济国家"已签署的自由贸易协定或将陷入"冰封"状态。必须承认，此项条款将对中美经贸摩擦产生一定的负面影响。

三、亚太经济合作组织

（一）亚太经济合作组织的概况

亚太经济合作组织（Asia Pacific Economic Cooperation, APEC）简称亚太经合组织，是 20 世纪 80 年代在澳大利亚的倡议下建立起来的。1989 年 11 月，亚太地区的美国、日本、澳大利亚、加拿大、新西兰、韩国以及东盟 6 国（马来西亚、泰国、菲律宾、印度尼西亚、新加坡、文莱）共 12 个国家，在澳大利亚堪培拉举行第一届部长级会议。

1991 年 11 月在韩国举行的 APEC 第三届部长级会议上，正式确立 APEC 的宗旨和目标为"相互依存，共同利益，坚持开放性多边贸易体制和减少区域贸易壁垒"。

该组织成员数不断增加，1991 年，中国以主权国家身份、中国台湾和中国香港以地区经济体名义正式加入；1993 年，墨西哥和巴布亚新几内亚加入；1994 年，智利加入，1998 年，俄罗斯、秘鲁加入，1999 年，越南加入。截至目前，亚太经合组织共有 21 个正式成员和 3 个观察员。

亚太经合组织的组织机构包括领导人非正式会议、部长级会议、高官会、委员会和专题工作组等。其中领导人非正式会议是亚太经合组织最高级别的会议。

（二）亚太经济合作组织的发展历程

1. 初级阶段（1989—1992 年）

这一阶段亚太经合组织建立了它作为一个区域性经济组织的基本构架。在第一届和第二届部长级会议上，各方就致力于地区自由贸易与投资和技术合作达成了某些共识，确定设立 10 个专题工作组开展具体合作。1991 年召开的汉城会议通过了《汉城宣言》，它作为亚太经合组织的基本章程，首次对该组织的宗旨、原则、活动范围、加入标准等做了规定。1992 年的曼谷会议决定在新加坡设立亚太经合组织秘书处，由各成员认缴会费，使亚太经合组织在组织结构上进一步完善。

2. 快速阶段（1993—1997 年）

自 1993 年，亚太经合组织从部长级会议升格到经济体领导人非正式会议，发展进程加快。1993—1997 年，每年都有新的进展，解决了区域合作所面临的不同问题，是亚太经合组织进程的"五部曲"。例如：1993 年解决了"亚太经合组织不应该做什么"的问题；1994 年解决了"亚太经合组织应该做什么"的问题；1995 年解决了"亚太经合组织应该怎么做"的问题；1996 年制定了具体的合作蓝图。

3. 调整阶段（1998 至今）

1998 年亚洲金融危机直接影响到亚太经合组织进程，受害者开始对贸易投资自由化采取慎重态度，在亚太经合组织内部，始于 1997 年的部门提前自由化在一定程度上超越了亚太地区的现实情况。

（三）亚太经济合作组织的特点

亚太经合组织并不是一个标准的或规范的区域经济一体化组织，具有以下特点。

1. 成员的广泛性

亚太经合组织有 21 个成员，就地理位置而言，遍及北美、南美、东亚和大洋洲；就经济发展水平而言，既有发达国家和地区，又有发展中国家和地区；就社会政治制度而言，既有资本主义，又有社会主义；就文化而言，既有西方文化，又有东方文化。

2. 独特的官方经济性质

亚太经合组织是一个区域性的官方经济论坛，在这种模式下，不存在超越成员主权的组织机构，成员也无须向有关机构让渡主权。因此，这种合作模式能够将成员的共同点汇聚在一起，抛开分歧和矛盾，培养和创造相互信任，缓解或消除紧张关系，通过平等互利的经济合作，共同发展、共同繁荣，推动世界经济增长，实现以发展促和平的愿望。

3. 单边自主行动

由于亚太经合组织成员的广泛性，使得该组织在推动区域经济一体化和投资贸易自由化方面难以"协商一致"。因此，亚太经合组织在成立之初就决定了其决策程序的软约束力是一种非制度化的安排、不具有硬性条件，只能在自愿经济合作的前提下，以公开对话为基础。各成员根据各自经济发展水平、市场开放程度以及承受能力，对具体产业及部门的贸易和投资自由化自行做出灵活、有序的安排，并在符合国内（地区内）法规的前提下予以实施，这就是所谓的"单边自主行动（IAPs）"计划。

4. 开放性

由于亚太经合组织大多数成员在经济发展过程中，采取以加工贸易或出口为导向的经济增长方式及发展战略，因此，这一地区对区外经济的依赖程度非常大。通过采取开放的政策，不仅可以最大限度地发挥区域内贸易长处，同时也可以避免对区域外的歧视政策而缩小区域外的经济利益。除此之外，由于成员的多样性，及其实行的单边自由化计划，也客观要求它奉行"开放的地区主义"。

5. 松散性

亚太经合组织对成员的约束力较小，没有组织首脑，没有常设机构，会议由各成员轮流举办。2001年7月在中国上海举行非正式首脑会晤，这是自该组织成立以来首次在中国举办，这对让世界了解中国、展示中国改革开放的成果具有非常积极的意义。

四、东南亚国家联盟及中国—东盟自由贸易区

（一）东南亚国家联盟

东南亚国家联盟（Association of Southeast Asian Nation，ASEAN），简称东盟。成员国包括马来西亚、印度尼西亚、泰国、菲律宾、新加坡、文莱、越南、老挝、缅甸和柬埔寨。其前身是马来西亚、菲律宾和泰国于1961年7月31日在曼谷成立的东南亚联盟。1967年8月，印度尼西亚、泰国、新加坡、菲律宾四国外长和马来西亚副总理在曼谷举行会议，发表了《东南亚国家联盟成立宣言》（简称《曼谷宣言》），正式宣告东南亚国家联盟成立。

东盟的宗旨和目标是：以平等与协作精神，共同努力促进本地区的经济增长、社会进步和文化发展；遵循正义、国家关系准则和《联合国宪章》，促进本地区的和平与稳定；促进经济、社会、文化、技术和科学等问题的合作与相互支援；在教育、职业和技术及行政训练和研究设施方面互相支援；在充分利用农业和工业、扩大贸易、改善交通运输、提高人民生活水平方面进行更有效的合作；促进对东南亚问题的研究；同具有相似宗旨和目标的国际和地区组织保持密切和互利的合作，探寻与其更紧密的合作途径。

（二）东盟自由贸易区

东南亚国家联盟在其成立之初主要是出于政治与本地区安全的目的，后来推出优惠贸易安排计划，但各国考虑自身利益较多，并未带来预期的效果。1992年1月，在新加坡举行的第四次东盟首脑会议上，与会代表对泰国1991年9月提出的建立东盟自由贸易区的构想做出积极响应，决定1993—2008年的15年内建成东盟自由贸易区（ASEAN Free Trade Area，AFTA）。

2002年1月1日，东盟自由贸易区正式启动。主要目标是：促进东盟成为一个具有竞争力的经济实体，以吸引外资；消除成员国之间关税与非关税壁垒，促进本地区贸易自由

化；扩大成员国之间互惠贸易的范围，促进区域内贸易；建立一个内部市场。

（三）中国—东盟自由贸易区

1. 中国—东盟自由贸易区概述

在经济全球化浪潮的推动下，东盟国家逐步认识到启动新的合作层次、构筑全方位合作关系的重要性，并决定开展"外向型"经济合作。2002—2009年，中国和东盟先后签署了《中国—东盟全面经济合作框架协议》《货物贸易协议》《中国—东盟争端解决机制协议》《投资协议》，标志着中国—东盟自由贸易区的谈判已经完成。中国—东盟自由贸易区是中国和其他国家商谈的第一个自由贸易区，2010年1月1日，中国—东盟自由贸易区正式启动。这是仅次于欧盟和北美自由贸易区的全球第三大自由贸易区，是世界上人口最多的自由贸易区，也是发展中国家组成的最大自由贸易区，展现了发展中国家互利互惠、合作共赢的良好模式。目前，中国是东盟最大的贸易伙伴，东盟是中国第三大贸易伙伴。

2. 中国—东盟自由贸易区的一体化措施

（1）货物贸易自由化。

1）降低关税。除已有降税安排的早期收获产品外，其余产品分为正常产品和敏感产品两大类。在正常产品中，又分为一轨产品和二轨产品两类，两者的共同点是最终税率为零，区别在于二轨产品在取消关税的时间上有一定的灵活性。在敏感产品上，又分为一般敏感产品和高度敏感产品两类，两者的共同点是最终税率可不为零，区别在于一般敏感产品要在一段时间后把关税降到相对较低的水平，而高度敏感产品最终可保留相对较高的关税税率。

2）削减数量限制和非关税壁垒。各缔约方不应保留任何数量限制，非WTO成员的缔约方也应逐步取消其数量限制。同时，各方应尽快确定其仍保留的非关税壁垒，并逐步取消。

（2）服务贸易自由化。2007年7月生效的《服务贸易协议》规定了双方在中国—东盟自由贸易区框架下开展服务贸易的权利和义务，同时包括了中国与东盟10国开放服务贸易的第一批具体承诺减让表。各方将按照表中的承诺内容进一步开放相关服务部门。

（3）投资自由化。2009年8月签署的《投资协议》包括27项条款。该协议通过双方相互给予投资者国民待遇、最惠国待遇和投资公平公正待遇，提高投资相关法律法规的透明度，为双方投资者创造一个自由、便利、透明及公平的投资环境，并为双方的投资者提供充分的法律保护，从而进一步促进双方投资便利化和逐步自由化。

五、中国参加的区域经济一体化组织

（一）中国对外已签订的自由贸易协定

由于"多哈回合"谈判受阻，国际贸易自由化的多边机制陷入困境，区域内和跨区域的自由贸易协定谈判得到快速发展。据WTO统计，截至2018年12月，备案并处于生效状态的区域贸易协定为467份。中国在自由贸易协定的商谈中表现也非常积极，从自贸协定伙伴的选择来看，无论在地理位置还是国别特征上均具有较大的多样性。中国的自由贸易协定立足周边、辐射"一带一路"、面向全球，既有我们周边国家（包括东盟成员国），也有"一带一路"沿线国家（如巴基斯坦、格鲁吉亚），还有其他地区的国家（如拉美的秘鲁、智利）。这个自由贸易区（自贸区）网络既包括发达国家（如澳大利亚），也包括一些发展中国家。中国对外签订的部分自由贸易协定如表12-1所示。

表 12-1 中国对外签订的部分自由贸易协定

协 定 名 称	签订时间与相关说明
《中国—东盟全面经济合作框架协议》	2002 年 11 月签订 中国对外签署的第 1 个自由贸易协定 2010 年全面建成中国—东盟自由贸易区
《中国—智利自由贸易协定》	2005 年 11 月签订，2006 年 10 月实施 中国对外签署的第 2 个自由贸易协定
《中国—巴基斯坦自由贸易协定》	2006 年 11 月签订 中国对外签署的第 3 个自由贸易协定
《中国—新西兰自由贸易协定》	2008 年 4 月签订，2008 年 10 月 1 日生效 中国与发达国家签署的第 1 个自由贸易协定
《中国—新加坡自由贸易协定》	2008 年 10 月 23 日签订 涵盖了货物贸易、服务贸易、人员流动、海关程序等诸多领域，是一份内容全面的自由贸易协定
《中国—秘鲁自由贸易协定》	2009 年 4 月签订，2010 年 3 月实施 中国与拉美国家发展平等互利、共同发展的全面合作伙伴关系的重要体现
《中国—哥斯达黎加自由贸易协定》	2010 年 4 月签订 中国与中美洲国家签署的第 1 个一揽子自由贸易协定
《中国—冰岛自由贸易协定》	2013 年 4 月签订 中国与欧洲国家签署的第 1 个自由贸易协定
《中国—瑞士自由贸易协定》	2013 年 7 月签订 中国与欧洲大陆国家缔结的第 1 个自由贸易协定
《中国—韩国自由贸易协定》	2015 年 6 月签订
《中国—澳大利亚自由贸易协定》	2015 年 6 月签订 中国与西方国家签署的首个高水平自由贸易协定
《中国—格鲁吉亚自由贸易协定》	2017 年 5 月签订，2018 年 1 月生效 我国与欧亚地区国家签署的第一个自由贸易协定
《中华人民共和国政府和马尔代夫共和国政府自由贸易协定》	2017 年 12 月 7 日签订 树立了规模差异巨大的国家间开展互利合作的典范

（资料来源：中国自由贸易区服务网，http://fta.mofcom.gov.cn/。）

除对外签订自由贸易协定外，中国还参加了一个区域优惠贸易安排——《亚太贸易协定》（原名《曼谷协定》）。这是在联合国亚太经济和社会委员会主持下，由发展中成员方之间于 1975 年签订的优惠贸易安排，中国于 2001 年 5 月正式加入。现有成员方为印度、韩国、孟加拉国、斯里兰卡和老挝、蒙古国。

（二）中国的"一带一路"倡议

2013 年 9 月 7 日，国家主席习近平在哈萨克斯坦纳扎尔巴耶夫大学作题为《弘扬人民友谊 共创美好未来》的演讲，提出共同建设"丝绸之路经济带"。2013 年 10 月 3 日，习近平主席在印度尼西亚国会发表题为《携手建设中国—东盟命运共同体》的演讲，提出共同建设"21 世纪海上丝绸之路"。"丝绸之路经济带"和"21 世纪海上丝绸之路"简称

"一带一路"(The Belt and Road,B&R)倡议。

1. "一带一路"的核心目标

在"一带一路"建设国际合作框架内,各方秉持共商、共建、共享原则,携手应对世界经济面临的挑战,开创发展新机遇,谋求发展新动力,拓展发展新空间,实现优势互补、互利共赢,不断朝着人类命运共同体方向迈进。

2. "一带一路"的共建原则

(1) 恪守《联合国宪章》的宗旨和原则。遵守和平共处五项原则,即尊重各国主权和领土完整、互不侵犯、互不干涉内政、和平共处、平等互利。

(2) 坚持开放合作。"一带一路"相关的国家基于但不限于古代丝绸之路的范围,各国和国际组织、地区组织均可参与,让共建成果惠及更广泛的区域。

(3) 坚持和谐包容。倡导文明宽容,尊重各国发展道路和模式的选择,加强不同文明之间的对话,求同存异、兼容并蓄、和平共处、共生共荣。

(4) 坚持市场运作。遵循市场规律和国际通行规则,充分发挥市场在资源配置中的决定性作用和各类企业的主体作用,同时发挥好政府的作用。

(5) 坚持互利共赢。兼顾各方利益和关切,寻求利益契合点和合作最大公约数,体现各方智慧和创意,各施所长,各尽所能,把各方优势和潜力充分发挥出来。

3. "一带一路"的顶层框架

(1) 五大方向。丝绸之路经济带三大走向:一是从中国西北、东北经中亚、俄罗斯至欧洲、波罗的海;二是从中国西北经中亚、西亚至波斯湾、地中海;三是从中国西南经中南半岛至印度洋。21世纪海上丝绸之路两大走向:一是从中国沿海港口过南海,经马六甲海峡到印度洋,延伸至欧洲;二是从中国沿海港口过南海,向南太平洋延伸。

(2) 主体框架。"六廊"——六大国际经济合作走廊:新亚欧大陆桥、中蒙俄、中国—中亚—西亚、中国—中南半岛、中巴、孟中印缅经济走廊。"六路"——公路、铁路、航运、航空、管道、空间综合信息网络,是基础设施互联互通的主要内容。"多国"——一批先期合作国家,争取示范效应,体现合作成果。"多港"——共建一批重要港口和节点城市,繁荣海上合作。

4. "一带一路"的合作内容

(1) 政策沟通。联合国三次通过相关决议,呼吁国际社会通过"一带一路"建设加强合作;100多个国家和国际组织表达支持和参与意愿;中国与联合国开发计划署、亚太经社会、世界卫生组织等签署共建"一带一路"合作文件,与100多个国家和国际组织签署"一带一路"合作协议。

(2) 设施联通。合作内容涉及铁路、公路、港口、航空、邮政、能源、信息基础设施、质量技术体系衔接等。

(3) 贸易畅通。通过境外园区建设、自由贸易区网络建设等,开展国际产能合作,实现投资贸易便利化。

(4) 资金融通。在中国人民银行推动下,鼓励开发性、政策性金融机构参与,与现有金融合作机制对接,与多边银行合作,开创新型合作平台。

(5) 民心相通。通过文化交流、开展援助减贫及旅游往来,实现教育科技、生态环保、卫生健康等方面的合作。

5. "一带一路"的资金保障

"一带一路"建设坚持以企业为主体和市场化运作，在遵守国际规则、符合企业所在国和项目所在国的法律法规的前提下，企业公平参与。"一带一路"共建的项目主要是商业项目，是企业的市场行为，其资金来源也非常广泛：①传统国际金融机构，如世界银行集团、亚洲开发银行。②政策性金融机构，如中国国家开发银行、进出口银行。③商业银行，如中国银行、中国工商银行、中国建设银行、中国农业银行等。④专项投资资金，如丝路基金、中国—东盟投资合作基金、中非发展基金。⑤新兴多边开发金融机构，如亚洲基础设施投资银行、金砖国家新开发银行、上合组织开发银行。⑥出口信用保险机构，即中国出口信用保险公司。

6. "一带一路"的成果

（1）国际影响力不断提升，合作伙伴增多。国外媒体和网民对"一带一路"始终保持高度关注，倡议的顶层规划及重大里程碑事件均成为全球舆论关注焦点。截至2019年8月底，已有136个国家和30个国际组织与中国签署了195份共建"一带一路"合作文件，合作伙伴遍布亚洲、非洲、欧洲、大洋洲和南美洲。此外，"一带一路"与欧盟"容克计划"、俄罗斯"欧亚经济联盟"、蒙古国"发展之路"、哈萨克斯坦"光明之路"、波兰"琥珀之路"等众多发展战略实现对接。

（2）基础设施建设发展迅猛。中国和沿线国家在港口、铁路、公路、电力、航空、通信等领域开展大量合作，有效提升了这些国家的基础设施建设水平。如在港口领域，中国港口已与世界200多个国家、600多个主要港口建立航线联系，海运互联互通指数保持全球第一。在铁路领域，建设了中越国际铁路、中俄蒙铁路、阿亚古兹铁路等，铁路联通水平表现突出，中欧班列贡献力度大。从开行数量和运送货物总值看，2011年，中欧班列全年开行仅17列、年运送货物总值不足6亿美元，2018年累计开行突破12000列、年运送货物总值达160亿元；从货物种类看，货物由最开始的电子产品扩大到服装、粮食、汽车及配件等日常生活必需品。目前中欧班列线路主要分布在德国、俄罗斯、哈萨克斯坦等国家。

（3）中国对"一带一路"国家贸易和投资总体呈增长态势。2013—2018年，中国与"一带一路"沿线国家进出口总额达64691.9亿美元，对外签订承包工程合同额超过5000亿美元，建设境外经贸合作区82个，对外直接投资超过800亿美元。

（4）多元化融资体系不断完善。截至2018年12月，亚投行成员达到93个，来自"一带一路"的贸易伙伴超过6成。中国出资400亿美元成立丝路基金，2017年获增资1000亿元人民币，已签约19个项目。

（5）丝路旅游与留学成果显著。一方面，"一带一路"旅游成为世界旅游的新增长点。2017年，中国与"一带一路"国家双向旅游交流达6000万人次左右，与2012年相比，"一带一路"出境人数和入境人数分别增长2.6倍和2.3倍左右。另一方面，截至2017年，在"一带一路"国家设立173所孔子学院，184个孔子课堂。

【扩展阅读】

"一带一路"大事记见表12-2。

表 12-2 "一带一路"大事记

时间	大事记
2013 年 9 月	习近平在访问哈萨克斯坦时提出构建"丝绸之路经济带"
2013 年 10 月	习近平在印度尼西亚国会发表演讲，提出共同建设"21 世纪海上丝绸之路"
2013 年 12 月	习近平在中央经济工作会议上提出，推进"丝绸之路经济带"建设
2014 年 3 月	2014 年政府工作报告提出抓紧规划建设"一带一路"
2014 年 11 月	习近平在 APEC 峰会上宣布，中国将出资 400 亿美元成立丝路基金
2015 年 2 月	"一带一路"建设工作领导小组成员亮相
2015 年 3 月	《推动共建丝绸之路经济带和 21 世纪海上丝绸之路的愿景与行动》发布
2015 年 12 月	亚洲基础设施投资银行正式成立
2016 年 8 月	习近平出席"一带一路"建设工作座谈会并发布重要讲话
2017 年 3 月	"一带一路"被写入联合国决议； 中国"一带一路"官网（www.yidaiyilu.gov.cn）上线
2017 年 5 月	第一届"一带一路"国际合作高峰论坛开幕
2017 年 6 月	《"一带一路"建设海上合作设想》发布
2017 年 7 月	亚洲金融合作协会（亚金协）成立
2017 年 10 月	"一带一路"写入党章
2018 年 1 月	《"一带一路"特别声明》发布
2018 年 6 月	"一带一路"国际商事争端解决机制和机构建立
2018 年 9 月	中非合作论坛北京峰会举行； 中缅签署政府间共建中缅经济走廊的谅解备忘录
2018 年 11 月	首届中国国际进口博览会举行； "南向通道"更名为"国际陆海贸易新通道"
2019 年 3 月	中国与意大利签署"一带一路"合作文件
2019 年 4 月	第二届"一带一路"国际合作高峰论坛
2019 年 5 月	亚洲文明对话大会举行

（资料来源：中国一带一路网，https://www.yidaiyilu.gov.cn/index.html。）

第三节 区域经济一体化理论

一、关税同盟理论

关税同盟是经济一体化的典型形式，除自由贸易区外，其他形式的经济一体化都是以关税同盟为基础逐步扩大其领域或内涵而形成的。所以，在理论上，关于经济一体化的经济影响效果的分析，大都以关税同盟为例。系统提出关税同盟理论的主要有美国普林斯顿大学经济学教授范纳（Viner）和李普西（Lipsey）。

（一）静态效应

所谓关税同盟的静态效应，是指假定在经济资源总量不变、技术条件没有改进的情况下,关税同盟对同盟内外国家的经济发展及福利的影响。对区域经济一体化的静态效应的分析集中于贸易创造(Trade Creation)效应、贸易转移(Trade Diversion)效应。

1. 贸易创造

贸易创造是指成员国之间相互取消关税壁垒所带来的贸易规模的扩大。这里包括消费者利益与生产者利益。从消费者角度看,由于取消关税,国内消费者可以购买来自其他成员国的低价格产品,节省消费支出,提高福利;从生产者角度看,取消关税后,国内生产者会放弃生产没有效率的、高成本的产品,转向生产有效率的、低成本的产品,优化资源配置,提高生产效率。

2. 贸易转移

贸易转移是指建立关税同盟之后成员国之间的相互贸易代替了原来成员国与非成员国之间的贸易,从而造成贸易方向的转移。结成关税同盟前,进口是来自于成本较低的非成员国;结成同盟后,进口来自于成本较高的成员国,因此,这种贸易转移会造成福利的损失。

我们通过图12-1来具体说明以上两种效应。假设世界上有A、B、C三个国家,都生产某一相同产品,但三国的生产成本各不相同。现以A国为讨论对象。在图中,S_A表示A国的供给曲线,D_A表示A国的需求曲线。P_B、P_C两条直线分别表示B、C两国的生产成本,假设B、C两国的生产成本是固定的,且C国成本低于B国。

在组成关税同盟之前,A国对来自B、C两国的商品征收相同的关税t。假设A国是小国,征收关税之后,B、C两国的相同产品若在A国销售,价格分别为P_B+t、P_C+t。显然,B国的产品价格要高于C国,故A国只会从成本较高的C国进口,而不会从成本较高的B国进口。此时,A国国内价格为P_C+t,国内生产为Q_1,国内消费为Q_2,从C国进口量为Q_1Q_2。

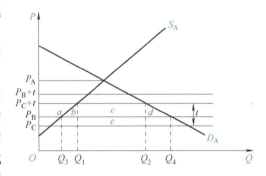

图12-1 关税同盟的静态效应

假设A国与B国组成关税同盟,组成关税同盟后的共同对外关税仍为t,即组成关税同盟后,A国对来自B国的进口产品不再征收关税,但对来自C国的进口产品仍征收关税t。如图所示,B国产品在A国的销售价格现为P_B,低于P_C+t,所以成本较高的B国取代成本较低的C国,成为A国的供给者。

组成关税同盟后,A国的进口量由原来的Q_1Q_2扩大到Q_3Q_4,新增部分即是贸易创造效应。如图所示,贸易创造效应=生产效应+消费效应=$Q_3Q_1+Q_2Q_4$。除去贸易创造部分,剩下的Q_1Q_2部分原来是从关税同盟外(C国)进口的,但组成关税同盟后,则改由同盟内其他成员(B国)进口,即贸易方向了发生转移,故贸易转移效应=Q_1Q_2。

3. 关税同盟的福利效应

组成关税同盟后,A国消费者福利改善,而生产者福利则降低。如图所示,消费者剩余增加$a+b+c+d$,生产者剩余减少a。另外,原来从C国进口的关税收入$c+e$,现因改从同盟国进口而丧失。综合来看,关税同盟对A国的净福利效应=$(a+b+c+d)-a-(c+e)=(b+d)-e$。

$b+d$为贸易创造的福利效应,其中b表示因同盟内成本低的生产(B国)替代了国内成本高的生产而导致的资源配置效率的改善，d 表示同盟内取消关税后因进口价格下降、国内消费扩大而导致的消费者福利的净增加。e 则表示贸易转移的福利效应，因贸易转移意味着同盟内成本高的生产替代了原来来自同盟外成本低的生产，故 e 表示这种替代所导致的资源配置扭曲，即贸易转移对 A 国的福利不利。因此，关税同盟对 A 国福利的净影响可表示成贸易创造的福利效应减去贸易转移的福利效应。加入关税同盟对 A 国究竟是否有利，取决于贸易创造的福利效应能否抵消贸易转移的福利效应。

以上分析的是关税同盟对 A 国福利的影响。至于对 B、C 两国的影响，具体情况如下：对 B 国而言，组成关税同盟后，出口增加，生产扩张，所以对 B 国有利；对 C 国来说，在 A、B 组成关税同盟前，C 国是 A 国的供给者，但现在因贸易转移，其出口减少，所以 C 国福利必然因其贸易规模缩减而下降。

根据以上的讨论，可以判断出关税同盟的福利效应受以下几种因素的影响：

1) A 国的供需弹性越大，贸易创造的福利效应就越明显。在图中，A 国的供给曲线和需求曲线越平坦，则 b、d 的面积就越大。

2) 组成关税同盟前，A 国的关税水平越高，则组成同盟后贸易创造的福利效应就越大，而贸易转移的福利效应就越小。

3) B、C 两国的成本越接近，则贸易转移的福利损失就越小。

（二）动态效应

经济一体化的动态效应，是指对成员方经济结构的影响和对其经济发展的间接推动作用，主要表现在以下几个方面。

1. 规模经济效应

组建关税同盟后，由于成员国市场连成一体，自由贸易的市场规模得到扩大，产品成本趋向于下降，企业可以获得规模经济利益，比较适合国内市场狭小或比较依赖对外贸易的国家。

美国经济学家巴拉萨认为，关税同盟可以使生产厂商获得重大的内部与外部经济之利。内部规模经济主要来自对外贸易的增加，以及随之带来的生产规模的扩大和生产成本的降低。外部经济来源于整个国民经济或一体化组织内的经济发展。国民经济各部门之间是相互关联的，某一部门的发展可能在许多方面带动其他部门的发展。同时，区域性的经济合作还可导致区域内部市场的扩大，市场扩大势必带来各行业的相互促进。

2. 竞争促进效应

在西方经济学中，从不同市场机构来看，如果其他条件不变，市场竞争程度越高，其效率越高，资源配置更趋合理。因此，区域经济一体化组织的建立，摧毁了原来各国受保护的市场，使各国生产的专业化程度提高，资源使用效率提高，提高了市场的竞争性。

西托夫斯基（Scitovsky）认为，竞争加强是对欧共体最重要的影响。他认为关税同盟建立后，促进了商品流通，可以加强竞争、打破独占，经济福利因此提高。这是因为高关税会加强垄断，使一两家大公司统辖为数较多而效率低下的小生产者。大公司宁愿用高价来排挤小企业而不肯提高产量，如果关税较低，大公司则不得不进行竞争，小企业也会联合、合并，提高效率。因此，区域经济一体化加强了竞争，提高了福利水平。

但是有些学者对此持相反看法，认为区域经济一体化的发展，使贸易壁垒消除、内部市场扩大，易于获取生产的规模经济，从而产生独占，导致效率和福利下降。

3. 投资聚集效应

关税同盟的建立，一方面会刺激区域内的投资增加，另一方面会吸引更多的区外投资。具体来说，首先，关税同盟成立后，成员国市场变成统一的区域大市场，需求增加，从而使同盟内企业投资增加。同时，商品自由流动加大了同行业的竞争，为提高竞争力，厂商一方面扩大市场规模，降低成本；另一方面，增加投资，更新设备，改进质量，并研发新产品，以提高自身的竞争力。其次，由于关税同盟设置了共同的对外关税，非成员国为绕开关税壁垒，避免贸易转移的消极影响，只能到成员国内进行直接投资，就地生产、就地销售。这一点被认为是欧共体成立后美国到欧共体国家投资激增的主要原因。

但是，也有一些学者认为，关税同盟建立后，由于受贸易效应影响的产业会减少投资，且外部资金投入会使成员国的投资机会减少等原因，关税同盟内部的投资不一定会增加。

二、大市场理论

大市场理论是从动态角度来分析区域经济一体化的经济效应，是针对共同市场提出的，其代表人物为西托夫斯基和德纽。

当经济一体化演进到共同市场之后，区内不仅商品实现了贸易自由化，要素也可以在区内自由流动，从而形成一种超越国界的大市场。一方面使生产在共同市场的范围内沿着生产可能线重新组合，提高了资源的配置效应；另一方面，区内生产量和贸易量的扩大使生产可能线向外扩张，促进了区内生产的增长和发展。共同市场在一体化程度上比关税同盟又进了一步，它将那些被保护主义分割的小市场统一起来，结成大市场，然后通过大市场内的激烈竞争，实现大规模经济利益。德纽对大市场带来的规模化生产进行了描述，最终得出结论："这样一来，经济就会开始其滚雪球式的扩张。消费的扩大引起投资的增加，增加的投资又导致价格下降、工资提高、购买力的提高……只有市场规模迅速扩大，才能促进和刺激经济扩张。"西托夫斯基则从西欧国家的现状入手，提出西欧国家陷入了高利润率、低资本周转率、高价格的矛盾，存在着"小市场与保守的企业家态度的恶性循环"。因而，只有通过共同市场或贸易自由化条件下的激烈竞争，才能迫使企业家停止传统的小规模生产而转向大规模生产，最终形成一种积极扩张的良性循环。

综合西托夫斯基和德纽的观点，大市场理论的核心是：通过扩大市场，获得规模经济，从而实现经济利益。也就是说，通过建立共同市场，使市场扩大，将比较分散的生产集中起来进行规模化的大生产，这样，机器得到充分利用，生产更加专业化、社会化，高新科技得到更广泛的利用，竞争更加激烈，从而生产成本下降，加之取消了关税及其他一些费用，使得销售价格下降。这必将导致购买力的增强与生活水平的提高，消费也会增加，消费的增加又促进投资的增加。于是进入了良性循环。

大市场理论的主要内容有以下几方面：

1）通过建立共同市场，使国内市场向统一的大市场延伸。市场的扩大使市场竞争更加激烈，而优胜劣汰必将促进企业分化，一些经营不善的小企业被淘汰，一些具有技术优势的企业最终在竞争中获胜并且扩大经营规模，实现规模经济和专业化生产。

2）企业生产规模的扩大以及激烈的市场竞争必将降低商品生产的成本和销售价格，而价格的下降会导致市场购买力的扩大和居民实际生活水平的提高。

3）市场购买力的扩大和居民实际生活水平的提高反过来又会进一步促进投资的增加和

规模的扩大，最终会使经济滚雪球似的扩张。大市场的形成会促进和刺激经济良性循环，带动经济蓬勃发展。

三、协议性国际分工理论

协议性分工原理是由日本学者小岛清提出的。他认为，经济一体化组织内部如果仅仅依靠比较优势原理进行分工，不可能完全获得规模经济带来的好处，反而可能会导致各国企业的集中和垄断，影响经济一体化组织内部分工的发展和贸易的稳定。因此，必须实行协议性国际分工，使竞争性贸易的不稳定性尽可能保持稳定，并促进这种稳定。

所谓协议性分工，是指一国放弃某种产品的生产并把国内市场提供给另一国，而另一国则放弃另外一种产品的生产并把国内市场提供给对方，即两个国家达成相互提供市场的协议，实行协议性国际分工。两国经过协议性分工以后，各自生产一种不同的产品，导致市场规模扩大、产量增加、成本下降，协议各国都享受到规模经济的好处。

为了相互获取规模经济的好处，实行协议性国际分工是非常有利的，但是实行这种协议性的国际分工有一定的约束条件：

1) 两个（或多个）国家的资本、劳动禀赋比例没有多大差别，工业化水平和经济发展阶段大致相等，协议性分工的对象产品在哪个国家都能进行生产。如果这方面的差别比较大，则专业化生产的成本差异很大，就不适宜进行协议性分工。

2) 作为协议性分工对象的产品，必须是能够获得规模经济的产品。否则，生产的集中并不能降低成本，就失去了应有的意义。

3) 不论哪个国家，生产协议性分工产品的利益都应该没有很大差别。也就是说，自己实行专业化的产业和让给对方的产业之间没有优劣之分，否则就不容易达成协议。

因此，经济一体化必须在发展阶段与发展水平近似的国家之间建立，在同类型国家间生活水平与文化近似，生产水平接近，容易达成协议，进行协议性分工的范畴也比较广泛，从而获得的收益也比较大。因此，成功的协议性分工必须在同等发展阶段的国家之间建立，而不能建立在工业国与初级产品生产国之间；同时，发达国家之间可进行协议性分工的产品范围较广，因而利益也较大。另外，生活水平和文化等方面接近的国家容易达成协议，并且能够保证相互需求的均等增长。

四、综合发展战略理论

一些经济学家认为，发展中国家与发达国家在国内外的经济与政治环境存在较大差异，不能把发达国家经济一体化的理论简单照搬到发展中国家，由此提出了与发展理论紧密相连的综合发展战略理论。该理论由布雷达·帕夫里奇等人在《南南合作的挑战》一书中系统地提出。它主要涉及发展中国家进行经济一体化时应该考虑的政治、经济、机构等因素，主要原则如下：

1) 经济一体化是发展中国家的一种发展战略，它不限于市场的统一，也不必在一切情况下都寻求尽可能高的其他一体化形式。

2) 两极分化是伴随一体化出现的一种特征，只能通过强有力的共同机构和政治意志制定系统的政策来避免它。

3) 鉴于在发展中国家一体化进程中私营部门是导致其失败的重要原因之一，故有效的政府干预对经济一体化的成功至关重要。

4）发展中国家的经济一体化是集体自力更生的手段和按新秩序逐渐改变世界经济的要素。

5）在制定经济一体化政策时要综合考虑，一方面要考虑经济因素，另一方面要考虑政治因素，密切结合本国和本地区的实际情况。

【扩展阅读】

海南建设自由贸易港的区位地理优势

2018年4月13日习近平总书记在海南建省办经济特区30周年的讲话中明确提出：支持海南全岛建立自由贸易试验区，支持海南逐步探索并稳步推进中国特色自由贸易港建设。

区位地理优势是海南建设自由贸易港的独特优势。海南建设自由贸易港，对外可以通过太平洋、印度洋上的海上走廊深入东南亚、南亚、西亚、东非和欧洲腹地，对内延伸到华南西南广大腹地，在经济全球化和区域一体化中纵横捭阖、进退自如。

海南自由贸易港建设的区域经济一体化效应主要有：①南海是中国重要的出海口。海南是中国华南地区、西南地区的内陆国土与海洋国土的结合部，是华南地区、西南地区进入太平洋、印度洋的出海口。②南海是全球最重要的海上通道。南海靠近国际深水航道，是往来两洋（太平洋，印度洋）两洲（亚洲，非洲）的必经之地，也是通往东南亚、南亚、西亚、东非的十字路口。③海南是"一带一路"的重要支点。海南居南海要冲，是"一带一路"建设的重要支点之一。海南距世界海运咽喉——马六甲海峡直线距离是2170km，距马尼拉港1280km，距胡志明市1100km，距香港475km，距广州465km，距北海206km。④南海是世界上最繁忙的海域。南海战略地位非常重要，拥有世界最繁忙的航线。全球海运货物的1/4要经过南海水域，从中东地区运往日本、韩国的石油70%要经过南海，而马六甲海峡每年有近41500艘商船航行通过，巽他海峡、龙目海峡每年各有约3500艘商船经过。⑤海南具有独立的地理单元。海南与陆地有天然的阻隔，独立岛屿区位更适合建设自由贸易港。

（资料来源：张尔升，林泽宇，李卓琳．中国特色自由贸易港建设的区域经济一体化效应——以海南自由贸易港为例．山东大学学报，2019，1。）

本章小结

两个以上的国家或经济实体为了促进共同的贸易与经济发展，结成经济贸易集团，从事地区的经济一体化。经济贸易集团按内部自由化的程度由低到高的顺序可分为自由贸易区、关税同盟、共同市场、经济联盟和完全的经济一体化。经济贸易集团对内可以加强合作，有利于内部要素的合理配置；对外可以增强谈判能力，提高经济贸易地位。

对世界影响较大的地区经济贸易集团包括欧盟、北美自由贸易区、东盟以及亚太经济合作组织。中国自提出"一带一路"倡议以来，国际影响力不断提升，合作伙伴遍布亚洲、非洲、欧洲、大洋洲和南美洲。

第二次世界大战以后，经济学者开始研究地区经济贸易集团成效的标准，其中影响力较大的是关税同盟理论。随着地区经济贸易集团的发展，相继出现了大市场理论和综合发展战略理论。

关键词

自由贸易区　关税同盟　共同市场　经济联盟　欧洲联盟　北美自由贸易区　亚太经济合作组织　中国—东盟自由贸易区　"一带一路"倡议　贸易创造　贸易转移　大市场理论　协议分工理论

复习思考题

1. 区域经济一体化的内涵是什么？
2. 区域经济一体化的主要形式有哪些，主要区别是什么？
3. 区域经济一体化对国际贸易有何影响？
4. 当代主要的区域经济一体化组织有哪些？主要特点是什么？
5. 中国"一带一路"倡议的内涵、共建原则、合作内容分别是什么？
6. 中国"一带一路"倡议的五大方向与主体框架是什么？
7. 何谓贸易创造与贸易转移效应？受哪些因素的影响？
8. 关税同盟的动态效应有哪些？

第十三章
国际贸易与经济增长

国际分工的深化会改变一国技术条件、需求状况和要素禀赋等，从而改变对外贸易结构和贸易条件；同时国际贸易在世界范围内迅速发展，也会在全球范围内影响各国商品的价格及其生产与消费，从而推动经济发展。国际贸易与经济增长互相联系，国际贸易对经济增长具有促进作用，经济增长也会推动国际贸易的发展。

通过本章的学习，应能掌握国际贸易与经济增长的相互关系，了解发达国家不同时期的贸易政策和发展中国家可以采取的各种贸易发展战略，并能根据各国经济发展水平，正确选择贸易发展战略。

第一节 国际贸易与经济增长的相互关系

国际贸易对经济增长有着重要促进作用，经济增长也对国际贸易产生重要影响。资源增加、技术进步或收入提高都能导致经济增长，经济增长会产生生产和消费两种效应，分别影响生产者和消费者的行为。所以研究经济增长对国际贸易的影响也应从生产和消费两方面考虑：一是经济增长通过生产方式的变动对一国对外贸易产生的直接影响，称为生产的贸易效应；二是经济增长后消费需求的变化对一国对外贸易产生的间接影响，称为消费的贸易效应。经济增长总体的贸易效应取决于消费效应和生产效应的作用方向和程度。

一、经济增长的生产效应

假设一国只有两个部门：生产劳动密集型产品的出口部门 X 和生产资本密集型产品的进口部门 Y。不管是生产要素还是技术进步等原因造成该国的经济增长，我们把经济增长带来的生产效应分为以下五种情况。

1. 中性生产效应（Neutral Production Effect）

如果经济增长使该国 X 产品和 Y 产品的产出增长率相同，即

$$(\Delta X/X) = (\Delta Y/Y)$$

可得到：

$$(\Delta X/X) = (\Delta Y/Y) = (\Delta X + \Delta Y)/(X + Y)$$

这表示增长将会使该国出口和进口增长率与经济增长率 $(\Delta X + \Delta Y)/(X + Y)$ 相同，该国的贸易量也将呈现同一方向增长，我们称为中性生产效应。

2. 顺贸易倾向生产效应（Protrade-Biased Production Effect）

如果经济增长使该国可出口品 X 的产出增长率大于可进口品 Y 的产出增长率，即

$$(\Delta X/X) > (\Delta Y/Y)$$

可得到：

$$(\Delta X/X) > (\Delta X + \Delta Y)/(X + Y) > (\Delta Y/Y)$$

这种增长可以使该国出口更多的 X 产品，而由于进口品 Y 产量的增长率小于经济增长率，必须要增加进口，因而该国的出口与进口都比经济增长前有所增长，贸易量的增长就有可能超过经济增长率，所以称为顺贸易倾向生产效应。

3. 超顺贸易倾向生产效应（Ultra-Protrade-Biased Production Effect）

如果经济增长使该国可出口品 X 的产出增长快于经济的增长，可进口品 Y 的产出不变或减少，即 $\Delta X > 0$ 而 $\Delta Y \leq 0$。这种增长有可能极大地促进该国出口与进口的增长，使贸易的增长要大于顺贸易倾向生产效应，我们称为超顺贸易倾向生产效应。

4. 逆贸易倾向生产效应（Anti-Biased Production Effect）

如果经济增长使该国可出口品 X 的产出增长率小于可进口品 Y 的产出增长率，即

$$(\Delta X/X) < (\Delta Y/Y)$$

可得到：

$$(\Delta X/X) < (\Delta X + \Delta Y)/(X + Y) < (\Delta Y/Y)$$

由于可出口品 X 的产出增长率小于经济增长率，所以该国 X 产品的出口增长率较低，而可进口品 Y 的产出增长率超过了经济增长率，则该国 Y 产品的进口增长率也会较低。因而这种增长有抑制该国贸易量增长的倾向，造成贸易量增长小于经济增长率，所以被称为逆贸易倾向生产效应。

5. 超逆贸易倾向生产效应（Ultra-Anti-Biased Production Effect）

如果经济增长使该国可进口品 Y 的产出增长率较大，而可出口品 X 的产出不变或减少，即 $\Delta Y > 0$ 而 $\Delta X \leq 0$。这种增长有可能极大抑制该国贸易量的增长，造成经济增长后该国贸易量趋于减少，所以被称为超逆贸易倾向生产效应。

二、经济增长的消费效应

经济增长的消费效应是指一国经济增长后，国民收入总量和分配状况也会随之变化，影响该国的消费水平与偏好，从而对该国对外贸易产生影响。与增长的生产效应类似，我们把经济增长带来的消费效应也分为以下五种情况。

1. 中性消费效应（Neutral Consumption Effect）

如果经济增长使该国对于 X、Y 两种产品需求的增长率相同，即

$$(\Delta X/X) = (\Delta Y/Y)$$

可得到：

$$(\Delta X/X) = (\Delta Y/Y) = (\Delta X + \Delta Y)/(X + Y)$$

表示经济增长后，该国可出口品 X 和可进口品 Y 的需求增长率相等，且等于该国的经济增长率。我们把对可进口品与可出口品的消费需求以同比例增长的情况称为中性消费效应。

2. 顺贸易倾向消费效应（Protrade-Biased Consumption Effect）

如果经济增长后，该国消费者将增加的收入更多地用于可进口品 Y 的消费上，此时该国可进口品 Y 的消费量增长率大于可出口品 X 的消费量增长率，即

$$(\Delta Y/Y) > (\Delta X/X)$$

可得到：

$$(\Delta Y/Y) > (\Delta X + \Delta Y)/(X + Y) > (\Delta X/X)$$

由于该国对可出口品 X 需求增加较少，对可进口品 Y 需求增加较大，该国将增加 X 产

品的出口和Y产品的进口,因此进口和出口都有比较大的增长,该国贸易量的增长有可能超过经济增长率,这种情况我们称为顺贸易倾向消费效应。

3. 超顺贸易倾向消费效应(Ultra-Protrade-Biased Consumption Effect)

如果经济增长后,该国对可进口品Y的消费量增长较大,而对可出口品X的消费量不变或减少,即$\Delta Y>0$而$\Delta X\leq 0$。这意味着可出口品X是一种劣等产品(Inferior Goods),该国消费者将增加的收入都用于Y的消费,甚至会减少一部分X的消费来增加Y的消费。由于对Y的需求增加以及对X的需求减少,该国将增加Y的进口和X的出口,因此该国贸易量的增长率高于顺贸易倾向消费效应,我们称之为超顺贸易倾向消费效应。

4. 逆贸易倾向消费效应(Anti-Biased Consumption Effect)

如果经济增长后,人们把增加的收入都用于可出口品X的消费,此时该国可出口品X消费量的增长率大于可进口品Y消费量的增长率,即

$$(\Delta X/X)>(\Delta Y/Y)$$

可得到:

$$(\Delta X/X)>(\Delta X+\Delta Y)/(X+Y)>(\Delta Y/Y)$$

由于对出口品X的本国需求增加较多,因此该国X的出口减少,而进口品Y的需求减少,因此这种增长有抑制贸易的作用,使该国贸易量的增长率有着小于经济增长率的倾向,这种情况被称为逆贸易倾向消费效应。

5. 超逆贸易倾向消费效应(Ultra-Anti-Biased Consumption Effect)

如果经济增长使该国出口品X的消费量增长率超过经济增长率,对进口品Y的消费量不变或减少,即$\Delta X>0$而$\Delta Y\leq 0$,这意味着Y是一种劣等产品,说明该国消费者把经济增长后所增加的收入都用于X的消费,甚至会减少一部分Y的消费以增加X的消费。对出口品X的消费增加会抑制出口,而对进口品Y需求的减少又会抑制进口,所以这种经济增长使该国贸易增长率具有远小于经济增长率的倾向,贸易量可能还会绝对减少,因此称之为超逆贸易倾向消费效应。

三、经济增长对贸易的综合效应

经济增长对国际贸易的最终影响取决于生产和消费的综合效应。根据前面的分析,这种综合效应可分为三种情况:①生产和消费效应的作用方向相同,即促使贸易量都增加或都减少,此时综合效应沿同一方向作用;②生产和消费效应的作用方向相反,一个使贸易量增加,另一个使贸易量减少,此时综合效应难以确定;③生产和消费效应一个为中性,另一个为偏向性,则综合效应与偏向性一方相同。

经济增长对贸易增长的综合效应也可以用进口需求的收入弹性(Income Elasticity of Demand for Import, YEM)表示。

$$YEM = \frac{\Delta M}{M} \bigg/ \frac{\Delta Y}{Y} = \frac{\Delta M}{\Delta Y} \cdot \frac{M}{Y}$$

上式中M代表进口额,Y代表国民收入。若YEM=1,贸易和国民收入同步增加,则综合效应为中性的;若YEM在[0,1]之间,贸易增长速度低于国民收入增长速度,综合效应为逆效应;若YEM<0,贸易随国民收入的增长而下降,综合效应为超逆效应;若YEM>1,贸易增长速度要快于国民收入增长速度,综合效应为顺效应或超顺效应。

【扩展阅读】

国际贸易对经济增长的作用之"增长的侍女"说

第二次世界大战后,一些发展中国家出口增长但经济却没有发展,基于这一客观事实,一些学者对贸易与经济增长的促进作用提出质疑。对外贸易必须在一定的经济社会条件下才能推动一国经济增长,纳克斯自己也认为,20世纪由于各种条件的变化,贸易已不再是经济增长的"发动机"。普雷维什(R. Prebisch)、辛格(H. Singer)和缪尔达尔(G. Myrdal)等人则进一步认为对外贸易已成为发展中国家经济增长的阻力。普雷维什和辛格认为由于初级产品贸易条件不断恶化的趋势,对于出口初级产品的国家,对外贸易不能提高其长期经济增长率;而缪尔达尔则主张对外贸易将会使发展中国家的经济落后领域持久化甚至创造更多的落后领域。1970年美国经济学家克拉维斯(I. B. Kravis)明确地把对外贸易形容为"增长的侍女"。在他看来,一国的经济增长主要是由国内因素决定的,外部需求只构成了对增长的额外刺激。这种刺激在不同国家的不同时期有着不同的重要性;对外贸易既不是增长的充分条件,也不是必要条件,而且对经济增长不一定有益。

(资料来源:陈霜华. 国际贸易. 上海:复旦大学出版社,2006。)

第二节 发达国家贸易政策与经济增长

在当今世界经济中,国际贸易政策在各国经济增长中起着重要作用,已成为国际贸易环境的重要组成部分。发达国家在世界贸易中一直占据着主导地位,因此世界国际贸易政策的演变可以说就是发达国家贸易政策的演变。世界国际贸易政策演变可分为以下阶段。

一、资本主义原始积累时期

15~17世纪是资本主义原始积累时期,也是资本主义生产方式的准备时期,西欧国家积极推行国家干预对外贸易的做法,实行重商主义的贸易政策。最早出现于意大利,然后在西班牙、葡萄牙和荷兰,最后在英国、法国、德国和俄国也先后实行。重商主义的政策措施主要有:货币政策、奖出限入政策、关税保护政策、发展本国工业政策等。重商主义的贸易政策被认为是"开国家干预对外贸易之先河",在当时对于推动封建主义向资本主义制度过渡、加速资本原始积累、促进资本主义经济发展,具有一定的积极作用。但到了资本主义自由竞争阶段,它就阻碍了资本主义经济的进一步发展。

二、资本主义自由竞争时期

18世纪中叶至19世纪末是资本主义自由竞争时期。这一时期由于各国工业发展水平不同,产品的国际竞争力不一样,各国采取的对外贸易政策也不同。

英国是世界上最早进入产业革命的国家,工业得到迅速发展,世界工厂的地位已经确定并获得巩固,产品国际竞争力大大增强,同时工业发展需要廉价粮食和大量原料。因此英国急需出口工业制成品来换取原料和粮食的进口,重商主义的保护贸易政策阻碍了英国资本主义经济的发展,英国资产阶级迫切要求实行自由贸易政策。1846年《谷物法》的废除,标志着英国自由贸易运动的胜利。英国政府对进出口贸易不设立任何障碍,让商品在世界市场自由竞争。自由贸易政策的实施对英国经济产生了重大影响,促进了英国对外贸易的发展,而对外贸易发展带来的市场扩张进一步推动了英国工业的发展。

同一时期的德国和美国,在李斯特和汉密尔顿的保护贸易思想的影响下,主张采取关税措施,保护本国幼稚产业,特别是制造业的发展。贸易保护政策的实施不仅使美国和德国顺利完成了工业化进程,跻身世界强国之列,而且也为经济落后国家如何与先进国家竞争、如何走工业化道路提供了新思路。

三、资本主义垄断时期

19世纪末20世纪初,资本主义发展进入垄断时期。这一时期,各国普遍完成了产业革命,工业迅速发展,世界市场竞争激烈。两次严重的世界经济危机,使市场矛盾进一步激化。此时各国为了保护国内市场争夺国外市场,先后走上保护主义的道路。这一时期的贸易保护政策与以往相比,带有显著的侵略性和扩张性,即所谓的超保护贸易政策或战略性保护贸易政策。

四、贸易自由化时期

第二次世界大战后各国经济开始复苏,从20世纪50年代到70年代,发达国家慢慢开始放宽对进口的限制,贸易政策出现自由化倾向。当时美国急需打破发达国家盛行的高关税政策,实现对外扩张;西欧、日本为了恢复和发展经济,也需要放松贸易壁垒扩大出口。此外,生产和资本的国际化以及跨国公司的兴起,都迫切需要自由的贸易环境来推动商品和资本流动。这一时期的自由化主要表现为:①GATT成员之间大幅降低关税;②区域经济一体化组织内部取消了关税;③普惠制的实施使发展中国家享受到发达国家给予的关税优惠待遇;④经济贸易集团给予发展中国家或其他有关国家优惠关税待遇。

这一时期贸易自由化的特点是:①贸易自由化是在第二次世界大战后资本主义经济迅速增长的基础上发展起来的。②此次自由化是由美国倡导和推动的。③此次贸易自由化是一场范围更广的贸易自由化运动,反映垄断资本的利益以及世界经济和生产力发展的内在要求。④贸易自由化是一种有选择的贸易政策,而非纯粹的自由贸易,主要表现在:发达国家之间贸易自由化程度超过对发展中国家实行的自由化;区域集团内的自由化程度高于集团对外实行的自由化。

五、新贸易保护主义时期

20世纪70年代中后期,在贸易自由化的总趋势下,贸易保护主义重新抬头,出现新贸易保护主义。在此期间,资本主义世界经历了两次经济危机,能源、货币、债务危机以及高失业率,对发达国家经济打击很大。70年代以来,美国的对外贸易除个别年份外,贸易逆差迅速上升,其主要工业产品如钢铁、汽车、电器等受到其他发达国家以及一些新兴工业化国家的激烈竞争;西欧除德国外,也出现贸易逆差;日本对美国和西欧则存在大量贸易顺差。在这种情况下,美国率先实施新贸易保护主义措施,一方面迫使拥有巨额贸易顺差的国家开放市场,另一方面则加强对本国市场的保护。这引起了各国贸易政策的连锁反应以及各国政府的纷纷效仿,各国贸易政策从过去的自由放任转为以管理为主要手段的贸易保护主义，致使新贸易保护主义得以蔓延和扩张。

六、发达国家贸易政策的发展趋势

20世纪90年代以后，发达国家的贸易政策呈现出一些新的特点与趋势。

(一) 呈现出管理贸易的特征

管理贸易是以协调为中心、政府干预为主导，通过磋商谈判对本国对外贸易和全球贸易关系进行协调、干预和管理的贸易制度。管理贸易制度是介于自由和保护之间的贸易政策，通过双边或多边磋商、协调来减少与其他国家的贸易摩擦，同时还可以通过国内贸易立法，将外贸政策法律化来约束其他国家的贸易行为。管理贸易的特征有：①相比直接的贸易干预行为，实施管理贸易的保护程度较低；②管理贸易主要依靠国内立法、国家间磋商谈判达成贸易协议进行管理；③WTO框架下的"灰色区域"措施是管理贸易政策的集中体现，如"自动出口限制"。

美国是典型的执行管理贸易国家，《美国1974年贸易法》《1988年美国综合贸易竞争法》等贸易法律法规，都是美国管理贸易政策制度化和法律化的体现。同时美国还加强双边和多边协调，特别是特朗普政府上台以来，倡导贸易平衡和美国利益优先的"公平贸易"理念，推出更多的双边贸易协定来取代多边贸易协议，并重新谈判现有的贸易协定，强调"对等""公平"贸易互惠条件，以有利于美国自身的发展。

(二) 新型贸易保护措施盛行

由于WTO谈判大幅度降低了各国关税，以及传统非关税壁垒措施，如自动出口限制、进口许可证、进口配额、出口补贴等，受WTO规则的约束，发达国家构筑了"新型"非关税壁垒，如绿色壁垒、技术壁垒、劳工标准等。这些贸易保护措施更加隐蔽，对发展中国家的贸易发展起着较大的消极影响。同时国际贸易政策越来越关注社会问题，强调消费者健康与安全、环境保护等方面，发达国家也以这些为借口行贸易保护之实。如SA 8000标准，全球第一个社会责任认证标准，要求企业在获利的同时也要承担对环境和利益相关者的责任。在欧美等发达国家推行此标准后，发展中国家的劳动密集型产品出口深受影响。

(三) 强化高新技术产业发展和知识产权保护

科学技术已成为推动经济发展的"第一生产力"，各国为促进经济增长，纷纷制定政策来发展高新技术产业和保护知识产权。高新技术产业的发展需要长期投入开发研究经费以及经验的积累，且具有技术外溢效应，因此发达国家主要采取战略性贸易政策和管理贸易制度，来促进高新科技的研发。美国政府就特别重视发展高新科技对本国外贸状况的改善情况，通过国内财政、货币政策推动高新科技发展的同时，将贸易政策作为产业政策的辅助措施；同时对一些高新科技产业予以保护，在双边、多边谈判中更加重视保护知识产权，以保证美国高新科技投资带来的利益不被侵占。

总之，一国实行的贸易政策由该国的经济发展水平和国际经济地位决定。发达国家不同阶段实施的贸易政策，在一定程度上有利于本国的经济增长，但对发展中国家来说，一些新贸易政策时常成为贸易保护主义的工具，使发展中国家的对外贸易处于更加被动的地位。因此，如何认识和把握这一客观事实、制定相应对策以保证对外贸易的顺利进行，是广大发展中国家需要认真思考的问题。

【扩展阅读】

特朗普时期美国对外贸易政策

2016 年，特朗普政府上台，这被视为国际贸易体系发展的转折点。改变以往的"不公平贸易"是特朗普的主要竞选理念之一和竞选获胜的关键筹码，特朗普的"公平贸易"理念大致可以归纳为两个方面：一是追求贸易平衡，进一步提升互惠互利原则以及扩大农业和服务业出口；二是美国国家利益优先，贸易目的在于促进经济增长、提升就业机会以及增强美国制造业的竞争力。为了贯彻"公平贸易"理念，特朗普政府一方面推出更多的双边贸易协定来取代多边贸易机制，并重新审视现有贸易协定；另一方面严格执行美国的贸易相关法律，运用贸易救济、"汇率操纵国"等手段，向贸易逆差主要来源国施加压力，以维护美国的国内利益。

美国贸易政策的转变将导致多边贸易体制和国际贸易体系面临更大挑战。面对机遇与挑战，中国政府一要积极推动 RECP 谈判，切实打造合作共赢的开放发展模式；二要加强与特朗普政府的贸易投资磋商谈判，力图与美国谋求合作共赢，避免"贸易战"；三是坚决支持多边贸易体制，对外联合欧盟、金砖国家等合作伙伴，对内打造一支熟谙国际经贸法规的专家队伍，以为应对特朗普政府可能推出的极端贸易保护主义政策做好充分的准备。

（资料来源：郝宇彪. 特朗普时期美国对外贸易政策：理念、措施及影响. 深圳大学学报（人文社会科学版），2017，2：94-100。）

第三节 发展中国家贸易发展战略与经济发展

国际贸易与经济增长之间存在很高的相关度。在各国经济生活联系越发密切的今天，一国经济的持续发展离不开对外贸易的带动作用；但国际贸易促进一国经济发展的程度，与该国贸易发展战略是否适当以及是否适时调整有很大关系。下面对发展中国家的贸易发展战略进行分析。

一、经济发展方式与贸易发展战略

贸易发展战略是一国经济发展整体战略的一部分，它是在国民经济发展总体战略的指导下，对一定时期的对外贸易发展方向、结构、目标以及所要采取的相应措施所做的战略性决策，是一定时期内一国发展对外贸易的指导思想。因此，一国的贸易发展战略与该国所选择的经济发展战略密切相关。

按照一国限制还是鼓励对外贸易来看，发展中国家有两种贸易发展战略：外向型贸易发展战略和内向型贸易发展战略。外向型贸易发展战略是指让本国经济积极参与国际分工、国际竞争和国际交换，参加到世界经济的循环中，在国际经济关系的调整和国际市场的激烈竞争中寻找机会，做出趋利避害的选择，形成适合本国特点的、有利于发挥本国优势的参与国际分工的态势，优化资源配置，并从经济开放中获得比较利益，从而带动本国的经济发展。内向型贸易发展战略是指主要依靠本国资源和本国市场来发展经济，拒绝或很少同世界市场进行交换，把对外贸易看作是调剂余缺、获得本国无法提供的产品的手段。

世界银行将贸易发展战略进一步细分为四种：①坚定的外向战略。采取贸易制度的中性原则，很少或不直接控制贸易，出口奖励与出口抑制相互抵消，进出口贸易的实际汇率大体相等。②一般的外向战略。奖励制度总体上偏向内销生产，对外销生产不够重视，但对本国市场的实际保护率不高，有限度地使用许可证这类直接控制方法，进口与出口的实际汇率差别很小。③坚定的内向战略。奖励制度强烈偏向内销生产，对本国市场的实际保护率很高，普遍实行直接控制和许可证办法，以限制传统的出口部门，对出口没有积极奖励，本币高估很多。④一般的内向战略。奖励制度明显的有利于内销生产，对本国市场的实际保护率较高，广泛实行对进口的直接控制和许可证办法；对出口虽有一些奖励，但有明显的反进口偏向，且汇率定值过高。

国际分工不断深化和发展，各国经济间相互依赖程度不断加强，内向型贸易发展战略是不利于一国经济发展的。当代发展中国家的实践也证明，外向型贸易发展战略有利于一国经济的发展，且开放的程度越高，发展的机遇越多。以上四种贸易发展战略中，坚定的内向战略即经济上完全自给自足，不进行对外贸易，这种战略在实践中很少见，发展中国家主要实施其他三种战略，发展经济学家则将之分为：初级外向型贸易发展战略、进口替代型贸易发展战略和出口导向型贸易发展战略。

二、初级外向型贸易发展战略

初级外向型贸易发展战略是指发展中国家利用本国廉价劳动力与自然资源相对丰富的优势，以初级产品出口创汇来换取制成品。实施这一贸易战略的国家，存在工业基础薄弱、生产力落后、制成品缺乏国际竞争力的问题，农矿产品的生产在国民经济中占有重要位置。在外向型经济发展的初级阶段，大部分资源丰富的国家普遍实施这一贸易战略。19世纪英国工业化程度迅速提高，但资源匮乏，从其殖民地美国、加拿大、澳大利亚、新西兰等大量进口的原材料，促进了英国的经济增长，而中心国家英国的经济增长也通过进出口传递至外围发展中国家，一定程度上带动了外围国家的发展。第二次世界大战后虽然广大发展中国家走上独立发展民族经济的道路，但是由于历史上就是西方国家的原料来源地和产品销售地，以及具有资源禀赋，这些国家在经济发展初期仍需采取这种贸易战略。在20世纪70年代，象牙海岸、马来西亚、泰国和突尼斯等国就通过扩大初级产品的出口来促进本国经济发展。至今许多发展中国家仍在采取这种贸易战略。

但是，这种初级外向型贸易发展战略只能在外向型经济的起步阶段采用，发展中国家如果片面和长期地依赖初级产品来交换发达国家的工业制成品，将面临贸易条件不断恶化、本国经济发展畸形的局面，难以实现工业化、现代化发展。这是因为：

(一) 发展中国家原材料出口的地位下降

当今大部分发展中国家面临人口多、资源相对不足的局面，初级产品的增长并没有增加出口，反而用于国内消费。当前发展中国家在世界初级产品市场上，除了燃料出口（主要是石油）具有绝对优势，其他原材料的出口地位已大大下降。而发达国家的初级产品贸易地位不断上升，发达国家间的初级产品出口额已超过发展中国家对发达国家的出口额。战后用科技生产出来的原材料比重上升是出现这一现象的重要原因之一，除石油之外的原材料生产向发达国家转移。美国经济学家提出原料周期理论来解释这一现象，他指出，发展中国家在原料生产生命周期的初级阶段占据重要地位，但在后期阶段，由于原料合成替代品的发展,这些原材料的生产逐渐转移到发达国家。而合成原料的生产对技术要求较高,发展中国家短期内无法达到,初级外向型贸易战略难以持续。

(二) 初级产品出口面临国际市场需求剧烈波动的风险

大多数出口初级产品的发展中国家面临国际市场需求剧烈波动的风险。在初级产品的供给中,发展中国家不具备垄断地位,没有控制国际市场价格的能力。且初级产品没有太大的技术含量,许多国家都可以生产和出口,较多的供给使买方有更多选择余地。而从需求来看,除了石油等矿产品之外,发达国家对原材料的需求增长远低于19世纪,对发展中国家出口的许多农业原材料的需求收入弹性系数小于1,即发达国家收入上升,对发展中国家的初级产品的进口需求增长比例远小于收入的增长。与此同时,由于科学技术的进步,促使自然资源的人工替代品不断出现且价格低廉,减少了发达国家对于天然原材料的需求,这些都影响了初级产品的出口前景。

(三) 初级产品出口不能带来经济的长期增长

初级产品的专业化分工生产将使发展中国家失去工业化带来的动态利益。工业化的动态利益表现为:提高劳动者受教育水平和培训机会,带来创新和发明,促进相关部门的发展和人民收入水平的提高。初级产品的出口短时间内能增长国民收入,但不能确保经济的长期增长。原因有以下几点:

1. 从供给方面来分析

初级产品出口带来的生产增长是一次性的,不会给生产部门带来新的刺激,也不能促进新技术和新设备的引进。因此初级产品出口国出口的扩大,是外延性资本投资实现的结果,而非内涵性资本投资的实现。初始生产力提高后,由于没有持续的革新,难以带来长期的增长。

2. 从需求方面来分析

如果一国通过对外贸易促进国民收入增加,带动国内需求上涨,那么投资也会增加,进而使生产和收入增加。但经济学家哈伯勒指出,初级产品出口国因对外贸易增加的有效需求,大部分都流向国外了。这使得出口生产部门的扩大促进国内生产部门的扩张这一经济增长的传导效应减弱。

3. 从生产部门间的联系来分析

初级产品后向联系较少,而前向联系很多,如钢铁、石油化工和机械制造等中间制造业部门要以相关初级产品为原料。在欠发达国家,由于中间制造业比较薄弱,这部分较高程度能促进经济增长的前向联系是输出到国外的,而不是留在国内经济部门中。此外,将原始的资源转化为适合实际使用的生产要素,是需要投入资本的。因此发展中国家投资和技术的缺乏,无法使国内经济生产部门中存在着前向联系的可能性变成现实。

(四) 过分依赖初级产品出口使发展中国家的贸易条件趋向恶化

一国对外贸易商品结构状况会对贸易条件产生重要影响,出口过分依赖初级产品,将使发展中国家的贸易条件趋向恶化。贸易条件包括商品、收入和生产要素的贸易条件,这里主要是指商品的贸易条件,表示一单位本国出口商品能换回的外国商品数量。一般来说,一国出口结构以工业制成品为主,贸易条件趋向于改善,而一国出口结构过分依赖于初级产品,则贸易条件趋向不断恶化。这可以从以下两个方面来看:

首先,从需求方面来说,经济发展和人均收入增加将会使消费者对商品的需求量增加,但不同商品需求增长的比例不同。我们可以用需求的收入弹性来说明，它是指对某种商品需求数量增加的百分率与收入增加的百分率的比例。用 E_m 表示某种商品的需求收入弹性，则

$$E_m = \frac{\Delta Q/Q}{\Delta I/I}$$

其中 $\Delta Q/Q$ 表示该种商品需求量增加的百分率，$\Delta I/I$ 表示收入增加的百分率。当收入增加时，有些商品占总需求的比重是在增加的，如奢侈品，此时 $E_m>1$；而有些商品如食品等生活必需品，当收入增加时其占总需求的比重是下降的，此时 $E_m<1$。这也即恩格尔定律——物价与人口统计变量不变前提下，收入增加会使对食物的消费减少。同样的，在国际贸易中，工业制成品需求的收入弹性较高而初级产品需求的收入弹性较低，经济增长和人均收入水平提高会使需求向资本、技术密集型产品移动。因此出口资本、技术密集型产品的国家贸易条件会改善而出口初级产品、劳动密集型产品的国家贸易条件会恶化。

其次，从当代国际贸易商品结构的演变趋势来看，工业制成品贸易的增长率大于初级产品贸易的增长率。这是因为：①由于发达国家的科技进步，使初级产品的使用更加经济有效，并且出现很多合成原料。②发展中国家经济发展使其国内对初级产品需求增加，同时为了初级产品的加工而增加了资本货物的进口。③发达国家农业进入"工业化"阶段，生产率大大提高，并成为农产品出口国，加剧了初级产品的竞争而使价格下降。④世界商品需求变化，使高技术密集型产品的贸易比重不断上升，而劳动密集型产品和初级产品占比持续下降。

根据以上分析，得出结论：世界市场需求和国际贸易商品结构的变化，决定了依赖初级产品出口的发展中国家贸易条件将不断恶化。对此，阿根廷发展经济学家普雷维什建议，发展中国家应及时转换生产和贸易结构，投入更多资源去建立本国工业化体系，实行进口替代型贸易发展战略。这对20世纪五六十年代的发展中国家影响很大，使这些国家纷纷开始实施这一战略。

三、进口替代型贸易发展战略

进口替代战略是指建立和发展本国工业来实现对进口工业品的替代，以达到减少对国外经济依附、节约外汇、保护本国工业等目的。因此，改变发达国家与发展中国家的不平等关系、改善贸易条件、发展民族工业是进口替代型贸易发展战略的主要目的。为了实现这些目标，20世纪60年代以来，绝大多数发展中国家都采取了限制进口、保护本国工业的策略。

（一）发展阶段

进口替代型贸易发展战略一般分为两个阶段。第一阶段是建立和发展一般的最终消费品工业，建立初步的工业体系。在这一阶段，发展中国家缺乏必要的资本品、中间产品和技术等，需要从发达国家进口，而国内产品由于人才、管理经验的缺乏以及不能产生规模效益，产品价格较高而无法与进口产品竞争，因此政府会采取保护关税、进口配额、本币升值、税收优惠等方式来扶持进口替代工业的发展。当然进口替代工业往往会出现成本高、效率低等诸多问题。

第二阶段是在消费品进口替代发展到一定程度后，就应该升级换代，建立和发展生产资本品和中间产品的工业，如机器制造、冶金、化工等需要大量资本和专门技术的部门，以建立全面工业体系，从而来带动整个经济的发展。这一阶段由于发展中国家资本、人才、技术

和市场方面的限制，进口型贸易发展战略实施起来比较困难，并不是所有发展中国家都能成功实施。

(二) 政策措施

为了成功实施进口型贸易发展战略，从发展中国家的实践来看，各国在贸易政策方面采取了一系列相似的措施：

1. 实施关税、非关税壁垒限制进口

对国内重点扶持的幼稚产业和新兴产业，各国利用提高关税、进口配额、进口许可证和押金制度等手段严格限制产品进口；对中间品、本国急需的原料和机械设备课以低税或免税；提高国产化率，要求发达国家企业在当地采购的中间产品占一定比例等。

2. 实行优惠的国内政策

为了保证国内的资金积累，实施进口替代型贸易发展战略的国家对其重点扶持部门提供税收减免、信贷政策，甚至将国内有限资源优先分配给这些部门，以促进产业发展。

3. 实行严格的外汇管理政策

通过严格的外汇管理政策，将有限的外汇分配给国内最急需的产业部门，企业和居民需将取得的外汇出售给政府指定外汇银行，不得自己持有。同时采取进口替代型贸易发展战略的国家一般都存在对本币汇率高估的现象，以此来节约进口资本物品所需的外汇。

(三) 积极性与局限性

进口替代型贸易发展战略的实施，一定程度上有利于发展中国家经济的多元化发展，主要表现在：①使实施这一战略的国家建立自己的工业体系。例如在第二次世界大战后的巴西，1948—1965年间工业年均增长率达8.8%，工业得到了很大发展。②促使发展中国家改变了单一畸形的经济结构，提高了工业在国民经济中的比重。例如泰国在实行进口替代战略后，到20世纪60年代时形成了纺织、水泥、炼油工业、车辆等多种工业并存的经济结构。③降低了发展中国家对发达国家经济的依赖程度，发展中国家的制成品比重上升而初级产品比重有所下降，同时培养了一批技术和管理人员。

但这一战略在实施过程中也逐步暴露出很多缺陷，主要表现在：

1. 阻碍国内工业发展

进口替代是立足于国内市场的内向型贸易发展战略，受到市场狭小的限制，发展中国家难以充分享受规模经济的效果。国内市场会很快达到饱和状态，这样进口替代的机会将会枯竭，经济的增长将受到抑制甚至倒退。同时进口替代产业的发展往往停留在较低水平上，很难发展成为具有国际竞争力的出口产业，从而阻碍了工业化的进一步发展。

2. 造成过度保护

实施进口替代型贸易发展战略的国家高度限制进口，在保护政策下成长起来的国内企业会因竞争较小而缺乏提高生产效率的动力。对国内市场的保护，在初期阶段会使缺乏经验的企业因避免来自国外的冲击而得到发展，但如果企业过于依赖保护带来的高额利润而不积极进行研发创新和提高生产率，就会对一国经济产生不良影响。考虑到经济发展、充分就业等问题，还必须继续保护，一旦保护过度，低效生产持久得不到改善。

3. 造成国际收支失衡

实施这一战略是为了减少进口发展民族经济，但战略的实现需要从国外进口大量资本品并引进先进技术和管理经验。发展中国家主要依靠初级产品出口来换取外汇，换汇能力低而需要进口的产品所需外汇量较大，长期下去必然导致外汇短缺，国际收支恶化。

4. 导致经济失衡

实施进口替代型贸易发展战略可能会使制造业资本集中度过高，造成部门发展不平衡，阻碍经济发展进程。汇率高估、提高关税、实行进口配额制等保护政策虽然使工业品进口被严格限制，但生产工业品所需的机械设备、技术等仍需依赖进口，资金大量流向这些制造业部门。这会很快消耗掉发展中国家有限的资金，但能提供的就业机会却很少，加重失业问题。另外，进口替代使利益集中在少数的城市工业部门，而忽视了农业和其他初级产品部门的发展，造成收入分配不均，加剧部门间发展不平衡。

可见进口替代型贸易发展战略存在许多不完善之处，一些发展中国家在这一战略的实践中遇到挫折，经济运行出现了问题。从 20 世纪 60 年代中期以后，拉美和东南亚的一些发展中国家相继走上了出口导向型贸易发展战略。

四、出口导向型贸易发展战略

出口导向型贸易发展战略又称外向型贸易发展战略，是指通过各种措施来扩大出口，带动本国工业化和经济发展。相对于进口替代型贸易发展战略，出口导向型贸易发展战略的贸易政策保护范围要小一些，放宽了关税、数量限制等保护措施，与各种出口鼓励政策相结合，通过出口的扩大来拉动经济增长。实施这一战略的国家都把促进工业制成品出口作为经济发展的核心。20 世纪 50 年代的日本为了恢复战后经济，采取了出口导向型贸易发展战略，实现了工业化；20 世纪 80 年代初期，实施出口导向战略的"亚洲四小龙"——韩国、新加坡、中国香港、中国台湾，工业化率为 28%～38%，高于同期发达国家平均水平的 24%；除印度尼西亚之外的东盟诸国，工业化率也达 18%～24%，接近于发达国家工业化率的水平。世界银行曾将日本、"亚洲四小龙"及泰国、马来西亚等国家和地区近 30 年的发展称作"东亚奇迹"，并认为出口导向型贸易发展战略对其他发展中国家有重要的借鉴意义。

（一）发展阶段

出口导向型贸易发展战略一般也分为两个阶段：第一阶段，以轻工产品替代初级产品出口。这一阶段主要将初级产品出口所获得的外汇收入用于进口发展轻工业所需要的资本品和中间产品，这些产品如食品、服装、玩具等，生产方法简单且技术易于掌握，对于缺乏经验、技术、人才的发展中国家来说，进入门槛较低。

第二阶段，通过第一阶段的发展积累了一定的资本与技术要素，加上其中一些产品的市场容量已近饱和或生产与贸易条件已变得不利时，发展中国家转向以生产资本、技术密集型产品为主的出口工业，如机器设备、机床、电子仪器等生产部门。

（二）政策措施

从成功实施出口导向型贸易发展战略的国家和地区的实践来看，一般都采取一系列鼓励出口的政策与该战略相配合：①减少贸易壁垒，实施自由贸易。实施该战略的国家普遍减免出口制成品关税，并减少了配额、许可证等数量限制的措施。在 20 世纪 80 年代中期实施出口导向型贸易发展战略的亚洲新兴经济体的平均保护水平为 24%，而同期其他亚洲国家为 42%，实施进口替代型贸易发展战略的南美各国则高达 46%。②对出口部门给予特殊优惠政策。实施这一战略的发展中国家对出口企业提供减免所得税、营业税等税收优惠，还对部分出口产品实施退税政策。同时出口企业在资金融通方面也享有特殊待遇，一些国家给予出口企业出口信贷、外汇担保等优惠措施促进出口贸易。③采用货币对外贬值的方式促进出口贸易发展。在货币对外贬值的条件下，国内出口商品的竞争力明显增强，有些国家还设置促进出口贸易的专门管理机构。

（三）积极性与局限性

从 20 世纪 60 年代开始，一些发展中国家和地区，如亚洲和南美的新兴经济体，通过实施出口导向型贸易发展战略推动了对外贸易和国民经济的迅速增长。这一战略的优点是比较显著的：①促进对外贸易迅速增长，出口产品中制成品所占的比重迅速上升。20 世纪 60 年代以后，新兴经济体出口的年均增长率基本上保持在 10% 以上，超过了发达国家的增长率。②有助于加快一国工业化进程，因为在经济发展的初期，发展劳动密集型产业将节约资金，避免在国内工业化的初期投入大量资金发展重工业所带来的资源配置扭曲。③通过外部市场的开拓，带动国内相关产业和部门的发展，使经济结构更加多样化、现代化，还有利于缓解就业压力。

出口替代型贸易发展战略的实施，确实促进了一些发展中国家和地区的经济发展，但 1998 年亚洲金融危机后，经济学者开始逐步认识到该战略的局限性。

1. 导致对国际市场的过度依赖

出口替代工业主要面向国际市场，特别是亚洲各国和地区主要发展加工工业，他们所需的生产要素主要依赖发达国家及其跨国公司，而生产的产品也主要销往发达国家，对国外市场、资金和技术的依赖性非常高。第二次世界大战之后，美国成为吸收亚洲国家和地区出口产品的主要市场，而日本则成为这些国家进口机械设备的主要对象，经济发展造成各国对美国保持巨额的贸易顺差，对日本保持巨额的贸易逆差，对两国经济依赖严重。而发达国家为了保护本国就业，常常对发展中国家劳动密集型产品的出口施加非关税壁垒。1998 年亚洲金融危机爆发的一部分原因，也正是这些国家和地区对发达国家资本的过度依赖性造成的。

2. 发展中国家自己建立的工业难以与发达国家极具效率的工业竞争

发展中国家产业结构的升级主要是通过分享国际贸易利益来实现，因此实施出口导向型贸易发展战略的国家，需要别国开放市场，同时也要对别国开放自己的市场。因此如何与发达国家实力雄厚的大企业竞争，建立本国的工业基础实现产业结构升级，是发展中国家要解决的一大难题。

3. 加剧经济发展的不平衡性

发展中国家对出口导向产业提供较多的优惠政策，不可避免地使非出口导向产业受到排挤，从而出现出口替代部门发展较快、面向国内的工业和农业部门发展迟缓的局面。

4. 加剧外资对经济的控制

发展出口导向产业引进了大量外资，加剧了外资对出口导向产业部门的渗透和控制。特别是有的加工贸易出口主要是在国内加工、装配进口的零部件和中间产品，与国内产业关联度低，给国内提供的只是工人的工资，大量的利润流入外国投资者手中。

不过从各类国际组织的研究报告和发展中国家的经济实践来看，出口导向型贸易发展战略比进口替代型贸易发展战略更有利于发展中国家的经济发展。但同时也应看到，这两种贸易发展战略是相互联系、相辅相成的。进口替代型贸易发展战略是出口导向型贸易发展战略的先导，有了进口替代型贸易发展战略建立起的工业基础，发展中国家才能生产出具有竞争性价格的产品，在国际市场上和发达国家竞争；而出口导向型贸易发展战略是进口替代型贸易发展战略的结果，且出口导向型贸易发展战略可为更高层次的进口替代型贸易发展战略提供资金和技术支持，最终建立起本国先进的工业体系。凡是实施出口导向型贸易发展战略并取得成功的国家和地区，几乎无一例外地经历过一个或长或短的进口替代的内向发展时期。

上述发展中国家曾经选择的三种贸易战略，每一种战略各有利弊，且相互联系，很多发展中国家在其不同的发展阶段采用了不同的战略，并实现各种战略的及时对接。一国在一定时期内采取何种战略，要结合该国自然条件、经济发展水平、政治体制等多方面因素。在当代国际分工日益深化的背景下，发展中国家只有依靠自身的技术创新能力，充分发挥自身比较优势和竞争优势，全面融入跨国公司主导的国际分工体系，才是有效的长期战略。

【扩展阅读】

曾经的"亚洲四小龙"给各国发展带来的启示

韩国、中国台湾、中国香港和新加坡，在19世纪70~90年代经济高速增长，但在这之前它们都只是以农业和轻工业为主。在发展的过程中，它们利用西方发达国家向发展中国家和地区转移劳动密集型产业的机会，吸引外部大量的资金和技术，利用本地廉价的劳动力和土地优势适时调整经济发展策略，迅速发展，并且成为亚洲新兴经济体。

中国台湾的工业技术研究院、科技园、引进硅谷人才、风险投资、优惠政策被称为台湾经济转型的"五驾马车"，在人才引进、人才培养，鼓励高新技术企业建立和成长等方面起到了巨大的推动作用，使得台湾从一个低端制造基地成功转变为一个生产高技术、高附加值产品的全球制造中心。

中国香港的成功很大程度上依赖于其"自由市场"的经济指导思想，在这种思想指导下，政府对市场干预较小，使企业可以安心经营，从而极大地促进了经济的发展。

韩国的成功主要归功于其根据时代变化适时做出的产业政策调整和对于各行业大型企业的扶持。

新加坡与中国香港同为国际金融中心、航运中心、贸易中心，新加坡政府较为强势，对市场干预也强于香港，同时新加坡不允许房地产炒作，可以发展高端制造业，这也是新加坡相比于中国香港的优势所在。

（资料来源：搜狐网，http：//www.sohu.com/a/293514597_120035212。）

第四节 贸易发展战略的选择

一、选择贸易发展战略的原则

符合国情和国际环境的贸易发展战略，才能更好地服务于国民经济总体发展目标，促进一国经济发展，因此在选择贸易发展战略时应遵循一定的原则。

（一）以提高国家竞争力为立足点

国家竞争力，是指一国产业在与其他国家生产者进行公开竞争时的创新和升级能力，即以竞争优势表现出来的该国产业获得较高生产力水平并使之持续提高的能力。[一]以国家竞争力为基准制定贸易发展战略，利用对外贸易来推动产业的创新和升级，对发展中国家来说更加重要。如果贸易发展战略的实施提高了国家竞争力，那么本国产品的国际竞争力将会提高，进而贸易结构高级化和经济结构优化，促进经济的长期发展。因此一国选择何种贸易发展战略，关键要看该战略能否提高国家竞争力，从而带动经济的良性循环发展。

对此，可以用制造业的产值比重与其产品的出口比重之比，来衡量工业制成品的国际竞争力，即公式：$C = M/E$。其中，C 为制造业的比较国际竞争力，M 为制造业产值比重，E 为制造业出口比重。根据 M 和 E 的各自变动及相互组合，可以得出制造业国际竞争力的三种状态，以及应采取的贸易发展战略。

（1）$M > E$ 或 $C > E$ 的状态。这种情况下，该国的国内市场需求较大，与其他国家同类产品的生产过程相比，该国工业制成品的竞争力较小。此时该国应实施进口替代型贸易发展战略，采取必要的贸易保护政策限制同类制成品的进口，减少国内制造业面临的竞争。

（2）$M = E$ 或 $C = E$ 的状态。这种情况下，该国产值比重与出口比重相对称，说明该国制造业生产能力扩大，产品的国内市场需求相对饱和且国际竞争力在不断增强。因此该国应降低贸易保护程度，减少对进口的限制，使制成品参与国际竞争。此时该国的贸易发展战略属于出口导向型贸易发展战略的初期阶段。

（3）$M < E$ 或 $C < E$ 的状态。这说明该国国内市场需求已饱和，且这类产品有明显的国际竞争优势，因而其出口比重会大于其产值比重。此时该国进入了出口导向型贸易发展战略的中后期阶段，产品可以全面参与国际竞争。

理论研究与实证分析都表明，从竞争力优势出发制定的贸易发展战略既体现自由贸易政策的要求，又包含必要的保护贸易措施，还能给予幼稚产业适当的保护。从竞争力优势出发制定的贸易发展战略，使出口导向和进口替代紧密结合，促使经济发展进入良性循环。

（二）坚持静态利益和动态利益相结合

制定贸易发展战略时，除了要看国际贸易的静态利益，更要注重动态利益。要全面融入世界分工体系，积极发挥自身比较优势和竞争优势，引进新的生产要素，刺激国内的技术创新，从而促进本国生产效率和生产能力的提高，由此获得长远的发展利益。

（三）与国际惯例相符

经济全球化将各国市场整合成一个更大的国际市场，各国经济间互相依赖程度不断加深。因此，一国贸易发展战略的制定，要考虑国际环境，贸易措施要符合国际惯例，孤立主义或损人利己的做法都是行不通的，贸易战略的制定必须放在开放的背景下。

此外，维护国内经济的平稳发展、捍卫国家的独立自主等，都是一国制定贸易发展战略时所需要坚持的原则。

二、影响贸易发展战略选择的因素

贸易发展战略的选择取决于该国的经济条件，能否成功受到多种因素制约。因此一国在选择贸易发展战略时，除了要坚持以上原则之外，还要综合考虑国内外各项因素，做出有利于本国经济发展的决策。

[一] 迈克尔·波特. 国家竞争优势. 北京：中信出版社，2007.

(一) 国内因素

在影响国家对外贸易发展战略选择的因素中，起决定作用的是国内经济情况，主要包括以下几个方面。

1. 一国的经济发展水平

衡量经济发展水平的指标有两个：一个是一国经济所处的发展阶段（纵向指标），美国经济学家把各国经济成长划分为传统社会阶段、为起飞创造前提阶段、起飞阶段、向成熟推进阶段、高额群众消费阶段、追求生活质量阶段；另一个是人均 GNP 等在世界经济中的排序情况（横向指标）。如果一国经济发展阶段越靠前、世界经济地位越落后，则经济发展水平越低，这类国家应先建立健全本国工业体系，因此比较可行的初始贸易发展战略是发展资本技术要求较低的劳动密集型进口替代产业，而不能选择出口替代型贸易发展战略。相反，经济发展水平较高的国家，则可以发展具有较强国际竞争力的资本、技术密集型的出口导向产业。

2. 经济发展规模

小国经济，即国家疆域狭小、人口较少条件下的经济，这种经济易受外部市场和国际资金流动影响，可以通过与外部经济的联系来促进本国经济发展。一些发展经济学家通过对小国出口与发展关系的统计发现，如果出口水平小于 GNP 的 20%，则难以促进经济增长；而当占比在 20%~30% 时，则可以较大地促进经济增长。因此贸易发展战略的选择要考虑小国的经济发展水平。一般小国在经济发展初期可以实行进口替代型贸易发展战略，在经济发展到一定水平，具备一定的国际竞争力后，则可以快速转向出口导向型贸易发展战略。大国国土广阔、人口多、国内市场容量大，经济发展的主要动力来自于国内市场需求，初始可实施进口替代型贸易发展战略来建立和发展较为齐全的国内经济体系。等经济发展到一定阶段后，再发展一部分出口导向产业，与进口替代产业相互补充。一般情况下，当大国和小国的国民收入水平相近时，大国无论是初级产品或制造业产品，出口专业化比重都比小国低。对于大国经济与对外贸易份额的这种反比关系，美国经济学家梅基用对外贸易份额下降第一规律来概括：一国规模越大，其对外贸易份额在该国经济中所占比重越小。

3. 供求状况

一国国内供需状况和它的贸易战略制定有很大关系。如果一国经济发展水平落后，资源比较贫乏或开发水平滞后，以至出现资源短缺，这种情况下应采取进口替代型贸易发展战略。反之，经济发展水平较高，出现资源过剩的国家，则应实施出口型贸易发展导向战略。

4. 利益集团的影响

一国制定和实施的贸易发展战略，会对该国既定的产业或利益集团造成影响，而一些大利益集团会反过来对政府的贸易政策施加影响。在小国利益集团的这种影响会更突出。

(二) 国际因素

贸易发展战略必然受到国际因素的影响，主要表现在：

1. 别国贸易政策的制约

由于国际贸易的相互性，一国的进出口在给本国带来贸易利益的同时也会给别的国家造成影响。当一国的进出口给贸易伙伴带来不利影响时，对方一定会采用某种贸易政策加以抑制。单纯的进口替代型贸易发展战略和出口导向型贸易发展战略都会导致其他国家的报复，因此要谨慎使用。

2. 世界经济发展水平

一般来说，当世界经济发展水平普遍较低时，各国为本国产品寻找国外市场的压力较小，实行进口替代型贸易发展战略所面临的外部压力也较低；当世界经济发展水平较高时，众多国家都在为本国的剩余产品寻找国际市场，此时若一国实施进口替代型贸易发展战略，就会受到其他国家要求其开放市场的压力。

3. 国际政治的影响

政治与经济是相互联系的。综合国力较强、政治地位较高的国家与政治小国相比，其在实施贸易发展战略时抵御外来压力的能力比小国强得多。

【扩展阅读】

怎样抓住第二波全球化红利

中国过去坚定地走开放经济的道路，这种以出口导向为特征的经济全球化放松了市场对中国经济发展的硬性约束，赢得了全球化红利。追逐第二波全球化红利，中国需要转换人才战略。

第一，从战略的前提看，获取第二波全球化红利的主要途径、创新驱动，是利用高级人力资本和提高劳动生产率，而不是单单凭借要素价格低廉的比较优势。

第二，从战略目的看，第二波基于内需的全球化战略的目的，可以概括为"利用本国的市场吸收国外的高级生产要素，尤其是利用国外的人力资本来加速发展中国创新经济"。

第三，从战略的核心内容看，过去中国的外向型经济战略的核心内容，主要"通过吸收FDI来增进出口"，以及"用市场换技术"。新一轮的全球化战略，其核心内容是提高中国对创新要素的全球配置能力。

第四，从战略的路径看，形成和利用国内价值链或全球创新链是第二波经济全球化的主要路径，需要的主要是高级创新型人才和技术。

第五，从战略所依据的产业内容看，在依靠内需的第二波全球化中，中国要依托高级创新要素形成以先进制造业和服务业为主导的现代产业体系。为了让世界先进国家成为"中国创造"的要素供应者，把中国市场规模首先培育成名列前茅的世界性市场，是最基本的条件之一。

（资料来源：刘志彪. 怎样抓住第二波全球化红利. 人民论坛，2013，7：32-33。）

本章小结

马克思和经济学家一致认为，制定适合本国发展的贸易发展战略，可以实现对外贸易对经济增长的促进作用。发达国家在不同时期实施了不同的贸易政策，发展中国家也曾先后实施过初级外向型贸易发展战略、进口替代型贸易发展战略和出口导向型贸易发展战略，这些战略在不用时期对发展中国家实现工业化和经济结构调整做出了显著贡献。一国贸易发展战略的制定受到多种因素影响，在制定贸易发展战略时应充分考虑本国的国情和国际环境，以国家利益为最高出发点，坚持动态利益和静态利益相结合。

关键词

经济增长的生产效应　经济增长的消费效应　贸易发展战略　初级外向型贸易发展战略　进口替代型贸易发展战略　出口导向型贸易发展战略

复习思考题

1. 经济增长对国际贸易的影响效应有哪几种？其综合效应如何？
2. 请简述发达国家贸易政策的演变。
3. 发展中国家的贸易发展战略是什么？
4. 什么是初级外向型贸易发展战略？其积极性和局限性何在？
5. 什么是进口替代型贸易发展战略？其实施效果如何？
6. 什么是出口导向型贸易发展战略？其优缺点有哪些？
7. 试述选择贸易发展战略时应坚持的原则和影响因素。

第十四章
世界贸易组织

世界贸易组织建立于 1995 年 1 月 1 日，是国际贸易领域最大的国际经济组织，管理着当今国际贸易中的货物贸易、服务贸易、知识产权保护和投资等各个领域，对世界各国的经济发展起着重要的促进作用。世界贸易组织的前身是 1947 年创建的关税与贸易总协定。

通过本章的学习，应了解世界贸易组织产生的背景、"乌拉圭回合"谈判的成果、世界贸易组织的宗旨和职能，掌握世界贸易组织的基本原则，重点掌握世界贸易组织的运行机制。

第一节 关税与贸易总协定

一、《关税与贸易总协定》概述

《关税与贸易总协定》（General Agreement on Tariffs and Trade，GATT），简称《关贸总协定》。它是协调、处理缔约方或成员方之间关税与对外贸易政策和国际货物贸易关系方面的相互权利、义务的多边国际协定。它是一项"协定"，但是随着形势的发展，在《关贸总协定》的基础上逐渐发展成一个临时性国际经济组织。1995 年 1 月 1 日被世界贸易组织替代。

（一）《关贸总协定》的产生

20 世纪 40 年代，世界贸易保护主义盛行，国际贸易的相互限制是造成世界经济萧条的一个重要原因。第二次世界大战结束后，成立一个全球性的国际贸易管理组织，解决复杂的国际经济问题，特别是制定开放的国际贸易政策，促进全球贸易稳定有序增长，成为战后各国所面临的重要任务。1946 年 2 月，联合国经济和社会理事会举行第一次会议，会议呼吁召开联合国贸易与就业问题会议，起草国际贸易组织宪章，进行世界性削减关税的谈判。随后，经济和社会理事会设立了一个筹备委员会。1946 年 10 月，筹备委员会召开第一次会议，审查美国提交的《国际贸易组织宪章》草案。参加筹备委员会的与会各国同意在"国际贸易组织"成立之前，先就削减关税和其他贸易限制等问题进行谈判，并起草《国际贸易组织宪章》。1947 年 4 月 7 日，筹备委员会在日内瓦召开第二次全体大会，就关税问题进行谈判，讨论并修改《国际贸易组织宪章》草案。经过多次谈判，美国、英国、法国、中国等 23 个国家于 1947 年 10 月 30 日在日内瓦签订了《关税与贸易总协定》。按照原来的计划，《关贸总协定》只是在国际贸易组织成立前的一个过渡性步骤，它的大部分条款将在《国际贸易组织宪章》被各国通过后纳入其中。但是，鉴于各国对外经济政策方面的分歧以及多数国家政府在批准《国际贸易组织宪章》这样范围广泛、具有严密组织性和国际条约所遇到的法律困难，《国际贸易组织宪章》在短期内难以通过。因此，《关贸总协定》的 23 个发起国于 1947 年年底签订了"临时适用议定书"，承诺在今后的国际贸易中遵循《关贸总协定》的规定。该议定书于 1948 年 1 月 1 日生效。此后，《关贸总协定》的有效期一再延长，并为适应情况的不断变化多次加以修订。《关贸总协定》便成为确立各国共同遵守的贸易准则，协调国际贸易各国经济政策的唯一的多边国际协定。

(二)《关贸总协定》的宗旨

《关贸总协定》的宗旨是：缔约方政府认为，在处理它们的贸易和经济事务关系方面，应以提高生活水平、保证充分就业、保证实际收入和有效需求的巨大持续增长，扩大世界资源的充分利用以及发展商品生产与交换为目的。通过达成互惠互利协议，大幅度地削减关税和其他贸易障碍，取消国际贸易中的歧视待遇，从而对达到上述目的做出贡献。

(三)《关贸总协定》的主要内容

《关贸总协定》的原文分为序言和四大部分，共计 38 条，另附若干附件和一份"临时适用议定书"。《关贸总协定》的第一部分为第 1 条和第 2 条，主要规定缔约方之间在关税与贸易方面相互提供无条件最惠国待遇和关税减让事项；第二部分从第 3 条到第 23 条，主要规定国内税和国内规章的国民待遇，当取消进出口数量限制和在某种商品大量进口使某缔约方的同类产品遭受重大损害相威胁时，该缔约方可以采取的紧急措施；第三部分从第 24 条到第 35 条，主要规定《关贸总协定》的适用范围，参加和退出《关贸总协定》的手续和程序等方面的问题；第四部分包括第 36 条到第 38 条，这一部分是 1965 年增加的，主要规定对发展中国家的贸易与发展方面尽量给予关税和其他方面的特殊优待等；《关贸总协定》的附件主要是对条款做了一些注释、说明和补充规定。

二、《关贸总协定》的前七轮多边贸易谈判

(一) 第一轮多边贸易谈判

1947 年 4 月至 10 月，《关贸总协定》第一轮多边贸易谈判在瑞士日内瓦举行。关税下调的承诺是第一轮多边贸易谈判的主要成果。23 个缔约方在 7 个月的谈判中，就 123 项双边关税减让达成协议，关税水平平均降低 35%。在双边基础上达成的关税减让，无条件地、自动地适用于全体缔约方。

(二) 第二轮多边贸易谈判

1949 年 4 月至 10 月，《关贸总协定》第二轮多边贸易谈判在法国安纳西举行。这轮谈判的目的是，给处于创始阶段的欧洲经济合作组织成员提供进入多边贸易体制的机会，促使这些国家为承担各成员之间的关税减让做出努力。这轮谈判有 33 个国家参加，除在原 23 个缔约方之间进行外，又有丹麦、多米尼加、芬兰、希腊、海地、意大利、利比里亚、尼加拉瓜、瑞典和乌拉圭 10 个国家加入谈判。这轮谈判总计达成 147 项关税减让协议，关税水平平均降低 35%。

(三) 第三轮多边贸易谈判

1950 年 9 月至 1951 年 4 月，《关贸总协定》第三轮多边贸易谈判在英国托奎举行。这轮谈判的一个重要议题是讨论奥地利、联邦德国、韩国、秘鲁、菲律宾和土耳其的加入问题。这轮谈判共达成 150 项关税减让协议，关税水平平均降低 26%。

(四) 第四轮多边贸易谈判

1956 年 1 月至 5 月，《关贸总协定》第四轮多边贸易谈判在瑞士日内瓦举行。由于美国国会对美国政府代表团的谈判权限进行了限制，影响了这一轮谈判的规模，只有 28 个国家

参加。这轮谈判后各成员关税水平平均降低15%。

(五) 第五轮多边贸易谈判

1960年9月至1961年7月，《关贸总协定》第五轮多边贸易谈判在瑞士日内瓦举行，共有45个参加方。这轮谈判由美国副国务卿道格拉斯·狄龙倡议，后称为"狄龙回合"。这轮谈判使关税水平平均降低20%。

(六) 第六轮多边贸易谈判

1964年5月至1967年6月，《关贸总协定》第六轮多边贸易谈判在瑞士日内瓦举行，共有54个缔约方参加，又称为"肯尼迪回合"。这轮谈判使关税水平平均降低35%。在这轮谈判中，美国、英国、日本等21个缔约方签署了第一个实施《关贸总协定》第六条有关反倾销的协议，于1968年7月1日生效。在这轮谈判期间，《关贸总协定》中新增"贸易与发展"条款，规定了对发展中缔约方的特殊优惠待遇，明确发达缔约方不应期望发展中缔约方做出对等的减让承诺。

(七) 第七轮多边贸易谈判

1973年9月至1979年4月，《关贸总协定》第七轮多边贸易谈判在瑞士日内瓦举行。因发动这轮谈判的部长级会议是在日本东京召开的，故称为"东京回合"，"东京回合"共有73个缔约方和29个非缔约方参加了谈判。

这轮谈判取得的主要成果有以下几项：

(1) 关税进一步下降。从1980年1月1日起8年内，全部商品的关税平均削减33%，减税范围除工业品外，还包括部分农产品。其中，美国的关税平均下降30%~35%，欧洲共同体关税平均下降25%，日本关税平均下降50%。

(2) 达成了只对签字方生效的一系列非关税措施协议，包括《补贴与反补贴措施协议》《技术性贸易壁垒协议》《进口许可程序协议》《政府采购协议》《海关估价协议》《倾销与反倾销协议》《国际牛肉协议》《国际奶制品协议》《民用航空器贸易协议》等。

(3) 通过了对发展中缔约方的授权条款，允许发达缔约方给予发展中缔约方普遍优惠制待遇，发展中缔约方可以在实施非关税措施协议方面享有差别和优惠待遇，发展中缔约方之间可以签订区域性或全球性贸易协议，相互减免关税，减少或取消非关税措施，而不必给予非协议参加方这种待遇。

【扩展阅读】

GATT1994 与 GATT1947

GATT1994是由GATT1947发展而来的。GATT1947原本是布雷顿森林体系的组成部分——国际贸易组织宪章性文件——《哈瓦那宪章》(Havana Charter) 的第二章。尽管关贸总协定在成立国际贸易组织的计划胎死腹中之后一直充当推动贸易自由化的国际组织角色，然而GATT1947无法发挥《哈瓦那宪章》的所有功能。在美国政府宣布放弃要求国会批准美国加入国际贸易组织的努力之后，关贸总协定缔约方便开始着手GATT1947文本的完善工作。直到"乌拉圭回合"谈判启动时，关贸总协定还列举了一长串的修改事项，包括取消"祖父条款"的适用，完善多边贸易协议的修改程序，理顺GATT与其他多边货物贸易协议的关系，明确多边贸易协议与各缔约方国内法的关系，健全缔约方的加入和退出机制以及争端解决机制。

经过关贸总协定近半个世纪的努力，多边贸易体制已经由原来的 GATT1947 发展成以 GATT1947 为基础，加上众多谅解协议、决定、宣言共同构成的 GATT1994 和 12 部多边货物贸易协议（附件 1A）以及《服务贸易总协定》（GATS）（附件 1B）、《与贸易有关的知识产权协议》（TRIPs）（附件 1C）、《关于争端解决规则与程序的谅解》（DSU）（附件 2）、《贸易政策审议机制》（附件 3）、复边贸易协议（附件 4）等组成的一个庞大法律体系。它们共同依附于《建立世界贸易组织协定》之下，受该《协议》支配。除了附件 4 只对加入其中两个协议的成员有约束力外，其余三个附件与《建立世界贸易组织协定》一起对所有世界贸易组织成员具有约束力。

（资料来源：胡家祥. GATT 第二十条适用范围再审视［J］. 上海交通大学学报，2014，6。）

第二节 "乌拉圭回合"多边贸易谈判

1986 年 9 月 15 日在乌拉圭埃斯特角城举行关贸总协定缔约方部长级会议，决定发动第八轮多边贸易谈判，这次谈判称为"乌拉圭回合"（Uruguay Round）。参加这轮谈判的缔约方最初为 103 个，到 1994 年 4 月谈判结束时有 125 个。

一、目标和议题

（一）目标

1986 年 9 月 15~20 日，在乌拉圭埃斯特角城举行的缔约方部长级会议上，通过了《乌拉圭回合部长宣言》。该《宣言》指出，每个参加方力求达到以下目的：制止和扭转保护主义，消除贸易扭曲现象；维护关贸总协定的基本原则和促进关贸总协定目标的实现；建立一个更加开放的、具有生命力的、持久的多边贸易体制。

在启动"乌拉圭回合"的部长宣言中，明确了这轮谈判的主要目标：

（1）通过减少或取消关税、数量限制和其他非关税措施，改善市场准入条件，进一步扩大世界贸易。

（2）完善多边贸易体制，将更大范围的世界贸易置于统一的、有效的多边规则之下。

（3）强化多边贸易体制对国际经济环境变化的适应能力。

（4）促进国际合作，增强关税与贸易总协定同有关国际组织的联系，加强贸易政策和其他经济政策之间的协调。

（二）议题

该《宣言》确定"乌拉圭回合"多边贸易谈判分为两个部分共 15 个议题。

第一部分：货物贸易

这部分共 14 个议题，分别为：①关税；②非关税措施；③热带产品；④自然资源产品；⑤纺织品与服装；⑥农产品；⑦关贸总协定条款；⑧保障条款；⑨多边贸易谈判协议和安排；⑩补贴与反补贴措施；⑪争端解决；⑫与贸易有关的知识产权的问题，包括冒牌货贸易问题；⑬与贸易有关的投资措施；⑭关贸总协定体制的作用。

第二部分：服务贸易

这部分为 1 个议题：通过服务贸易谈判制定处理服务贸易的多边原则和规则的框架，包括对各个部门制定可能的规则，以便在透明和逐步自由化的条件下扩大服务贸易，并以此作为促进所有贸易伙伴和发展中国家经济发展的一种手段。

二、达成的协议和协定

"乌拉圭回合"多边贸易谈判达成的《乌拉圭回合多边贸易谈判成果的最后文件》，简称《最后文件》。这是一个一揽子文件，即必须全部接受或全部拒绝，不能接受一部分，拒绝另一部分。该《最后文件》包括28个协议和协定，涉及的主要议题有：关税、非关税措施、热带产品、自然资源产品、原产地规则、装船前检验、反倾销、补贴和反补贴、技术性贸易壁垒、进口许可证程序、海关估价、政府采购、农产品贸易、纺织品和服装、保障条款、统一的争端解决制度、总协定体制的运行、与贸易有关的投资措施、与贸易有关的知识产权、服务贸易、动植物检疫、贸易政策审议机制、民用航空器贸易、国际收支、奶制品贸易、牛肉贸易和世界贸易组织等。参加世界贸易组织各成员方除遵守所有这些协议和协定的规则外，还必须具备3个减让表，即农产品减让表、非农产品减让表和服务贸易减让表。这个《最后文件》于1994年4月15日正式签署，于1995年1月1日正式生效。

"乌拉圭回合"多边贸易谈判达成的28个协议与协定可分为三类：

第一类是修订原有的关贸总协定和货物贸易规则，以有效处理长期存在的一些老问题，如反倾销、反补贴、数量限制、保障条款中的问题，将农产品贸易和纺织品贸易重新回归关贸总协定规则的问题。

第二类涉及制定新规则、规范和贸易有关的新问题，如知识产权保护、服务贸易和投资措施。

第三类属于体制建设问题，其中最重要的是建立世界贸易组织取代原关贸总协定。

三、主要成果

(一) 在货物贸易方面

"乌拉圭回合"有关货物贸易谈判的内容，主要包括关税减让和规则制定两方面的谈判。

1. 关税减让

发达成员承诺总体关税削减幅度在37%左右，工业品的关税削减幅度达40%，加权平均税率从6.3%降至3.8%。发达成员承诺关税减让的税号占其全部税号的93%，涉及约占其84%的贸易额。发展中成员承诺总体关税削减幅度在24%左右。工业品的关税削减水平低于发达成员，加权平均税率由20.5%降至14.4%；约束关税税号比例由21%上升为73%，涉及的贸易额由13%提高至61%。

关于削减关税的实施期，工业品从1995年1月1日起5年内结束，减让表中另有规定的除外。农产品关税削减从1995年1月1日开始，发达成员的实施期为6年，发展中成员的实施期一般为10年，也有部分发展中成员承诺6年的实施期。

2. 规则制定

"乌拉圭回合"制定的规则体现在以下四组协议中。

第一组是《1994年关税与贸易总协定》。它包括《1947年关税与贸易总协定》的各项实体条款，1995年1月1日以前根据《1947年关税与贸易总协定》做出的有关豁免、加入等决定，"乌拉圭回合"中就有关条款达成的6个谅解以及《1994年关税与贸易总协定马拉喀什议定书》。

第二组是两项具体部门协议，即《农业协议》和《纺织品与服装协议》。

第三组包括《技术性贸易壁垒协议》《海关估价协议》《装运前检疫协议》《原产地规则协议》《进口许可程序协议》《实施卫生与植物卫生措施协议》《与贸易有关的投资措施协议》7项协议。

第四组包括3项补救措施协议。

(二) 在服务贸易方面

在乌拉圭回合中，经过8年的讨价还价最后达成了《服务贸易总协定》，并于1995年1月1日正式生效。

(三) 在与贸易有关的知识产权方面

乌拉圭回合达成了《与贸易有关的知识产权协议》，明确了知识产权国际法律保护的目标，扩大了知识产权保护范围，强化了对仿冒和盗版的防止与处罚；强调限制垄断和防止不正当竞争行为，减少对国际贸易的扭曲和阻碍；做出了对发展中国家提供特殊待遇的过渡期安排；规定了与贸易有关的知识产权机构的职责以及与其他国际知识产权组织之间的合作事宜。该协定是乌拉圭回合一揽子协议的重要组成部分，所有世界贸易组织成员都受其规则的约束。

(四) 完善和加强多边贸易体制

建立世界贸易组织，取代关贸总协定，为执行"乌拉圭回合"谈判成果奠定了良好基础。这是"乌拉圭回合"取得的最大成就。

【扩展阅读】

粗粮的主要贸易国在"乌拉圭回合"谈判中做出的承诺

"乌拉圭回合"《农业协议》对玉米等粗粮贸易的影响十分显著。主要进口地及出口地在"乌拉圭回合"谈判中的承诺如下：

(1) 日本。日本将增加其工业用玉米及大麦的进口准入机会。到2000年，日本将把工业用玉米的零关税进口量在目前375万t的基础上再增加45万t，增加部分的进口均列入"新用途"项下。

(2) 韩国。韩国承诺对饲料用玉米的配额内关税，在10年的执行期间，由3%下降到1.8%。韩国还承诺设立最低进口准入机会。

(3) 南非。南非承诺将实施关税率配额的玉米饲料的关税约束在较低的水平，基本上实现玉米饲料的自由贸易。

(4) 欧洲联盟（EU）。出口补贴减让承诺：EU承诺削减其目前的饲料谷物的有出口补贴的出口数量及出口补贴预算开支。EU承诺2000年最高容许有补贴的粗粮出口量为997.3万t，比1986—1990年的平均水平减少265.1万t。

(5) 美国。美国承诺的粗粮出口补贴削减情况如表14-1所示。

表 14-1　相关情况

年　　份	1995	1996	1997	1998	1999	2000
数量（千吨）	1906	1837	1768	1691	1630	1561
预算开支（千美元）	67735	63412	59088	54765	50441	46118

（数据来源：USDA，1994。）

此外，还有一些国家，如瑞典、芬兰、菲律宾等也承诺在协议执行期间维持最低进口准入水平。因此，与1986—1990年基期水平比较，到2000年，粗粮每年将多50万t的市场准入机会。

（资料来源：程国强．乌拉圭回合农业协议对中国粮食贸易的影响．国际贸易问题，1995，11。）

第三节　世界贸易组织概述

一、世界贸易组织的建立

世界贸易组织（World Trade Organization，WTO）于1995年1月1日建立，取代1947年的关税与贸易总协定，并按照"乌拉圭回合"多边谈判所达成的一整套协定和协议的条款作为国际法律规则，对各成员方之间在经济贸易关系方面的权利和义务进行监督、管理和履行。

二、世界贸易组织的宗旨和职能

（一）宗旨

世界贸易组织基本上承袭了关贸总协定的宗旨，但又随着时代的发展，对原关贸总协定的宗旨做了适当的补充和修正。在《建立世界贸易组织协定》的序言部分，规定了世界贸易组织的宗旨：

1）提高生活水平，保证充分就业，保证实际收入和有效需求的大幅稳定增长。
2）扩大货物和服务的生产和贸易。
3）依照可持续发展的目标，考虑对世界资源的最佳利用，寻求既保护和维护环境，又与各成员在不同经济发展水平的需要和关注相一致的方式，加强为此采取的措施。
4）积极努力以保证发展中国家，尤其是最不发达国家，在国际贸易增长中获得与其经济发展需要相当的份额和利益。

（二）职能

1）负责多边贸易协议的实施、管理和运作，促进世界贸易组织目标的实现，同时为多边贸易协议的实施、管理和运作提供框架。
2）为成员方间就多边贸易关系进行的谈判提供场所，并提供实施谈判结果的体制。
3）通过争端解决机制，解决成员方间可能产生的贸易争端。
4）运用贸易政策审议机制，定期审议成员方的贸易政策及其对多边贸易体制运行所产生的影响。

5）通过与其他国际经济组织、国际货币基金组织和世界银行及其附属机构的合作和政策协调，实现全球经济决策的更大范围一致性。

三、世界贸易组织的基本原则

世界贸易组织取代关贸总协定后，不仅继承了关贸总协定的基本原则，并在其所管辖的国际货物贸易领域、服务贸易领域、与贸易有关的知识产权和与贸易有关的投资措施等新的领域中予以适用和加以扩展。

（一）非歧视原则

非歧视原则是世界贸易组织最为重要的原则，是世界贸易组织的基石。它是针对歧视待遇的一项缔约原则，它要求缔约双方在实施某种优惠和限制措施时，不要对缔约对方实施歧视待遇。在世界贸易组织中，非歧视原则是通过最惠国待遇条款和国民待遇条款来体现的。

1. 最惠国待遇条款

最惠国待遇条款的基本含义是：缔约方一方现在和将来所给予任何第三方的一切特权、优惠和豁免，也同样给予缔约对方。最惠国待遇的基本要求，是使缔约方一方在缔约另一方享有不低于任何第三方享有的待遇。

最惠国待遇分为无条件和有条件两种。无条件的最惠国待遇是指缔约方一方给予任何第三方的一切优惠待遇，不得以任何政治或经济要求为先决条件，立即无条件地、无补偿地、自动地给予缔约对方。有条件的最惠国待遇是指如果缔约一方给予第三方的优惠是有条件的，则缔约对方必须提供相同的补偿才能享受这种待遇。

关贸总协定所倡导的最惠国待遇是多边的、无条件的。它要求每一个缔约方在进出口方面应该以相等的方式对待所有其他缔约方，而且不得以任何政治或经济要求为先决条件。值得注意的是，这项条款存在若干例外。例如，最惠国待遇条款不适用于给予发展中国家成员方的差别待遇和特殊优惠；以自由贸易区、关税同盟等形式出现的区域经济一体化安排以及在边境贸易中给予邻国更多的贸易便利；涉及成员方国家安全；涉及知识产权保护；其他如反补贴和反倾销、国际收支平衡、诸边协议等敏感问题。

2. 国民待遇条款

缔约方一方保证缔约方另一方的公民、企业和船舶在本国境内享受与本国公民、企业和船舶同等的待遇。国民待遇条款要求成员方对其他成员方的产品进入国内市场时在国内税费等经济权利方面应与本国产品享受同等待遇，不应受到歧视。因此，国民待遇是专指民事方面的待遇，而非政治方面的待遇，那些关系到国家重大利益或主权的待遇，如沿海航行权、领海捕鱼权、购买土地权及零售贸易权等，通常只给予本国国民，而不给予外国侨民。

值得注意的是，国民待遇中用的是"不低于"一词而不是"相等"，主要是防止对国外产品和外国企业的歧视。如果反过来政府给国外产品更多的优惠，则不违反国民待遇的原则。许多发展中国家由于投资环境较差、基础设施落后，为吸引外资而不得不给予外商减免税收等比本国企业更优惠的政策。

（二）贸易自由化原则

贸易自由化原则是指限制和取消一切妨碍和阻止国际贸易开展与进行的障碍，包括法律、法规、政策和措施等。世界贸易组织是通过削减关税、弱化关税壁垒以及取消和限制各种非关税壁垒措施来实现的。因此，这一原则主要是通过关税减让规则和一般取消数量限制规则等来实现的。

1. 关税减让规则

关税减让规则是各缔约方彼此做出互惠与平等的让步，达成"关税减让表协议"。削减后的关税应受到约束，缔约方无权单方面予以改变，至少在一定时期内不得改变。

同其他各种非关税壁垒措施相比，关税具有较高的透明度，能够清楚地反映出关税的水平，从而使贸易竞争建立在较明晰、较公平和可预见的基础上。因此，世界贸易组织极力主张其成员方将关税作为唯一的保护手段，要求各成员方通过价格，而不是对贸易进行行政管制的直接手段来调节进出口。允许关税作为保护手段，并非意味着成员方可以随意地运用这一手段。因为高关税是国际贸易的重要障碍，因此切实地降低关税成为关贸总协定和世界贸易组织的重要原则之一。

2. 一般取消数量限制规则

数量限制是通过影响进出口的数量、来源和去向来管制进出口贸易的一种行政方法，是国际贸易中一种十分迅速有效地限制进出口的非关税贸易壁垒，主要表现方式有进口配额、进口许可证、自动出口限制、数量性外汇管制等。世界贸易组织成员方做出关税减让的承诺后，若再实施数量进口限制，就会在消除了高关税的贸易壁垒后形成非关税贸易壁垒，成员方的关税减让便失去了意义。因此，世界贸易组织基本上否定成员方使用数量限制的办法管理本国的进出口贸易。

世界贸易组织在一般取消数量限制方面的规定主要有：采取"逐步回退"办法逐步减少配额和许可证；从取消数量限制向取消其他非关税壁垒延伸，并对实施非关税壁垒的标准和手段予以更加严格、明确和详尽的规定，提高透明度；把一般取消数量限制规则扩大到其他有关协定。

（三）透明度原则

透明度原则是指成员方应公布所制定的和实施的与国际贸易有关的法令、条例、司法判决、行政决定及其变化情况（如修改、增补和废除等），同时还应将这些贸易措施及其变化情况通知世界贸易组织。成员方参加的影响国际贸易政策的国际协议也在公布和通知之列。

（四）公平竞争原则

公平竞争原则是指成员方应避免采取扭曲市场竞争的措施，纠正不公平贸易行为，在货物贸易、服务贸易、与贸易有关的知识产权、与贸易有关的投资措施等领域，创造和维护公开、公平、公正的市场环境。世界贸易组织特别将倾销和出口补贴视为典型的不公平竞争的方式，并提供了保护公平贸易的措施，允许成员方政府对这两种不公平竞争形式征收进口附加税。

（五）市场准入原则

所谓市场准入原则，是一国允许外国的货物、劳务与资本参与国内市场的程度。它要求各缔约方通过提高贸易制度的透明度、削减关税、逐步拆除非关税壁垒等措施，形成开放国内特定市场的时间表和具体承诺，从而改进各个缔约方进入东道国市场的条件。

（六）对发展中国家和最不发达国家优惠待遇原则

世界贸易组织继承和保留了关贸总协定对发展中国家予以照顾的原则，表现在：允许发展中成员方用较长时间履行义务，或有较长的过渡期，允许发展中成员方在履行义务时有较大的灵活性,规定发达成员方对发展中成员方提供技术援助,以使后者更好地履行义务;发达成员方在贸易谈判中对发展中成员方的贸易所承诺的减少或撤销关税和非关税壁垒的义务,不希望得到互惠等。

四、世界贸易组织的运行机制

(一)世界贸易组织的组织结构

1. 部长级会议

部长级会议(The Ministerial Conference)是世界贸易组织的最高决策机构,由所有成员方的代表参加,至少每两年举行一次会议。其职责是履行世界贸易组织的职能,并为此采取必要的行动。部长会议应一个成员方的要求,有权按照《建立世界贸易组织协定》和相关的多边贸易协议列出的特殊要求,就任何多边贸易协议的全部事务做出决定。

2. 总理事会

总理事会(The General Council)由所有成员方的常驻代表组成,定期召开会议。总理事会在部长会议休会期间,承担其职能。其主要功能是:仲裁解决成员方之间的贸易纠纷,监督审查各成员方的贸易政策,向部长级会议报告工作并执行部长级会议决议。

3. 理事会

理事会(Council)为总理事会下属机构。其中由各成员方代表组成的货物贸易理事会、服务贸易理事会和知识产权理事会为最重要的理事会,3个专门理事会在总理事会的指导下进行工作,每一理事会每年至少举行8次会议。此外,总理事会下还建立若干负责处理相关事宜的专门委员会。

4. 委员会

部长级会议下设贸易和发展委员会(Committee)、国际收支限制委员会以及预算、财务和管理委员会。它们执行由世界贸易组织协议及多边贸易协议赋予的职能,执行由总理事会赋予的额外职能。所有成员方代表都有权参加上述委员会。

5. 秘书处

秘书处(The Secretariat)为世界贸易组织的日常办事机构。它由部长级会议任命的总干事领导。总干事的权力、职责、服务条件和任期由部长级会议通过规则确定。总干事有权指派其所属工作人员。在履行职务时,总干事和秘书处工作人员均不得寻求和接受任何政府或世界贸易组织以外组织的指示。各成员方应尊重他们职责的国际性,不能对其施加有碍履行其职责的影响。

(二)世界贸易组织的决策机制

世界贸易组织的决策机制是指世界贸易组织对有关事项做出决定时应遵循的程序规则,主要决策包括通过新协议、对协议条文的解释和修改、豁免某成员方义务及接受新成员方等。主要的决策方式包括以下几种。

1. 协商一致决策方式

协商一致的含义是在做出决定的会议上,如果任何一个与会成员方对拟就通过的决议不正式提出反对,就算达成协商一致。如果某一决定未能协商一致时,则将投票决定。这种方式主要应用在以下几个方面:对《建立世界贸易组织协定》及多边贸易协议的修改;对有关豁免义务的修改;对《关于争端解决规则与程序的谅解》的修改;对《建立世界贸易组织协定》附件 4 诸边贸易协议的修改。

2. 简单多数通过决策方式

按世界贸易组织规则的规定，若某一决定无法取得完全一致意见时，则由投票决定。在部长级会议和总理事会上，世界贸易组织的每一个成员方有一票投票权。除多边贸易协议中另有规定外，应以多数表决通过。

3. 2/3 通过决策方式

根据《建立世界贸易组织协定》，下述事项需以 2/3 多数通过：对《建立世界贸易组织协定》附件 1 的《货物贸易多边协定》和《与贸易相关的知识产权协议》的修改；对《服务贸易总协定》第一~第三部分及其附件（范围与定义、一般义务与纪律、具体承诺）的修改建议；将某些对《建立世界贸易组织协定》和多边贸易协定的修改递交成员方接受的决定；关于加入世界贸易组织的决策；财务规则和年度预算。

4. 3/4 通过决策方式

以下事项必须以 3/4 压倒多数通过：条文解释；协定修改；豁免义务。

5. 全体成员方一致同意决策方式

所谓全体成员方一致同意是指世界贸易组织做出某项决定时不仅没有任何成员方表示正式反对，而且所有成员方都应明确表示同意。所有成员方"一致同意"与"协商一致"存在实质性的区别。后者只要在会上无正式反对意见，缺席、弃权、沉默或发言只属于一般性评论等都不构成正式的反对意见，可视为决定已获协商一致通过；而前者则要求每一成员方对上述修改都必须以明确的方式表示接受。在实践中采用此方式通过决定的可能性微乎其微，因此可以在实质上确保世界贸易组织的重大原则保持基本稳定。

以下事项必须以全体成员方一致同意通过才予以接受：对世界贸易组织关于决策制度（投票规则）的修改；对《1994 年关税与贸易总协定》（简称 GATT1994）第 1 条（最惠国待遇）和第 2 条（关税减让）的修改；对《服务贸易总协定》第 2 条第 1 款（最惠国待遇）的修改；对《与贸易相关的知识产权协议》第 4 条（最惠国待遇）的修改。

6. 反向协商一致通过决策方式

反向协商一致又称为倒协商一致，即以协商一致的方式做出否定的表示。这一规则是"乌拉圭回合"谈判对过去关贸总协定决策机制的一项重要而富有创意的改革，主要应用于世界贸易组织的争端解决机构的决策。

（三）世界贸易组织的争端解决机制

解决成员方之间的贸易争端是世界贸易组织的重要职能之一。当某一成员方对另一成员方执行《建立世界贸易组织协定》的情况感到不满且理由充分时，世界贸易组织将启用争端解决机制进行解决，世界贸易组织争端解决机制专门设立了争端解决机构。争端解决机制包括《关于争端解决规则与程序的谅解》及其附件，以及世界贸易组织各项规定及其配套或附属协议中有关争端解决的条款。争端解决机制的核心是精确的操作程序、明确的时间限制和严格的交叉报复机制。争端解决机制的目标是迅速有效地解决争端，保障各成员方在有关协议中的权利和义务的实现。

世界贸易组织的争端解决机制对关贸总协定的争端解决机制进行了完善，具有如下新特点：

1. 鼓励成员方通过双边磋商解决贸易争端

根据《关于争端解决规则与程序的谅解》的规定,争端当事方的双边磋商是世界贸易组织争端解决的第一步,也是必经的一步。即使是争端进入专家小组程序后,当事方仍可通过双边磋商解决争端。世界贸易组织鼓励争端当事方通过双边磋商达成相互满意的解决方案。

2. 以保证世界贸易组织规则的有效实施为优先目标

争端解决机制的目的是使争端得到积极有效的解决,争端各方可通过磋商寻求均可接受并与世界贸易组织有关协议或协定相一致的解决办法。在未能达成各方满意的解决办法时,争端解决机制的首要目标是确保成员方撤销被认定违反世界贸易组织有关协定或协议的措施。

3. 严格规定了争端解决的时限

迅速解决争端是世界贸易组织争端解决机制的一项重要原则,为此,争端解决程序的各个环节均规定了严格、明确的时间表。例如,专家小组的审案时间一般不超过 6 个月;在有紧急情况发生的时候,则缩短为 3 个月。但无论遇到何种情况,审案的时间都不能超过 9 个月。这既有利于及时纠正成员方违反世界贸易组织协定或协议的行为,使受害方得到及时救济,也有利于增强各成员方对多边争端解决机制的信心。

4. 增设了上诉程序

世界贸易组织争端解决的程序中设立了上诉程序,并建立了相应的常设上诉机构受理上诉的案件。这是关贸总协定的程序所没有的。《关于争端解决规则与程序的谅解》规定,任一当事方均有上诉权,但上诉需限制在专家小组报告所涉及的法律问题和专家小组做出的结论范围内。上诉机构可维持、修改或推翻专家组的裁决和结论。

5. 实行"反向协商一致"的决策原则

世界贸易组织争端解决机制既继承了关贸总协定采取"协商一致"的决策原则,又引入了"反向协商一致"的决策原则。"反向协商一致"是指只要不是参加争端解决机构的所有成员一致对某一问题或程序持反对意见,决定就可以通过,一个或几个成员方的否决是无效的。该决策原则的引入进一步完善了世界贸易组织的争端解决机制,大大地增强了执法的力度,从而排除了败诉方单方面阻挠报告通过的可能。

6. 引入了交叉报复机制

交叉报复机制的引入提高了世界贸易组织成员方之间贸易争端解决的效力。通过授权进行交叉报复,使有关当事方可以挑选更有效的方式对违反协议的情况进行报复,有利于促使败诉方认真考虑裁决的执行。交叉报复方法通常是在某成员方被裁定其在某一领域所使用的措施违反了世界贸易组织的协定或协议,且该成员方没有在合理期限内纠正,经争端解决机构授权,利益受到损害的成员方采用的。报复应优先在被裁定违反世界贸易组织协定或协议的措施的相同领域进行,称为平行报复;如不可行,报复可以在同一协定或协议下跨领域进行,称为跨领域报复;如仍不可行,报复可以跨协定或协议进行,称为跨协议报复。

7. 设立了对最不发达国家成员方的特别程序

在确定涉及一个不发达国家成员方争端的案件,应特别考虑最不发达国家的特殊情况。在此方面,各成员方在根据这些程序提出涉及最不发达国家的事项时应表现适当的克制。如认定利益的丧失或减损归因于最不发达国家成员方所采取的措施，则起诉方在依照这些程序请求补偿或寻求中止实施减让或其他义务的授权时，应施加适当的限制。

(四) 世界贸易组织的加入和退出机制

1. 世界贸易组织的加入机制

一般来说，加入世界贸易组织的方式有两种：一是创始加入，二是新申请加入。世界贸易组织对这两种加入方式的申请资格做不同的规定。

(1) 两种世界贸易组织的成员资格。

创始成员资格需满足的条件：在世界贸易组织成立之时已经是《1947 年关税与贸易总协定》的缔约方；在规定的期限内完全接受世界贸易组织有关协议的程序；在货物贸易和服务贸易等方面做出减让和市场准入承诺。按照上述条件规定，到 1995 年 1 月 1 日世界贸易组织成立时，共产生了 76 个创始成员方。

申请新加入世界贸易组织的主体包括两种：一是主权国家；二是单独关税区，即在对外贸易关系及世贸组织协议和多边贸易协议所规定的事务处理方面享有充分自治权的地区。

(2) 加入世界贸易组织的程序。

1) 提交申请书。准备加入世界贸易组织的国家或单独关税区政府应首先向世界贸易组织提出正式申请，主要是表达其加入世界贸易组织的愿望。世界贸易组织的总干事要将该申请的主要内容向其他的成员方传达，使各成员方都能针对申请方的情况进行分析。世贸组织总理事会对申请书的讨论和通过即视为申请方的申请被接受。

2) 成立工作组。在申请被接受的同时，世界贸易组织的总理事会应着手成立一个工作组，确定该工作组的职责范围和主席人选。一般来说，感兴趣的所有成员方都可以派人参加工作组。

3) 递交备忘录。在加入世界贸易组织的申请被正式接受之后，申请方必须对其与《建立世界贸易组织协定》相关的商业政策的全面情况进行说明，并以备忘录的形式提交世界贸易组织。世界贸易组织的秘书处在收到申请方的备忘录之后，会向感兴趣的成员方散发，以供其讨论和研究。

4) 回复备忘录。工作组在收到备忘录后请各成员方提出与申请方相关的任何问题，并将所列问题上交工作组，然后由工作组将所有问题汇集之后回复申请方。申请方应对此做出口头或书面答复，工作组根据实际情况召开会议继续对其备忘录和问题答复进行审议，并根据审议结果起草工作组报告和加入议定书草案。

5) 市场准入的双边谈判。当工作组在原则和政策审议方面取得足够进展时，申请方开始同要求与其谈判的有关成员进行双边开放市场的平行谈判，双方就履行世界贸易组织的各项协议做出承诺，达成双边协议。

6) 起草加入议定书。当工作组完成了对申请者的贸易体制的审议，而且平行的双边市场准入谈判也已经结束，工作组便可以归纳综合加入条件，与申请方一起谈判加入议定书。

7) 批准加入。最后，工作组提出最终报告，其内容包括加入议定书草案及由双边谈判达成的减让承诺表，提交给世界贸易组织总理事会或部长级会议审议。如果世界贸易组织成员的 2/3 多数投赞成票，申请方便可签署议定书，加入世界贸易组织。一般情况下，申请方须将上述文件提交本国国会（中国是全国人民代表大会）审议通过才能成为成员。向世界贸易组织递交已完成国内批准程序的正式通知书 30 天后，该申请方即成为世界贸易组织的正式成员。

2. 世界贸易组织的退出机制

与较为复杂和漫长的加入程序相比,世界贸易组织的退出程序要简单得多。根据《建立世界贸易组织协定》第15条的规定,任何成员方可自愿退出世界贸易组织,只需向总干事提交一份退出申请即可。对于退出世界贸易组织的协议没有实体条件的约束,但退出也应符合程序条件,即成员方的退出在世界贸易组织总干事收到退出的书面通知之日起6个月期满时方能生效,同时该成员方与世界贸易组织相关的所有权利和义务也相应终止。

尽管世界贸易组织规定了退出机制,但事实上,截至目前,世界贸易组织的成员方还没有退出的先例。

【扩展阅读】

世界贸易组织和关税与贸易总协定的区别

1. 组织机构的正式性

世界贸易组织是根据《维也纳条约法公约》正式批准生效成立的国际组织,具有独立的国际法人资格,与其他国际性组织处于同等地位,其官员享有外交特权和豁免权。而关税与贸易总协定则不是法律意义上的国际组织,只是作为一个"临时适用"的协定,不具有国际法人资格。

2. 管辖范围的广泛性

关税与贸易总协定的管辖范围仅涉及货物贸易,且农产品和纺织品贸易均作为例外不受关税与贸易总协定规则的约束。世界贸易组织新体制不仅把农产品和纺织品纳入其轨道,还将其管辖范围扩大到服务贸易、与贸易有关的知识产权和与贸易有关的投资措施等新领域。

3. 法律体系的统一性

关税与贸易总协定的法律体系是被分割的,由三部分构成:一是关税与贸易总协定文本和前7轮多边贸易谈判达成的关税减让表;二是"东京回合"达成的9项附属性协议,采取自愿选择参加的办法,仅对签字方有效;三是多种纤维贸易安排,其作为一项例外,采取背离关税与贸易总协定的管理办法。世界贸易组织新体制所管辖的协议,除"东京回合"达成的政府采购、牛肉、奶制品和民用航空器等4项诸边贸易协议外,其他所有协议必须一揽子接受和遵守,不能选择性地参加或提出保留,从而使世界贸易组织在法律体系上基本达到了统一。

4. 争端解决机制的有效性

在关税与贸易总协定的争端解决机制中,其决策方式是"完全协商一致",只要有一个缔约方提出反对则不能做出裁决,大大降低了争端解决效率。世界贸易组织争端解决机制采用"反向协商一致"的决策原则,增强了机构解决争端的效力。此外,世界贸易组织的争端解决机制对争端解决程序的各个环节规定了严格、明确的时间表。

(资料来源:李滋植,姜文学. 国际贸易(第4版). 大连:东北财经大学出版社,2006。)

第四节 世界贸易组织召开的历届部长级会议

一、第一届部长级会议：新加坡会议

（一）新加坡会议概况

1996年12月9~13日，世界贸易组织在新加坡召开了第一届部长级会议。有120个世界贸易组织成员和申请加入世界贸易组织的国家或单独关税区的贸易、外交、财政和农业部长出席会议。会议的主要议题是世界贸易组织成立后两年的工作，以及"乌拉圭回合"达成的协定和协议的实施情况。会议通过了《新加坡部长宣言》等文件，并成立了贸易与投资工作组和贸易与竞争政策工作组，为世界贸易组织进一步规范贸易中的投资问题与竞争政策做准备。

（二）新加坡会议后所达成的协议

新加坡部长级会议之后，在世界贸易组织的推动下，相关成员方又达成了《金融服务协议》和《信息技术产品协议》，这是世界贸易组织成立以来在服务贸易具体领域取得的最新成果。《金融服务协议》的主要内容是：允许外国公司在国内建立金融服务机构并按竞争原则运行；外国公司享受同国内公司同等的进入市场的权利；取消对跨国服务贸易的限制；允许外国资本在本国投资项目中所占比例超过50%等。《信息技术产品协议》的核心内容是，2000年1月1日前取消信息技术产品的关税及其他税费。其宗旨是通过削减信息技术产品关税，在全球范围内实现信息技术产品贸易的自由最大化，促进信息技术产业不断发展。

二、第二届部长级会议：日内瓦会议

1998年5月18~20日，世界贸易组织在瑞士日内瓦召开了第二届部长级会议暨世界贸易体制50周年纪念会，共有130个国家和地区的部长级官员出席。会议强调了继续推进贸易自由化的决心，通过了《日内瓦部长宣言》，并就电子商务问题通过了《全球电子商务宣言》。

三、第三届部长级会议：西雅图会议

1999年11月30日~12月3日，世界贸易组织在美国西雅图召开了第三届部长级会议，共有135个成员参加这次会议。会议的主要议题有三个：一是现有协定和协议的实施问题；二是既定议程问题；三是在新一轮谈判中加入新议题的问题。但成员方之间特别是发达国家和发展中国家之间产生了巨大分歧，西雅图会议最后以无果而告终。

四、第四届部长级会议：多哈会议

（一）多哈会议概况

2001年11月9~14日，世界贸易组织在卡塔尔首都多哈召开了第四届部长级会议，共有142个成员参加了会议。会议的主要议题有两个：①接受中国、中国台湾地区加入世界贸易组织；②启动新一轮多边贸易谈判。11月10日，会议以协商一致的方式通过了中国加入

世界贸易组织的决定,正式接纳中国为第 143 位成员。11 月 11 日,会议通过了中国台湾以"台湾、澎湖、金门及马祖个别关税领域区"的名义加入世界贸易组织的决定,接受中国台湾地区为第 144 位成员。11 月 14 日,会议通过了《多哈部长宣言》,一致同意开始新一轮多边贸易谈判,并规定应在 2005 年 1 月 1 日前结束所有谈判。为强调对发展问题的重视,此轮多边贸易谈判又被命名为"多哈发展回合"(简称"多哈回合")。会议还通过了《关于与贸易有关的知识产权协定与公共卫生的宣言》等相关决定。

(二)"多哈回合"的目标与谈判议题特点

1. 目标

抑制全球经济减缓下出现的贸易保护主义;加大贸易在促进经济发展和解除贫困方面的作用,处理最不发达国家出现的边缘化问题;理顺与区域贸易协定之间的关系;把多边贸易体制的目标与可持续发展有机地结合起来;改善世界贸易组织外部形象;实现世界贸易组织的原则和目标。

2. 谈判议题的特点

(1) 谈判议题涉及面十分广泛。列出的谈判议题有 19 个,包括:与实施有关的问题和关注;农业、服务;非农产品市场准入;与贸易有关的知识产权;贸易与投资的关系;贸易与竞争政策的相互作用;政府采购透明度;贸易便利化;世界贸易组织规则;争端解决谅解;贸易与环境;电子商务;小经济体;贸易、债务和财政;贸易与技术转让、技术合作和能力建设;最不发达国家的特殊和差别待遇;等等。

(2) 谈判的新议题多,远远超过"乌拉圭回合"谈判。

(3) 发展中国家成员和最不发达国家成员方的贸易发展与利益受到空前关注。在 19 个议题中,有 13 个议题涉及发展中国家成员方和最不发达国家成员方的问题,其中 6 个议题是专门针对发展中国家成员方和最不发达国家成员方。这些议题和内容将为发展中国家成员方和最不发达国家成员方通过"多哈回合"的谈判争取更多的差别待遇和落实这些待遇提供了良好的条件。

(4) 平衡了发达国家成员方与发展中国家成员方的要求。"多哈回合" 19 个议题使发达国家成员与发展中国家成员的要求得到较好的平衡。在新议题中,既包含了发达国家成员方关心的新议题;同时也接纳了发展中国家成员方关注的新议题等。

五、第五届部长级会议:坎昆会议

2003 年 9 月 10~14 日,世界贸易组织在墨西哥坎昆举行第五届部长级会议,有 146 个成员参加,是中国加入世界贸易组织以来第一次以成员方身份出席的部长级会议。

这次会议的任务是对 2001 年"多哈会议"启动的新一轮多边贸易进行谈判,即对"多哈回合"谈判进行中期评估,并为今后主要领域的谈判模式以及是否启动"新加坡议题"的谈判做出决定。但会议没有取得如期的成果。

造成这次会议无果而终的主要原因是与会的各成员方对世界贸易组织总理事会所提交的《坎昆部长宣言》草案存在较大的分歧,其中最为突出的是在农业问题和新加坡议题上,发达国家成员方与发展中国家成员方之间存在巨大分歧。

坎昆会议结束了,但全球贸易自由化并没有过去。许多成员方纷纷要求恢复"多哈回合"谈判,世界贸易组织总理事会也要求谈判各方在 2004 年初即开始行动,全面恢复谈判。

2004年3月重启谈判，进入"后坎昆时代"，2004年7月16日世界贸易组织公布了"多哈回合"框架协议，这份草案内容涵盖了"多哈回合"的所有谈判议题，重点呼吁发达国家成员方取消农产品出口补贴、大幅削减其他形式的农产品保护措施，同时敦促发展中国家成员方开放工业品和服务业市场。2004年7月30日至8月1日世界贸易组织147个成员方就"多哈回合"框架协议在日内瓦举行大会，进行磋商。终于在日内瓦当地时间8月1日达成了框架协议，取得了阶段性的突破，然而，框架协议的达成仅仅意味着"中期目标的实现"，世界贸易组织的"后坎昆时代"依然任重而道远。

六、第六届部长级会议：香港会议

2005年12月13~18日，世界贸易组织在中国香港召开第六届部长级会议。会议在农业、非农业和发展等议题上取得了积极的成果，通过《香港部长宣言》。根据《香港部长宣言》，发达国家成员方在2006年取消对棉花的出口补贴，并于2013年年底前取消所有农产品出口补贴；发达国家成员方和部分发展中国家成员方在2008年前向最不发达国家成员方提供免关税、免配额的市场准入待遇。

七、第七届部长级会议

由于"多哈回合"自启动以来发展缓慢，自第六届部长级会议后几近停滞，原定于每两年召开一次的会议迟迟没有召开。直到2009年11月30日，才在瑞士日内瓦召开第七届部长级会议。与往届部长级会议不同的是，这不是一次贸易谈判。在金融危机和不利经济形势的大背景下，这次会议的主题被定为"世界贸易组织、多边贸易体系和当前全球经济形势"。除全体会议外，本次会议期间还举行两场工作会议，议题分别是"审议世界贸易组织工作"和"世界贸易组织对经济复苏、增长和发展的贡献"。

八、第八届部长级会议

2011年12月15~17日，第八届部长级会议在瑞士日内瓦召开，会议正式批准俄罗斯、萨摩亚、黑山共和国加入世界贸易组织。在本届会议召开之前，为推进谈判，时任世界贸易组织总干事拉米于2011年5月底的贸易谈判会议上提出以贸易便利化、农业和发展三大议题为核心的"多哈回合早期收获路线图"计划，也并未在本次会议上达成协议，"多哈回合"谈判陷入困境。

九、第九届部长级会议

2013年12月3~7日，第九届部长级会议在印度尼西亚巴厘岛召开，会议发表《巴厘部长宣言》，达成"巴厘一揽子协定"，这是世界贸易组织成立18年以来的首份全球贸易协定，也是"多哈回合"谈判启动12年以来首次取得具体谈判成果。"巴厘一揽子协定"也被称为"多哈回合"谈判的"早期收获"。

巴厘岛会议成果包括三大部分，即总理事会正常工作方面的决定、《多哈发展议程》方面的决定和巴厘岛会议的后续工作。其中，《多哈发展议程》方面的内容包括一个协议两个决定。协议是指《贸易便利化协议》，两个决定是《有关农业的决定》和《有关发展和最不发达国家问题的决定》。本次会议达成的一揽子协议只是"多哈回合"八大议题的一部分，尚未完成"多哈回合"多边贸易谈判。在本届部长级会议宣言的最后部分，规划了巴厘岛会议的后续工作，重申承诺为实现《多哈部长宣言》设定的发展目标而努力，要求贸易谈判委员会在未来12个月内明确"多哈回合"剩余议题的工作程序。

十、第十届部长级会议

2015年12月15~19日，第十届部长级会议在肯尼亚内罗毕落下帷幕。会议通过了《内罗毕部长宣言》及9项部长决定，承诺继续推动多哈议题，成果丰硕。

（1）世界贸易组织162个成员首次承诺全面取消农产品出口补贴，并就出口融资、支持棉花、国际粮食援助等方面达成了新的多边协议。

（2）达成了近20年来世界贸易组织首个关税减让协议——"《信息技术协定》扩围协议"，涉及1.3万亿美元。

（3）在优惠原产地规则、服务豁免等方面切实给予最不发达国家成员优惠待遇。

（4）正式批准阿富汗和利比里亚加入世界贸易组织。

十一、第十一届部长级会议

2017年12月10~13日，第十一届部长级会议在阿根廷首都布宜诺斯艾利斯举行，本次会议的主要成果包括渔业补贴、电子商务工作计划、小经济体工作计划、关于南苏丹加入工作组的部长决定。相当数量的世界贸易组织成员共同发表了关于投资便利化和中小微企业的部长联合声明，以及关于服务贸易国内规制的联合声明。由于美国特朗普政府更倾向于双边贸易协定，拒绝在最终公报中使用"多边贸易体制的中心地位"和"支持发展必要性"等字眼，并将矛头指向世界贸易组织的争端解决机构，对整个会议基调以及多边贸易体系产生一定影响。中国在农业议题、渔业补贴议题、服务贸易国内规制议题、电子商务议题以及投资便利化和中小微企业等新议题方面，都建设性地积极参与谈判磋商，为推动各成员增进共识、减少分歧做出了巨大努力。

【扩展阅读】

"多哈回合"已死？世界贸易组织面临十年来最大挑战

2015年12月19日，162个世界贸易组织成员方的贸易部长汇聚肯尼亚内罗毕开会，他们没有重申回归"多哈回合"谈判，这是2001年大张旗鼓启动该回合以来第一次出现这种情况。

一位高级贸易官员表示，世界贸易组织的内罗毕部长级会议无异于宣告"多哈回合的死亡，以及新世界贸易组织的诞生"。于2001年展开的"多哈回合"谈判为国际贸易改革订下了颇为进取的改革计划，目标是在全球范围内达成一个统一的贸易协定。但是，由于发达国家成员和发展中国家成员在农业政策问题上陷入僵局，"多哈回合"在其后历经多次谈判后均未有更多进展。世界贸易组织前总干事Pascal Lamy在接受《21世纪经济报道》采访时称，阻止"多哈回合"议程前进的并非诸边和地区贸易协议数量的激增，而是美国、日本、印度等成员不愿在农产品出口竞争议题上让步。

对于一直在推动世界贸易组织走上新的前进道路的美国和欧盟而言，内罗毕会议标志着这些发达国家和地区的胜利。他们一直坚持说，执着于长期停滞不前的"多哈回合"谈判使得世界贸易组织滞后于全球经济的变化。然而，很多发展中国家并不愿意放弃"多哈回合"谈判，因为"多哈回合"谈判包括一些对较贫穷国家至关重要的问题，如限制美国和欧盟（EU）等富裕经济体农业补贴的努力。

内罗毕会议于19日达成一揽子协议，成员方首次承诺，全面取消农产品出口补贴。根据协定，发达国家必须立即取消他们的农产品补贴政策，发展中国家必须在2018年底前终结对农产品的直接出口支持。但一些成员被允许放宽到2023年。按照世界贸易组织总干事Roberto Azevedo的话说，这是世界贸易组织历史上"在农业方面最重要的成果"。

（资料来源：中国人民大学国际货币研究所．每日综述．2015年国际货币金融每日综述选编，2015，12。）

第五节　中国与世界贸易组织

一、中国从"复关"到"入世"

中国是1947年关贸总协定的23个缔约方之一。1948年4月21日，中国政府签署《关税与贸易总协定临时适用议定书》，1948年5月21日正式成为关贸总协定缔约方。1949年中华人民共和国政府成为代表中国的唯一合法政府，但台湾当局占据着中国在关贸总协定的席位，并于1950年3月以中国名义退出了关贸总协定。1986年，中国向关贸总协定正式提出恢复缔约国地位的申请，从此开始了从"复关"到"入世"的曲折历程。

二、"入世"后中国的权利和义务

（一）权利

1. 全面参与多边贸易体制

"入世"之前中国在世界贸易组织中以观察员的身份参加，只有表态权，没有表决权。"入世"后，中国参与各个议题的谈判和贸易规则的制定既有发言权，又有决策权，有利于维护中国在世界多边贸易体系中的合法权益。

2. 享受多边的、无条件的和稳定的最惠国待遇和国民待遇

中国加入世界贸易组织后，可充分享受多边无条件的最惠国待遇和国民待遇，现行双边贸易中受到的一些不公正待遇将会逐步取消。如根据《中华人民共和国加入世界贸易组织议定书》附件7的规定，欧盟、阿根廷、匈牙利、墨西哥等对中国出口产品实施的与世界贸易组织规则不符的数量限制、反倾销措施、保障措施等将在中国加入世界贸易组织后5~6年内取消。

3. 享受发展中国家特殊和差别待遇的权利

作为发展中国家，中国还将享受世界贸易组织各项协定规定的特殊和差别待遇，主要体现在：允许发展中国家成员方继续享受普遍优惠制；允许发展中国家成员方的关税总水平高于发达国家成员方；在对世界贸易组织负责实施管理的贸易协议与协定的履行过程中，世界贸易组织中的发展中国家成员方的过渡期长于发达国家成员方；允许发展中国家成员方在履行义务时有较大的灵活性。

4. 获得市场开放和法规修改的过渡期

中国加入世界贸易组织后，中国在市场开放和遵守规则方面获得了过渡期。在放开贸易权的问题上，享有3年的过渡期；关税减让的实施期限最长可到2008年；逐步取消400多项产品的数量限制，最迟可到2005年1月1日取消；服务贸易的市场开放在加入世界贸易组织后1~6年逐步实施。

5. 享有利用争端解决机制解决贸易争端的权利

中国"入世"后，在与世界贸易组织其他成员方发生贸易摩擦与贸易纠纷时，有权按世界贸易组织争端解决机制邀请它们与中国共同解决贸易摩擦，如双边解决不成，可上诉到世界贸易组织争端解决机构，由其出面解决，避免某些双边贸易争端对中国的不利影响。

(二) 义务

1. 削减关税

根据中国加入世界贸易组织的承诺，中国于2002年1月1日大幅下调了5000多种商品的进口关税，关税总水平由15.3%降至12%；2005年降低到9.9%；2007年降低到9.8%。从2009年1月1日起，中国进一步降低100多个税目的进口关税，基本完成"入世"承诺的降税义务。

2. 逐步取消非关税措施

中国承诺按照世界贸易组织的规定，在2005年1月1日之前取消对400多项产品（包括汽车、机电产品、天然橡胶、彩色感光材料等）实施的非关税措施，包括进口配额、进口许可证等。

3. 遵守非歧视原则

中国承诺在进口货物、关税、国内税等方面给予外国产品的待遇不低于给予国产同类产品的待遇，并对目前仍在实施的与国民待遇原则不符的做法和政策进行必要的修改和调整。

4. 开放服务业市场

加入世界贸易组织以来中国在包括银行、保险、证券、电信、建筑、分销、法律、旅游、交通等在内的众多服务部门，修改和新制定了一系列进一步加快对外开放的法规和规章，为服务贸易领域市场准入机会的扩大提供了法律依据和保障。

5. 逐步放开外贸经营权

中国承诺在加入世界贸易组织后3年内取消外贸经营审批权。全资中资企业获得对外贸易经营权的最低注册资本降至100万元人民币。中国已于2003年8月1日提前兑现承诺，并对西部地区给予优惠，降至50万元人民币。外资占多数股份的合资企业获得完全的对外贸易经营权。

6. 接受过渡性审议

中国承诺在"入世"后8年内，接受世界贸易组织对中国履行世界贸易组织义务和实施世贸组织谈判所做承诺的情况进行年度审议，在第10年终止审议。

7. 承诺实施《与贸易有关的投资措施协议》

中国承诺加入世界贸易组织后，实施《与贸易有关的投资措施协议》，取消贸易和外汇平衡要求、当地含量要求、出口实绩要求、技术转让要求等与贸易有关的投资措施。

8. 承诺实施《与贸易有关的知识产权协议》

中国在加入世界贸易组织谈判中，承诺在加入时起，全面实施世贸组织《与贸易有关的知识产权协议》，并就规定的版权和相关权利、商标、地理标识、工业设计等知识产权做出了说明，承诺加强对知识产权的保护。

9. 接受争端解决机构裁决义务

中国在享有与世界贸易组织成员方磋商解决贸易摩擦，通过争端解决机制解决贸易纠纷的权利的同时，也有接受和履行世界贸易组织其他成员方磋商解决贸易摩擦，接受世界贸易组织争端解决机构裁决的义务。

10. 缴纳会费

按在世界出口所占比例缴纳会费。

三、中国"入世"的作用与挑战

（一）中国"入世"的作用

1. 推动中国贸易持续增长

自2001年加入世界贸易组织以来，中国经济快速发展，到2018年，中国成为全球第二大经济体。国内生产总值从2001年的11.09万亿元增长至2018年的90.03万亿元；贸易规模已从2001年的4.20万亿元增长至2018年的30.51万亿元。与此同时，中国外汇储备余额也从2001年0.21万亿美元增至2018年的3.07万亿美元。

2. 开放型经济体系基本形成

"入世"以来，中国经济对外开放获得了全面发展。从开放的地域范围看，从过去主要以东南沿海较发达地区的对外开放，转向以发达地区为主，东、中、西部并举的全方位对外开放的新格局。从开放的行业领域看，从过去主要以制造业为主的开放，转变为以农业、制造业、服务业协调进行的对外开放，农业和服务业的对外开放程度不断扩大。中国进一步放宽了对外资的各种限制，除极少数关系国计民生的重要战略及军事工业外，全面放松了对外资的准入限制，扩大了对外投资开放的领域。

3. 全面参与多边贸易体制，维护本国经济利益

加入世界贸易组织后，通过全面参与世界贸易组织各项活动，中国在多边贸易体制和全球经济治理中的地位及作用发生了重大变化。从一个学习规则的新成员，逐步成长为掌握规则、运用规则并参与制定规则的"成熟的成员"。中国全面参与"多哈回合"各议题的谈判，圆满完成世界贸易组织对华贸易政策审议，主动运用世界贸易组织争端解决机制，作为当事方应对和处理了贸易争端，成功地捍卫了自身权利。

（二）中国"入世"后面临的挑战

1. 金融危机后逆经济全球化和贸易保护增多

受2008年金融危机的影响，世界经济复苏乏力，很多世界贸易组织成员方实施制造业重振与复兴计划，采取各种贸易保护与投资保护措施，限制外国商品与资本进入国内市场，中国成为主要针对对象之一。例如，对中国发起反补贴调查的成员从发达国家成员向发展中国家成员蔓延；美、欧、日以各种借口，拒不承认中国的市场经济地位。

2. 内部挑战与压力增多

虽然在货物贸易上，中国已成为世界第一大出口国、第二大进口国，但在竞争方式上，过分重视价格竞争，忽视了非价格竞争，主要依靠出口数量带动出口贸易的发展，结果造成生态环境严重透支，反倾销投诉增多。此外，还存在以下问题：高科技产品的核心部分依靠进口，市场准入度滞后于经贸地位，应诉和运用世界贸易组织规则不足等。

为应对以上挑战，中国一方面需要加大在世界贸易组织中的作为，如积极推动世界贸易组织规则的拓展与构建、加强对世界贸易组织争端解决机制的运用、充分参与世界贸易组织有关标准化的各种活动等；另一方面需要重视本身的应对与改革，如帮助出口型企业了解贸易对象国技术标准体系以促进产品和服务出口等。

【扩展阅读】

中国对世界贸易组织改革持积极态度

2019年3月9日，商务部部长钟山在全国两会记者招待会上就中国参与世界贸易组织改革的问题回答了记者的提问，表达了中国参与并推动世界贸易组织改革、维护多边贸易体制、坚持贸易与投资自由化方向、促进多边贸易体制包容平衡健康发展的积极态度。

对世界贸易组织进行改革首先需要维护多边贸易体制，特别应该优先解决世界贸易组织当前面临的急迫问题。当前世界贸易组织的上诉机构面临停摆的危险。2018年12月，中国分别与欧盟、加拿大等13个世界贸易组织成员以及与欧盟、印度和黑山等3个世界贸易组织成员联合向世界贸易组织提交了2个关于对上诉机构进行改革的提案，希望维护世界贸易组织上诉机构顺利运行。世界贸易组织改革的目的是让世界贸易组织的贸易自由化和非歧视的核心价值和基本原则能够更好地实现，维护世界贸易组织核心价值与基本原则是促进世界贸易组织改革的基础。

中国坚持贸易与投资自由化的基本方向。2018年，中国两次大幅度降低关税，通过缩减外资准入负面清单进一步开放了服务贸易市场。对于这些自主开放措施，中国愿意在多边谈判中做出承诺，使其多边化。中国还将通过自主开放以及区域与多边谈判进一步提高开放水平，为区域与多边贸易与投资自由化做出贡献。中国正在推动新一轮改革，努力营造公平竞争环境，中国支持世界贸易组织为建设公平竞争的世界市场环境完善现有规则，包括继续推动"多哈回合"就规则进行的既定议程谈判。2019年1月25日，包括中国在内的76个世界贸易组织成员在达沃斯发表联合声明，表示将要启动电子商务谈判，建立与完善该领域的规则，提高贸易自由化与便利化水平。与此同时，中国还在世界贸易组织内牵头组织了投资便利化议题的讨论，努力促进投资便利化水平的提高。

（资料来源：崔凡．全国两会特别报道．中国商报，2019，3（12）。）

本章小结

在关贸总协定的主持下，共举行了八轮多边贸易谈判，谈判内容从关税扩大到非关税，促进了贸易自由化，加速了第二次世界大战后世界经济的恢复和发展。在第八轮谈判中，达成建立世界贸易组织的协议。

1995年1月1日世界贸易组织成立，承袭了关贸总协定的宗旨和原则，其中，非歧视原则是世界贸易组织最为重要的原则，主要通过最惠国待遇条款和国民待遇条款来体现。世界贸易组织对关贸总协定的争端解决机制进行了完善，采用"反向协商一致"的决策原则，增强了机构解决争端的效力。

世界贸易组织运行以来，促进了贸易和投资的自由化，对国际贸易与经济的发展影响重大。但是，由于协定和协议执行的不平衡，加上地区经济贸易集团的迅速发展和国际贸易新事务的不断出现，世界贸易组织的多边贸易体制受到严峻挑战。为了应对挑战，2001年底世贸组织发起"多哈回合"多边贸易谈判，但由于发达国家成员方和发展中国家成员方在农业政策问题上陷入僵局，使得本轮谈判到2015年仍未结束。

中国自2001年加入世界贸易组织后，全面参与多边贸易体制，积极履行做出的承诺，促进了国内经济贸易的快速发展。

关键词

关贸总协定（GATT） 世界贸易组织（WTO） "乌拉圭回合" "多哈回合" 最惠国待遇 国民待遇 反向协商一致

复习思考题

1. 何谓《关税与贸易总协定》？
2. "乌拉圭回合"多边贸易谈判的主要成果有哪些？
3. 世界贸易组织的基本原则有哪些？
4. 何谓"最惠国待遇"与"国民待遇"？
5. 世界贸易组织的组织结构是怎样的？
6. 世界贸易组织的争端解决机制是怎样的？
7. "多哈回合"谈判的议题特点是什么？
8. 中国"入世"的业绩和作用有哪些？

参 考 文 献

[1] 陈昌柏. 国际知识产权贸易 [M]. 2版. 南京：东南大学出版社，2008.
[2] 崔远淼. 国际资本流动与宏观经济：国际经验与中国实践 [M]. 杭州：浙江工商大学出版社，2019.
[3] 杜奇华. 国际技术贸易 [M]. 3版. 上海：复旦大学出版社，2018.
[4] 段丽娜. 国际贸易理论与政策 [M]. 北京：北京理工大学出版社，2017.
[5] 高山行. 知识产权理论与实务 [M]. 西安：西安交通大学出版社，2008.
[6] 国家知识产权局组织. 国际贸易中的知识产权保护 [M]. 北京：知识产权出版社，2014.
[7] 何天立. 国际商务：视野与运作 [M]. 杭州：浙江大学出版社，2017.
[8] 黄锦明. 中国迈向贸易强国的理论与对策研究 [M]. 杭州：浙江大学出版社，2007.
[9] 霍建国. 改革开放与贸易强国——国际视野下的中国对外开放 [M]. 广州：广东经济出版社有限公司，2019.
[10] 贾金思. 国际贸易理论政策实务 [M]. 北京：对外经济贸易大学出版社，2013.
[11] 梁嘉慧，房丽军. 国际贸易理论与政策 [M]. 北京：北京理工大学出版社，2016.
[12] 林珏. 国际技术贸易 [M]. 北京：北京大学出版社，2016.
[13] 林康，林在志. 跨国公司经营与管理 [M]. 北京：对外经济贸易大学出版社，2014.
[14] 龙游宇，许抄军. 国际贸易理论 [M]. 北京：北京理工大学出版社，2017.
[15] 卢荣忠. 国际贸易 [M]. 北京：高等教育出版社，2008.
[16] BOBERT C F, ALAN M T. 国际贸易 [M]. 张友仁，等译. 北京：中国人民大学出版社，2016.
[17] 马春文，张东辉. 发展经济学 [M]. 北京：高等教育出版社，2016.
[18] 饶友玲. 国际技术贸易理论与实务 [M]. 天津：南开大学出版社，2006.
[19] 任永菊. 跨国公司与对外直接投资 [M]. 北京：清华大学出版社，2019.
[20] 苏巧勤，胡云清. 国际贸易 [M]. 北京：北京理工大学出版社，2016.
[21] 孙莉莉. 国际贸易理论与政策 [M]. 北京：北京理工大学出版社，2017.
[22] 孙玉涛. 国际技术贸易 [M]. 北京：清华大学出版社，2018.
[23] 佟家栋，周申. 国际贸易学——理论与政策 [M]. 北京：高等教育出版社，2004.
[24] 王素娟. 知识产权典型案例的法理分析 [M]. 北京：中国政法大学出版社，2017.
[25] 王玉清，赵承璧. 国际技术贸易 [M]. 4版. 北京：对外经济贸易大学出版社，2013.
[26] 魏巍，冯琳. 国际服务贸易 [M]. 5版. 大连：东北财经大学出版社，2018.
[27] 徐松. 产业内贸易理论研究 [M]. 长春：吉林大学出版社，2005.
[28] 徐松. 国际贸易学 [M]. 北京：中国统计出版社，2001.
[29] 薛荣久. 国际贸易 [M]. 北京：对外经济贸易大学出版社，2019.
[30] 杨正位. 中国对外贸易与经济增长 [M]. 北京：中国人民大学出版社，2006.
[31] 姚战琪. 跨国并购与国际资本流动 [M]. 北京：经济管理出版社，2005.
[32] 余淼杰. 中国对外贸易的奇迹：40年开放强国之路 [M]. 上海：格致出版社，2018.
[33] 张二震，马野青. 国际贸易学 [M]. 南京：南京大学出版社，2015.
[34] 张乃根. 与贸易有关的知识产权协定 [M]. 北京：北京大学出版社，2018.
[35] 张锡嘏. 国际贸易 [M]. 6版. 北京：对外经济贸易大学出版社，2017.
[36] 郑成思. WTO知识产权协议逐条讲解 [M]. 北京：中国方正出版社，2001.
[37] 周长玲. 知识产权国际条约研究 [M]. 北京：中国政法大学出版社，2013.